亲历者说

中国抗战编年纪事

1945

全国政协文史和学习委员会 编

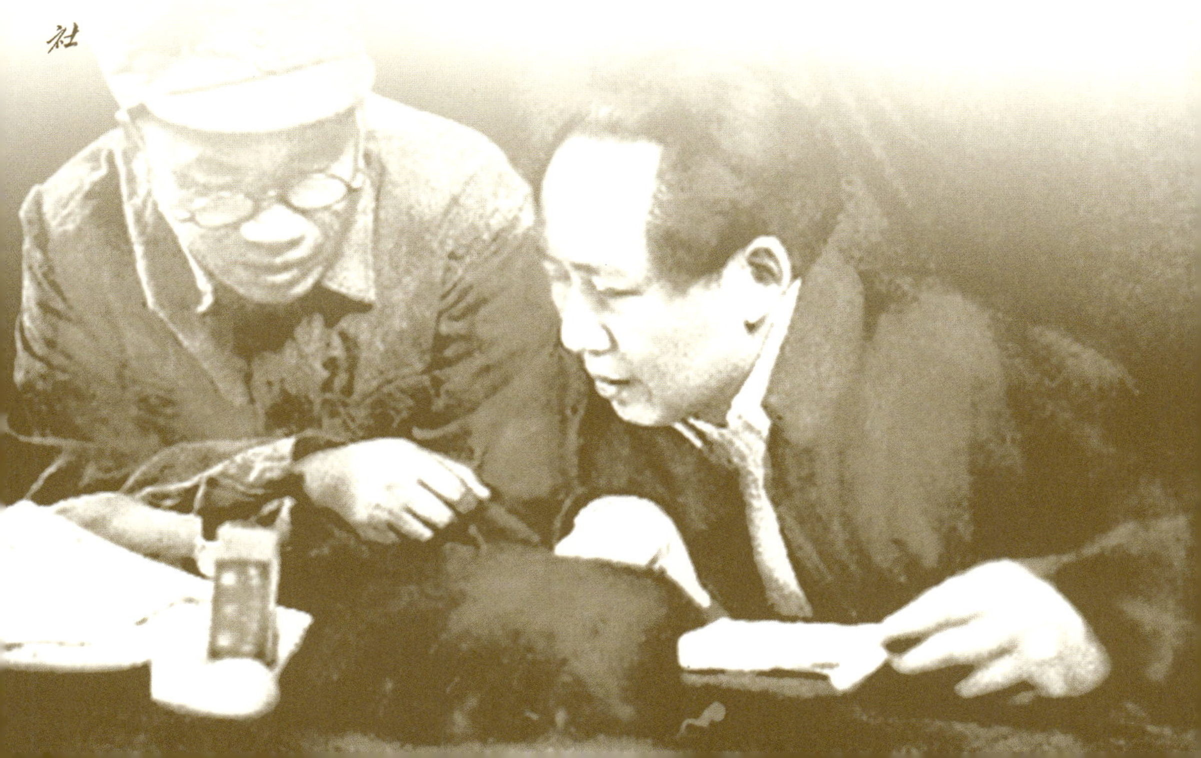

1945 年 中共“七大”期间，毛泽东主席与朱德总司令商议对日军展开总攻。

豫西鄂北会战中的中国军队。

1945 年 6 月，乘机回国的中国驻印军新六军在湖南芷江向日军发起反击。

1945 年 6 月 26 日，中共代表董必武在联合国宪章上签字。

1945 年 8 月 15 日，日本裕仁天皇宣布日本向盟国无条件投降。

苏联红军出兵东北，击溃日本关东军，解放哈尔滨。

苏联红军的坦克开进大连。

蒋介石在重庆发表抗战胜利讲话。

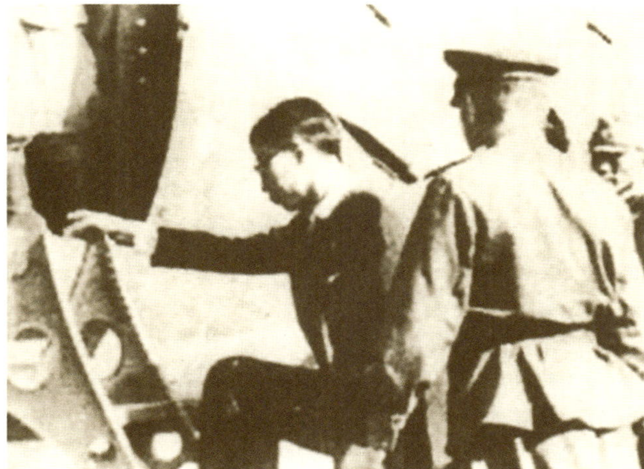

伪满洲国“皇帝”溥仪在沈阳机场被苏军扣押。

重庆万众欢腾，庆祝抗战胜利。

1945 年 8 月 30 日，八路军挺进东北先遣队解放山海关。

延安召开抗战胜利庆祝大会。

八路军挺进东北。

八路军与苏蒙联军会师张北。

芷江洽降结束后，中国高级将领与中国战区美军作战司令部参谋长柏德纳一起交谈。左起：王耀武、卢汉、张发奎、何应钦、汤恩伯、杜聿明、萧肃毅、柏德纳。

1945年8月21日，芷江洽降会场。

1945年9月2日，在停泊于东京湾的美国“密苏里”号军舰上，举行日本向盟国投降签字仪式。

中国代表徐永昌将军在受降书上签字。

1945 年 9 月 9 日，中国战区的日本投降仪式在南京举行。

在南京受降仪式上，中国陆军总司令何应钦接受日本侵华军总参谋长小林浅三郎递交的投降书。

1945 年 10 月 10 日，中国战区华北日本投降仪式在北平故宫太和殿举行。

远东国际军事法庭审判日本战犯。

遣返日侨、日俘的场景。

1945 年 10 月 25 日，台湾地区日军投降仪式在台北正式举行。

将日本战犯押赴刑场。

头号战犯东条英机被押上法庭，接受审判。

中国占领军进行训练，准备赴日本执行占领任务。

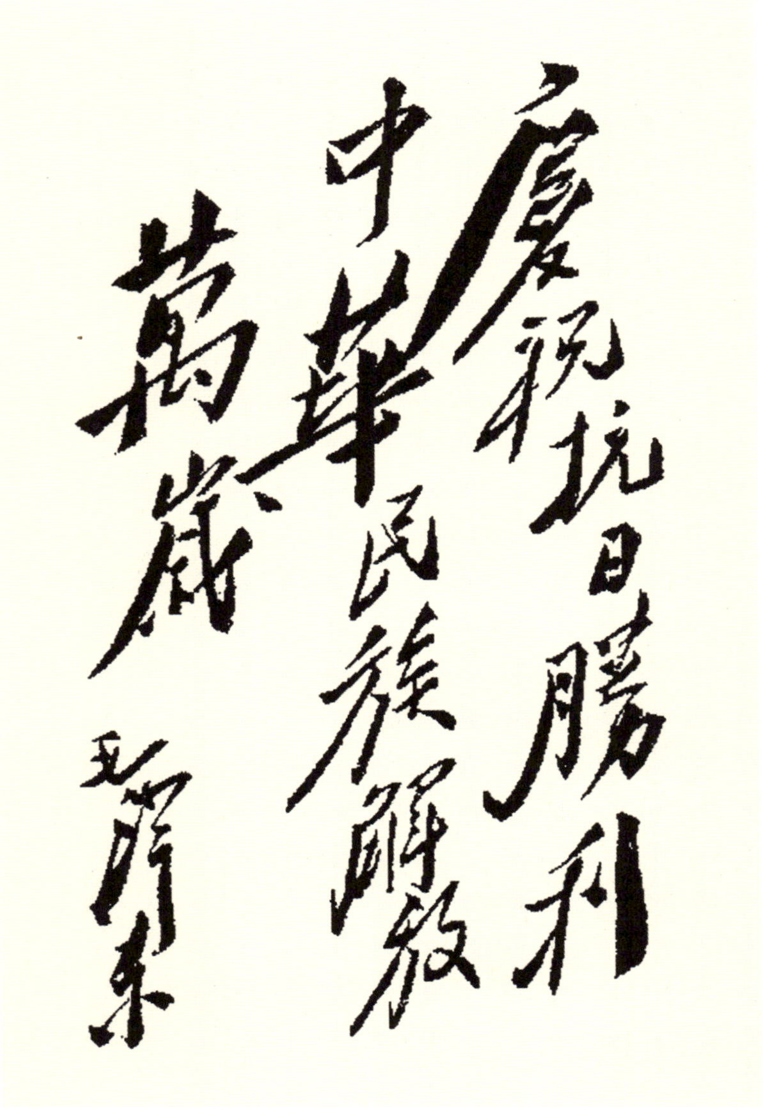

慶祝抗日勝利
中華民族解放
萬歲
毛澤東

毛泽东为抗战胜利题词。

目　录

挺进东北

日本投降　欢庆胜利

伪满洲国的垮台

芷江受降谈判

密苏里舰受降

中国战区各地受降

其 他

概　述

无论是在中国历史上，还是世界历史上，1945 年都是极其伟大的一年。这一年，作为 20 世纪最重大的历史事件——世界反法西斯战争取得了彻底胜利；作为世界反法西斯战争的重要组成部分——中国人民的抗日战争，在这场光耀全球的辉煌胜利中，奏响了最后的凯歌！

在抗日战争的最后一年，日本侵略者仍在做垂死挣扎。年初，日军为打通粤汉铁路南段及破坏中国空军基地，集结重兵向湘粤赣边区及海陆丰地区进攻。中国军队在湖南、广东和江西三省边界地区进行防御战役，阻击日军进攻。此役历时 35 天，日军损失 2 万余人，虽一时打通粤汉铁路南段，破坏了赣南空军基地，但未能击溃我军主力，故不能有效地控制该地区。

八路军、新四军继续进行对日攻势作战。八路军各部为执行“扩大解放区，缩小沦陷区”的战略任务，相继发动春季攻势。中共中央向华中局发出指示，向皖南、浙东、苏南发展，新四军各部向敌后迅猛挺进。解放区战场经过近 2 年的局部反攻，歼灭日伪军 48 万余人，收复城市 70 余座，收复国土 32 万平方公里，解放人口 2200 余万人，将日伪军进一步压缩于大中城市及交通要道附近。

豫西鄂北战役于 3 月下旬至 5 月进行。日军为击破豫西鄂北的中国军队，破坏平汉铁路南段的交通和飞机场，解除对武汉侧背的威胁，集结约 7 万兵力，坦克百余辆和各型飞机百余架，分别向我豫西、鄂北进犯。此战历时72天，日军以损失1.6万人的代价，达到控制老河口空军基地之目的；但被我军破坏的基地价值大减，日军等于毫无所获，而我军主力大致完整。

4月9日至6月7日的湘西会战也称雪峰山战役，双方参战总兵力28万余人（其中日方约10万人），战线长达200余公里。在湘西会战中，中国军队取得了雪峰山大捷，挫败了日军企图占领中国芷江空军机场的阴谋，予敌以重大杀伤，成为国民党正面战场从防御转入进攻的重大转折点和标志。长达55个昼夜的湘西会战以日军各部全线退回原地的失败而结束。是役日军伤亡2.7万人，其中阵亡12498人，还有大约1000人被国军围困后失望自杀，被俘虏日军447人。我军伤亡26600人，其中阵亡7817人。八年抗战中，国民党军队败仗多，胜仗少；而湘西会战的胜利张扬了中国的国威，国际声誉有所提高。

4月至8月桂柳反攻战役是抗日战争中正面战场的最后一次大战役。穷途末路的日军，感到自己战力日减，战志消沉，已无力控制所占领的中国广大地面，提出缩短防线，集中兵力，以防中国反攻的计划。我军则趁势发起反攻，向前推进数百公里，收复了南宁、桂林、柳州等湘桂铁路沿线各城镇，共击毙日军4000余人、击伤5000余人，并将胜利延续到日本投降。

1945年4月23日至6月11日，中国共产党在延安召开了第七次全国代表大会，明确提出"动员和领导全国人民彻底打败日本侵略者，建设独立自由民主统一富强的新中国"。中国共产党的号召，给全国人民和抗日将士以巨大鼓舞。

中共七大期间，4月25日，由中、美、英、苏四国发起，邀请《联合国家宣言》的50个签字国参加联合国制宪会议在美国旧金山召开，中共领导人董必武作为中国代表团成员之一参加会议。这是中国共产党人第一次以公开身份在美国活动。5月8日，德国宣布无条件投降，世界反法西斯战争取得了重大的、关键性的胜利。

中国抗日战争是世界反法西斯战争的重要组成部分。中国战场既是亚洲及太平洋地区的主战场，也是第二次世界大战的主战场之一。中国战场牵制和消灭了日本大量兵力，打乱了日本侵略者的战略计划。一方面日军蓄谋已久的“北进”计划受到有效遏制，极大地支援了苏联的卫国战争；另一方面也迫使日军推迟了“南进”的侵略计划，粉碎了日德中东会师的图谋，延缓了太平洋战争的爆发，为英美同盟国家迅速备战、转入进攻和夺取胜利赢得了时间。中国远征军在缅甸作战，更是直接配合了远东盟军的对日作战。

欧洲反法西斯战争胜利结束，但在远东，对日作战还在激烈进行。日本侵略者面对国际反法西斯战争的新形势，不甘心自己的灭亡，负隅顽抗，作垂死挣扎，继续犯下不可饶恕的残暴罪行。7月17日至8月2日，美、英、苏三国首脑在柏林近郊的波茨坦举行战时第三次会晤，其中一个重要议题是争取苏联尽早对日作战。7月26日，中、美、英三国政府发表波茨坦公告，促令日本立即无条件投降。但日本内阁会议拒绝投降，叫嚣“一亿玉碎”，顽抗到底。

出于军事和政治的原因，美国于8月6日和9日分别对日本广岛和长崎投掷原子弹，造成大量伤亡。8月8日，苏联对日宣战。9日零时10分，苏联150多万军队从东、北、西三个方向，在4000多公里的战线上越过中苏、中蒙边境，向日本关东军发动全面猛攻。在中国人民的英勇配合下，苏联红军仅用了一周时间便击溃了日军主力关东军；历时24天，共击毙日军8.3万人。

8月9日，中共中央军委主席毛泽东发出号召：“对日寇的最后一战！”朱德总司令连发7道命令，八路军、新四军、华南纵队等抗日根据地军民开始全面大反攻。围困平津之敌，收复山东大部，进占黄河沿岸，直逼上海武汉，迅迫山海关，挺进东北等，在长达5000公里的正面战线和130余万平方公里的辽阔土地上，猛烈进击，对日本侵略者发动最后的一战！

8月11日，中、美、英、苏四国对日提出无条件投降公告。14日，日本照会四国，表示接受《波茨坦公告》，无条件投降。15日，日本天皇裕仁以广播《终战诏书》的形式，向公众宣布无条件投降。

日本投降后，8 月 21 日举行的芷江洽降拉开了中国战区受降的序幕，并为南京受降相关仪式做准备。中国政府除代表中国战区接受日本投降外，又根据受降范围划分了北越、广州、潮汕、湖南、江西、浙江、上海、湖北、安徽、平津、山东、洛阳、郾城、山西、绥远、台湾澎湖 16 个受降区。各受降区均由驻该地区中国军队领导人负责受降。此后，还有对日本战犯的审判和对日俘、日侨的遣返，同时进行对中国汉奸的肃奸工作及对大汉奸的处决等等。这些，都让亿万国民大快人心、扬眉吐气。

1945 年 9 月 2 日，参加对日作战的同盟国代表接受日本投降签字仪式在停泊于日本东京湾的美军军舰“密苏里”号上举行。日本代表在无条件投降书上签字，中、美、英、苏等 9 国代表相继签字。至此，中国抗日战争胜利结束，世界反法西斯战争也落下帷幕。

9 月 3 日，中国国民政府下令举国庆祝，放假 1 天，悬旗 3 天。

14 年的抗日战争，中国人民面对强敌，英勇不屈，坚决抵抗，经过浴血奋战，付出重大牺牲，终于取得了完全胜利，为世界反法西斯战争的胜利作出重大贡献，极大地提高了中国在世界的地位，增强了全国人民的民族自尊心和自信心。抗日战争的胜利，为中国的独立和解放，为新民主主义革命的胜利，奠定了坚实的基础。

湘粤赣边区作战

湘粤赣边区阻击战

鲁　元*

1945年，我时任第五十八军参谋长，第五十八军将士在第九战区长衡会战后，与敌转战于湘、赣、粤边区。因档案多佚，经多年搜索，今始得该军在这一时期战斗中的部分档案，结合当时指挥战斗之回忆，秉笔续述，以供参考。

一、高陇桥头之战

1944年秋，敌占桂林，进袭柳州，进至独山后，在湘南与广东敌军会攻韶关。因第九战区大部队多转进山区，时扼其后，如芒刺背。同时，我遂川机场邻近粤汉路，该机场是我空军东线最大基地，为轰炸日本本土之根据地，敌势必攻取而甘心，乃于1945年初，兵分两路进犯。一路由粤北沿粤赣公路陷赣州；一路由湖南茶陵、攸县，及江西莲花，攻永新、遂川，企图击破我边区野战军。

第五十八军当时分驻宁冈、永新地区整训，派新编第十一师第三十二团

* 作者时任第五十八军参谋长。

驻龚山口、万古石地区，对莲花、茶陵方向之敌警戒。1945 年 1 月 12 日，敌由茶陵向高陇附近窜犯，与我第三十二团第一营接战。次晨，该团全部驰抵高陇，将敌击溃，旋敌增援反扑，未能动摇我军阵地，形成对峙。13 日，敌三度增援，步兵在炮兵掩护下，向我猛攻，同时较远地区，均发现敌军运动。我军即令新编第十一师萧本元师长，率领全师推进至路江、桥头地区，并令莲花县张县长派自卫队警戒功德岭、九曲山之线，监视敌军行动，又令赣保安第六团徐大队长迅即开赴南岳庙，暂归第三十二团团长郑社科指挥。16 日，敌我展开激战，高陇之冯家屋附近，敌增至 1000 余人，在炮兵协力下，猛攻我正面阵地，经我反击不得逞。敌复以大部向我侧翼迂回进攻，因徐大队长未能遵限到达南岳庙，使我侧背受到严重威胁。当另派部队阻击时，正面情况又紧，敌同时以后续部队向我右翼围攻，我官兵前仆后继，血战至 17 日晚，高陇、雷打石、界化陇之线，敌全面进攻，我主阵地被突破，主力转移，控制各大小道路，阻敌前进。

16 日晨，约五六百之敌，向扼守桥头之新编第十师侯镇邦部段经团阵地猛攻，另一股约 400 余人，绕至水岩山向段经团右翼迂回。段团长出敌不意，以精锐之一部，由桥头右方小鹤仙高地出击，几经肉搏，将敌击溃。晚间，步炮联合之敌 1000 余人，窜抵桥头西南之朱岭坳，同时，桥头东之陇山口，敌与我守军激战。在连日战斗中，我军伤亡甚大，乃暂转第二线整补。

二、沙市、澧田之战

沙市、澧田，位莲花、永新大道之要隘。1 月 19 日，军令新编第十师侯镇邦师长，以有力之一部，据守该两地；并令对通向莲花之大小道路，全力死守，以确保永新。

20 日，沙市附近，发现敌蜂拥而来，莲花南郊，有 1 万余之敌，向东运动。我军令侯镇邦师主力驰至永新，并指挥我军在该地之炮、工部队阻敌进攻。21 日，沙市到敌约 1600 多人，会合路江西南、桥东以东文竹之敌 1500 余，向侯镇邦师正面进攻，侯师电话线突被截断，在激战中敌陷沙市，并迂回至该师杨又斋团右翼，继续向东运动，杨团奋勇阻击。时侯镇邦师正在澧田、路江、五马山之线奋战，而敌主力自澧田以北直趋永新。22 日，五马山、路江、澧田我阵地先后失守。段经、郑社科、杨又斋各团，退至新阵地应战。自 23 日后，敌虽不断增援进攻，但我各团死力固守，相机转移攻势，一时成为对峙状态。窥测敌之企图，显系声东击西之惯技，正面主力与我激战，另以一部绕道向攻击目标突进。果然，其后续部队即从沙市、澧田以北东窜，攻陷永新。随而经城南观音阁向南攻略南山，进窥遂川。如我兵力许可，分兵堵击，于永新、遂川置重兵守备，并派出突击队，捣其后方，敌谋必不得逞。

三、遂川、金山、银山之战

友军第四十师，原来守备遂川，2 月中旬，新编第三军之第一八三师余铭新（余建勋），自新淦（今称新干）来接遂川防务，并奉战区司令长官部电令，暂归第五十八军指挥。该师第五四九团接替城区及外围据点阵地，立足未稳，而于田方面战斗爆发，遂川机场顿遭突破，从而展开金山、银山之恶战。

敌我在金山展开激战时，我派队驰援，被强敌阻击，山上守军伤亡达三分之二，干部多壮烈殉国，阵地不守。当金山方面苦战时，银山情况亦同时紧张。据报守银山之杨保鸿营，反复冲杀，卒以伤亡殆尽而告失守。银山是遂川城屏障，关系整个战局。军严令余建勋师以全力反攻，夺回银山，以保遂川机场安全。余师长遵令执行，派余绍桓团长督攻，高喊“不夺回银山，誓不生还”的口号，向白雪皑皑的山上顽敌进攻，一时手榴弹爆炸声、密集的步机枪声、双方喊杀声、人马倒地声，使银山成为从未曾有的血战场。我官兵同仇敌忾、奋不顾身，将大部敌军砍杀，少数残敌狼狈溃逃，遂将银山收复。旋敌纠集步炮联合之大部队，环绕银山猛攻，敌众我寡，我官兵被紧紧围困，誓死奋战，终于全部忠勇殉国，事极壮烈。

是役，虽未能扭转局势，但我将士之浩气丹心，永垂不朽，典范后世。

银山沦陷，迫使遂川易手，第一八三师续在遂川城郊西南山地与敌战斗。

四、克复永新与遂川之战

2 月 17 日，与我萧本元新编第十一师对峙之敌，因被我不断攻击而开始出现动摇之势。我军据报后，电令侯镇邦之新编第十师，协攻澧田、永新之敌，侯师之第三十团进至拿山附近，截击由永新南窜之敌。28 日，我军全面攻势转移，荷花塘、洋埠之线先后发生激战，里旗山、双乳山、州湖各地亦展开战斗，敌势不支，纷向南退。新编第十师之第三十团协同新编第十一师主力，于 3 月 1 日午夜，力克永新城。敌军南走，萧本元师之第三十一团，经观音阁跟踪追击，侯镇邦师之第三十团于拿山、白沙塘间堵击，毙敌甚众，并缴获大批战利品。

永新收复后，我军令侯师第三十团、萧师之第三十一团，追击窜向遂川之敌，并令第一八三师余建勋师长，迅速准备进攻遂川，并堵击由永新窜逃遂川之敌。3 月 3 日，由永新南窜遂川之敌，抵达水口附近，与余师堵击部遭遇。同时，萧师之第三十一团，侯师之第三十团，亦将回窜盐山之敌包围。此时回窜与南窜之敌，狼狈万状。

永新奏捷后，薛司令长官来电：“着即迅攻遂川而克复之。”我军当即部署第一八三师为主攻部队，并令侯师之第三十团南下，归余师长指挥，猛攻遂川之敌。

反攻遂川之战，于 3 月 5 日开始，敌据坚固工事与险要地形顽抗，并多次出击。我军将士，奋勇冲击，7 日，攻至镜下。8 日，攻达枫树坳。9 日，围攻金山、银山与象形坳。尤以象形坳制高点之争夺战，最为激烈，得而复失者再，我将士死命战斗，夺下这个制高点，歼灭守敌殆尽。10 日，我全力进攻金山、银山，血战竟日，终于克复，残敌退守城内。11 日拂晓，我军攻达四里街并城区，与敌巷战，双方伤亡均大，我将残敌驱逐，光复遂川。其时，残敌奔洋村渡河向东南逃窜，我追击部队跟踪痛击，敌军溺毙河中者甚多。12 日，敌曾一度反攻，未逞。13 日，敌逃离赣州。

遂川收复后，我军令余建勋师长督同地方行政机关，做好安抚群众、恢复秩序等工作。

14日，我军奉薛长官电令："第六十师接防遂川，第一八三师交防后开驻吉安，第五十八军军部率一个师驻永新，以一师驻泰和。"当即以新编第十一师驻泰和，并派一个营驻兴国，构筑泰（和）兴（国）间据点工事，对雩都（今于都）方向严密警戒。湘赣边区激战，告一段落。

韶关保卫战

李　振*

日军于桂柳会战后，积极补充整理；同时以桂境日军，分向湘南、粤北集中。迄1945年1月上旬，日军以第二十七师团于茶陵攸县附近，第六十八师团（系第五十七旅团）于耒阳附近，第四十师团于道县及零陵附近，第一〇四师团于清远附近银盏坳东西地区，集中完毕；同时粤海之日军独立第八、第十四、第十九等旅团，亦蠢蠢欲动，企图采取分进合击战法，向我湘粤赣边区进攻，打通粤汉铁路，作为内陆撤退备用线。

当时，第七战区司令长官部驻韶关市原第四战区司令长官部旧址，第十二集团军总司令部驻韶关以东大塘圩。第十二集团军总司令部直辖的教导团（团长余伯泉）及补充团（团长凌育旺），控制在韶关附近地区，作为机动部队。

韶关地区防守部队为两个军：第六十五军（军长黄国梁、副军长李振，辖第一五四、第一六〇、第一八七师）与第六十三军（军长张瑞贵，辖第一五二、第一五三、第一八六师）并列，由清远县以东的滘江口经百步梯、汤圩、良口圩、牛背脊圩至龙门之线占领防御阵地，阻止日军由广州继续

---

*　作者时任第十二集团军第六十五军副军长兼韶关守备指挥官。

北犯。

另在韶关市设警备司令部，由孔可权任司令，张泽深任副司令，指挥韶关市武装警察及曲江自卫大队，担任韶关警备任务。

当 1944 年 7 月，日军进攻湖南衡阳时，蒋介石电令余汉谋，选派副军长一员，指挥一师以上兵力，固守韶关，以配合衡阳方面的作战。余汉谋即电令第六十五军：着由该军副军长李振率第一八七师即开韶关，并指挥韶关警备司令部、第十二集团军总部教导团及补充团，严密组织防御，固守韶关。

因部队交替防务和行军需时，第一八七师于 10 月初才到达韶关。我立即率领第一八七师师长张光琼、韶关警备副司令张泽深及各团长详细侦察地形，并在现地进行研究后，策定韶关守备计划大要如下：

为固守韶关以策应湖南方面的作战，决以主力保持于韶关以北的大黄岗山、凤凰山、大小帽山，以一部守备韶关市及东西河地区。

兵力区分：

城防指挥官，韶关警备副司令张泽深指挥第十二集团军总部教导团、韶关市武装警察及曲江县自卫大队，守备韶关市区。

大黄岗山地区指挥官，第一八七师师长张光琼指挥该师以主力守备韶关以北的大黄岗山、凤凰山、大小帽山。以第五五九团（团长陈醴泉）担任铁桥以东地区的守备，并对曲江大桥及铁路桥顶做爆破准备，以备必要时在撤退后将两桥爆破。

河西地区守备指挥官，第十二集团军总部补充团团长凌育旺，指挥该团（欠一营）守备芙蓉山、莲花山。

各守备部队应在各自守备区内构筑坚固工事，组成严密火网。

预备队：第十二集团军总部补充团之一营，控制在市区内。

第十二集团军总部库存沪式山炮两门及炮弹数十发拨给第十二集团军教导团使用，由该团组织训练。

12 月底，占领广州的日军为配合其由湖南南下部队作战，向滘江口——龙门我主力军阵地进攻。第六十三军及第六十五军主力奉命向和平、连平、全南方面转移。日军遂进占英德、翁源。当第六十三军及第六十五军主力转移时，余汉谋率其第七战区长官司令部及第十二集团军总司令部由韶关移驻江西龙南。同时北路日军之一部继续南下，窜抵韶关以北之坪石。至此，韶关已陷于日军南北夹击态势中。

1945年1月中旬，北路日军以主力由坪石沿公路南下，一部经梅花、乳源，由西北包围韶关。南路日军则以主力由英德沿公路北上，一部由翁源向韶关以东大塘圩，从东南包围韶关。我即命令各守备区严阵以待，准备消灭来犯之敌。1月中旬末（具体日期忘记），日军陆空配合，步炮兵协同，先向韶关东北两面发起进攻。北面之敌向我大黄岗山阵地攻击，虽然来势颇猛，但因我军处于居高临下的有利地形，且准备日久，工事坚固，火网严密，迫使敌在我火力瞰制下进行仰攻，激战昼日，敌未得逞。东面之敌由东河坝向火车站附近高地及铁路桥以东高地我军阵地进攻，该地区守备部队支持整日，伤亡较多，遂令其于夜间利用夜暗分两路撤退：一路经曲江大桥，一路经铁路桥撤回韶关市区，撤退后，即将两桥爆破。第二天，北面之敌继续向我大黄岗山阵地攻击，战斗较前激烈，双方均有伤亡。我第五六一团副团长黄远谋即于该日阵亡。但敌在我火力瞰制下仰攻，伤亡更多。又经一日战斗，敌仍未能得逞。南面之敌于是日拂晓由飞机场以南强行渡河，向我飞机场既设阵地进攻。由于遭到我西河道的侧防火力及沪式山炮的突然袭击，伤亡甚众，战斗终日，仅占领飞机场一角。是日将近黄昏，接到余汉谋来电，大意是从战局发展来看，韶关再无死守必要，在取得一定代价后，应即相机撤退。我即转令各部于是夜分两路：一路沿东河河道，一路向韶关东北仁化方向撤退。由于日军在夜里一般不敢大胆行动，加以大雨的掩护，使我军得以安全撤出韶关。时为1月26日。到达仁化稍事整顿，即经扶溪圩、百顺继续向南雄后撤。

韶关保卫战，为粤汉铁路沿线的最后一战，由于韶关的撤守，粤汉路遂全线沦陷，使敌达到打通陆上交通线的目的。直到8月日本侵略军投降，余汉谋始率部重返韶关市。

赣江两岸追击战

鲁　元*

1945年夏，敌军为缩短防线，集中兵力，先后从南宁、福州、温州撤出。7月，湘、赣、粤边区之敌，亦沿赣江北撤。第九战区电令各军，严密堵截。当时我任第五十八军参谋长，遵照战区部署，第五十八军积极制订歼敌行动。

7月6日，赣州方面之日军，以右纵队循赣江西岸，主力与辎重循赣江东岸大路，以左纵队循赣（州）遂（川）公路北撤。

12日，第九战区向第五十八军下达电令："着该军即开赴安福、天河备战。"16日，我军率新编第十师抵安福，新编第十一师到达天河。当令新编第十一师控制于天河及其以东地区，并沿永新河及其东南地区，构筑工事，对西及西南警戒；新编第十师位置安福东南地区，机动使用。同时，电令第一八三师，以一个团守备吉安，主力沿禾水北岸，由卢家洲、禾埠岭、鸡笼山、神岗山之线，占领阵地；并由禾水岭南岸天华山亘刘家岭、万花山、石井之线占领阵地，向泰和方面严密警戒。军指挥所位置于安福。当第五十八军正严阵备战时，日军已窜达泰和地区，与我第三十七军发生激战。

---

*　作者时任第五十八军参谋长。

一、驰援宜春之战

沿赣江我各友军，均有严密部署堵击日军计划，敌亦知其北撤，必到处遭受我军堵击，为此采取四处窜扰，以进为退之策略，牵制赣江沿岸中下游之我军。醴陵敌军，倾巢出动，向宜春进犯。20日，窜至桐木。第九战区司令长官部电令第五十八军，立即派队驰援宜春。我军在距桐木30里处，与先头五六百之敌遭遇，出敌不意，我众敌寡，敌正拟突围逃窜，其后续部队约六七百赶到，遂与我激战。我官兵勇往直前，杀得敌人胆战心惊，夺路向万载方向逃窜。我当以一部进驻宜春，不数日，复有数百之敌，窜抵洋江，为我驻宜春之新编第十师张运柱部击溃，宜春局势因而安定。

二、吉安战役

7月24日，沿赣江两岸北撤之敌，先头部队约六七百人，窜抵枫林桥附近，与我警戒部队发生战斗。夜间，敌退至凤凰圩以北地区。军令新编第十一师由天河经官田、栗桥向东搜索攻击，新编第十师以第三十团由南山驱逐由泰和窜来之敌。当新编第十师到达固江以南地区时，新编第十一师全部亦到达横江渡、高塘圩一带，分别发生战斗。26日，迫近禾水之敌，由耒埠桥附近泅水强渡，我第一八三师守军乘敌泅渡时集中火力扫射，毙敌甚多。敌陆续增至4000余人，我凭河阻击，敌乃向我阵地两翼迂回，赣江东岸之敌，亦向我侧背攻击。第一八三师第五四八团团长王光伦，以一部驰往增援，将敌大部击毙江中。敌旋向曲濑、卢家洲附近猛攻，以密集炮火，掩护步兵渡河。防守卢家洲附近之第五四九团第六连，伤亡殆尽。敌突过禾水后，新编第十一师转移于梅塘地区，第一八三师移至曲濑、烈马山、南沙附近。当时，敌为达到安全北撤，以有力之一部，四处窜扰，牵制我军，使主力及辎重能迅速北撤。我军为指挥便利，指挥所由安福进至固江，部署吉安保卫战。

当令第一八三师余建勋师长以第五四九团及新编第十师之第三十团，部署吉安迤西地区，担任外围战斗；以第五四八团坚守吉安城郊。28 日，敌先头部队猛攻第五四九团，因第三十团尚未来到，兵力薄弱，敌得以中央突破，向两翼包围，将第五四九团围困于右花山一带。第五四九团团长陈绍桓，沉着应战，反复搏斗，终将敌军击溃，使敌不敢滞留吉安外围。坚守吉安城郊之第五四八团团长王光伦，当敌溃退时，以一个营迅过浮桥袭敌，正有敌帆船 300 余只，向神岗山驶来，遂在中山码头一带，向帆船猛烈射击，使敌无法登陆，船上敌军家属的哭喊声，震荡江面。此时岸上之敌，无法接近吉安城郊，遂向曲濑猛扑，曲濑防线被突破，使吉安四面受敌。

为确保吉安，电令王团必须全力固守，王光伦团长表示与城共存亡的决心，并增强防御配备。29 日晨，我空军大批机群，临空助战轰炸敌阵，并扫射沿江船只。王团长在空军轰炸敌军时，派队向文峰（文天祥宗祠所在地）之螺丝山敌军猛攻，颇有斩获，同时肃清十里亭之敌。第五四八团向敌进攻时，第五四九团派出部队协力第五四八团战斗。30 日，吉安附近之敌，纷向北窜，吉安得以无恙。第九战区司令长官部，以本军在作战中能英勇杀敌，完成任务，通令褒奖。

三、吉安、高安间追击战

吉安保卫战结束后，奉薛长官电令："吉安交由第三十七军接防，着第五十八军立即追击由赣江北退之敌。"我军于 9 月 1 日，命令第一八三师向赣江西岸之敌追击，新编第十师由吉安渡江，向赣江东岸之敌追击，新编第十一师随军司令部沿赣江西岸向峡江前进。

第一八三师之第五四九团，追至二十里铺，第三营营长杨保鸿，与敌接战后，敌军猛扑反攻，七连连长张锡昌、八连排长张繁清等负重伤；第一营营长万寿攻占虎形山、狼口时，二连连长邓定平、一排排长张一民，相继负伤，但杨、万两营，仍奋力追击，敌军连夜向北逃窜。

4 日，军指挥所进至村前圩。当日新编第十师第二十八团张体贤营，协同第一八三师右支队攻占阜田；陈绍桓之第五四九团，攻占三一〇五高地。

敌失去制高点，即分两股北逃。第一八三师尾追逃向峡江之敌，新编第十一师尾追逃向罗田之敌。军指挥所进至路口地区东北时，第一八三师已攻占峡江城，新编第十一师亦攻占罗田。军指挥所判断：敌军主力，必经新喻（今新余）逃向高安。当令第一八三师向高邮、高安方向追击；新编第十一师经黄土湾，向清江追击。10 日，军指挥所进至清江。奉薛长官电令："着军指挥所位置于樟树镇，督令各师相机进击南昌。" 11 日，新编第十一师追至黄沙岗东北高地，一鼓作气将敌驱至锦江北岸。第一八三师对高安之敌攻击，髻头山之战，三失三得，最为惨烈。

追击战告一段落，第九战区司令长官部电示：第一八三师归还新编第三军建制，新编第十一师调樟树镇整补。

四、高安、南昌间追击战

8 月 1 日，我赣江东岸追击部队新编第十师师长侯镇邦，在吉安附近渡江后，时水东尚有敌后卫部队，我因缺少渡船，当令第二十九团团长常正德率部先行渡江。常团长立即向水东敌之后卫部队猛攻，并以一部迂回敌后，将该敌击溃。师指挥所及黄学文之第二十八团、龚德敏之第三十团，先后渡江，常团在前，龚团跟进，敌之主力向吉水溃退。当退至八都圩后，因受我常、龚两团围击，乃分股北逃。当常、龚两团进至雷公庙、黄江桥时，师指挥所进至水口。6 日、7 日，我军在白姑岭、海仙山一带，与敌激战竟日，敌向北撤。8 日，我攻克新淦（新干）城。副营长杨思义阵亡，重伤排长 4 人。10 日，常团进至樟树镇。11 日，丰城之敌 500 余人，四处奸淫劫掠，常团即向丰城攻击。13 日，追至小港口，遭到敌军顽强抵抗，我第二营连长王焕章、排长毕忠等阵亡。14 日，我进至大港口。16 日，我军进攻潭岗寺、孙家庄时，双方均以全力拼搏，我连长张金龙、张辉汉，排长杨开勋、李志昂等阵亡。我军正部署兵力加紧围歼战时，忽奉薛长官电令，敌已全面无条件投降，当令各师停止攻击。赣江两岸追击战，遂告结束。

在赣西南堵击日军

许俊陶*

1945 年 7 月，侵华日军拟由赣南退守九江，我第三十七军第一四〇师奉令沿赣江截击。当时我任第一四〇师第七一九团第九连连长，亲身经历了这场战斗。现就记忆所及，作如下几个片断的回忆：

一、遂川凉民亭的苦战

1945 年 7 月 12 日，赣州日军一个师团撤回九江集结，第三十七军奉命布防于遂川、万安一带，截击日军，计划消灭日军于赣江西岸。但因时间紧迫，调动频繁，难以完成战略部署。师确定以少量部队，把守遂川凉民亭一线高地，阻止日军一天，让我后方部队有充裕的时间布防。团长杨伯超直接指令营长将这个艰巨任务交我第九连执行，并由第八连拨两个排，另配一个重机枪排，一个迫击炮排组成加强连，约 300 余人，担此重任。我接受任务后，立刻回连召集各排长、班长、事务长传达任务，讲明任务的艰巨，做好战前准备工作。大家信心百倍，决心完成上级交给的重大任务。

---

* 作者时任第三十七军第一四〇师第七一九团第九连连长。

散会后，我立即带队出发。当天下午到达凉民亭，马上派出监视哨，同时派两名便衣活动于南康县大坪东车站附近，侦察敌情。然后命各排、班进入阵地，构筑防御工事。入暮后，便衣侦探张贵生回连报告：日军宿营大坪东车站附近各村，联队部驻东站内，估计四五千人，距我阵地约 15 华里。大敌当前，重任在身，全连官兵，通宵达旦，加固工事。拂晓前吃饭完毕，准备迎击日军。

天明后，我去第二排（前哨排）阵地视察，检查工事是否坚固，火力配备是否恰当。正和罗排长巡视时，发现日军在冲口一个小高地，用望远镜对我进行观察。我判断日军快向我进攻了，侦察者估计是个前卫指挥官。我即返回指挥所，分头转令各排、班进入阵地。一会儿侦察回连报告，日军正向我方前进，进至相距 1000 公尺时，以大炮对我阵地猛轰，掩护步兵疏散前进。当敌人进至 800 公尺时，我军用六〇炮、重机枪、少数轻机枪还击；待攻击大部队进入我火力网后，才全面发射，打得日军尸横遍野。日军先后 5 次向我阵地进攻，每次用一个中队或两个中队，在飞机大炮掩护下，拼命争夺我前哨据点。第 4 次冲锋时，日军 300 多人，包围我第二排，罗树清排长被日军用战刀砍成数块，全排只剩下在伙房的 3 个伙夫，其余全部壮烈牺牲。日军攻占我前哨阵地后，对我主阵地全面进攻，步步逼近，战斗十分激烈。为了鼓舞士气，我率第一排身先士卒，跃出战壕，实行反冲锋，压倒敌人气焰，阻敌于山腰一带。在出击中，伤亡十分惨重，第一班全部阵亡，第二、第三两班伤亡过半，排长负重伤，日军第 5 次冲锋又告失败。苦战到午后 4 时 30 分，完成了阻滞日军一天的任务，于是下令撤退。

这次战斗，伤亡虽惨重，但却争取了时间，使我军的战略部署得以完成。

二、巧夺万安城

凉民亭战斗后，因本连减员过多，难以恢复元气，团长决定将团部特务、搜索两个排，拨归第九连建制，机动使用。整编就绪后，于同年 7 月中旬，命我率第九连开往万安县之虾蟆渡配合第六十师待机收复万安。奉令后，我将老弱士兵和笨重行李，全部留守，会同营部行动。我率部队轻装出发，半日行军，到达虾蟆渡口。河岸斑竹很多，利于防空。隔河观察，判断对岸驻有日军，但敌情不明，决定找群众协助，派便衣队过河侦察。傍晚，据我侦察员张贵生回连报告：日军从赣州出发，日前才到达，当天晚上，就到处烧民房。敌军烧民房，是退却的先兆，这是日军历年来一贯的暴行。

我和排长研究后，决定在天亮前将部队渡过河去，分散潜伏于万安城墙脚一带，伺机袭击，出奇制胜。但没有船只怎么办？讨论结果，大家都同意泅水过河。因全连人人会游泳，士兵多数是湘江流域的人，原驻长沙东乡时，夏季常常用竹筒 4 个，捆在胸前当水袋，学过海军水上战法，今天正好运用。于是乘夜伐竹，各做各的水袋。下水时，只带 1 支枪，50 发子弹，2 个手榴弹。外衣全部脱下留守，身着背心、短裤，并规定过江上岸后的集合地点。一切准备完毕，于午夜 12 时下水。江水凉爽，流速迟缓，官兵奋力向对岸接近，登陆就是胜利。大约两小时后，大都上了岸，一部分人流下五六里，有三人失踪。

集结完毕后，分配各排、班任务，攻击时，分进合击，虚张声势，出敌不意。天明后，日军大部向吉安方向退却，仅留小部队掩护。我连趁机以一个排追击，两个排进万安城搜索。待友军赶到时，我已收复万安城。通知他们，已电告军部，请暂驻城外。我带领一个班，反复在城内搜索日军驻过的房屋，走进一幢意大利的天主教堂，该处是日军司令部驻过的地方，一切东西都保存完好。而万安许多民房，被退却的日军放火烧毁，片瓦无存，人们无家可归，怨声载道。眼见日军暴行，使我痛心疾首，身为军人，怎能忍受这奇耻大辱！下令，对民众的财产，不许乱动一点。战场清扫完后，奉军长电令，将城防交第六十师，回团归建。

正行军之际，一个民众报告，有一个掉队的日本兵，在村里讨饭。于是派第三班班长王少舟带领士兵 3 人去捉，交代要捉活的。不料日军顽强抵抗，利用灶头向王班长开枪射击，该组以枪还击，打中日军右手腕，失去反抗能力，被我活捉。当即查明该俘虏是日军联队部陆空联络班长神川山秀，大阪人，缴获三八式步枪一支，子弹数十发，联络信号布板数块。当即受到上级传令嘉奖，赏 5 万元法币，刚好够买一头大肥猪，给全连官兵加餐。

三、吉安神岗山截击战

收复万安后，部队推进到吉安郊区。我第七一九团负责阻击日军水上运输的任务。1945 年 8 月 2 日，日军从赣州沿江东下的 400 余艘大小木船，满载日军的家属和钨砂、白糖、干酱、油料等物资，想经九江运输回国。船上有日军数百人护航。团部命令第七连和第九连占领江畔高地——神岗山，截击日军船只，并指定由我统一指挥。我当即和七连连长粟安岐研究部署：第七连在左翼，第九连在右翼；如截击成功，第九连仍在原位不动，第七连趁机夺船并过江到对岸掩护，防止日军登岸反扑。日军船队一艘接一艘地东下，待大部分木船进入我防区前面，才下令突然袭击。日军措手不及，死伤无数，后面的几艘，听到枪声，察知被我袭击，掉转船头，忙靠对河上岸，就地与我对抗。这时我团部立即派部队从上游过江，准备全歼。日军护航部队少，且过于分散，只好弃船逃走，保护眷属向兴国方向逃遁。丢下几百只大小船，作为送给我抗日即将胜利的贺礼。清点日军船只，约计有钨砂 100 余船，白糖几十船，罐头食品 100 余船，军部指示除钨砂外（闻后来运上海），其他物资全部搬运到河滩上，分类堆好，点交团部。输送连搬运了几天，才完成任务。此次缴获的战利品，是我团抗战以来缴获最多的一次。

八路军、新四军反攻

冀中平原的对日反攻

杨成武*

地道奇观

一九四五年新年伊始，我们冀中军区来了一位特殊人物。此人身材肥大，蓝眼珠，高鼻子，头扎白毛巾，身穿冀中老百姓的土布褂子，看上去显得很滑稽，也很气派。他挺胸走到我的面前，用夹带异腔的中国话说：

“将军！见到你，我感到十分荣幸！”随即“啪”的一声，两脚一并，行了个举手礼。

“盟军观察员艾斯·杜伦中尉。”翻译向我介绍说。

实际上，在这位美国军官来到之前，上级已经把他的有关情况通知给我们了：盟军观察组是去年十一月十三日从延安到达晋察冀军区的。在那以前，他们到过重庆、西安等地，“观察”过大后方的蒋介石的军队。现在，盟军观察组把杜伦中尉派到冀中，来“观察”在敌后作战的八路军。杜伦中尉原是美军陈纳德部队的，在我国杭州度过童年，因此，会讲一些中国话。他奉命来了解冀中的敌我斗争情况，说是为将来盟军在中国对日作战作准

---

* 作者时任冀中军区司令员。本文节选自《杨成武回忆录》。

备。按照晋察冀军区的要求，我们尽可能地为他的考察工作提供方便，找来了一位名叫马振武的同志给他做翻译。杜伦在平汉路西化装成冀中百姓的模样，由那里的部队派人护送，过路后，又由我们冀中部队派人用牛车把他接来。

我握住他的手，笑道：

“欢迎你，杜伦先生！我们这里，条件可不好噢！来，洗把脸，休息休息。”

杜伦把头上的毛巾抹去，露出黄头发，洗完脸之后，坐了下来，刚呷口茶，就放下茶碗，朝我跷起大拇指，说：

“将军，想不到你们八路军的指挥员都这么年轻！顶好！顶好！”

听得出，杜伦的语调里既有惊叹和恭维，也有轻视和怀疑。我笑问：

“杜伦先生此次来，有什么要求吗？”

杜伦掏出一块白手绢，使劲抹着下颌和脖子，声音很响地说：

“日本不行了，我们美国有力量，我们要在中国的渤海岸登陆，要在冀中实施空降，把日本人赶下海去！将军，我想看看你们的部队，了解你们在平原上是怎样和日本人作战的。我还想到保定飞机场，到天津杨柳青铁桥看一看，以便叫我们的 B–25 轰炸机来轰炸。总之，我要到最危险的地方去冒冒险！”

杜伦说到美国的轰炸机时，大概是因为激动，情不自禁地把一只手高高举起，食指伸出，指向屋顶，颇为自豪。

我告诉他，欢迎他去参观冀中军区的部队，如感兴趣的话，还可以钻钻冀中平原的地道。但是，保定机场和杨柳青铁桥那里是日军占领区的腹地，也是他们重兵驻守的目标。去那里，一旦被日伪发现，那就难保平安。要相信日军对于生俘一个美国军人是非常感兴趣的。也许，日本人的耳目已经侦知他的到来了。

“喔？”杜伦一惊，喃喃地说：“对的，对的。还是不去好，不去好！”少顷，他用英语向翻译叽里咕噜地说了一通。他说得很快。有时还把两手摊开，肩头一耸，做出一个无可奈何的表情。

翻译把他的意思告诉了我：杜伦认为，日本陆军的攻击能力是世界一流的，只是稍次于美军而已。在这样的大平原上，装备简陋的八路军不但能站住脚，而且还能不断歼灭日军，实在不可思议。在重庆时，蒋介石的将军们曾说：八路军就是那么几个人，那么几只枪，打几下就跑，没多大战斗力。对这类说法，杜伦半信半疑。他说，美国的军火武器有的是，问我们想不想要美国军援。杜伦还说，他来冀中后，每到一村，总有许多老百姓好奇地围观他，有的人还叫他“洋鬼子”。对此，他很有意见。

我要翻译告诉他，我可以和他谈谈敌后抗战的情况。至于八路军的战斗力如何，请他亲眼看一看，就会得出自己的结论的。我们的武器，主要靠缴获，自己也生产一些，但不多。我们不反对外援，也不把希望寄托在外援上。要不要盟军的军火，最好是跟我们毛主席、朱总司令去商量。关于当地老百姓叫他“洋鬼子”，这要请他谅解，因为冀中这个地方，清末年间遭受过八国联军的祸害，当地百姓恨透了外国侵略者。这一点，希望他能理解。现在我们延安和美国是友好的，有着共同的敌人——日本法西斯。他作为盟军派来的观察员，理应受到尊重。我们会告诉当地群众，不要再叫他“洋鬼子”。今晚，我们将召开一个欢迎会来欢迎他。在我们共产党、八路军的抗日根据地里，一切真心实意帮助我们抗战的国际友人，都会受到最诚挚、最热情的款待。我还特地列举了白求恩、巴苏华、柯棣华、傅莱、班威谦、唐儒和林迈克等国际友人在冀西一分区时的情况。

杜伦听了不住地点头，连声说：

“顶好！顶好！我佩服他们。”

当天，在大官厅村，由我出面宴请了杜伦。杜伦看到那满桌的鸡、鸭、鱼、蛋、虾及酒时，不禁目瞪口呆，站在那里激动地对翻译咕哝了半天。原来，在重庆时国民党军政人员告诉他，前方的八路军一天两顿小米汤，粮弹极缺。他以为到冀中能填饱肚子就不错了，没想到我们在艰苦的战争环境中，还能盛情地款待他。因此，他被感动了。

饭后，夕阳西沉，我们召开了“欢迎杜伦中尉晚会”。当我把杜伦中尉介绍给出席欢迎晚会的军民们时，会场上响起了热烈的掌声。杜伦激动地挥起胳膊，不停地大声喊：

“哦——谢谢！谢谢！共产党、八路军是顶好顶好的朋友！”他那美式中国话，引起会场上一片善意的笑声和更加热烈的掌声。

第二次见到杜伦的时候，我向他介绍了我们坚持敌后抗战的一些情况和体会，杜伦对此挺感兴趣。我说，我们将毛主席关于持久战的战略方针，作为我们敌后斗争的指导思想。不管在山地、平原、湖泊、河流，我们都广泛地开展群众性的游击战争。我们以游击战为主。但不放过有利条件下的运动战，目的是歼灭敌人。同时在敌后牵制住日军力量，不让他们向正面战场的国民党军队进攻。我还以自己的亲身经历，对他谈了八路军在黄土岭战斗中诱敌深入，击毙敌酋阿部中将，震动了侵华日军和日本国内的情况，说明我们的游击战是既“游”又“击”。“游”是手段，“击”是目的。我告诉他，从表面上看，日军占领了华北，实际上只占了部分点和线，广大乡村仍在我们控制中。我们进行的是一场人民战争，我们充满了必胜的信心。正如毛主席在《论持久战》一文中所说：

“战争的伟力之最深厚的根源，存在于民众之中。日本敢于欺负我们，主要的原因在于中国民众的无组织状态。克服了这一缺点，就把日本侵略者置于我们数万万站起来了的人民之前，使它像一匹野牛冲入火阵，我们一声唤也要把它吓一大跳，这匹野牛就非烧死不可。”

“野牛！哈哈，野牛！比喻得顶好。”杜伦开怀畅笑。

我谈到敌人“五一大扫荡”以来冀中平原游击战争的情况时说：我军既敢于在敌重兵围困之下坚决打击敌人，又讲究斗争的艺术，坚持积小胜为大胜的原则，首先打击对群众危险最大的日军和铁杆汉奸。为此，冀中军民创造了“挑帘战”、“院落伏击”、“捕捉战”等多种战法。

我军还利用日军修碉堡要木匠的机会，化装成木工，带着锋利的斧头进入敌堡。敌堡内的日军由于夜里不敢睡觉，白天都在休息。我军便抓住这个机会，挥斧入室，把敌人砍成肉泥。

六分区的指战员侦知敌据点里的日军每天早操时都不带武器，低头默诵“天皇圣训”，便化装成挑担、送粮的百姓和骑车送情报的“顺民”一拥而上，全歼敌人。

我军还利用日伪军的矛盾，化装日军袭击伪军，化装伪军袭击日军，化装一部分日伪军袭击另一部分日伪军，并利用伪军、伪组织中的内线关系，对孤立、分散和内部动摇的敌人据点实行围困，里外夹击。

我军指战员时而化装成出殡的模样，在特制的棺材里藏着机枪，待接近敌人时突然一阵猛打，将敌全歼，时而巧扮花红，化装娶亲，诱敌出碉堡来抢亲，出其不意地打他个落花流水。对少数罪大恶极的敌军头目及“铁杆汉奸”，则采取“单打一”、“掏老窝”的办法，坚决除掉。

“哈哈……”杜伦忍不住又笑。他两眼生光，脸颊泛红，不断地竖起大拇指。

我又谈了我们在冀中平原开展地道战的情况。杜伦对此感到很神秘。大概是想得点感性知识吧，他跃跃欲试地说：

“将军，我想去钻钻地道，如果您许可的话。”

我笑道：“当然可以。”

我把周自为同志找来，让他陪同杜伦中尉去钻几个地道。后来我听说，杜伦钻地道时倒还能吃苦，那么个大高个子憋在低矮的地道里，始终不退缩。他好提问，地道里的一切设施他都要问问。钻出地道口，看到挂着的高粱穗子，他都感到好奇，问那是何物。过了几天，他再次见到我时，大谈观后感，一方面称赞这种地道修建得巧妙，另一方面却对这样的“土地道”能否抵挡得住日军重火器的攻击，持怀疑态度。

这时，我们正好准备在饶阳城南边的小堤举行一次大规模的军事检阅，以此振奋士气和民心，推动部队和民兵的训练。我特意邀杜伦去看检阅。我和林铁、金城等同志，经饶阳城东七里处到了滹沱河南边。饶阳城是全县剩下的唯一的一个日军据点了。敌人把碉堡建在城墙上，昼夜提心吊胆，生怕我们攻城。我们从城东、城北两面已经限制住敌人的活动。距城七里的诗钦村，人民已经可以放心地跳秧歌舞了。

杜伦是由我们的同志护送，乘着牛车从饶阳城和安平城中间穿过来的。碰巧，那天晚上我们七分区的所属部队袭击敌人据点安平城，骤然间，枪炮齐鸣，弹火纷飞。不一会，城楼的东北角燃起了熊熊大火，乡亲们远远望着，高兴得直喝彩：

“东北城楼被攻占了！”

“八路军这是第三次打入安平了！”

“安平迟早要被咱们全部占领！”

杜伦亲眼看到此情景，很是激动，嚷嚷着要跟进城去看看。当然，我们没同意，因为安平城还未最后占领。

在小堤村举行的检阅开始了。杜伦看到通过检阅台的一队队八路军，雄赳赳，气昂昂，一式日军装备，以及他们和民兵精湛的射击、投弹、刺杀表演，佩服地对我说：

“将军！我在重庆看过国民党的军队，他们每个连队都不满员，他们搞假的，临时凑起来的。你们是真的，兵源是无穷的。共产党有办法！”

说到这里，杜伦转眼看了看周围，压低嗓门，意味深长地对我说：

“将军，咱们是朋友，朋友之间说的话，最好不要传到第三方那里去，好吗？”说罢，他肩一耸，两手一摊，做出无可奈何的表情，笑了。

看来，杜伦虽然是位美国军官，受“唯武器论”的影响颇深，但他还是有些正义感和分析力的，为人也坦率。

检阅完，杜伦一个劲地说，冀中这个地方有很多东西可以考察，他要到下面去看看，回延安好向他们的上级汇报。随后，我安排他到七分区和八分区去了一趟。七分区的领导同志和八分区的司令员兼政委周彪都接待了他。他参观了那两个分区，很兴奋，说收获很大，还想到九分区去看看。我考虑到那一带靠近平汉线，据点不少，怕不安全，就劝他别去。可杜伦正在兴头上，根本听不进我的意见，一个劲地要走，还幽默地说：

“从祖先开始，我们美国人，特别是美国军人，就富有冒险精神！”

我只好同意了。我给九分区司令员魏洪亮打了个电话，通知他要保证杜伦的安全，还交代说：

“你们要热情接待，可以让他看看附近的部队，协助他了解一下情况。”

一月十五日，杜伦在我们派去的作战科长高存信、参谋吴英民及两名警卫员护送下，出发到九分区新驻地——任丘县边关村。

杜伦到达九分区后，由于魏洪亮同志跟我到白洋淀看地形时冻伤了脚，感染了，正发着高烧，便由作战科长雷溪接待杜伦。过了三天，魏洪亮同志打了几针之后，病情有所好转，便坐在炕上和政委王道邦一起接见了杜伦。后来我听说，杜伦对这两位年轻的分区领导很赞赏，而魏洪亮和王道邦同志对杜伦的接待也是很热情，很有分寸的。

为了研究春季反“扫荡”准备工作，检查练兵进展情况，讨论军火生产、供给与地道斗争等问题，一月十七日，我们在军区召开了为期九天的分区以上干部会议。这是我到冀中后召开的第一个高级干部会议。长期以来，因为斗争形势和环境的关系，冀中各军分区大体上都是各自为战，缺乏统一领导。有一些领导同志和我在这次会上还是第一次见面呢！不料，会议结束后，从九分区传来一个消息——

昨晚，河间敌快速部队及任丘、高阳之敌共两千多人，突然向边关村奔袭，九分区司令部匆忙转移到附近的皮里村，魏洪亮和王道邦同志带着杜伦下了地道。敌人在今天拂晓时分，把边关和皮里两个村铁桶般地围住了。现在，魏洪亮和王道邦他们已经与敌人激战了五六个小时，具体情况不明。

我想，日军可能得知有一名盟军观察员到冀中来了，这次突然奔袭边关村，除发现我们九分区司令部外，也很可能与发现盟军观察员有关。

于是，我立即命令八分区的两个区队和九分区的二十四团、四十二区队出动，在外围袭击敌人，为九分区司令部和杜伦中尉解围。魏洪亮和王道邦同志面临的情况很严重，九分区的战斗部队都不在他俩身边，他俩只能带着分区机关干部和民兵坚守地道，在我外围部队的配合下，与凶恶的敌人进行地道战。

地道战，是英雄的冀中人民在粉碎日军“驻屯清剿”斗争中广泛开展起来的，他们有了许多新的创造。

“五一大扫荡”前，冀中人民群众在斗争中就挖了许多土洞和地窖，以防日军杀人抢劫、凌辱妇女。

“五一大扫荡”后，随着斗争的日益残酷，我党领导人民把简单的土洞和地窖发展成各家相通、环绕全村的地道，然后又发展成村村相连的地道网。冀中全区到底有多少地道，没有仔细统计过。只晓得一九四四年下半年以后所挖的地道就有一万多里长了。在战争最残酷的岁月里，冀中人民以英勇的战斗精神和无穷智慧筑起一道“地下长城”，化无险可守的平原为抗敌要塞。

但是，当时地道还存在不少问题，关键是只能隐蔽自己不能攻击敌人。另外，如何对付敌人的火攻、水攻、烟攻、毒攻、挖掘，以及我们的照明、防病和吃喝拉撒睡，都是亟待解决的问题。

为此，军区对地道进行了考察，我带周自为和阎佐三等同志先后去过任丘、蠡县、大城、饶阳、安平等县，冀中平原最好的地道和最差的地道我都钻过，了解到大量情况。

考察后，我写了一本两三万字的小册子，即《冀中平原上的地道斗争》。在这本小册子里，总结了各地的经验，强调要把隐蔽性地道和战斗性地道结合起来，成为一座既能保存自己，又能消灭敌人的地下堡垒。

这本小册子还探讨了地道战的战术问题，集中群众智慧，列举了解决在地道中生存、战斗的许多巧妙办法。阎佐三同志为这本小册子画了地道构筑图。林铁、金城、罗玉川等同志补充了许多好意见。《冀中平原上的地道斗争》作为秘密文件油印下发了。

后来，在各级党组织的领导下，人民群众把发展地道与改造地形，改造村落结合起来，形成了“天地人”（房顶、地面、地下）三通，沿村、街道、院内各三层的纵横交叉火网，再以野外地道为纽带，把村庄、野外的地道组成一个连环作战阵地。既可打村落战又可野外出击，既利于小分队活动也利于大部队集结，可防可攻，还可以依托四通八达的地道，封锁敌人的岗楼和据点。

如今，日军以重兵突袭皮里村。那里的地道能不能经受住考验呢？杜伦中尉不相信我们“土地道”能对付日本人的进攻。现在，这位有“冒险精神”的美国军人已经身陷其中了，他情绪如何，是安是危？

事后，我才知道详细情况：敌人突然奔袭边关村，魏洪亮和王道邦同志决定趁夜转移到边关附近的皮里村去。可是杜伦不赞成，他对九分区作战科科长雷溪说：

“请告诉司令，对这个决定我很有意见！既然转移就应该转移到大炮射程以外。皮里村离这里只有几里，大家的生命安全仍然没有保障。”

魏洪亮同志仍在发烧，两脚肿痛，不能骑马，只好坐在担架上指挥转移。他要雷溪同志向杜伦解释：日军的伎俩，我们早已摸透，突然奔袭不足为奇。皮里村的地道是双层的，安全可靠，叫他尽管放心。

“喔，上帝！那种土地道。”杜伦连连摇头，背起自己的卡宾枪和左轮手枪，嘟哝着跟他们走了。

到达皮里村已是后半夜。高存信和马振武同志陪同杜伦来到卢大娘家里。卢大娘见来了八路军和盟军朋友，高兴地捧出花生、柿饼招待客人，把热炕让给杜伦睡，杜伦的情绪才好了些。他握着大娘的手，连声说：

“谢谢！谢谢！”

拂晓时分，六七百日军突然把皮里村团团围住了。原来，日军确实得到了盟军观察员到达九分区的情报。辛中驿据点的敌人赶到边关，挨家挨户一搜，没见美国人和八路军，河间的敌人则直扑皮里村来了！

魏洪亮和王道邦同志立即决定让杜伦下地道。高存信同志急忙把正在呼呼大睡的杜伦叫醒。杜伦一听有情况，睁开惺忪的睡眼，“嗷”的一声蹦下地，慌里慌张地就要往外跑。警卫员赶紧拉住他，告诉说村外都是敌人，要赶紧下地道。接着，他们按卢大娘指的方向，往壁画后面夹皮墙上的地道口钻。不想杜伦身子肥大，下到一半就卡住了。正在这时，村里响起了枪声，可杜伦的身子把洞口堵得死死的，上半截还露在外边，急得他“上帝，上帝”直叫唤。高存信他们一急，推的推，拽的拽，硬是把他送进了地道。

刚把杜伦送入地道，院子南房顶上就传来了哗啦啦的声音，卢大娘惊叫一声：

“鬼子上房了！”

“大娘，快下地道！”高存信同志举起手枪，向南房顶上开了几枪，敌人在上面惨叫着，随即“啪！啪！啪！……”往下连打了六枪。卢大娘把高存信他们死命地往洞口推，用变了声调的沙哑嗓子喊着：

“他们要抓你们，快！你们先下！我不要紧。”

高存信他们刚进入地道，日军就冲进院子里，把卢大娘捉住了。

在魏洪亮和王道邦同志的住处，敌人上了东屋房顶，正要对准他们住的北屋射击，警卫员张建祥——一位白洋淀打水鸭的神枪手，急速地操起枪从窗眼向房顶打去，两个日本兵连人带枪栽了下来。魏洪亮、王道邦和雷溪同志便乘机钻进了夹墙里的地道。敌人拥进东屋，一串子弹打得他们鬼哭狼嚎，这是东屋的同志从“翻眼地道”的射孔里打的枪。这种地道挖下去又翻上来，成为凹字形，墙角或其他隐蔽处都有枪眼，既能向外射击，又不怕敌人用水灌。敌人转而扑向北屋，这时北屋的同时也从“翻眼地道”里向他们射击。就这样，东屋和北屋的交叉火力，打得敌人在院子里团团乱转，纷纷倒地。

这时，分区机关和直属队一百多人以及全村一百多户群众，全都下了地道。敌人在村里伤亡不少，却又找不到一个八路军，大为恼怒。他们到处放火烧房，寻找地道口。

在卢大娘家的院子里，敌人发现了一个洞口，可是谁也不敢下去，硬逼卢大娘说出八路军的下落以及地道里的情况。卢大娘一言不发。日本军官勃然大怒，用战刀剁去卢大娘四个手指头。

日军军官的嗥叫，卢大娘令人心碎的呻吟，雷溪他们都听到了。他们再也忍受不下去了。蓦地，他们从地道口猛虎般跃出来，冷不防地开枪，把日本兵撩倒了好几个。剩下的日本兵见势不妙，掉头就跑。雷溪同志趁机扑到炕边，抱起卢大娘。等大群敌人重新扑进来时，雷溪他们已经带着卢大娘钻进了地道，在地道里为她老人家包扎伤口。

由于皮里村的一个奸细告密，日军一下子发现了四个地道口：一个是杜伦钻的那个地道口，一个是魏洪亮和王道邦同志钻的地道口，两个是分区的侦察科和侦察排同志钻的地道口。于是，他们便不择手段地破坏地道：烟熏、水灌、挖掘、施放毒气。

杜伦在地道里紧张极了。终于，他坐不住了，要雷溪同志领他去见司令员魏洪亮同志，说是有话要当面跟司令说。好在地道是相通的，雷溪同志答应了，并递给他一根照明用的蜡绳。这是用艾草搓成的，曾在融化的黄蜡里浸泡过，耗氧少，点着后不容易灭，只要一摇晃就能把周围照亮。当然，若是地道里用蜡烛或手电照明，效果会更好，可这些东西太贵，加上敌人的封锁，就是有钱也难买到。点油灯的话，烟太大，耗氧厉害，也不如蜡绳经济。我曾在地道战的小册子里写道：

“这种蜡绳家家都可以准备。部队人人都要有一把。”

想不到，现在连美国人也用上了它。

魏洪亮同志脚坏了，站不住，正在地道里爬来爬去，指挥大家与敌人来回地争夺地道口。日军逼着一个伪军下地道，被我们的战士王景芳一枪打死了，那家伙又被拖了上去。紧接着，敌人心生毒计，用绳子捆住一个村民，强逼他到地道里来侦察。可这人一下来，就被我们的同志认出是卢洛为大伯，马上给解救了，敌人拉回的只是一根轻飘飘的绳子。日军发狂了，便施放毒气。当冒着浓烟和火星的瓦斯筒扔进来时，警卫员陈学曾一声喊：

“同志们，往里去！”

他自己扑上去，抱着瓦斯筒冲到洞口，奋力扔出洞外，吓得院子里的日伪军，捂着鼻子乱跑。几乎是同时，皮里村的党支部书记从另一条地道钻过来，马上把洞里的防毒帘放下来，接着又把晕倒的陈学曾同志背到通风的地方。地道里又暂时平静下来。

杜伦见到魏洪亮同志，想尽量装得镇静一些，但是那声音仍然有些发抖：

“司令，情况怎么样？”

“不要紧。”魏洪亮同志坐了起来，亲切地安慰说，“我们司令部还在。”

“司令！”杜伦把肥胖的身子挪近魏洪亮同志，试探地说，“你不会把我交给日本人吧，那样，他们马上就撤退了，你们也就没有危险了。”

魏洪亮同志一听，正色道：“杜伦先生，你想错了！我们进行的是正义的战争，凡是同情和支持我们的，都是朋友。共产党、八路军光明正大，不会做出卖朋友的缺德事。有我们在，就有你在。我们可以保证，你不久就会回到延安的！”

杜伦听了，既感动又尴尬，赶紧改口问：

“你们伤亡怎么样？”

魏洪亮同志回答说：“这种地道战，往往是我们伤亡很小，日本人伤亡很多。”

“噢！顶好！顶好！”杜伦像吃了颗定心丸，又返回到自己原来的位置上去了。

日过正午，战斗仍在进行。来突袭的两千多名敌人，一部分正在外围与八、九分区的部队作战，一部分仍在皮里村里四处挖掘，寻找新的地道口。

在另一处地道里，隐蔽着魏洪亮同志的爱人肖哲和她那八个多月的男孩。她听到头顶上“嗵”的一声，便知道房门被踢开，敌人进了屋，正在翻箱倒柜地寻找地道口。沉重的皮鞋和杂乱的响动声传下来，把肖哲怀里的孩子吓着了。孩子咧嘴要哭。肖哲一看不好，赶紧用乳头堵住他的小嘴巴——只要一发出哭声，藏在这里的许多人和一部电台就会被敌人发觉。

那本地道战的小册子，曾谈到，为了防止婴儿在地道里啼哭，可给孩子灌几口酒，让他醉过去睡着，否则有奶他也不一定吃，难免还是要哭，一哭就会暴露目标。可是日军这次突袭皮里村，人们在睡梦中惊醒，仓促下地道，谁也没顾得上带酒。

可怜的孩子被憋得脸涨紫了，小手小脚乱舞乱蹬，肖哲却横下一条心，含着眼泪死死地堵住他的嘴。敌人没找到洞口，出去了。头顶上平静下来，肖哲连忙放松孩子，轻轻拍打他。谁知孩子已经被活活憋死在怀里了。

这一切，杜伦并不知道。他只知道自己的肚子饿了，便向雷溪同志指指嘴和肚子。大家都在紧张地战斗着，谁还顾得上吃东西呢？但是雷溪同志还是向地道里的老乡要了一块玉米面饼，递给了他。杜伦接过硬邦邦的玉米饼子，连说了两声“谢谢”，便蹲在一边吃起来。吃完，他用手绢擦着嘴巴，这才听说司令的孩子被闷死的事，他吃一惊，似乎有些内疚。

“司令，听说你的孩子为我们牺牲了，我感到万分难过！”杜伦再次找到魏洪亮同志，用一种哀伤的口吻说。

魏洪亮同志虽然悲痛，但仍在镇静地指挥战斗。他派侦察员陈学忠从一个通往村外的秘密洞口突出去，给万震西率领的四十二区队送信，要他组织力量合击皮里村敌人。又派警卫员告诉同志们：一定要有信心，万一敌人破坏了上一层地道，我们就到第二层去坚持战斗。天黑后，我们的大部队就会出动，那时候，我们就来个里外夹攻，打一个漂亮仗。此刻，听到杜伦的慰问，魏洪亮同志说：

“谢谢你的关心！为了把日本强盗赶出中国去，我们已经牺牲了无数战士和老百姓，日本鬼子欠下的血债，我们会向他们讨还的。现在，我们正从高房工事上，从磨盘底下，从墙根后面，从庙台背后，狠狠地打击敌人，你可以看一看。”

一位同志把杜伦带到瞭望孔旁边，让他看看地面上的情况。他吃惊地望着日军被不知从哪个方向射来的枪弹打翻，被不时爆炸的地雷炸得缩头缩脑，兴奋地大叫：

“顶好！顶好！”

黄昏时，日军想溜，可魏洪亮、王道邦他们把敌人死死拖住。四十二区队接到出击命令，战士们把棉衣脱了，从很远的地方跑步赶来。这个区队最善于拼刺刀，一冲进皮里村，就与日军刺刀见红，杀得敌人鬼哭狼嚎。几个县的游击大队和区小队在地委书记陈鹏的指挥下，也赶到皮里村外，四处打枪。边关村的民兵和扛着锄头铁叉的群众也来了，敲锣打鼓，把敌人搞得草木皆兵。敌人抵挡不住，狼狈地向河间方向逃窜。杨栋梁率领的三十四区队派了一个连，躲在半路上打伏击，又打得日军丢盔弃甲，扔下不少死尸，剩下的敌人这才逃回了据点。

皮里村地道战胜利结束了。敌人伤亡了几百人。我们只伤亡了一老一小：房东卢大娘和魏洪亮同志的男孩。杜伦钻出地道，亲眼看见村里横七竖八的敌人尸体，惊叹不已。王道邦同志让杜伦稍事休息，吃点东西，然后派人把他连夜送回军区。那个向日军告密的奸细也被魏洪亮、王道邦同志和地委书记陈鹏查明抓来枪毙了。

杜伦穿着在地道里蹭得脏乱不堪的衣服回到张岗。他见到我，头一句话就说：

“将军，好险啊！”

我说：“杜伦先生！我本来不让你去那里的……”

杜伦说：“冀中的地道是万能的，冀中的老百姓顶好顶好，中国一定胜利！我回延安一定好好向我们的将军报告。就凭这个，他们也得给我晋级。”

杜伦离开冀中军区时，把他带来的轻型卡宾枪送给我作纪念了。我也送给了他一些纪念品。

杜伦走了。听说，他一路上总是念念不忘地道。每到一村，首先要问这个村有没有地道，他住的房子有没有地道口，直到听说有地道，他才放心住下。

平原流火

艾斯·杜伦中尉离开冀中军区不几天，我和罗玉川同志扔下自行车，骑上高头大马，带着作战参谋阎佐三、警卫员王志平和小魏以及护送我们的小分队，在寒风呼啸的月夜里，沿着滹沱河和大沙河之间的道路，昼伏夜行，前往晋察冀分局和军区去参加重要会议。第四天夜晚，我们来到了平汉路边。

这次穿越平汉路封锁线，与去年我们来冀中时的情况大不同了。那一回，我们是冒着风险闯过来的，而这一次，我们却提前通知沿线的伪军哨卡：今天夜间十一点钟左右，八路军要过路，请你们监视日军活动，保证过路人员的安全。因为经过一年来的工作，我们已经逐渐把一部分伪军和伪政权控制在手里了。

为了慎重起见，阎佐三同志带着尖兵班先到前面侦察了一番，没有发现异常情况。于是，我们策马顺利地通过了封锁线。

越过平汉路，我又见到了熟悉的群山，见到了熟悉的村庄和父老乡亲，心情异常激动，感到格外的亲切。

在分局和军区召开的重要会议上，传达讨论了毛主席关于扩大根据地、准备大反攻的指示精神。一九四五年初春，世界反法西斯战争已接近最后胜利。日军在太平洋战场上节节败退，于是，在我国闽浙沿海增防，并进攻广东海岸，企图抗击美军登陆；在华北则采取战略守势，继续收缩兵力。这时，各地的伪军越来越动摇，偷偷找我们接头，以便留条后路。日军则越来越孤立，厌战、反战者与日俱增。毛主席谈到一九四五年的任务时，指出要扩大解放区，缩小沦陷区。

中央晋察冀分局和军区根据毛主席的指示和晋察冀的实际，确定我们扩大解放区的主要任务就是开辟雁北、察南、绥东、热河、子牙河和津浦路以东等地区。

在讨论斗争方案时，我和罗玉川同志提出：我们冀中区准备在挤退敌人点碉的基础上，迅速扩大战果，有计划地进行大规模的扩大解放区的战役。

会议期间，恰逢一九四五年春节，同志们喜气洋洋地相聚会餐。军区司令部、政治部、边区政府、联络处、公安处、报社都来了人。席间，大家频频举杯，彼此预祝在新的一年里取得更大胜利。会议一结束，我立即策马驰向唐县、完县交界处的清醒、福南镇，去检查我们冀中军区组织的“拳头”的练兵情况。

自从华北的敌人被迫转为守势以来，冀中军区就注意强调集中作战和建设主力部队。这种集中作战在当时不只是形势发展的可能，而且是形势发展所必须。当然这种集中作战和开展普遍的群众性的游击战是并行不悖的。毛主席讲：在长期奋斗中，游击队和游击战争应不停止于原来的地位，而应向高级阶段发展……当然，这时发展到太高级自然也不可能，在某种意义上是提高了的游击战。而且集中作战必须有拳头、有主力。可是，一九四二年“五一大扫荡”之后，冀中的主力团都走了。有的到晋西北，有的到北岳区，有的到冀鲁豫，剩下的只有一个团，即二十四团，还是一个小团。现在，要扩大解放区，进行大反攻，组织“拳头”自然就成了刻不容缓的重要问题。军区和区党委决定：成立军区练兵团，由六分区的三十一区队①、七分

① 由原三十一、四十四区队各两个连组成。区队长徐信，政委李克忠。

区的三十二区队[①]、八分区的三十七区队[②]和九分区的二十四团[③]组成。练兵团团长、政委由我兼任，黄寿发和王奇才同志分别兼任副团长和副政委，具体工作主要由他们两人负责。为了统一作战思想，加强战术训练，培养战斗作风，我们又把各分区的教导大队集中起来，组织了一个以马青山为团长、宫呈祥为政委的教导团，在路西专门轮训班长和排、连干部。

战马“咴咴”地叫着跑进练兵团的驻地，我望见黄寿发和王奇才同志站在团部门口，他俩已从电话上得知我要来。下马后，我随他俩走向村外山野。

好一个练兵场！真是龙腾虎跃，有擒拿格斗的，有飞越障碍的，有匍匐前进的。一位叫朱彪的连长和其他练刺杀的同志穿着从日军那里缴来的防具对刺、攻防，杀声喊得地动山摇。投弹场上，教练弹如满天流星，弹着点都在四十米以外。进行射击预习的同志趴在地上，一动不动，枪口对着一个个靶牌。靶牌上还画着日军头像：戴着圆框眼镜，仁丹胡下是一张血红的大嘴。显而易见，我们的战士是怀着对敌人的深仇大恨，肩负着民族的希望来练兵的。

黄寿发同志汇报了整训中存在的问题，如：练兵团里新兵多，老兵中间不少也是刚从地方武装转来的，游击习气甚浓等。

“有一个很重要的问题，应该立即解决。”我说，“那就是如何加强干部的战术训练，以适应运动战，你们看呢？”

“对对！”黄寿发和王奇才同志异口同声地答道。

在练兵团干部大会上，我对大家说，我们要打开新局面，就要认真学习毛主席的指示，贯彻军区会议精神。我们能集中兵力在这里练兵，全靠地方党、政、民的大力支持。特别是八分区、九分区、十分区，在冀中区党委、军区和行署的统一领导下，我们兵马未到，他们工作先行，发动群众，除奸肃特，建党建政，减租减息，互助互救，发展地道，扩大民兵，壮大部队，

---

① 区队长谢宏恩，政委贺明。

② 区队长刘绛亭，政委龚友元。

③ 团长张英辉，政委先为梅成章，后为王功学。

做了不少工作，使主力部队得以轮番整训，交替出击。所以，同志们更要争分夺秒地苦练杀敌本领，以形成一个真正的“拳头”。到时，上级一声令下，就把“拳头”挥出去，将敌人砸个粉身碎骨。

会上，同志们的情绪就像一把火丢在油海里，“轰”的一声全烧着了。那几天，我们在练兵团里还搞了大会操、大比武，福南镇一带的老百姓为了看会操和比赛，站得满山遍野都是，真是热闹极了。

检查完练兵团的工作，返回冀中的途中，我听到了苏联红军攻克柏林的消息，不禁大喜。希特勒垮台了，世界反法西斯战争已经接近尾声，日本帝国主义眼看也要完蛋，我们应该加速准备大反攻。过（保）定、博（野）路时，正是夕阳西下，天红似火。我们从冯村和门东村的两个大碉堡中间穿过，敌人哨兵发现了我们，也无可奈何。一位护送我们的同志说：

“不要紧，他没有机枪和掷弹筒。只要他敢出来，我们就收拾他！”

护送我们的武委会主任，一边走一边还讲故事，讲他们是怎样活捉公路上的伪军，又是怎样巧斗碉堡守敌的。我们都听得津津有味。通过敌人的封锁线之后，我回头一望，日薄西山，奄奄一息。我想，眼下日本侵略者的境地不也正是这样吗？！

回到冀中军区，我们又召开了作战会议，决定打几个大的战役，扫除敌人残留在腹地的城镇据点，以扩大解放区。此时，分布在冀中地区的日军是独立混成第九旅团，旅团长是野宪三郎少将。另外，还有从东北调来的关东军和伪满军一部，以及原驻冀中的大批伪军，在保定仍驻着桑木的一一〇师团。

我方呢，遵照毛主席由执行游击战的游击部队化为执行运动战的正规部队，须具备数量扩大和质量提高两个条件的指示，在广泛开展群众性游击战争当中不断扩大队伍，并将各区队陆续扩编为主力团，各分区的游击队也按照军区的指示扩编为分区主力，县游击队扩编为区队，区游击小队扩编为县游击大队。除此之外，还采取了游击队向正规军转化的一系列措施，各分区还广泛地开展练兵运动，针对日伪军在城镇设防的情况，举办坑道爆破训练班，开设黑色炸药工厂，为攻坚作准备。对于各级指挥员，我们还特别要求他们注意运用毛主席集中兵力打歼灭战的思想指挥作战，敢于超越地区作战、敢于打大仗、敢于整个营、整个团地吃掉敌人，以夺取更大的胜利。

我们制定的战役方针是：充分发挥人民战争的威力，采取军事打击与政治攻势、经济封锁相结合的办法，先由西向东，从白洋淀扫向渤海边；而后由南向北，席卷平南、津西，歼灭盘踞之敌；进而穿过永定河、子牙河，切断北宁路、津浦路，协同冀东、冀察的八路军夹击平、津。

整个战役分为春季攻势和夏季攻势两个阶段。

四月十三日，我九分区的三十八区队、四十二区队以及任丘大队等部队，突然将河间、任丘之间的敌核心据点辛中驿铁桶般的围住。就此揭开了春季攻势的序幕。

对辛中驿的情况，我是了解的。那个据点有高达十多丈的母碉两个，还有子碉、暗碉、外壕、铁丝网、鹿砦等。在外壕和铁丝网周围，还敷设了地雷。镇上驻有任丘县伪警备军二大队约一百六十多人，配有机枪、小炮等武器。伪大队长田文明是个铁杆汉奸，无恶不作，民愤极大。

辛中驿的战斗一打响，战况就不断地报到我这里来了。

为攻下辛中驿，九分区派部队在金桥伏击了由大城派出来抢粮的日伪军，击毙击伤敌人数十名，带队的日军小队长当场绝望地剖腹自杀。驻大城的日军山田大队遭此伏击后，感到自身难保，再也不敢轻举妄动，紧闭城门，不肯发兵增援田文明。辛中驿的敌人成了瓮中之鳖。

经过五昼夜的强攻与政治攻势，辛中驿的敌人基本上垮了。这天天黑时，我军攻入纵深，围住了敌人最大的母碉。可是，铁杆汉奸田文明在母碉上摆了一个大油锅，插上十几根粗大灯芯，点燃之后，照的四周如同白昼。田文明本人则赤着胳膊，背着大刀，在碉堡上走来走去，疯狂地叫喊着：“谁要是投降，老子就砍谁的头！”妄图顽抗到底。

我们几次发起攻击，均未奏效，战斗呈胶着状。

午夜时分，我四十二区队又发起了一次强攻，虽未攻下母碉，但是铁杆汉奸田文明和伪连长、小队长等敌头目都被我们的特等射手李小陆和神炮手王文九打成重伤，此外还有十多名伪军送了命。

两天后，敌人弹尽粮绝，不得不出来谈判。不料，正当九分区特派员王宪周与田文明谈判时，河间的敌人突然赶来增援，枪声一响，田文明又强硬起来了。情况千变万化，我们的战士灵机一动，把辛中驿附近的大草垛点着了。增援的敌人被迷惑了，以为辛中驿母碉已被焚毁，便垂头丧气地退了回去。

第二天上午，辛中驿守敌全部投降。捷报传来，我对林铁同志说：

“这个头开得不错。”

林铁同志说：“越往后会越好。”

一望无际的冀中大平原上，春季攻势的任（丘）河（间）战役、文（安）新（镇）战役和饶（阳）安（平）战役相继展开。

任丘城六百多名日伪军被我军和以土枪土炮助战的民兵队伍团团围住了。任丘守敌惊恐万状，向大城的日伪军告急。大城的敌人刚出来增援，我军又佯攻大城，吓得他们连忙回窜。任丘之敌见大势已去，被迫弃城突围，逃向河间城，一路上被我歼灭大半。

任丘城解放后，八分区的部队随即扫除了河间城周围的十几个据点，然后紧逼河间城的四关。河间城里的日军一见大势不妙，便丢下伪军，仓皇窜到沧县去了。这时，河间城也收复了。

正当三十三区队攻打河间与沧县之间的日军据点时，我带着原星、魏巍和阎佐三等同志来到了火线——沙河桥。三十三区队的营、团干部看见我们来到敌人的外壕，他们干脆跃到紧挨敌据点的内壕指挥作战。

我见到了“反战同盟”的三位日本同志，他们是来做瓦解敌军工作的。我握了握他们的手，说：

“你们辛苦啦！可要注意安全啊！”

“谢谢，谢谢司令员的关照！”日本同志兴奋而又感激地回答。说完，他们转身拿起铁皮卷成的大喇叭，“叽里咕噜”地对碉堡上的日军喊起话来。这些日本同志在炮火纷飞的战场上为中华民族的解放挺身而出，多么令人敬佩啊！他们的行为证明，日本军国主义者不得人心，日本人民和中国人民是友好的，是渴望结束战争、返回家园的。我不禁想起冀中军区敌工科的干事宫本信雄。他是日本人，日日夜夜为“反战”而工作着，成绩很大，尤其是在日本士兵当中颇有影响。后来，不知谁回到了日本，对他家里的人说，宫本已经到中国的八路军那里工作去了，家人就给他写了一封支持他的信，信封上仅写着“中国八路军宫本信雄收”几个字。这封信，居然奇迹般地送到了宫本的手中。他读信时，激动得热泪盈眶，说：

“我在日军时，收不到家信。在八路军里，却能收到家信。”

可见，日本人民和中国人民的感情，并没有被战火烧毁。

部队正在向伸入到敌堡下面的坑道里装炸药，魏巍和阎佐三同志也跟着钻进坑道看去了。“反战同盟”的日本同志开始喊话，向敌人交代了八路军宽大俘虏的政策，同时又告诉敌人，我们已经把炸药装到碉堡底下了，希望他们放下武器，不要当法西斯的殉葬品。

过了一会，碉堡上的枪声逐渐稀落下来了。我隐约听到，碉堡里一阵骚动。突然，传来一阵歇斯底里的嘶喊声，接着又响起了一声沉闷的枪声。“反战同盟”的日本同志告诉我，这是顽固的军官在枪杀自己的士兵！同志们气坏了，嚷嚷着：

“干掉他！”

碉堡上敌人的机枪又响起来，子弹“噗噗噗”地落在壕沟边，震得壕壁的泥土簌簌往下掉。我想，敌人如此顽固不化，那就只好请他们上西天！于是，我立即下达端炮楼的命令。

霎时间，只见火光一闪，“轰隆”一声，碉堡被炸塌了，敌人全部丧了命。

任丘战役尚未结束，就传来消息：九分区和十分区的部队相继攻下了新镇、文安两个县城，还击伤了一架前来助战的敌机，缴获了敌人一艘装甲汽艇。遗憾的是，大城的六百多名日伪军赶来增援文安，本来已经被我军放进城里包围起来了，可是夜间突然下起大雨，敌人乘我方警戒疏忽，冲出包围圈逃跑了。我方失去了一次全歼敌人的机会。我要求他们及时总结经验教训，以利再战。

文新战役展开两天后，为使敌人首尾不能相顾，我们又令七分区主力与八分区的一部分部队相配合，迅速发起安（平）饶（阳）战役。在这之前，六分区司令员王相臣和政委张逢时、魏震他们多次找我求战。

我说："别争嘛。这次打安饶战役，你们分区虽然没有主攻任务，但还是有很重要的配合任务呢！"

"司令员，你说吧，我们保证完成任务！"王相臣同志说。

我告诉他："为了声东击西，迷惑敌人，六分区的部队要大破深（县）磨（头）路，不断地袭扰辛集、深县等城镇，并以精悍武装潜入石家庄市，袭击敌华北公务总署，以造成敌人的错觉和恐慌。"

安平和饶阳的战斗打响后，敌人果然猝不及防，乱作一团。

五月十一日夜，七分区副司令员杜文达① 和政委张庆春向我报告：白天，深县的日伪军拼凑了六百多人，带大车六百辆进到安平城。下午，又从安平城钻出来五百多名日伪军，带着三百辆大车径直往饶阳奔去。他们估计敌人要逃窜，因此，准备在韩村铺设伏。我同意了他们的作战方案。

两天之后，敌人由饶阳撤往安平途中，中我埋伏，被歼的日伪军竟然达六百多名。此时，饶阳城宣告解放。安平和武强的敌人弃城逃跑。紧接着，深泽城和新安镇也被我七分区和九分区分别攻克了。当我主力部队围攻内线城镇敌人时，活动在外线的游击队也积极配合行动。津南支队依靠群众支持，攻克了日军十七个据点，在碱河以南，捷地碱河以北，东临渤海岸，西至津浦路约一万平方公里的土地上建立了游击根据地。

五月十三日，春季攻势已接近尾声，这天下午，我们一些军区干部在饶阳县五公村开完碰头会议，我对林铁他们说：

"我们去看看打下来的城镇，了解一下敌情和部队情况怎么样？"

"好哇！"

林铁、李志民、罗玉川、金城同志也都兴致勃勃。

说着笑着，我们不知不觉走出二十多里，来到了滹沱河边。这里，空气中散发着一股强烈的硝烟味。饶阳城内有几团浓烟直上天空，显然，敌人放的火还没有被完全扑灭。民兵们正在捣毁敌人的碉堡。我们仔细地观看和研

---

① 七分区司令员于权申同志因病休息了，所以由杜文达同志指挥。

究了敌人修建的碉堡，随即登上一个制高点，瞭望全程。啊，未被敌人烧毁的房屋所剩无几，到处是一片废墟。

进到城里，我走遍大街小巷，只见到两位白发苍苍的老大娘。她俩哭得像个泪人似的，你一言我一语地向我们诉说着敌人的暴行。从城西边回来的一个侦察员报告说，韩村铺的敌人正在缴枪。老人一听，挥动着瘦骨棱棱的拳头，连声说：

“你们给我做主，打死这帮野兽！”

第二天，我们经窝北菓子洼来到河间城。这城拿下来才两天，可城墙和岗楼已被拆除得干干净净。原来，乡亲们听说要捣毁这些设施，没有动员，就来了两千多人，大家一齐动手干的呀！眼下六千多辆大车正拉着战利品和砖石、木料行驶在公路上。想不到的是，这里有所小学已经开课，学生竟达八百多名，我们可以听到琅琅的读书声，实在令人陶醉。没有这场激战，就不会有这种和平景象，不赶走日本侵略者，人民就不得安宁。战斗虽然胜利了，城内民兵还在挖地道，听说他们昼夜加班，七天之内便可完工。我们又察看了这里的教堂、剧院以及敌人修建的兵营，出席了有一两万群众参加的祝捷大会。

在这里，我们也发现了一些问题：如有少数战士复仇心理非常严重，凡是敌人用过的东西，见了就砸，把一些我们可以利用的物资，也都捣毁了；还有些农民到城里来抓汉奸，报仇雪恨，一旦打听到谁在日伪组织中干过事，不分青红皂白，就把他当场打死。我们立即向各级指挥员指出：要赶紧教育干部、战士和农民群众，注意政策，分清敌我，认识到城镇是我们自己的，我们不仅要解放它，而且还要建设它，迅速纠正这种混乱现象。

我们来到了任丘城。听说攻城时，炮楼上的敌人发现我们八路军中有一个人枪法特别准，就在炮楼眼上放了一块砖。结果，不一会，“叭”的一声，那块砖头就被我们的特等射手谢大水一枪打碎了。这时，敌人大声喊道：

“你们也放一块砖试试！”

我们的一位战士便好奇地摆了一块砖，结果，没多久，他们也一枪把砖打掉了，可见敌人也有特等射手。

然而，就在敌人打完这一枪，鼓噪不已的时候，我们就用各种火器把炮楼的枪眼全部封锁住，他们再也伸不出枪来了。接着，我们很快端掉了他们的炮楼。任丘城和辛中驿据点一样，都是靠坑道作业和爆破来解决问题的。我特地看了敌人的炮楼旧址和我方挖掘的坑道，了解坑道挖掘的深度和长度、装填炸药的数量，还通过审问俘虏，了解炸药爆炸时他在炮楼里的感觉，以此总结经验，向全军区推广。

离开任丘城，我们乘船沿着赵五河、大清河东下。沿河风景秀丽，苇子像一团团、一簇簇绿色的云，缓缓地移动着。河里的船只往返不绝，渔民们敲锣打鼓，赶鱼入网，犹如南方端午节赛龙船一样，热闹异常。这种独特的捕鱼方式，真叫人赞叹不已。

“司令员，你看！”一个同志指着岸边说，“到了。”

原来是我们要去的新镇城到了。这里号称小保定，商业繁荣，地理位置也很重要。敌文安、新镇、大城“剿共总司令”柴恩波就是在这里被我们击伤的。拿下它之后，九分区和十分区就连成了一片。可是距此二十五里的霸县仍在敌人盘踞之下。我们又赶到前沿，视察了一番。

随后，我们又来到炮火纷飞的文安城外。看了看九分区指战员们的围城战斗，检查了他们的战斗方案。五月二十四日夜，九分区部队便拿下了文安城。这时，九分区司令员魏洪亮由于脚被冻伤后感染了，开了刀，正在白洋淀里休养，我们决定专程去看一看他。

傍晚时分，我们坐上小船，向白洋淀里划去。白洋淀里的村庄很多，我几乎都去过，这次来，可谓“旧地重游”了。的确，黄昏时的白洋淀，景色尤为迷人。漫天红霞映在淀水中，使我们的船只就像遨游在霞云璀璨的天上一样，就在夕阳西沉的一瞬间，我们突然看到远方的天空里露出了那熟悉的狼牙山。大家又惊又喜，有的说：

“真是不容易呀，在冀中也能看到狼牙山啊！”

有的叫了起来：“那不是雪踅岭吗？那不是‘通天顶’吗？”

李志民同志深情地说：“都是和我们有着深厚感情的山峰啊！”

明月东升的时候，我们的船只在淀里的一个小村子靠了岸。不一会，我们就在月光下见到了拄着拐棍练走路的魏洪亮同志。

“司令员！”魏洪亮同志惊喜地叫了一声，两手将拐棍一甩，就向我们扑来。我赶紧上去，一把将他扶住。我告诉魏洪亮同志，我们的春季攻势，已经胜利结束了。三个战役共击毙、击伤和俘虏日伪军近四千名，收复八座县城，解放五百多个村镇，拔除敌人碉堡三百多个，如今大清河以南、沧石路以北、子牙河以西、平汉路以东的根据地，都连成一片了！

当晚，我们就在魏洪亮养伤的这个村庄住下了。半夜里，忽然电闪雷鸣，紧接着，大雨从天而降。我被惊醒了。我觉得，那雷声雨声像千军万马在奔腾，正象征着我们即将开始的夏季攻势。

六月八日，我们发起了夏季攻势。在路西整训的练兵团，奉命编成四个大团，开回了冀中，沿途受到冀中人民的热烈欢迎。烈日下，身着便衣的部队指战员正沿着公路，浩浩荡荡地开进。我带着司令部的参谋人员，骑着自行车，夹杂在行军队伍之中。天气酷热，战士们大汗淋漓，浑身尘土，那一张张古铜色的脸上，泛着兴奋的红光。六月十日，我们在暴风雨之夜，乘船通过文安洼五十里的水面，一举袭入子牙镇内。大城县、献县及子牙河岸的三十七个日伪据点相继被拔除。七月九日，我们在石务吉召开了作战会议，决定按计划剩胜打响大清河北战役。我们集中了几个分区的主力部队，形成“拳头”担任主攻。其他各种武装力量则负责配合，他们的主要任务是打击敌人的突出部、结合部、侧翼以及重要的据点和要害部门，钳制敌人，迷惑敌人，以保证主攻部队行动的突然性。这时，中国共产党第七次代表大会的精神正在部队传达，毛主席在延安发出应向一切被日伪占领而又可能攻克的地方发动广泛的进攻的号召，像一团火似地燃烧着冀中军民的心。

我们沿着大清河东进。乡亲们热情地摇着船来支前。

“有病的同志，走不动的同志，都上船来吧！”摇船的老乡笑盈盈地朝我们喊着。不一会，船越来越多，乡亲们纷纷喊道，“同志们，上船来吧！”

于是，我们一部分同志改乘船了。有些战士是头一回坐船，感到新鲜极了。他们用新奇的目光，望着东流的碧水，望着绿得令人心醉的芦苇，望着惊飞而起的水鸭，望着白云似的风帆……

“好地方呀！有鱼有水有船。到了陕甘宁边区啦！”靠近我们的一条小船上，传来了一位年轻战士感慨的喝彩声。

我忍不住笑了起来。我们的年轻战士只知道天下的好地方是陕甘宁边区，却不知道那里是另一种风景哩！

不几天，日军据点胜芳镇被我们突然包围，经过里应外合，一番激战，七月十四日那天，胜芳镇被我们解放了。

“南有苏杭，北有胜芳”，一点不假，我们走进胜芳镇，仿佛到了江南水乡。这个镇子周围是一片绿色的苇塘，环境显得格外幽静。镇上的房屋建筑古色古香，都是用砖砌的。妇女们穿着旗袍，集市上摆满了藕、莲蓬、活蹦乱跳的鱼虾和螃蟹等水产品。据了解，全镇有七千六百多户人家，可是在日伪统治时期，民不聊生，贫民百姓一直在痛苦中煎熬，只有日军和少数汉奸过着花天酒地的生活。现在，胜芳回到了人民手中，乡亲们一个个扬眉吐气，高兴得又是唱又是笑，都说这下可好了，有共产党给我们撑腰了。在天津西面的几个大据点堂二里、信安和王庆坨的伪第七集团军司令部及十七团全部被我们消灭了。在霸县城、独流镇等地的一些“钉子”，也都被我们拔掉了。

为了配合主攻部队作战，涿（县）、良（乡）、宛（平）大队、大兴支队和津南支队在平津近郊大闹敌据点。六分区的部队在司令员王相臣同志的带领下，向赵县、宁晋附近的敌人发起频繁的进攻，迫使敌人放弃了七个据点。不幸的是，分区司令员王相臣同志在战斗中牺牲了！

噩耗传来，我心情异常沉痛：王相臣同志是抗战以来所牺牲的我的战友中职务最高的一位，我站在大清河畔，面向王相臣同志牺牲的方向默哀。此刻，王相臣同志的音容笑貌，和前不久他在高干会议上求战的情景，又出现在我的眼前。相臣同志，你是在这夏季攻势大获全胜的时候，在抗日战争已经接近最后胜利的时候倒下的，你虽然倒下了，却永远活在我们的行列中！

然而，我们冀中军区烈士们的鲜血没有白流，大清河北战役又以我们的胜利宣告结束了。我们冀中军区捏成“拳头”，连续打了五个战役，共歼灭日伪军一万一千多人，解放县城十一座，游击区扩大到北抵北平、南越沧石、东达渤海边、西至平汉线。整个冀中已有近九百万人口的地区，获得了解放。

时值一九四五年夏末，我军扩大解放区的攻势方兴未艾，国际局势的变化异常急剧，八月八日，苏联对日本宣战。八月十日，我们进行的安（国）、博（野）、蠡（县）战役就要打响，参战部队已经展开。是夜，我刚刚入睡，秘书陈子端跑来把我叫醒，激动地喊叫着：

“司令员！司令员！刚才电台广播，日本政府发出乞降照会了！”

我连忙爬起来，问道：“确实吗？”

陈子端连声回答：“确实，确实！”我连着听了两遍，不会错，日本投降了！

“立即通知部队，就地待命！”我兴奋地对闻声进来的参谋人员说。话音刚落，整个司令部就欢腾起来了。

反攻进行曲

日本政府发出乞降照会的消息一传开，司令部驻地附近的乡亲们就立即沸腾起来了。他们纷纷拥到街头，有的敲锣，有的打鼓，有的燃放鞭炮，还有的干脆扭起秧歌来了。战士们也都欢喜若狂，敲打着脸盆、牙缸，喊起胜利口号。尤其是那些家在东北的同志更是激动万分，他们不停地喊着“打回老家去”，兴奋地端起整碗整碗的酒就喝，结果醉得像摊泥。还有的同志高兴地流下泪来，泣不成声。政治部的同志用最快速度印出“号外”，亲自送往各部队。

冀中所有部队都接到通知：原地待命。没多久，朱总司令就下达了大反攻的命令，命令各解放区的部队，立即向敌占区和交通要道进发。冀中军区立即在肃宁县的大官厅召集团以上干部开紧急会议。我在会上指出，我们已胜利地完成了恢复、巩固和发展冀中平原抗日根据地艰巨的任务。现在，我们暂不进行原定的安博蠡战役了，要马上脱下便衣，换上军装，执行毛主席发出的“对日寇的最后一战”命令，开始总反攻！

会场里气氛异常热烈，同志们一个个都像年轻了几岁似的，满面红光。

夜深了，我躺在床上久久不能入睡，心中实在是太激动了。

多么艰苦卓绝的八年！在这八年里，党中央和毛主席为了中华民族的解放，领导我们进行了不屈不挠的斗争。许多国际友人和爱国人士献出了他们宝贵的生命；许多曾与我朝夕相处，并肩战斗的同志，倒在血泊之中。无数英雄业绩，将载入抗日战争的光辉史册！的确，中国共产党是伟大的党，中华民族是伟大的民族。

“一切为了前线胜利！”

冀中区党委和冀中行署提出这个口号之后，行署主任罗玉川同志亲自动员人民群众为子弟兵赶做军服。结果，不到一个星期，我们冀中部队全部换上了用高阳布做的灰色新军装。此时，我们冀中的部队已由“五一大扫荡”之后的一个小团，发展为二十六个团。这是毛主席人民战争思想的伟大胜利，是党中央、晋察冀分局、晋察冀军区在军事、政治、经济、文化等各方面采取了正确的方针、政策和策略的结果，是冀中广大军民英勇奋斗的结果。为了适应全国大反攻的需要，根据中央指示，凡是在冀中工作的东北同志，都抽调出来到东北去。沙克同志带领东北籍干部和冀中的两个团，挺进东北了。延安电台广播了让我们冀中部队接收天津的命令。朱总司令任命我为天津警备司令。

我们在胜芳召集部队开了一个万人誓师大会。会上，我向大家宣布：晋察冀军区聂荣臻司令员已经根据朱总司令的命令，向日本侵略者华北派遣军司令官下村定发出了最后通牒，饬令其在我军区管辖内的日军交出全部武器、物资，依照所规定的地点分头集中，听候处理。凡投降的，不论官兵，保证其生命安全，并予以宽待；拒绝投降者，将其歼灭！我宣读了进军天津的命令，几位指战员代表也分别上台表示了战斗决心。

八月十二日午后，我与林铁、李志民同志率领部队分路直趋天津，去接受日军的投降。沿途我们受到乡亲们的热烈欢迎。他们用树枝和鲜花搭起“胜利们”欢迎我们，有的双手捧着鸡蛋、水果往我们战士口袋里塞，有的端着茶水，大声招呼：“同志，喝一杯茶，解解暑吧，多缴几支日本枪呀！”还有的在路旁手舞足蹈地唱着：

哪一个真正干，
哪个是草鸡蛋，

不要自己吹，
大家来看一看；
共产党抗日最积极，
八路军才是真心干……

唱着唱着，有些小伙子竟不由自主地钻进支前队伍里去了。我心里热乎乎的，我们在欢声动地的热浪中向天津进发。

主力部队开抵天津市郊，另一部逼近大沽，其他部队和广大民兵也把安国、博野、蠡县、雄县、霸县等县城团团围住了。

在史各庄，我们向天津日伪军发出了通牒，散发了延安总部的命令、日本人民解放同盟的宣言和告日军书，敦促日伪军尽快投降。

八月十四日，日本政府正式宣布无条件投降。次日，朱总司令电令日本侵华派遣军司令官冈村宁次，要他立即通知被我军包围的日军向我军投降，并宣布在华北的日军要按照聂荣臻司令员的命令办理投降事宜。

可是，蒋介石在美帝国主义支持下，明目张胆地抢夺抗战胜利果实，竟然也发出了“命令”，要我军“原地驻防待命”，同时又命令日伪军就地“维持治安”，等待“国军”前来受降！

我们在天津城的地下党和地下军很快又送来情报：日本投降了，但天津城里的汉奸不但没有受到通缉、法办，反而得到国民党反动派的庇护。蒋介石还给我们加官、晋级、改编，伪军摇身一变，成了中央军。至于日军，蒋介石则请求他们“坚守阵地”，意图很明显，就是不让我们八路军去受降。

情况很严重。在关键时候，晋察冀军区给我们发来了电报，及时地传达了毛主席在延安干部会上所作的《抗日战争胜利后的时局和我们的方针》的报告，毛主席针对蒋介石反动集团的“寸权必夺，寸利必得”的反革命方针，提出了“针锋相对，寸土必争”的革命方针。毛主席说：

抗日战争的阶段过去了，新的情况和任务是国内斗争。

目前这个斗争表现为蒋介石要篡夺抗战胜利果实和我们反对他的篡夺的斗争。

回忆泗水城战斗

林　毅*

1945 年 2 月 4 日，我八路军鲁南军区主力 3 团，在鲁中 3 分区和各地方部队、民兵的配合下，一举攻克泗水城，全歼伪和平救国军第十军军长荣子恒以下 2000 余人，为我军大反攻取得了攻城的经验，打下了攻坚战的基础。2 月 11 日，山东军区首长罗荣桓、黎玉、萧华等通令嘉奖参战部队，指出："泗水的光复，为我创造了极其有利的条件，鲁南、鲁中部队均有崇高功绩。"我当时在 3 团任参谋长，这场战斗虽已时隔多年，但当年战斗的情景，仍记忆犹新。

（一）

荣子恒是原东北军阀张作霖的总参谋长荣臻的儿子。他是个不学无术，吃喝玩乐的花花公子。九一八事变后，荣臻在东北当了汉奸。荣子恒靠了他老子的地位和影响，先在东北军第一一二师混了个副师长，继之又当了该师的第三三四旅旅长，掌握了带兵的实权。后率部投降了日军，被编成和平救

---

* 作者时任八路军鲁南军区第 3 团参谋长。

国军第十军，他当上了伪十军军长。

荣来到鲁南，极受日军器重，把他视为鲁南的伪军支柱，妄图靠他来伪化整个鲁南地区。荣盘踞鲁南崮口山区，为虎作伥，烧杀掳掠，剿杀抗日力量，干尽了坏事。群众恨之入骨，纷纷要求剪除此害。况且，崮口山区是我鲁南重要山区，与天宝山、抱犊崮互为犄角，敌伪控制该地，严重地威胁我中心根据地的安全。可是，在 1944 年以前，由于敌我力量对比悬殊，消灭荣伪的条件尚不成熟。

经过 1942 年底至 1944 年初这段极其艰难困苦的斗争时间，鲁南军区部队，先后歼灭国民党顽固派第九十二军一四二师和号称“混世魔王”的刘桂棠（刘黑七）的三十六师，拔除了很多敌伪据点，改变了过去那种“东西十余里，南北一线牵，一枪穿透的根据地”的局面。我们的根据地扩大了，装备也大大加强了。就拿我们 3 团来说，每个营都编了个重机枪排，团里还编了迫击炮连。鲁南军民在抗日战争胜利的前夜，开始向敌占区主动出击。

1945 年 2 月 1 日夜，鲁南军区集中了主力 3 团、5 团全部和部分地方独立营、区中队、民兵，乘飓风大作的有利时机，向荣子恒驻地崮口山区及桃花庄，东西天井旺远程奔袭。我们迂回敌后，秘密楔入敌纵深，一举全歼伪十军第二师，击毙师长刘国贞。此战斗极为激烈，我团伤亡较重，我与 1 营营长张朝忠均负重伤。随后我部又乘胜歼灭了伪一师苏富玉部驻柳行头之二团主力。荣遭此重创，慌忙率部进入费县城固守。此时，日军也由于兵源不足，各点守备兵力分散，为了达到“重点守备，要点控制”的目的，便调荣残部由费县移驻泗水城，妄图凭借泗水城的坚固，与靠近津浦路的滋阳（兖州）、曲阜两据点遥相呼应，互为支撑，以苟延残喘。

（二）

我们 3 团领导，在荣子恒刚窜到泗水城不久，即向鲁南军区提出了攻克泗水城，消灭荣子恒的建议。军区批准了我们的建议。

泗水城在山东省泰山的南面，因泗河发源于此故而得名。这是从津浦路上的战略要地兖州通往临沂公路上的一个重要据点，也是连接鲁南、鲁中地下交通的要道。泗水县南北两面是绵延起伏的山峦，两山中间夹着一块狭长的平地，泗河就在泗城以北自东向西源源流过，滋润着一片沃野。这里涝收山，旱收川，农产品比较丰富，是我山区主力和游击队物资供应的一个重要地区。我们鲁南 3 团，当时驻防在泗水城东南约 50 公里的平邑县风阳、唐村、朱家村一带山区。

当接受攻打泗水城，消灭荣子恒的任务时，我们刚刚结束冬季大练兵，指战员的战斗素质大大提高，求战心情非常迫切，这为胜利攻取泗水城奠定了基础。

我团是原山东纵队 1 旅 3 团，后与津浦支队合编改为沂蒙支队，后又改为 3 团的。3 团建立后，经常活动在鲁南、鲁中交界的滋（兖州）临（临沂）公路两侧，不断给日军汉奸以沉重打击。我团的特长之一是攻坚战斗。特别是用炸药进行突破更为拿手。这是因为从 3 团一成立就有像邢波文、马立训那样一批井下采煤的优秀矿工。他们在井下采煤实践中，熟悉了炸药的性能，掌握了使用炸药进行爆破的一套技术。当他们提出在战斗中对日军的碉堡进行外部爆破的建议时，立即受到支持，果然首爆成功，显示了巨大的威力。这一技术，随着以后的战斗实践，不断总结提高，技术越来越熟，用法越来越巧妙，创造了偷爆、空爆、飞爆、连环爆等许多爆破方法。马立训是我团的第一名爆破手。由于他在多次的战斗中爆破敌人的碉堡、城楼、圩墙，出色地完成任务，战功卓著，成为鲁南和山东部队有名的爆破英雄。马立训等创造的爆破技术，以后在山东部队中被广泛推广使用，对提高部队的攻坚技术和战斗力起了重要作用，我们 3 团也因此打了很多漂亮的攻坚战斗，使敌人闻风丧胆，群众亲切地称我们叫“老 3 团”。

（三）

我们在接受攻城任务后，首先通过泗水县委和我团在泗水城的内线关系，对日军进行了周密的侦察。知道泗水城内守敌除日军 6 人外，其余为荣子恒司令部八大处的直属部队，约计1000多人，另有伪县大队180余人。其主力驻于城北故县、城东杨家庄、城南南关及韩家庄，总兵力达2000余人。泗城西门面向兖州、曲阜，有公路相通，荣自以为保险，在防守上较为薄弱，疏忽。泗城乃古城，城墙较高，也比较整齐，城外有护城壕一道，西门两侧筑有独立地堡，无其他防御设施，工事不强，城内兵力多用于城楼及制高点上，司令部设在城里之文庙内。

我们根据各方侦察的情况，认为驻守城内荣直属机关和县大队战斗力不强，如我们突然攻入城内，将其指挥机关消灭，日军失去指挥，易于被我各个击破，并可乘胜争取外围之敌向我投降。因此，在战术上采取了迅速歼灭城内之敌，再歼外围之敌的打法。

1945年2月2日，我带领团营连三级干部，换成便衣，带上短枪和望远镜，向泗水进发。为了避免那些有经验的战士看见我们的行动乱猜疑，走漏消息，我们天不亮就悄悄地离开了营地。当天我们在泗水城南靠近我区的一个村庄隐蔽下来，请了两个熟悉城关情况和地形的向导，在夜幕降临以后大家互相检查了行装，然后悄悄地向泗城接近。我们屏住呼吸，握紧短枪，悄悄地摸进了西关，西关没有日军，我们又一步一步摸到西门口。西门紧紧关闭着，外面没有岗哨，地堡里也没有人，唯有城门楼上传来日军的讲话声、咳嗽声和走动的声音。在这静静的寒夜里这些声音听得格外清楚。看到这种情景，我不由得暗自高兴，如果我们奔袭而来，完全可以直接炸开城门冲进去，使日军来不及清醒就当了我们的俘虏。

圆满完成了侦察任务，连夜返回，赶到营地已是3日早晨。我们立刻向团长、政委及有关人员汇报了侦察情况，并提出了我们的建议。团长很高兴，细心询问了些情况，周密思考后，作了明确的战斗部署，决定下午即向泗水城运动部队，19时发起战斗。我们把主攻方向和突破口选在敌人设防最薄弱的西门。1营以1连由西门爆破突击，成功后负责歼灭文庙司令部之日军；2连由西门以北架梯登城，成功后向北发展控占北门；3连待1连突破后跟进，直扑伪县政府。2营负责肃清南关之日军，3营负责在城东北，打击可能出走之敌。尼山独立营在泗水城与曲阜之间设伏构筑工事，阻击由西面来援之日军。

（四）

当1连带着爆破组进入泗城西关以后，情况发生了变化，不知何故，日军突然在西关增设了一个连防守，这就打乱了1连直接爆破西门，突入城内的战斗部署。只好先与守敌展开激战，当3连前来接替1连围歼西关守敌，让1连强爆西门时，2连已在西门北面架梯登城成功了。原来2连听到1连在西关与日军接了火，就立即组织登城，1排长齐文勇，带领全排迅速突上城头。待2、3排登城时，因上人过多，云梯压断，未能跟进。我登城部队迅速控占西城楼，打开西门，1连、3连和2连的两个排迅速入城，按照任务区分投入战斗，展开巷战。

战斗发展很快，至翌日11时，2营肃清了南关之日军以后，整个战斗只剩下伪县政府高楼、东门和南门三点之日军，于是我们除留少部分兵力包围监视三点固守之日军外，大部分兵力抽出西去，协助尼山独立营打援。

尼山独立营执行打援任务，早就布置在曲泗之间金庄至梁公林这段公路上。为了阻止日军的汽车，他们砍倒公路两侧杨树横在路中间，并做好防御工事，严阵以待。4日13时，曲阜之日伪军果然出援泗水，我部队立即猛烈反击，援敌很快为我击溃，仓惶西逃。

4日19时，我团向困守在伪县政府和东、南二门三点之日军发起了总攻。这三点中，工事比较坚固，兵力较多较强的是伪县政府高楼，这里有日军指挥官石川、顾问长泽金见及伪县大队近200人。我们团级指挥员，大部分前来临阵指挥，王吉文团长亲自观察了地形，决定从西北角对日军炮楼实行爆破。这里有一段五六十米长的开阔地，通过十分困难。王团长亲自指挥火力掩护，第一名爆破手在通过开阔地时负伤。爆破大王马立训立即跃出掩体，迅速冲上去接过炸药包，躲过日军的扫射，向伪县政府高楼突进。40米，20米，10米，转眼就要接近炮楼，忽然见马立训一扑不动了，我们的心一下子提起来。时间一分一秒地过去，我们的心越来越紧张，日军停止了扫射，王团长两眼紧盯着马立训倒下的地方，大家沉默着，猜测着可能发生的不幸。忽听王团长高兴地喊道：“冲上去啦！”没等我们醒悟过来，就听一声轰鸣，伪县政府高楼下面腾起一股滚滚的浓烟。由于这个高楼是修在一个2米多高的土坎上，未被直接炸倒，但是日军却被爆炸声震得迷迷糊糊，晕头转向。在我们猛烈的冲锋下，日军全部缴械投降，日军指挥官石川还想负隅顽抗，被当场击毙。

伪十军军长荣子恒在其司令部文庙被攻占以后，带着他的副军长、师长等百余人退守东门城楼。此时他看大势已去，全军覆灭的下场已无可挽回，于是偷偷弄来一条绳子，拴在城楼上，乘黑夜从城楼上溜下来，妄图逃窜。可是我3营无数只警惕的眼睛和黑洞洞的枪口，早已在城下等着他了，当他溜下城楼没跑多远就被击毙。很快，南门之敌也被全歼。随即荣在故县、杨家庄的两个主力团，在我强大的军事和政治攻势下，也都乖乖地缴械投降。

至此，攻克泗水城，消灭荣子恒的战斗历时26小时，胜利结束，共歼敌2000多人。其中击毙伪军长荣子恒、副军长陈镇潘、参谋长朱洪、一师副师长朱级动以下122人，俘虏伪一师师长苏富玉以下近2000人，击毙日军指挥官石川以下20人（其中日军增援部队14人），俘伪县长李香亭、伪县大队长孔润阡以下180余人。

1945年春节就要到了，泗水城的解放，给传统的节日增添了异彩。人民群众敲锣打鼓，庆祝胜利，准备过年。为了让群众欢欢乐乐过个胜利年，部队把缴获的大批粮食，除留下一部分作给养外，其余全部分给了群众。消息传开，远近百姓扶老携幼，带着口袋、篮子，络绎不绝地赶来泗城领粮。整整一天一夜，泗水城内人山人海，川流不息，人民群众欣喜若狂，赞不绝口地称颂共产党八路军。

战斗在阳高采凉山区

葛振岳*

1945年春天，我在八路军晋察冀第5军分区第6团任政治处主任。我们团活动在雁北的灵丘、浑源和广灵一带。3月的一天，团部通信员急匆匆地到灵丘附近的三楼村找我，要我立即赶回团部。我意识到部队可能有较大的军事行动。回到驻地，团长范志辉立即向我传达了5分区东河南会议精神，大意是根据时局的发展，党中央发出了战斗号召，要求我军不失时机地开展新的攻势，扩大解放区，缩小敌占区，壮大人民武装，消灭和瓦解敌伪军。为了落实党中央的指示，军分区首长决定组成两支北进纵队：第1纵队由6团和灵丘支队组成，任务是开辟桑干河两岸广大地区；第2纵队由30团、35团和浑源支队组成，任务是开辟浑源地区。军分区领导还决定让我带领6团侦察连穿过平绥线，渗入到伪蒙疆政府统治下的采凉山地区，积极袭扰敌人，把敌人的注意力引向平绥铁路沿线，以配合第1纵队主力在桑干河两岸的战斗行动。

为了便于工作，6团侦察连对外称为“五大队”。连长李树青任大队长，我任政委，原政治指导员冯陆云任副政委。下辖一个手枪排，两个步枪排

---

* 作者时任八路军晋察冀军区第5军分区第6团政治处主任。

（轻机枪两挺、掷弹筒两个），一个工兵小组（3 人），共有 80 多名干部和战士。他们都是有经验的老侦察员。战士中有半数是共产党员，每个人都有一身对付日军的过硬本领，可以单独作战。为了行动方便，全队一律穿便衣。

准备就绪后，便从灵丘东南的史各庄出发，沿着崎岖的山路向西北方向插去。当时，日军已丢掉了侵占多年的灵丘城，往北线收缩。因此，我们开始没有遇到什么阻碍。傍黑的时候，我们悄悄地越过日军的第一道封锁线——浑（源）广（灵）公路之后，又急行军近两个小时，来到寨子山下的一个小村过夜。第二天，我们派出少数侦察员出村侦察敌情，并通过关系去寻找大同县地方组织。临近中午，侦察员领来 4 个农民装束的人，两个是大同县委派来同我们一道去采凉山开展工作的区干部，其中有一个是大同区长王信；还有两个是当向导的老乡。王信向我们介绍了情况：这一带是日军“治安强化”的“模范区”，我们的力量比较薄弱，大同县党、政、群组织曾两次遭到日军的破坏，现在只有十多个人在坚持着工作。

夜幕降临后，我们跟着向导，又踏上了征程。午夜时分，便到达了桑干河边。桑干河是日军继浑广公路后的第二道封锁线，沿岸两侧有不少据点和岗楼。此时，日伪军做梦也想不到，一支八路军的小分队正在他们的眼皮底下渡河了。雁北的 3 月，仍然寒气逼人。同志们趟进齐腰深的冰水里，一个个冻得双腿麻木，不少同志被冰凌划破了皮肤，上岸后，经冷风一吹，冻得直打寒战。大家很快穿好衣服、鞋袜，跑步前进，直跑得浑身发热，才稍稍放慢了脚步。天快亮时，我们来到大北庄宿营，待到夕阳西坠，又继续朝着采凉山方向前进。晚 10 时左右，我们越过了平绥铁路，终于到达了采凉山地区。

根据上级关于积极袭扰、造成声势的要求，在过平绥路时，我们袭击了聚乐堡火车站。当我们悄悄靠近车站时，正巧有一列火车由西往东缓缓地开进车站，我们尾随着火车，突然冲了进去，先甩了一通手榴弹，接着，几十支长短枪一齐开火。月台上敌铁路守备队员毫无准备，在我突如其来的打击下，有的应声倒地，有的狼狈逃窜。等到日军惊魂稍定时，我们早已撤离车站，上了采凉山。我们没有固定的驻地，大二对营、九对沟、黄叶沟、韭芽沟等村是我们袭击敌人后经常休息和总结工作的地方。

采凉山地区的人民群众，在日伪的残酷压榨下，过着衣不遮体、食不果腹的苦难生活。他们对日军和汉奸充满了仇恨，但对共产党和八路军也缺乏了解。加之我们为了不使日军找到踪影，每天都要转移驻地，而且全是夜间进村，有时一夜要换两个地方，这也增加了群众对我们的疑虑。有些老乡误把我们当成汉奸“便衣队”，处处躲着我们，所以初期开展工作比较困难。我们发扬了人民军队的优良传统，每到一个村子，就给群众挑水扫院，开展宣传活动，除用拉家常形式宣传外，有时还给群众演戏。当群众了解我们是共产党领导的抗日队伍之后，便逐渐同我们亲近起来，连山上的老和尚也愿为我们提供方便。采凉山的顶端有座破庙，住有几个穷和尚。我们尊重他们的宗教信仰和生活习惯，对庙里的一切秋毫无犯。经过宣传，他们了解了我党的抗日主张和宗教政策，愿意帮助做些工作。我们就在庙里建立了掌握周围敌情的情报站，派一个同志住在庙里，专门负责汇集在山下各个村镇活动的侦察员送来的情报。庙里的和尚也利用下山化缘的机会，帮助我们传递消息。

在采凉山站住脚以后，为迅速打开局面，扩大影响，牵制敌人，我们积极展开了袭扰活动。首先爆破了平绥线上三十里堡六孔铁路大桥。这座桥距大同约 30 华里。当时日本由于穷兵黩武，国内能源奇缺，每天都有不少列车把大同的煤东运。我们决定炸毁这座铁桥，切断日军的交通。一天，侦察员送来情报，当天午夜有日军一军用列车开往大同。我们预先侦察好地形，晚 9 时许，全队一起出动，直奔三十里堡大桥。桥身架在一道干河槽上，距河床底部约两三丈高。部队接近大桥后，先布置好警戒，工兵把炸药埋在桥西头铁轨枕木底下，装上引信，系好长绳，人隐蔽起来，等候启爆。不一会儿，一列火车由东向西飞快地行驶过来，只待一声令下，这座铁桥就会骨断腰折，车毁敌亡。火车越来越近了，工兵们正全神贯注地准备启爆，可是听到的却是不让炸的命令，原来这是一列客车，正风驰电掣地驶过铁桥。客车过后，四野又恢复了死一般的静寂，同志们耐着性子等待敌人的军用列车。春夜的寒霜沾上了战士们的衣帽，山野的冷风驱散了大家的倦意。过了很长时间，忽然，从远方传来了火车的铿锵声，声音由弱变强，越来越大，车头灯射出刺眼的光束。同志们压抑住心头的兴奋，屏息静待。就在这列军用火车爬上铁桥的一刹那，猛地响起了惊天动地的爆炸声。桥身被掀断，铁轨、枕木、石子四处迸飞，火车头脱轨甩出，翻滚在路基旁，其后的各节车厢，像一条断了头的毒蛇，歪七扭八地坠入桥下。押车的日军连同满车的军用物资统统被报销。

三十里堡六孔桥被炸的消息立即传向四面八方，周围群众莫不拍手称快。日军却非常恼火，立即出动工兵前来抢修。他们刚把这座桥修好通车，没过三天，我们又把阳高附近的王官人屯三孔铁路桥炸断了。这座三孔桥的桥墩不高，河槽也是干涸的，我们布置妥警戒后，很快把炸药埋好。没有多久，敌运输粮食的火车通过这座铁桥，炸药引爆后，顿时，火光冲天，响声动地。火车被腰斩数截，倾覆在桥下的沙滩上。不一会儿，王官人屯车站方向传来密集的枪声，这是我警戒分队和敌护路队交上了火。我们立即背上一些粮食离开现场，胜利地返回驻地。

大同、阳高间的铁路桥再次被我们炸毁后，日军增派了大量护路巡逻队坐着铁甲车整天杀气腾腾地在这段路线上奔忙。我们避开敌人锋芒，转移了斗争目标，把部队分编成若干小组，开始剪切敌人据点间的电话线路，破坏他们的通讯联络。不几天时间便把阳高通往兴和、官屯堡的电话线全部收光，并不时派人到铁路沿线收割敌人的电线。

当日军的注意力从护路转移到护线上来时，我们趁其不备袭击了王官人屯火车站。我们有几个同志负了轻伤，没有死亡。就这样，我们时而东，时而西，行踪不定，神出鬼没，打得敌人整天提心吊胆，草木皆兵。

当我们在采凉山地区接连袭扰敌伪军之时，我1纵队主力已经挺进到桑干河南北的广大地区，发动了政治、军事攻势。但是由于我们这支队伍活动频繁，直接威胁着平绥线，日军不先吃掉我们，就无法抽出更多的兵力去对付我在桑干河一线的主力部队。于是，他们调集了大同、阳高、丰镇、左云、右玉等据点的500余名骑兵，组成所谓讨伐队，从5个方向同时扑向采凉山，妄图一口把“五大队”吃掉。我们采取“避其锐气，击其惰归”的战术，叫日军偷鸡不成蚀把米。日骑兵“围剿”我们的那天，天刚蒙蒙亮，便听到山下四处人喊马叫。我们站在山顶上向下望去，影影绰绰地看到日军顺着弯弯曲曲的山路牵马爬行。开始时，敌动我不动。当日军快接近我们的时候，我们凭借纵横交错的深沟大壑，很快地跳出敌包围圈。当中午日军五路讨伐队人困马乏地会合在山上大庙时，不仅一个游击队员没抓到，就连庙里的和尚也不见踪影。兴师动众地忙活了半天，一无所获，只得垂头丧气地顺原路下山返回老巢。

此时，我们的队伍迅速地在敌人的包围圈外集中，于采凉山东北山麓的九对沟附近，伏击了从山上下来准备返回丰镇据点的一小股日军。日军不敢恋战，骑着马逃进附近的镇边堡。天黑以后，我们趁日军惊魂未定，又对镇边堡进行袭扰。第二天一早，这股日军便偷偷地经过官屯堡据点，逃回丰镇去了。我们乘虚而入，开进镇边堡，宣传队搭台演戏，领导干部召集了士绅座谈会，宣传抗日斗争的大好形势和我党我军的政策，从而壮大了声威，扩大了影响。

为了不让日军摸清我们的行踪，在取得反合击胜利后，我们除留下少数人继续掌握山周围情况和配合区干部开展地方工作外，多数同志转移到采凉山东北方向的云门山一带活动。云门山主峰位于阳高城正北约十几公里的地方，这里山峦相连，有广阔的回旋余地。我们在云门山落下脚后，组织小分队去外长城以北的老宫坟，袭击了日本人开设的云母矿。当我们的队伍接近该矿时，日本人听到消息已经跑掉了。他们逃得仓促、狼狈，许多东西没来得及带走，洋马、战刀、手枪和弹药等，全成了我们的战利品。不久，冯陆云带领一个小分队又出其不意地把阳高城东敌据守的柳林桥炸了。

云门山一带群众既受日军蹂躏，又有土匪为患，生活极端困苦，生命亦无保障。我们在访问中了解到，敌伪政权不准这里老百姓种粮食，强迫他们种大烟，口粮、布匹必须用大烟换取，可是每逢收大烟的季节，总有一些“刮烟鬼”（土匪）前来抢劫。群众没有大烟，生活也就没有了着落。为了保护群众的切身利益，我们打击了抢劫的土匪，给群众除了害，因而受到群众的广泛支持和拥护。

当日伪军把注意力转到云门山一带时，我们又突然返回了平绥线附近。我们再度进驻大二对营时，群众像迎接亲人一样地欢迎我们。但这一带的群众生活极其贫苦，许多农民家无隔夜粮，五六口人合盖一床破被子，男人们一年有半年光脊梁。当时，正值青黄不接，群众亟待解决粮食问题。我们了解到日伪在聚乐堡的瓮城里囤积着许多粮食，由伪乡长、大地主刘克昌一手经管。刘克昌是一个死心塌地的汉奸，他在大同城里开商店，在聚乐堡开粮店。这小子心黑手辣，一方面把日本人转卖给农民的粮食掺砂掺水，一方面用自家粮店里的霉烂粮食调换好粮。农民对他恨之入骨，但因他有权有势，只好忍气吞声。五大队把群众的疾苦当成自己的疾苦，一面把自己仅有的替换衣服鞋子拿出来接济最困难的乡亲，一面与大同区区长王信研究，决定组织一次规模较大的“抢粮活动”以帮助群众度春荒。第二天黄昏后，马家梁、塔儿村、黄岩沟、大二对营等村500多名穷苦百姓，在五大队护送下，有条不紊地进入聚乐堡土城内。我们打开瓮城敌人的粮仓，老乡们一拥而上，用口袋装，用毛驴驮，运粮的队伍连成了串。住在聚乐堡城里的老乡开始不敢参加抢粮，怕刘克昌回来报复，后来见抢粮的人越来越多，也大着胆跟着抢起来。

这一次抢粮，解决了一些群众的度春荒问题，也大大提高了我队的声威。几天以后，我们又得到情报，刘克昌与日军勾结，准备把聚乐堡粮库剩下的粮食全部运走。我们当机立断，决定再次组织群众，抢在日军行动之前，把粮食夺到手。这一次组织的群众比上一次还要多，队伍进入聚乐堡城门后，立即分作两路，一路去抢粮库，另一路直奔刘克昌家的粮店。刘克昌的父亲是个民愤很大的劣绅、奸商，他舍命不舍财，守着粮店不走，被我们的战士捉住了。老乡们冲进粮店，把粮食一抢而光。我们在刘家长工们的暗示下，还从夹墙里挖出了许多银元和布匹。

当我们正在现场组织群众抢运粮食时，日军讨伐队从聚乐堡车站方向悄悄地抄袭过来，被我负责在城外警戒的小分队发现，立即予以阻击，并派人跑步通知我们。我们组织群众火速撤离，同时命令全体队员迎击敌人，掩护群众。就在群众撤出聚乐堡城门不久，讨伐队赶到了。但他们晚到了一步，一个抢粮的群众也没有捉到，只好对着被抢运一空的粮库干生气。

我们回到山上后，决定拿刘克昌的父亲作人质，叫刘克昌到马家梁村口花钱来赎，以便用这些钱接济贫苦农民。刘克昌这家伙口是心非，一面满口答应五大队提出的条件，一面却串通日伪军分两路包围马家梁。我们识破了他的阴谋，及时组织转移。刘克昌父亲在转移时撒腿逃跑，被我们击毙。我们以“五大队”的名义贴出布告，历数刘克昌一家投靠日军、坑害乡民的罪行，说明刘克昌之父被处死是罪有应得，指出日军末日来临，号召广大群众团结斗争去迎接抗日战争的最后胜利；警告伪官吏们认清形势，改弦易辙，将功折罪，如一意孤行，必遭严惩。告示贴出后，我们又处决了死心塌地为日军效劳的孤山伪乡长。这样一来，威慑、分化了伪政权的骨干分子。对于那些肯回心转意，愿为我工作的伪乡长、保长，我们加以教育，并给予他们改过自新的机会。正川堡的伪乡长被我争取过来后，能够根据我们的需要到敌据点送假情报，敌伪抓丁派款时，他也设法拖延。他还把乡公所的钢板、蜡纸和油印机送给我们刻印传单。在不太长的时间里，我们先后摧毁了聚乐堡、孤山、罗文皂等 5 个伪乡公所，在两个乡公所安插了抗日积极分子，使其变为“白皮红心”的两面政权。

战争年月，形势发展很快，当我们正在采凉山区机动灵活地袭扰日军、铲除汉奸、发动群众建立抗日政权时，欧洲战场上苏联红军已经攻克柏林，纳粹德国宣布无条件投降。国内战场上，我各解放区军民发动了更大规模的反攻。在雁北地区，我主力部队已收复了桑干河两岸的失地，逼近平绥路。不久，我团改编为绥东纵队，于 7 月下旬挺进绥东，侦察连奉命归建，随主力向绥东、察北地区进军，以迎接抗日战争的最后胜利。

从接受任务到胜利归建，我们这支 80 余人的侦察连在采凉山区艰苦战斗了 4 个月。在这段时间里，我们一面袭扰日军，牵制日伪力量；一面协助地方党组建了大同、阳高两个区的政权和区小队，同时，还配合区干部深入各乡广泛发动群众，在一些积极分子中发展了党员，培养了骨干，为建立各村的工会、农会、青救会、妇救会等群众组织做好了思想准备和组织准备。这样一来，在敌人曾称为“模范治安区”的土地上，我们撒下了革命的种子，打下了坚实的群众基础，使采凉山区成为我主力部队继续北进的一块稳固的“踏脚石”。

晋察冀边区的反攻作战

聂荣臻*

1945 年 5 月，法西斯德国投降。国际局势急剧变化。晋察冀军区抓住这极为有利的时机，根据毛泽东关于“努力向雁北、绥东、察哈尔、热河及冀东敌占区发展，扩大解放区”的指示，组织军民向敌占区展开进攻战役。

冀中军区从 4 月份起连续进行了任（丘）河（间）、文（安）新（镇）、饶（阳）安（平）、子牙河东和大清河北等战役，共歼灭日伪军 1.1 万多人，解放县城 11 座，部队活动地域扩大到平津郊区。冀中根据地不仅恢复了旧观，并得到新的发展。冀晋军区经过夏季攻势，解放了大批城镇村庄，共歼日伪军 1100 多人，打破了山阴至广灵和桑干河岸的敌人封锁线，为开辟平绥路北和绥东地区提供了前进阵地。冀察军区打开了察北、热西、平西的局面，歼灭日伪军近 2000 人，收复察南大片领土，与冀晋新解放区连成了一片。敌人被压缩在张家口和铁路沿线少数城镇里，出现了空前有利于我的形势。冀热辽区经过 1945 年春季反“扫荡”和夏季攻势中挺进热河和辽西等地区作战，共歼敌 5000 余人，在锦（州）热（河）路南北和冀东开辟了广

---

* 作者时任八路军晋察冀军区司令员兼政治委员。

大地区。

1945 年 8 月 8 日苏联对日本宣战，苏联红军向盘踞我国东北的日军展开进攻。晋察冀军区遵照八路军总部关于向察哈尔、热河以北行动，冀热辽部队向辽宁、吉林挺进的命令，立即组织力量向北平、天津、张家口、保定、石家庄、唐山、山海关等地进军。党政军民各界夜以继日地展开了全面大反攻和准备接受日伪军投降的工作。同时，针对国民党反动派积极部署独占抗战胜利果实的企图，贯彻我党中央关于“针锋相对，寸土必争”的方针，军区将部队大部集中，整编为正规兵团。

我军边开进边扩编，在党的号召下，边区青年踊跃参军，短期内扩编了原有的 38 个团，又将各地区的区、县武装扩编为 62 个团，总数达 100 个团。边区人民政府动员了大量民兵随部队出征。晋察冀分局还从机关和各级党校，抽调了大批党政干部随军行动。

1945 年 8 月 15 日，日本法西斯政府正式宣布无条件投降，但日伪军庞大的武装尚未解除，仍然盘踞着许多城镇和交通要道。蒋介石在美国支持下，调兵遣将，在华北抢占大中城市，一面极力阻挠我抗日军民向日伪军反攻和受降，要求我军“原地驻防待命”，一面又令日伪军就地“维持治安”，并公然利用汉奸特务进行接收工作。我晋察冀军区部队，根据党中央的预定方针，以武力收复了华北大片失地，向敌人占领的大中城市展开了猛烈进攻。

解放张家口市，是军区部队此次反攻作战的一个重大胜利。

张家口市是伪蒙疆自治政府所在地，驻有日军蒙疆驻屯军司令部和第二独立混成旅团 6000 多人，是日伪在察哈尔的政治、军事中心。市郊地势险要，筑有坚固工事。8 月中旬，我察北骑兵支队在张北与苏蒙联军会师，并向张家口以北的狼窝沟一带攻击。8 月 20 日，我冀察军区平北军分区的部队在冀察军区其他部队配合下，向张家口的敌人展开进攻。驻张家口的日军与由大同撤退的日军汇合一起，拼命向我反扑。激战两昼夜后，我各路部队勇猛插入市区，分割包围了敌人。日伪蒙疆司令部 600 多名官兵在我威逼下大部投降。8 月 23 日拂晓，张家口宣告解放。这次作战共歼灭日伪军 2000

多人，缴获步枪 1 万多支，弹药、物资仓库 70 多处，骡马上万匹。随后，我军乘胜解放了察哈尔全境。这一系列的胜利，大振了我军的声威，给日伪军以沉重打击，给国民党反动派以很大震动。

皖江地区对日反攻作战的回忆

王培臣[*]

1945年7月下旬，皖江广大军民热烈响应毛主席关于“消灭敌伪，扩大解放区，缩小沦陷区”的号召，积极向日伪军据点发起猛攻，皖江地区抽出了新四军第7师第19旅第55团（团长朱鹤云、政委邓庆如、参谋长邬兰亭、主任汪佑志），第56团（团长王培臣、政委石裕田、参谋长刘声起、主任王荣光），含和支队的含和独立团（团长郑福生）及几个大队，皖南支队的无为独立团（团长刘金才）及几个大队，巢无独立团（参谋长段广高），第3师独立旅（旅长覃健、副旅长冯志湘）两个团，第7师特务营（营长刘正明），第19旅特务营（营长唐松光、政委郑子争）等7个团和几个大队投入对日军反攻作战，进行了巢湖南岸的盛家湾、无为城、繁昌县的中分徐、巢县的望城岗、和县的雍家镇等战斗，并先后攻克了无为城、散兵、盛家湾、襄安、汤家沟、中分徐、望城岗、铜城闸、运漕、雍家镇等城镇共39处，歼灭日军1个中队又2个小队，伪第三军第四师十二团全部，无为县伪保安团全部，巢县伪保安团2个营，伪中央警卫二师四团二营和县伪保安团2个营，伪一〇四师一个营和各城镇的13个伪自卫中队等共2个团6个营13个

* 作者时任新四军第7师第19旅第56团团长。

中队，毙、伤、俘日伪军达 1 万余人。当时，我 56 团奉命与兄弟部队协同，参加了盛家湾、望城岗、雍家镇等战斗。

一、巢盛公路攻击战

日军为切断我根据地巢无中心区与巢北游击区的联系，以控制巢南山区，掠夺我姥山区铁矿，在巢湖南岸沿巢（县）盛（桥）公路设立了许多据点。其中除盛家桥、槐林嘴、高林桥等据点已被我攻克外，还有姥山、散兵、长岗井、盛家湾等据点仍驻有日军一个小队、伪巢县保安团一个大队和伪第三军第四师第十二团的一个连。

1945 年 7 月下旬，我团及旅部特务营向盛家湾、长岗井、散兵等日伪军据点发起进攻。在盛家湾战斗之前，政委石裕田负责作攻坚准备，并与地方商讨协同解放巢南等问题；我带人先到战地了解情况，研究作战预案。尔后，团党委反复研究了敌情和作战方案，还作了周密的兵力部署。第 19 旅参谋长熊应堂也随我团作具体指导。7 月 25 日黄昏，石裕田政委在巢南大岭对部队作了战斗动员。随后，各分队连夜进入阵地。

1. 奇袭长岗井

长岗井是盛家湾至散兵的联接据点，驻伪军一个排。据点内筑双层炮楼一座，四周各有小碉堡一座，并有围墙相连。围墙外，布铁丝网一道，网外有两道壕沟、一道鹿砦，仅有一座吊桥与外界相通。我担任主攻的 6 连，在自愿报名的基础上，组成 12 人障碍排除队。障碍排除队分成三组，各配大刀、手榴弹，为主攻开辟道路。

25 日 23 时许，排障队在夜幕下迅速翻越鹿砦、壕沟后，和主攻班及 2 梯队一起猛冲，突出敌据点，并展开政治攻势。很快就有 7 个伪军向我投降缴械，但仍有一部窜入小碉堡顽抗。我主攻班在火力掩护下冲进炮楼，以白刃格斗消灭了顽抗之敌。在此战中，我军发挥了近战、夜战的特长，仅 30 分钟，即全歼伪军 34 人，缴获机枪 1 挺、掷弹筒 2 具，我仅伤 2 人。

2. 攻打散兵渡口

散兵是巢湖南岸的重要渡口，驻巢县伪保安团一个中队，100 余人，有机枪 2 挺。散兵西南 6 公里外的南湾渡口，驻巢县伪保安团一个中队之大部。其西南 2 公里的姥山矿，还驻有日军一个小队和伪军一个排。

26 日零时，我 1 营（欠 1 连）向散兵发起攻击，与敌激战 3 小时，于拂晓时攻克。

守敌除 40 人从湖上逃窜外，余均被我所歼，并缴敌机枪 1 挺。旅部特务营因在散兵西南渔塘一线布防阻击，姥山等敌未敢出援。

3. 攻打盛家湾

盛家湾据点，位于巢湖南 7 公里。据点内筑砖木结构三层炮楼一座，炮楼外有围墙、鹿砦等附防设施。围墙正南开有大门，正西水壕上架有吊桥，壕内筑有桥头堡。守敌为伪第三军第四师第十二团一连 150 余人，有轻机枪 6 挺，掷弹筒 4 具，战斗力较强。其连长是伪第四师师长刘子清的干儿子，自称是“能征善战的王老虎”。为此，我团决定由 2 营副营长黄春旺率历史较久、拥有 3 挺轻机枪的 5 连和团属迫击炮连、重机枪排去攻打。5 连前几任连长、指导员都是红军老战士，现任排干陈裕德、班干丁学明是战斗英雄；团属迫击炮连有 9 门迫击炮，排干徐胜道是有名的神炮手；团属重机枪排有 3 挺重机枪，其排长张昆是重机枪特等射手。以上合计兵员 300 人，与敌相比占明显优势。

26 日凌晨 1 时，2 营采取先偷袭后强攻的战术攻打盛家湾。但因地形复杂，我主攻部队数度遭敌火力阻挠，未能奏效。继而决定集中兵力，从正西突击，用 8 门迫击炮，以抵近平射自上而下逐层猛轰敌炮楼，同时开展政治攻势，敌被迫缴械投降，至天亮前结束战斗。此战全歼守敌 150 余人，活捉敌连长王老虎，缴轻机枪 6 挺，掷弹筒 4 具。

4、茶亭阻击战

茶亭位于巢城西南 5 公里外，西距盛家湾 2 公里，北临巢湖，南靠巴斗山。为保障对盛家湾、长岗井、散兵据点的攻击，阻击可能由巢城出援的日伪军，我团参谋长刘声起、主任王荣光等率 3 营全部和 4 连于 25 日 22 时到达茶亭。次晨 6 时许，3 营接团部命令：盛家湾已攻克，你营即撤回大岭。正欲转移，侦察员报告巢城已出动援敌。3 营为保障友邻安全转移，遂按预定方案实施阻击。

6 时半左右，日军一个小队及伪军一个多排为右路，沿公路向茶亭进犯。当敌进至我 7 连阵地前几十米的洼地时，我轻重机枪一起开火，当即杀伤伪军大部及日军一部，余敌仓惶组织顽抗。我 3 营即令 7 连从正面和左翼出击，9 连（欠 1 个排）、4 连从右翼出击，将敌分割包围并与之白刃格斗。在激战中，7 连 4 班长先后刺死两个日军，后又与另一日军拼刺刀，不幸壮烈牺牲。7 连机枪班长翟大保，看见日军小队长挥舞洋刀砍掉我副班长一只手时，他冲上去用长矛打掉洋刀后，把日军小队长活活掐死。4 连 6 班长翟宗怀不顾右臂刀伤，和另一名战士一起活捉一名日军。在我军奋力合击下，缴获重机枪一挺等武器弹药。此时，左路进犯的伪军两个多连企图解围，数次向我巴斗山北坡阵地猛攻，亦被我击退。其后，该敌在重机枪火力掩护下再次向我猛攻，我 8 连长、老红军蔡永祥壮烈牺牲。该连指导员彭醒霞看到我 4 连向敌后侧运动，就高呼道："同志们，4 连打到敌人后面去了，我们冲啊！"于是，彭指导员指挥 4 个排从正面攻打，协同 4 连从侧面出击，迅速将敌打垮。后又乘胜追击逃敌到张小村一线，共毙、伤、俘敌 1 个多连。

茶亭阻击战共打垮伪军 1 个营，歼灭日军 1 个小队、伪军 1 个多连，计俘日军 2 名、伪军 30 余人，缴获平射炮 1 门，轻、重机枪各 1 挺等武器及大批弹药。

这次巢城至盛家桥公路大捷，是我团 1941 年建团以来第一次较大规模的攻坚战斗。自 7 月 25 日到 26 日晚，经一昼夜激战，连克散兵、长岗井、盛家湾等村镇，切断了巢城与姥山矿区日伪军的联系，毙伤伪第三军第四师十二团 1 个营、巢县保安团 1 个大队共 400 人，日军 1 个小队（包括小队长）34 人。其中俘伪十二团一连连长王老虎以下 200 余人、日本兵 2 人。缴获三七平射炮 1 门、轻重机枪 10 挺、掷弹筒 6 具、步枪 100 余支等军用品，为尔后解放姥山矿区创造了条件。

二、激战望城岗

1945 年 8 月上旬，我第 19 旅（欠第 57 团）兵分左右两路，对拒不投降的望城岗、运漕镇守敌发起进攻，以扩大解放区、缩小沦陷区。左路以 56 团、55 团 3 营、师部特务营和巢无独立团等对望城岗守敌进攻。第 7 师代师长谭希林和第 19 旅参谋长熊应堂、政治部主任余明等随行指导。右路以第 55 团（欠第 3 营）及地方武装一部，对裕溪河北岸的运漕镇守敌进攻。

望城岗，位于巢县县城西南 4 公里处，岗高 60 余米。岗内据点有三层炮楼一座，7 米高围墙一道，围墙四角各有小碉堡一个。围墙外有深 6 米、宽 5 米干沟。沟外有鹿砦等附防设施，构成较完整的独立防御体系。岗东是水网地带，岗北、岗西地形起伏，岗西有大路北达巢城，西南至大岭，东南通吕婆店。它西北临巢湖，西南接银屏山，又扼巢湖口至裕溪河段，成为敌人固守巢城的西南屏障、控制我巢湖以南山区和守备巢县城的前哨据点。巢县城是日伪军在合肥、芜湖两大战略要地的中转站，常驻兵力达 5000 人之多，戒备森严。望城岗守敌系伪第三军第四师第十二团九连，共 4 个排，配重机枪 1 挺，轻机枪 3 挺。

望城岗战斗由我 56 团配属 55 团 3 营、师部特务营担任主攻，巢无独立团位于吕婆店一带对林头、东关方向警戒，以保障我团东南侧安全。我团受命后，团党委立即召开扩大会议，研究敌情。与会者一致认为：我若攻，敌必援，援则必经岗西大路；此段地形便于埋伏，战斗应采取“攻点打援”方案，先诱歼援敌，后全力攻点。会后，进行战斗动员，决心“打下望城岗，解放巢县城”。

8月10日23时许，我团以迫击炮、重机枪等火力急射后，守敌畏惧被歼而龟缩不动，并不断向上求援。以伪第四师十二团为主的3个多营兵力于次晨5时30分，由巢城顺大路前来增援，至司家巷时即遭我截击，我于龙王庙附近歼敌1个营。残敌溃成两股，一股约2个连窜至王家凹，被巢无独立团截歼一半，余敌沿裕溪河岸窜回巢城；另一股约1个多营，在伪第十二团副团长带领下，逃入望城岗据点。

打援胜利后，我即乘胜攻打望城岗据点。11日，敌仗其工事坚固，负隅顽抗一天。12日，我以重火力猛攻，仍未奏效。12日10时许，我神炮手徐胜道用3发迫击炮弹即毁敌据点内水缸，迫敌自饮小便。继之，我平射炮、机关炮猛轰敌炮楼，并以轻重机枪封锁之；我5连机枪班封死敌西边小碉堡；我9门迫击炮集中平射，轰开西边围墙；我9连在东门点燃柴草火攻，同时齐声对敌喊话："缴枪不杀，优待俘虏"。敌因外无援兵、内断粮水，四面受围、伤亡惨重而惊恐万状。此时，我团发起猛攻，3个营同时冲上去。我1连机枪班长、特等射手杨维仁，用一挺俄式机枪封住敌据点东北角小碉堡；2排副排长、战斗英雄李勇，跳越鹿砦后向敌投弹10余枚，打退敌人反扑，杀出一条通路后壮烈牺牲。在他英勇行为鼓舞下，1营各连一鼓作气，率先攻进据点。此刻，我3营和师部特务营也相继突入敌据点，至12时全歼守敌。

我攻克望城岗后，巢城守敌又纠集两个营兵力，于当日14时许前来增援，又遭我伏击。援敌见势不妙，调头就逃。我2营奋起直追，截歼敌尾一个多连，余敌溃败，大部窜回城内。至此战斗胜利结束。

我右路55团于8月16日攻打运漕镇，经3天激战，全歼日军一个小队和伪军一个中队，俘伪军100余人和日兵1名，缴轻机枪2挺、掷弹筒1具、步枪80余支及其他军用物资。

望城岗反攻首战告捷，歼伪第三军第四师第十二团全部和巢县伪保安团一部共1300余人，其中俘伪副团长以下1000余人，缴轻重机枪30余挺，步枪700余支，我方也伤亡200余人。此战大量歼灭了敌人有生力量，改善了我军装备，对扩大解放区、鼓舞我对日大反攻起了重要作用。

三、猛攻雍家镇

望城岗战斗后，我团进驻无为照明山东北的赵汪村一带休整。一天，7 师代师长谭希林和 19 旅政委黄火星来我团视察。并下达了“你团和 55 团、含和独立团去攻打芜湖市外围重镇雍家镇，并由你团主攻”的战斗命令。次日，我团经石涧埠、黄雒河、凤凰桥、三汊河向雍家镇进发。

8 月 22 日上午，我和团政委石裕田及 55 团团长朱鹤云、政委邓庆和等赶到裕溪口南岸的大王村师指挥所开会。谭代师长在会上说：雍家镇位于裕溪口西南6公里处，东南隔江，与芜湖相距仅9公里，是日伪军的重要据点。该镇两面临水，防御阵地较坚固、完整。镇西、镇东筑有三层砖木结构的大炮楼控制全镇，镇南沿河堤和镇北均有地堡数座，炮楼和地堡前挖有堑壕、水沟，布有鹿砦、铁丝网、地雷，设有暗堡。镇西的大祠堂被改建成既能屯兵又能防御的工事。

镇内守敌系伪警卫二师四团二营、伪和县保安团曹良文部 1 个营及该镇伪自卫中队共 1000 余人。其中伪警卫二师四团二营下辖 3 个步兵连，1 个机枪连，步兵连各配轻机枪 4 挺、掷弹筒 3 具；机枪连配重机枪 4 挺，日式曲射炮 2 门。该营经日军长期训练、善于守备。且裕溪口驻伪曹良文部 2 个营，芜湖市驻日军第十九旅团大部和伪军 1 个师，长江中常有日舰游弋，巢城驻日军 1 个大队和汪伪第四师刘子清部。上述诸敌均可随时来援，尤以裕溪口敌增援之可能性更大。为此，我们作了如下部署：由我 56 团主攻；55 团（欠第 3 营）于镇东北军施村一线，伏击裕溪口援敌和镇内逃敌；含和独立团于镇东蒋鸽庙、西湖家一线，视情机动，警戒芜湖、裕溪口之敌。

23 日拂晓，我团在镇西以 6 门迫击炮平射。经 2 小时，已将敌三层炮楼自上而下打开了一条宽 1 米、长 7 米的竖沟，迫敌全部退至最下层。8 时许，我 2 营沿圩埂至敌工事前，为敌火力所阻，并遭敌连续反击。2 营 5、6 连用马刀砍杀，与敌格斗，打退敌人反击。但由于地形狭窄，仅宽 10 米，我兵力施展不开，又遭敌暗堡火力拦阻，故我三次冲击均未奏效。在镇东，我 3 营同时发起攻击，8、9 连攻至敌工事前也受阻。

12时许，谭代师长令含和独立团一部从镇东南助政。我团2、3营在此策应下继续强攻。2营5、6连首先直趋敌堡前堑壕内，并依托堑壕封锁敌反击道路，敌我遂成对峙状态。此时，3营8、9连亦攻占镇东北碉堡一座。敌在我东、东南、西三面同时攻击下，惊恐万状，连续向裕溪口求援。

13时许，裕溪口守敌派一个营增援。当援敌全部进入军施村以外、刘家拐以西我55团伏击圈时，我先以迫击炮、机枪向敌猛射，接着又以4连截尾、5连拦头、6连断腰。40分钟近战，援敌大部被歼，少数跳入裕溪河泅逃。

15时许，谭代师长决定乘胜夜战，并将55团炮兵连调归56团指挥。

18时，我56、55团炮火急袭敌工事与屯兵祠堂。敌在伤亡惨重、求援无望中于19时许向东突围。我56团1、2营与7连由西向东乘机猛攻，我侦察连由北向南猛攻，同时突入镇内，歼伪和县保安团曹良文部一个营和该镇自卫中队。含和独立团一部也从镇东南攻入，肃清镇南沿河一线之敌。突围之伪警卫二师四团二营当窜至军施村以南时，遭我55团1营和56团8、9连南北夹击，仅1小时，全歼该敌。

此战共歼伪军3个营和1个中队，计1200余人，其中毙伤伪副团长以下400余人，俘伪副营长以下800余人，缴日式步兵炮2门，重机枪4挺，轻机枪26挺，步枪500余支，掷弹筒24具，短枪20余支，子弹22000余发，电话机2部，电话线2000米。

抗日战争胜利后，为避免内战，争取国内和平，1945年9月7日，我新四军7师19旅奉命北上。

豫西鄂北会战

第二集团军参加豫西会战的回忆

宋聿修*

1945年初，蒋介石把李宗仁调升为军事委员会汉中行营主任，以刘峙继任第五战区司令长官。刘峙在抗战初期，曾被人们赠以“常败将军”或“长腿将军”的诨号，因此蒋介石对刘峙也不太放心，所以特派郭寄峤当他的副司令长官兼参谋长。郭曾任第一战区参谋长，此人多谋善断，蒋介石选他作为刘峙的副手，也是费了一番心思的。随刘峙到第五战区来的，还有参谋处长赵子立，此人也是很有才干的。这时第五战区除指挥第二集团军以外，还指挥着第二十二集团军。

刘峙来到老河口，刚刚安置就绪，郭寄峤尚在西安，敌人就由驻马店一带向第五战区发动了一次攻势。

约在3月下旬，敌人从驻马店一带出发，利用暗夜向西急进。头一天，我们得到报告说，泌阳以北小史店、羊册一带发现敌情，我们当即令驻唐河的第五十五军侦察防堵。第二天上午，又接到报告说，这部分敌人已在唐河、方城间渡过唐河，在河西村庄宿营。当时我们判断，这可能是敌人的先遣部队，昼伏夜行，企图以奇袭战术，抢占老河口机场，然后再以主力向

* 作者时任第二集团军司令部参谋长。

我军进攻，以期减少我方空军对他们的威胁（当时我们的空军已占优势）。我们一面将上述情况和判断报告老河口长官部，一面令第五十五军侦察敌情，并向之攻击；同时令第八十一师在南阳以南的白河西岸占领阵地，准备堵击。

一天上午，郭寄峤由西安来到南阳，在第二集团军总部研究了作战计划。他说：据我得知的情报，敌人在驻马店一带集结了约有一个半师团以上的兵力，颇有向第五战区大举进攻的可能。因为南阳一带是大江以北我方阵线上的突出部，对平汉铁路交通有一定的威胁，所以敌人企图占领它。你们第二集团军应以一个师固守南阳县城，主力布防在南阳南、北两面，沿白河占领阵地，固守南阳，相机反攻。如果敌人过于强大，或由翼侧迂回进攻，形势确实不利时，仍应固守南阳城郊，作为据点，主力可转移到内乡至淅川间的山岳地区，阻击敌人，待机反攻。随后，他就转往老河口第五战区长官部去了。

郭寄峤走后，我们立即命令第一四三师师长黄樵松部固守南阳，命令第六十八军主力在南阳以北沿白河布防，命令第五十五军在南阳以南沿白河布防。因第八十一师未能及时赶到白河西岸防堵，利用暗夜钻隙急进之敌，第三天拂晓，已在南阳、新野间渡过白河，当夜继续西进，第四日拂晓已达邓县以南地区，逼近老河口。因老河口还有预备部队，所以长官部立即向武当山下的草店撤退。这时敌人主力已越过方城，向南阳前进，我们命令部队严阵以待。敌人见我南阳正面防守较严，乃以主力由大石桥附近渡过白河，向第六十八军左翼迂回攻击，第六十八军被迫变更部署，以第一一九师和暂编第三十六师展开于南阳西北地区，利用山地迎击敌人，发生了激烈的战斗。接着敌人继续向我军左翼延伸，我们司令部由刘相公庄向内乡撤退。第六十八军主力无法形成一个抵抗阵线，只得且战且走，也逐步撤到内乡一带。这时敌人并未急于攻击南阳县城，而是以主力对第六十八军跟踪追击。我们总司令部未在内乡停留，继续向淅川撤退。第六十八军曾在师岗和马镫镇一带节节抵抗，但敌人以一部由内乡沿公路西进，经丹水、上集绕至淅川北面，向我军侧背攻击，我军被迫退到丹江南岸，进行抵抗。第五十五军军部及第二十九师在受到敌人攻击时也经邓县、淅川李官桥，撤到丹江西岸。第七十四师留在桐柏、唐河之间，在敌后活动，牵制敌人。

我军退过丹江后，即沿江布防。当时是枯水季节，丹江处处可以徒涉，敌人遂涉过丹江，猛烈进犯。我军被迫逐步撤至豫鄂边界的高山地带，利用有利地形，进行抵抗，敌人的攻势才逐渐停止。

第二集团军司令部退入山区后，暂时驻在豫鄂陕边界一个叫黄石坪的村庄，指挥前方作战。因为这里有一条电话线路通过，可以利用它与第一、第五两个战区长官部直接通电话，信息比较灵通。等到战局趋于平静后，我们的司令部即移驻湖北的郧县，第五十五军军部移驻均县，第六十八军军部移驻白桑关。

奉命固守南阳的第一四三师，在师长黄樵松、参谋长谷云明周密计划下，迅速做好作战部署。黄师长为了鼓舞士气，在司令部院内的防空洞门口，写上“黄樵松之墓”五个大字，以表示与城共存亡的决心。敌人进至南阳附近后，首先向我城外部队攻击，等到把我军主力压迫到淅川一带之后，才集中兵力，攻击南阳城关。第一四三师凭借坚固工事，奋勇抵抗，激战五六昼夜，杀伤敌人甚多。我军在敌人炮兵轰击下，官兵也伤亡不少。刘汝明乃电令黄樵松率部突围，撤至郧县附近。

战役结束后，司令长官刘峙偕同一位姓崔的中将高级参谋到第二集团军各部队来慰劳，他特别对由南阳撤回的第一四三师官兵慰勉有加。由重庆党政军各界组织的劳军团（国民党中央委员刘文岛任团长，国民党中央委员燕化棠和妇女代表倪斐君任副团长），前来慰劳，并在郧县召开了庆祝胜利大会。

激战西峡口

李志勤*

中原会战后，暂编第四军移驻陕西雒南休整，并在雒南（今洛南）三要司至灵宝芦灵关、朱阳关一线修筑工事。不久，部队改编为第二十七军（军长谢辅三），辖第四十七师（师长李奇亨）和暂编第四师（师长马雄飞），我仍任暂编第四师第二团团长。

1945 年 3 月下旬，日军发动了豫西鄂北会战。在猛攻南阳城和鄂北老河口的同时，日军第一一〇师团、坦克第三师团沿南阳、镇平、内乡一线西犯，于 31 日攻占内乡重镇西峡口（今西峡县城）。第三十一集团军总司令王仲廉指挥第七十八军、第八十五军等部，在西峡口以西的丁河店、重阳店等地顽强阻击西犯之敌。奉第一战区代司令长官胡宗南之命，第二十七军于 4 月 4 日开赴前线，暂编第四师随军部前往淅川西坪镇（今属西峡县）。此次作战，军、师、团一律使用假番号，各主官也都有代名。本军及暂编第四师的假番号分别是新编第七十二军和新编第四师，军、师长的代名分别是谢三辅、马腾云；我团称新编第四师第二团，我的代名是李勤。

4 月 5 日，王仲廉部在重阳店以西马鞍桥附近打退了日军的进攻，迫使

---

* 作者时任第二十七军暂编第四师第二团团长。

该敌退至重阳店以东9里的半川阵地。此后，本军协同友军从西、北、南三面发起围攻，于17日收复丁河店，日军退守奎文关及其南北一线。22日夜，临时配属本军的第八十五军第一一〇师（师长廖运周）奉命归还建制，由我师接防该师在丁河店以北的阵地。23日上午，日军乘我师正在接防之机，突然向我团的木寨阵地发起猛烈进攻。我一面指挥部队投入战斗，一面高喊："弟兄们！报效国家的时刻到了，要杀尽日寇，与阵地共存亡！"守卫木寨的第一营第一连在连长孟传刚指挥下，打得十分顽强，经过反复的白刃拼杀，三次打退了日军的进攻。下午，该连已伤亡过半，又一次将敌击退。日军久攻木寨不下，就以猛烈炮火向我军轰击，并派出步兵向我师南北两翼迂回包抄。激烈的战斗一直持续到天黑，日军终于被打退。这一天，我团伤亡100多人，日军之伤亡则数倍于我。当晚，我命令第七连接防木寨，替下了伤亡严重的第一连。

24日凌晨起，日军又开始了攻击，激战至天亮，木寨阵地已数易其手。上午，日军的攻击更加猛烈，我又派一个连增援木寨。中午，日军突破了阵地的一角，情况十分危急。多亏第七连排长石金彦果断率领全排向突入阵地之敌发起反冲锋，将其全歼，阵地方得以保全。下午，守卫马头寨的第四十七师一部，也击退了日军的进攻。当晚，马雄飞师长亲临我团，召集营、连长开会，检讨此次战斗的得失，指示今后部队训练应注意的事项，特别嘱咐大家一定要坚守阵地，歼灭日军，与阵地共存亡。

这时，赖汝雄第七十八军正在奎文关与敌激战，我师及第十五军第六十五师（师长李纪云）奉命配合。马师长从全师三个团各抽出一个营，加上师直属山炮营，交由我统一指挥，攻击奎文关以北的高地至徐家营南北一线之敌。

25日下午2时半，攻击开始，我空军飞机3架飞临助战，投掷了许多燃烧弹，日军阵地顿时成为一片火海，我炮兵也向敌阵地开炮猛轰。右路的第二团第三营在营长王心体率领下，向奎文关以北的高地攻击前进。在翻过一道小山岭时，遭到日军机枪扫射，伤亡了20多人。王营长命第四连和第九连在小山岭上掩护，自己率第八连冲向敌阵。在接近日军阵地时，日军投出了大量的手榴弹，侧翼暗堡里的机枪也猛烈射击，营长王心体、连长刘怀训

（河南禹县人）、排长时凤彩等许多官兵为国捐躯。此后，副营长白荣宣命令第九连攻击日军的右翼阵地，并亲率第四连的两个排再次冲锋。日军以密集火力阻拦我军前进，并发起反冲锋，白荣宣只得带领余部退回小山岭与敌对战。至傍晚，该营已打退了日军的三次进攻，终因伤亡惨重而退回原阵地。

中路的第三团第一营攻击高地与徐家营之间的日军阵地，起初进展顺利，摧毁了一个日军机枪火力点。此时，日军以机关枪、掷弹筒向一营猛射，该营三次冲锋都未成功，官兵伤亡严重。我急调作为预备队的机枪连前往支援，暂时压制住了日军的火力。第一营乘势发起第四次冲锋，接近敌阵地时，左侧徐家营的日军又发起反冲锋。此时该营所处的地形极为不利，受到高地和徐家营日军的两面夹击，只得稍向后退与敌对峙，于傍晚奉命撤回原阵地。左路的第一团第二营经过激战，一度攻占了徐家营以北的高地。傍晚大批日军在炮火掩护下向我发起反攻，又因中路及右路之我军部队进攻受阻，该营也只得退回了原阵地。同日，第六十五师一部对木寨、王家营的日军阵地发起猛攻，一度攻占了木寨西北的高地。27 日，我第四十七师部队再次击退了进攻马头寨的日军。

经过连日的激战，日军伤亡严重，无法从正面突破我军阵地。在得到增援后，日军改变了方向，企图迂回攻击我军的左翼，然后向重阳店、西坪镇突进。4 月 30 日起，我军在西峡口、丁河店以北的大横岭、金鸡岭、米心寨、三尖山、马头寨等地，与日军展开了反复激烈的争夺战。5 月上旬，胡宗南派第九十军之第二十八师（师长王应尊）前来增援，令该师及李纪云第六十五师统归谢辅三军长指挥。此后，我团奉命配属李纪云师作战。

当时，我团阵地与日军仅隔一条小山沟，彼此都能看清对方的情况。一天深夜，我团右后方响起了激烈的枪声。我想，当面的日军很可能抽调兵力前去助战，我团可乘此良机进行一次偷袭。我立即找王化臣营长商议，决定由孟传刚连长率精壮士兵 15 名，去端掉一座日军碉堡。孟连长一行接近碉堡时，听到里面的日军正在大声说笑，庆幸当晚平安无事，就端着刺刀冲了上去。日军急忙抱头逃跑，我军缴获轻机枪一挺、步枪两支。次日，我将战利品送到暂编第四师师部，马师长非常高兴，说：“抗战以来，我师还是第一次从敌人手中缴获到完整的武器，这是我师的一次胜利，今后要继续发扬。”李纪云师长得知此事后问我为什么不将战利品交给他。我说：“我团虽配属贵师作战，但序列未变，仍属暂编第四师建制，所以凡有虏获，理当上交暂编第四师。”

5 月下旬，王仲廉总司令命第二十七军兵分四路，向西峡口方向发起反攻。第六十五师奉命以主力沿孔沟自北向南，攻击西峡口西北的柳树营，同时以一部经雷子寺沟攻击老鹳河东岸、西峡口以北的石龙堰一带。李纪云师长派我团担任主攻。27 日（农历四月十六日）晚，皓月当空，我团悄然无声地进入了预备攻击位置。我命王化臣率第一营打冲锋，第二营随后跟进策应，第三营随团部行动作预备队。20 时 30 分，一连串红色信号弹飞向天空，一营在大炮和重机枪掩护下开始冲锋，1 小时后攻占了过箭岈高地，随即乘胜向南攻击前进。22 时 30 分，我团集中各种重武器向黑石堡猛烈射击，一时间日军阵地上烈焰腾空，枪炮声震耳欲聋。第一营迅速冲入敌阵，与日军展开激烈的白刃战，并多次打退小股日军的反攻。此时，第二营已推进至黑石堡以南、吕营以北地带，即配合一营攻克了黑石堡阵地。28 日拂晓，我率团部到达过箭岈以北的三土槽。当日及次日，我团第一营、第二营坚守阵地，多次击退日军的反攻。

29 日下午，王应尊师的一处阵地被日军攻陷，使我团阵地处于三面受敌的不利态势。我令处境最危险的第二营稍向后撤，留下部分兵力协助第二十八师第八十三团收复失去的阵地。当晚该团多次反攻，均未得手。30 日下午，日军增援部队到达，从东、南两面对我团位置突出的黑石堡、寨沟阵地发起猛攻，我守军伤亡过重，被迫转移阵地。31 日，我团又奉命配属李奇亨第四十七师，守卫马头寨、黄英垛、过箭岈一线阵地。

6 月 1 日后，日军因伤亡惨重、兵力不足、士气低落，再也无力向我军发动攻势。此后双方一直处于对峙状态，直到八月中旬日本无条件投降为止。在此期间，前线阵地常有小规模战斗发生。一天，我团号兵宋积柱（河南禹县人）发现对面阵地上一名日军哨兵正抱着枪坐在树下打瞌睡，就匍匐至该敌兵背后，猛然夺过三八步枪滚下山沟，平安返回我军阵地。

官道口战役

宋克敬[*]

敌 情

抗战后期1944年中原会战后，豫南各县逐次为敌所攻陷。豫西陕州之敌为日军第一军之一部，陕州以南各山地以及灵宝东南地区山地均为敌所控制，洛宁、长水一带，亦均为敌控制，番号不详。

任务及部署

第九十六军转来第四集团军命令：集团军以保卫豫西大据点卢氏之决心，命第三十八军在上戈、董寺、故县地区构筑工事，防止由洛宁进犯之敌，并相机进出长水一带。第九十六军以一个师置卢氏县城附近构筑工事，并担任城防；以一个师置杜关、官道口地区构筑工事，防止由陕州方面进犯之敌。

第九十六军命令，决定以第一七七师置卢氏县城附近构筑强固工事，并

* 作者时任第九十六军新编第十四师参谋长。

担任城防；以新编第十四师置卢氏以北杜关、官道口一带地区，选择阵地构筑工事，并置重点工事于铁岭东西之线，右与第一七七师联系之。

工事构筑及变迁

新编第十四师于 1944 年冬已将铁岭之线防御工事次第完成，1945 年春又召集全师中上级干部，详细侦察官道口及其以前的火山关、大塔山、马家山、老虎头一带地区。三天后开作战会议，一致认为：官道口以前的火山关、大塔山、马家山有利于逐次抵抗，消耗敌人的攻击力量，附近沟道特多，进入时最易迷失方向，其后将汉坡连接铁岭前面的地形较为广阔，如利用做成秘密工事，是很好的歼灭敌人的地区。遂将此意见报第九十六军经李军长同意。

师即决定，命令第四十一、第四十二两个团由官道口东侧山头起，构成至观音山面向东北之秘密阵地，各悬崖尽量利用，沟道内布有相当之铁丝网。

作战部署

1945 年 3 月，洛宁之敌向我第三十八军进犯，经我第三十八军抵抗多日，已被阻止于故县以东地区。据本师情报，陕州之敌第一军之一部准备进攻，究竟是向我卢氏进犯，还是进犯灵宝、阌乡，尚未侦知。本师当时判断：敌人正进攻我第三十八军，大致是为夺取卢氏，但为第三十八军所阻止，所以陕州之敌由官道口进攻卢氏，以支援其东面部队作战之可能性较大。故按作战计划，以第四十一团在官道口以北火山关、马家山、大塔山、老虎头占领阵地，预期作 4 日至 5 日之抵抗，消耗敌人力量，并诱敌于官道口附近，包围而歼灭之；以第四十二团任官道口正面阵地之固守；第四十团任官道口东侧阵地之固守，预期如敌胶着于阵地前，由右翼出击包围歼灭之。第四十一团在前沿阵地作逐次之抵抗，以消耗日军，后撤至第四十二团左翼，占领至观音山之斜面阵地待命，由左翼出击包围敌人。师直属部队（约 1 团）为预备队，必要时加入正面作战。

全军作战及经过

1945 年 5 月 13 日，陕州之敌（据本师虏获文件为一个旅团）约 6000 余人，及陕州以南山地各据点之敌，向我前进，15 日与我火山关及附近各山头部队接触。我抵抗一天，至晚放弃火山关。16 日我第四十一团在大塔山、马家山抵抗一天，入暮又奉命放弃。17 日拂晓，敌向老虎头山进攻，势甚凶猛，第四十一团不能支持。师当时以电话报告军部，并令第四十一团即向预定地区撤退，但该团已损伤颇重，张春光营长负伤。

军部此时命令，认为官道口之战至关重要，决以全力参加作战，军长已率指挥人员向杜关前进，第一七七师（欠 1 团）本日亦可到达杜关。18 日敌对官道口各阵地作数次试探性进攻，均被我击退。本日接军部命令，军决滞留敌于官道口阵地前而歼灭之，新编第十四师务必依预定计划坚守官道口正面阵地，待命出击；第一七七师左接新编第十四师，在官道口以东山地占领阵地，依情况待敌进攻新编第十四师胶着于我阵地前，由右翼进出火山关，包围敌人而歼灭之。

18 日夜敌以全力进攻，战况空前激烈，约 12 时敌将我阵地突破四处，师直属部队全数投入反击，又将敌击退。夜半后，第一七七师正面亦与敌接触，拂晓前激烈异常，整个军均在激烈战斗中。战至天明，敌已不支，向后撤退。军部即以电话命第一七七师迅速进出火山关，截断敌之退路，由右翼包围敌人；新编第十四师由正面出击，进攻老虎头山、马家山。新编第十四师为顾虑全局，令第四十团攻击老虎头山，第四十一团、第四十二团待命出击。老虎头山南北长 10 余里，南端为老虎尾，中部较广阔，为老虎腰，最北高山头为老虎头。第四十团（原系第十七路军教导团）战斗力极强，团长殷义盛又奋勇异常，先攻占老虎尾，攻至老虎腰较广阔地区，敌兵颇众，顽强抵抗，该团长不顾一切，以全团在老虎腰反复冲锋肉搏，进行拉锯战半日，战况之惨烈属本师作战以来之第一次。当时严明在观音山以望远镜观战，曾数次向我们以电话致敬，说：你们的部队真勇敢，我向你们全军致敬。这次我师得到友军称赞，是因第四十团殷团长指挥有方，以及全体官兵奋勇杀敌所取得。老虎头山敌的兵力颇众，第四十团的攻击顿挫下来。师以第四十二团又攻上去，命第四十团准备再次攻击。第四十二团冲锋顿挫下来，第四十团又冲了上去。适此时我空军助战，大量向敌投燃烧弹，第四十团占领了老虎头山全部。令第四十二团攻马家山，亦随之占领。同时第一七七师前进部队攻占火山关重要地点，我第四十一团亦由左翼到达老虎头以西附近。敌人纷纷败退，经由火山关以西山地北窜。新编第十四师奉命追击，晚追至两岔河。20 日继续追击，至陕州以南敌据点工事附近，与敌接触后，又奉命撤至官道口及其附近地区。

计此战役，新编第十四师毙伤敌约 1500 余人，在敌阵地前及山头遗尸约 180 余具，尸体都砍去左手。毙伤及炸死马 100 余匹。新编第十四师伤亡营长以下 1300 余，白刃战受敌刺刀伤连长 12 人。第一七七师毙伤敌 1000 余人。第一七七师伤亡营长以下 1000 余人，白刃战受敌刺刀伤连长 14 人。

此次作战，之所以全军勇敢，军长坚决，彻底击破敌人的主要原因是民众运动工作做得特别好。当时卢氏县长杨子熙对民众运动工作特别积极，战况紧要时，杨县长带学生及民众到达杜关给军队送面粉及干粮、弹药等。学生主动抬伤兵，当时学生的口号是："绝不能放弃官道口，将敌人消灭于官道口，退后一步的不是中国的好男儿。"这样鼓舞了全军，李军长甚受感动。

战后第一战区颁发给新编第十四师殷义盛团长武功奖状一张，记大功两次。

严明当时是奉命带一个军协助本军作战，一个师到达观音山以西地区，一个师处由朱阳关前进中，但未命令直接参加作战。唯严明本人在观音山用望远镜观战，以电话向本军致敬。

参加战役团以上指挥人员：

第九十六军军长李兴中、副参谋长张清波；

第一七七师师长李振西；

第五三〇团团长王汝昭、第五三一团团长张镜白；

新编第十四师师长陈子坚、参谋长宋克敬；

第四十团团长殷义盛、第四十一团团长雷振起、第四十二团团长王训成。

在此次战役中雷振起虏获日军重要文件一份，对我战区及部队指挥官分析与估计敌情很起作用。此文件由陈子坚师长转报第一战区。兹就尚能记忆者，附写于下：

一战区长官胡宗南，短小精悍，好并吞杂牌军队，指挥无能。

四集团孙蔚如，中文造诣颇深，抗战意志坚决，系杨虎城部。

三十八军赵寿山（闻已他调）？指挥优越，部队坚强，组织训练好，系杨虎城部，接近八路，部队多红色。张耀明（闻新来）？指挥拙劣，性情暴戾，蒋系学生。

九十六军李兴中，中文造诣深，指挥沉着，人称儒将。

十七师耿志介（闻已他调未详）。

新三十五师孔从周，指挥灵活，勤苦训练，部队团结，善取居民关系。

一七七师李振西，指挥灵敏，精悍，好叫嚣。

新十四师陈子坚，精于参谋业务。

补给问题

第四集团军第三十八、第九十六两军，1944 年中原会战后到达豫西卢氏，由本地筹集给养，颇为困难，至 1945 年春已到无法再筹地步。胡宗南转拨河南全省已失陷之 100 余县的 1944 年尾欠粮饷全数于灵宝、阌乡两县。集团军派总部杨诚斋交涉多日，全军即将断炊，军粮仍无着落。适胡宗南到灵宝视察防务，杨诚斋借机见胡宗南所部某少将处长，力陈第四集团军缺粮之情况。如此下去如日军发动夏季攻势将无法应付，并且必将影响关中之安全。这样交涉成功，由西安拨发给面粉充作军粮。杨向灵宝、阌乡两县接洽，动员民众，于 10 天内由阌底镇运到卢氏杜关面粉 2.7 万袋，暂时解决了军粮问题，对豫西第三十八、第九十六军的作战有了很大帮助。

弹药补给

第四集团军在卢氏堆集各种弹药甚多，两军战况紧急时，卢氏民众在杨子熙发动组织下，踊跃送上前线阵地，使第一线作战部队从无缺乏弹药事情发生。

老河口攻守战

陈仕俊　傅　英*

1945年3月底，日军第一一六师团经河南南阳、邓县、新野地区向老河口（第五战区司令长官司令部所在地）进攻，另一部日军由宜城经襄阳会攻老河口。当时第五战区（司令长官刘峙。原司令长官李宗仁已调任军事委员会委员长驻汉中行营主任）所指挥的部队位置概要是：长官部（包括直属部队）及第一二五师（二十二集团军拨归长官部指挥的卫戍部队）驻老河口；二十二集团军总部率一二二师、一二三师、一二四师分驻樊城张家湾、张家集附近；四十五军陈鼎勋部率一二七师并指挥曾宪成、曹勖、李朗星三个游击纵队在随枣、大洪山一带，担任守备；六十九军米文和部驻襄阳附近；十五军武廷麟部驻邓县、新野地区；第二集团军刘汝明部所属五十五军曹福林部及六十八军刘汝珍部驻南阳地区。当年3月底（或4月初）日军一一六师团向南阳"扫荡"，经邓县、新野直攻老河口时，第二集团军部队曾在南阳略为抵抗后即行撤退，与驻邓县、新野的部队接触后，即向两侧转进。另一部日军由宜城经襄阳向老河口进攻时，六十九军在襄阳也是稍加抵抗后即行撤走，致使日军长驱直指老河口。

---

*　作者陈仕俊时任第一二五师副师长，傅英时任第四十五军作战课长。

驻守老河口的一二五师，除三七四团回四川接收新兵未到外，当时只有三七三团、三七五团在老河口整训，并无作战准备。所以当日军逼近老河口时，刘峙即率长官部和直属部队仓皇渡过襄河南岸，向均县草店撤走。因长官部驻老河口时间很久，眷属众多，并有大量军用物资搬运困难，交通阻塞，一时混乱不堪。刘峙临撤之前，命一二五师据守老河口城 3 日，阻击日军，以掩护长官部后撤，并调动主力部队在襄河南岸布防。同时又令四十一军派兵一部和四十五军一二七师在老河口外围侧击日军，以策应一二五师坚守老河口城镇。

一二五师当时的部署是：师长汪匣锋率直属部队附战防炮营及三七五团（团长黄崇凯）固守老河口城，副师长陈仕俊率三七三团在城北外围高地占领阵地，担任阻击，并派一个营位置光化县城附近，为前哨阵地。

老河口城内外事先未筑工事，城墙又是一个土墙，缺口很多，因此战事紧急时，各部队就在防区内日夜赶筑工事，居民也动员起来，帮助军队堵塞城墙缺口和构筑巷道工事。城南是襄河，背水为阵无路可退，大家只有下定决心与城共存亡，完成坚守三天的任务。

第 2 日午后 3 时，日军与我前哨阵地接触，开始阻击战斗。战至黄昏，我军将前哨撤回至三七三团本阵地的左侧高地，以便对日军侧击。次日拂晓，日军向我主阵地炮击后，大举猛攻，我官兵奋力阻击，激战终日。但另一部日军则由东北角迂回进攻老河口城，战线扩大，师长汪匣锋因城内兵力薄弱，命陈仕俊率三七三团回城增援，加强兵力，固守抵抗。陈于当日深夜放弃外围据点绕进老河口城后，师长汪匣锋即将三七五团和战防炮营交由陈仕俊统一指挥，并调整部署：以三七五团担任东北门和城南的防务，三七三团担任化成门及西南角防务，战防炮营位置化成门及北城地带，以防日军的战车进攻。因化成门地区地形复杂，树林荫蔽，加以城外街道房屋接近城门，是守城部队的薄弱点。所以将预备队和几个机枪连均控置化成门附近，师指挥所也置于化成门右城墙角掩蔽部里，以便观察情况，掌握部队。

一二五师已与日军作战两天半，并未听到城外友军对日军侧击的枪炮反应，这时，守城官兵对刘峙下达的命令和友军行动感到怀疑，屡次派人到城外与友军联络，都说四十一军军部在日军未到之前已分别由茨河、仙人渡、将军街等处渡过襄河南岸。当时，二十二集团军总部驻石花街。事后才知道，孙震在日军进犯老河口时，曾几次函知代理四十一军军长陈宗进，要他保全部队，迅速渡过襄河南岸，而从随枣、大洪山防务撤了下来。策应一二五师的四十五军一二七师，因路途距离过远，支援不能及时，只在经过孟家楼到晋公庙时，与日军后卫部队接触，断断续续地打了一天，就渡过襄河南岸撤走。现在，襄河北岸只有一二五师两个团附战防炮营及师直属部队，孤立地固守着老河口城。

到了第 4 天拂晓，日军集中炮火将城墙摧毁了几个缺口，分几路向城垣猛攻，与我军早在城垣边短兵相接，战到 11 时左右，终于将日军击退。已经冲入城内与我发生巷战的 20 多名日军，被我全部歼灭。就在这天，又奉孙震转来刘峙命令，要一二五师改为固守 7 日，以便调动部队在襄河南岸布防。因防守时间延长，只有一面加强工事，一面堵塞城墙缺口。这时，陈仕俊所在的师指挥所已被日军炮火毁坏，通讯兵与卫士伤亡 4 人。在几次短兵相接的战斗中，双方伤亡均大，我守城士兵大多数头部负伤。经多方侦察，才发现日军机枪位置在城外高屋顶上和大树上。当即选派射击组，把房顶和大树上的敌人消灭了，才减少了守城士兵的伤亡。

战斗进行到第 6 日，日军又猛攻化成门，敌军 50 多人冲入城内，经过两小时的巷战，完全被我消灭。日军后续部队与我三七三团反复肉搏多次，经过激烈争夺，始将日军击退。随即将增援部队撤回整顿，守城队伍亦各归还建制，调整守区。同时，一面堵塞城墙缺口，与日军对战，一边日夜不断地将伤员运送襄河南岸。是日晚又奉刘峙命令，将一二五师固守老河口的时间改为两个星期。在守城战斗的 6 天之中，刘峙下达三次更改命令，其指挥紊乱可想而知。

次日，日军炮火增加，炮声隆隆，摧毁城墙多处，战车掩护步兵分几路向老河口城进攻，由拂晓战到中午，日军几次进攻都被击退，情况稍缓，我军随即赶修工事，堵塞城墙缺口，以待再战。

到了第 9 天拂晓前，日军集中大炮 40 多门向化成门附近轰击，弹着如雨，把化成门的城墙打垮了几个大缺口。天明时，日军主力部队在战车掩护下向我部猛攻。守备该地区的三七三团二营两个步兵连伤亡官兵过半，日军乘机冲入城内约有 800 多人，情况十分紧急，我军以预备队和三个重机枪连，集中向被突破的缺口，与日军展开猛烈的争夺战。激战约 1 小时，把日军的后续主力打退，将日军阻于城外，恢复了守城阵地，并把城内外的日军截为两段，以重机枪封锁城墙缺口，又使用师与团的输送部队帮助加紧堵塞城墙缺口和修补工事。

此时，其他几路助攻的日军则向我城北和东门进攻，因城外平原开阔，日军成散兵群接近我城脚边，相距约 50 米，日军卧倒在麦地里。天明后，当我军飞机来时，又予以轰炸扫射，被我军打死打伤很多，遗尸仍成散兵群形式。至于冲入城内之 800 多日军，占据了 3 条街道，正与我预先指派的巷战部队激战中。我三七五团一部兵力亦参加巷战，侧击日军背后，又将增援城墙上的预备队调来围攻夹击。巷战中，反复肉搏，双方死者枕藉。战斗到午后 1 时许，我军夺回两条街道，将日军压退在一条街道上。敌军占据两个砖墙高院作为据点，抢筑机枪掩体，有固守待援模样。我们考虑，如不立即把城内日军消灭，明晨城外敌人必将大规模进攻，如此内外受敌，不但守城难保，本师亦有全军覆没的危险。因此，把师部警卫连剩下的两个排和团部守卫排、通讯兵、输送兵、卫士等，都集中编成战斗部队，由陈仕俊率领，再度全面围歼城内日军。激战至午后 3 时，还剩两个砖房据点攻不下来，就使用燃烧弹使高房起火。这时，日军乃被迫从据点突围出来，向我冲锋反扑，我部以构成的机关枪火网和手榴弹集中使用猛击，将一部日军消灭在街巷里。另有 300 多敌人烧死在砖房据点里（包括无线电队、新闻记者、照相队在内全被歼灭），其余有 100 余日军逃出城外。

当城内围歼日军时，城外日军曾分头向我部进攻，均被我守城部队击退。战斗到午后 5 时，枪声停止，巷战告一结束。当天，我部伤亡约 500 多人，轻伤的营、连长均未下火线，继续指挥战斗。此时部队建制已显混乱，深感兵力不够使用，除马上调整守城部署、加强工事外，并急电请求二十二集团军总司令孙震派队增援。

到了次日（即守城的第10天），孙震派一二二师三六五团团长黄伯亮率兵两个营渡过襄河进入老河口增援，当即将化成门以右沿城守备任务划一段交该团接替，并重新调整部署，整顿与补充一切，准备再度迎击来犯之敌。这一天，日军也在调动部队，有准备再犯模样。

到了第11日晨，日军分三路再向我部进攻，其主攻方向改向化成门到东门之间（即新接防的三六五团防地）猛攻。战斗激烈，双方都有很大伤亡。战至午后4时，进攻日军，仍未得逞。

防守到第12天的早晨，日军以大炮向我三六五团阵地轰击，在战车掩护下，分路分批向我守城部队进攻，战况猛烈。经过奋勇阻击，将敌挫败，但伤亡甚大。黄伯亮团长屡请增援，又由师部电请总部派兵。孙震乃又派一二七师副师长何翔迴率三七九团（团长张观群）于午后渡河前来增援，担任化成门右侧，并接替三六五团的一部分防务，加强了守备力量。黄伯亮团守备区缩小，阵地因亦较趋稳固。这天午后据谍报报称，日军又增加兵力1个联队、大炮10门、战车十几辆。我们预料日军明晨必将大规模进攻。因而，除努力加强工事外，并补充武器弹药，以备迎击。

到了守城第13日拂晓前，日军集中所有大炮猛轰我化成门和东门之城垣阵地。天明时，城墙被毁几段，日军大批战车掩护步兵攻击前进。我战防炮采取短距离瞄准袭击，打毁日军车五六辆，暂时遏止了日军进攻。于是日军乃集中大炮压制我战防炮阵地，摧毁了我战防炮4门，官兵伤亡也大。继之，日军战车再度向我猛冲，分头由城墙缺口攻入城内，我三六五团和三七九团守区被突破，日军步兵主力随同战车冲入，占据公园有利地形，并逐渐扩大战线。日军进攻化成门时，我部预先埋伏的地雷炸毁了日军车辆，同时将机动部队和四个机枪连集中向占据公园之日军猛击反攻，力图恢复失守阵地，经过3小时激烈争夺，未能挽回危局。加以日军后续大部已攻入城内，作战面积更为扩大。上午11时，我军遂转入街道巷战，利用既设工事，层层阻击日军。到了午后2时，城内的街道敌我各据一半。师长汪匣锋决定向城东沿河岸撤退，立即派三七五团抽调主力部队出城，占领东南角高地，向日军反攻逆袭，以掩护我各部撤退，又派三七三团一部占据第二线，以掩护三七五团利用沿河岸的波状沙滩上的芦苇隐蔽，由下游河边（距城 20 里）渡口，向襄河南岸渡河转移（原来准备有大批木船靠集南岸）。午后 5 时开始南渡，日军因此役伤亡甚众，正在街道清查搜索，未及对我追击。黄昏时，城内枪声未停，一二五师参谋长吴湛英和零星班、排士兵约 50 多人被敌截断，尚未撤出。到深夜，还有间断的枪声。我撤退各部直至夜间 9 时才完全渡过襄河南岸，脱离了背水作战的危险。此后即形成在襄河南北岸对峙状态。

一二五师固守老河口，阻击日军，激战 13 昼夜，打死打伤敌军 2000 名左右。我师和增援部队，共伤亡 1600 多人（营长伤亡三分之二，连、排长伤亡半数）。

湘西会战

回忆湘西会战

邱维达*

1945 年 4 月 10 日开始的湘西雪峰山会战，是我国八年抗日战争的最后一次会战。主要战场绵亘洞庭湖西南包括常德、益阳、湘潭、邵阳、零陵、东安、新宁、武冈、洪江、芷江、辰溪、沅陵、安化等地区。从开始到结束持续将近 2 个月，参加作战兵力我方动员陆军 6 个新装备军，4 个突击纵队，2 个重炮兵团，空军 1 个中美混合团和 2 个轰炸机大队，还有美军后勤支援部队，共约 30 余万人。我当时任第四方面军中将参谋长，参加了会战全过程。

一、揭开会战序幕

1944 年夏，日军攻占衡阳，进出桂林后，企图打通湘桂线。由于湘黔公路雪峰山这扇大门，我屯有重兵，其企图难以实现。因此，日军乘我美械装备训练尚未完成之际，以先发制人的手段，于 1945 年 4 月初调兵遣将，集中 6 个以上师团达 20 余万人的各兵种联合兵力，疯狂向我第四方面军全

* 作者时任第四方面军中将参谋长。

面进攻，企图打通湘黔重要门户。

3 月上旬，根据我空中侦察和搜索部队的侦察，综合日军动态情况估计，当面敌部队调动频繁。从长沙到衡阳、邵阳间，日军车辆满载战斗人员和装备物资来往运输，桂林向东安、武冈路上有步骑兵纵队向北移动，湘潭、株洲间发现装甲车辆和坦克部队集结，由武汉到长沙水陆运输开始繁忙。我突击队在湘桂铁路祁阳县境捕获一名日骑兵上尉村岛供称：他的任务是侦察中国军队兵力配备与交通情况。综合以上情况判断，日军各兵种有联合向我方面军发动一次大规模进犯的企图。

根据敌情判断，我军调整部署，积极准备迎击：

中美混合作战司令部，由洪江转移至安江，在溆浦县设前进指挥所，由方面军参谋长邱维达负责；

方面军在洪江寨头设立的军官训练班暂时停止训练，所有教职学员一律返回原部；

陆军第七十四军施中诚部，配属榴弹炮一个团、对空联络台一组，配置在绥宁、武冈、石下江、洞口地区，构筑坚固防御工事，对东安、邵阳方面严加监备。派到湘桂沿线之突击一、二两队归其指挥；

陆军第一〇〇军李天霞部，配属山炮兵一个团、对空联络台一组，配置于山口、隆回、溆浦地区，加强防御工事，对邵东、湘乡方面严密监备。陈光中之游击纵队归其节制并指挥；

陆军七十三军韩浚部，配属山炮兵一个营、对空联络台一组，加强防御工事，对湘乡，益阳方面严密监备。陈载华之游击支队归其指挥；

重榴弹炮兵第二团，野战炮兵团，高射炮兵营，分别配置在江口、石下江地区，构筑掩体，准备以主火力支援七十四军方面的作战，一部支援一〇〇军和七十三军方面的作战；

由昆明空运芷江的新六军廖耀湘部，暂在安江、黔阳地区集结待命，为战略预备。芷江空军基地中美混合航空兵第一团，仍以芷江为基地不变。作战开始前的任务是侦察湘桂，粤汉沿线敌军动态，并轰炸敌后方交通枢纽以及车站、仓库等设施。会战开始后主要轰炸地区指向衡阳、邵阳、洞口、武冈地区；

美军派来的通信联络机中队在安江开辟临时降落场，归中美联络司令部使用。兵站补给司令部仍以芷江为补给基地，接收美军空运补给物资，对第一线各军师和第二线各军设立补给分站进行物资补充。

4 月 10 日，将目前情况以及我军调整部署分报昆明陆总以及重庆统帅部（即军委会），很快得到指示。侵华日军已成强弩之末，当其垂死挣扎之际，盼望督饬所部坚守痛击。已加调廖、胡两部助战。

4 月 12 日正午，接航空兵侦察报告。从长沙南进的日军纵队集结在湘潭、衡山地区约有 3 万余人。原集结在株洲、衡山敌军有坦克部队与装甲部队向邵阳方向开动。湘桂铁路沿线有乘马部队和辎重纵队向武冈方向繁忙调动。

相同时间，指挥所接到第一线部队电话。我第一线部队派出阵地前方搜索军情的小分队已在新宁、邵东、蓝田、武潭等处与日军先头部队有接触。由于敌众我寡，已向武冈、邵阳、新化、安化等地区撤退。根据以上情况判断，日军已开始全面向我方面军阵地进犯，大战有一触即发之势。

4 月 22 日晨，我七十四军第一线阵地已与进犯日军开始炮击，处于对战中。日军进攻主要突击方向似在石下江、竹篙塘公路两侧地区。当日七十三军在大桥、白溪间亦与日军开始接触，处于炮战中。一〇〇军方面仅有前方派出之小部队与日军接触。日军正在调动部署进攻中，我严阵以待。

此时已明确了解当面日军企图，方面军司令部召集有关作战人员，包括美方军事顾问人员共同研究，充分准备后，并对第一线各军以及空军轰炸部队下达战斗指示：我们的战略方针是采用攻势防御。第一期作战，第一线兵团各军应密切配合空军轰炸，充分利用既设阵地和有利地形，发扬我军优势装备与火力，必要时使用第二梯队兵力对日军进行猛烈反冲击，节节消耗和杀伤敌人有生力量。各级指挥人员必须掌握战机，机动灵活使用新生力量——第二线兵团战略预备队。第二期作战，预计当面之敌业已受到最大伤亡，进攻受挫时，我第二线兵团及时进出有利地区，断然采取攻势，配合第一线作战，将进入雪峰山深谷之日军包围就歼。

截至5月24日黄昏，根据各方面汇报情况：第一线兵团各军师的作战情况十分稳定。由于我陆空配合适当，在阵地前杀伤日军颇众，并有相当缴获。根据获得的文件证明，从邵阳方面前进的系日军板垣指挥的第十军团主力，配合有坦克部队、炮兵部队，扬言要以全力击溃我方面军，打通湘黔公路，威胁我后方重庆。

综合近三日来的战斗情况分述如下：

第七十四军方面：在石下江、洞口沿公路两侧战斗较为激烈。日军使用坦克与步炮联合兵种相配合，连续正面进攻，我军使用火箭筒，并与战防炮敢死队相配合，将日军击退，炸毁坦克15辆，毙敌1000余人。据最近战况判断，日军主要突击方向是衡阳、邵阳、洞口两侧。从广西全县向武冈前进日军已迫近武冈县城，企图威胁我军侧背，现正与固守该城之五十八师激战中。

第一〇〇军方面：从湘潭向新化进犯之日军纵队，查为板桥师团主力，配合炮兵部队连日向我涟源、新化进攻，均被我军击退。新化仍为我军六十三师坚守中。陈光中游击纵队在敌后配合我军在蓝田截击敌之辎重后勤部队，颇有收获。

第七十三军方面：由益阳沿湞水南岸向安化进犯日军，发现有“大岛”“小川”等联队代号的步炮联合兵种约2万余人，正与我军在烟溪、新化地区展开激烈战斗，安化县城仍为我军第七十七师坚守中。唯缺少山炮弹药，急需空运，以济急需。

驻守常德、汉寿第九十九军通报：一旬以来，洞庭日军小型炮艇和陆战队向我沿岸派出之警戒部队进行炮击扰乱，有时以小部队向常德、汉寿模拟登陆活动，似为牵制我军企图。

据芷江空军轰炸大队通报：从4月20日起，我轰炸第一大队连续出动对长沙、衡阳、冷水滩日军之机场进行轰炸，击毁日机20余架。机场已被毁坏。轰炸机第二大队正配合第一线作战兵团进行战场轰炸任务。

4月25日晨，接六战区长官部电告：奉军事委员会命令，着调该战区十八军胡琏部迅即向沅陵、辰溪开拔，归第四方面军指挥使用。特电通知与之联系。

依据战场情况的发展，指挥部认为有必要召开第一线兵团各军师以及特种兵指挥人员军事会议，以明确我下一步（即第二阶段）作战方针和作战计划。会议在安江司令部举行。

王耀武在会上说，本次会战，经过充分准备，一周来的战况进行十分顺利。这一次会战，从时间、地区和双方动员兵力来看，关系我国抗战成败。因此，这一仗只能打胜，不能打败。上峰已下最大决心，调集优势兵力装备使用于本战区，务望我各级将士，共体时艰，同心同德，团结一致，英勇杀敌，以完成我军人天职。

接着，邱维达发言说，王司令官已经谈到本次会战的重要性，我补充自己对本次会战一点展望。我们抗战打了八年，这一次日军盲目冒进，我们只要稳扎稳打，不犯错误，有希望能打胜这一仗。孙子说过："兵者，国之大事，死生之地，存亡之道，不可不察也。"我就此名言补释几句。人类生于大地之上，及如蚂蚁行于丘阜之间，地形稍有不便，即蹀躞蹶覆，难以运动。日军遇地形险阻，亦即限制其部队武器行动，无能为力。善用兵者，深知此道，地形宜于战则战，不宜战则守。不察地形之奥妙，强行部队作战，能打胜仗吗？因此，希望各级部队官士善于利用湘西山区地形，此战可操胜券。

七十四军参谋长邱耀东汇报当前战况说，根据一周来与日军作战情况，向我进攻之日军，是属于第十军团建制的松山师团和下良师团等部，其主要进攻方向指向我阵地石下江、洞口之间，一部以骑炮兵为主，从黄沙、东安、新宁，向武冈突击，企图迂回我之右侧背。由于我构筑坚强阵地，节节挫败其攻势，经过数日激战，已给日军重大伤亡。根据不完全统计，毙日军 2500 余人，俘官兵 700 余人，击毁坦克 10 辆、装甲车 10 辆。我军伤亡官兵 300 余人。

从当前战况发展看，我军士气旺盛，战斗意志坚决。地面部队与空军配合协调，利用山区有利地形，有把握将当面之日军予以击溃。

一〇〇军副军长晏子风汇报战况说，进攻我军阵地之日军系第十一军团山口师团全部和独立第二师团一部，配有强炮兵部队，其主要突击方向指向湘乡、蓝田，经过数日交战，我军机动利用有利地形，节节打击，缴获武器200余件。在湘潭附近地区，据航空兵侦察报告，发现有日军大部队集结，想系增援部队，请通知芷江机场派机侦炸。

七十三军参谋长徐亚雄汇报该军情况说，从益阳前进之日军纵队，已在本月23日午后与我派出的搜索部队在马迹塘附近遭遇。我且战且退，现已在安化、洞市地区保持对战中。我军七十七师坚守新化县城。

空军中美混合团司令李梅（Lema）代表贝克（Beka）上校汇报最近空军活动情况，我轰炸第一大队和轰炸第二大队一部是支援方面军第一线兵团作战，轰炸第二大队一部和轰炸第三大队任务，是对日军后方交通、城市、据点、仓库、机场、部队集结地进行侦察轰炸。3日来执行情况，战果很满意，对长沙、株洲、湘潭、衡山、衡阳以及湘桂沿铁道线各站城市据点、水陆交通码头等处，一发现日军军情立即轰炸，日军伤亡惨重。现在日军军机白天已不敢活动，制空权完全由我方控制。请转知地面部队安心作战，空中掩护完全由我空军负责。

兵站补给司令郑希冉汇报，各军师补给品均以芷江为补给基地，派出兵站进行补充。经常保持5日份粮秣和三基数弹药。重点作战部队缺少弹药随时空中补给。

第四方面军副参谋长罗幸理综合汇报当时情况说，根据文件和俘虏口供证实，进犯我方面军的系日军侵华派遣军冈村宁次所属第十军团全部共6个师团和坦克、装甲部队。在新化、安化地区发现有十一军团代号，可能有一部参战。总参战兵力据估计达25万人。企图在雪峰山东麓将我方面军主力击溃，进出洪江、芷江、辰溪地带军事要点，打通湘黔门户，进一步配合侵入广西之日军北进威胁重庆。下一步的打法已经召集有关参谋人员研究了腹案，请邱参谋长给我们谈谈。

我即席谈了对下一步作战的一些意见。我们的战略方针是采用攻势防御，而不是专守防御。根据战区地理特点是山峦重叠，道路险阻，山脉均系南北走向，愈向西进山势愈险愈高，正是孙武所说的“死地”。我军采用攻势防御，即为先守后攻，守是为了消耗日军有生力量，攻是为了进一步歼灭日军全部或大部有生力量。现在我的设想是利用雪峰山有利地形，布置一个袋形阵地，武冈、新化、安化三点要坚守，作为两翼阵地支撑点。我们判断日军主要进攻方向是在邵洞公路地区，并配有装甲部队，担任这方面作战的七十四军应集中步兵炮和火箭在公路两侧，同时可以采用灵活机动打法，多准备数道阵地，每一阵地达到预定目的可以相机转移，不要拼消耗。我们的手段是诱敌深入，只要武冈、新化、安化不丢失，尔后掩护我战略预备兵团易于进出作战，就有可能包围歼灭日军。至于具体实施比纸上谈兵困难得多，也是一种作战艺术，请各级指挥者多动脑子。孙子说："多算胜少算不胜，而况于无算乎？"所谓算者，多动脑子，多想点子。我期待本次会战有胜利结果。

最后是王耀武司令官的结语。他说同意以上对敌分析判断和提出的作战方案。本次会战，我们说能够取胜是有多种因素作为依据的。第一，我们有充分准备。预则立，不预则废。第二，我们的武器装备，无论是陆空火力均超过日军。第三，我们占据有利地形，日军跑到"死地"来强和我们作战，是自投罗网。第四，我们控制有力后备兵团作为后盾。第五，士气旺盛，军民团结一致，湘省各界一再表示不论人力、物力，愿全力以赴支援我军作战。希望各级将士同心同德，完成上级赋予我们的战斗任务。

二、争夺战阶段

4 月中旬末下旬初，这一阶段战斗特点是相互争夺战场要点，战事愈演愈烈。每因争夺某一要点、高地，反复冲击拼杀，有些地点得而复失，或失而复得者数次以上。

第七十四军方面：在洞口的防御工事经激烈战斗三昼夜之后，日军在前进阵地上展开炮轰、步兵争夺，均被我击退。五十八师防守武冈城，构筑内外防御阵地三道，日军攻抵城垣时，使用炮兵火力掩护步兵用绳梯爬城，我守兵沉着应战，待日军爬到中途，我守兵以冲锋枪扫射，使其伤亡惨重，护城河内尸体累累。日军争夺竹篙塘据点时，使用坦克为前导部队掩护前进，反复冲击达 10 余次之多，均未得逞。最后我军派出敢死队利用汽油弹爆炸燃烧坦克 10 辆，杀死步兵 100 余人，其不支后撤。

第一〇〇军方面：在新化派有六十三师防守。沿资水西岸田心、巨口铺防线，经激战数日，日军已渡过资水。新化仍为我坚守，日军从沙溪、洋溪突进包围该城已有 7 日，我守城部队毫不动摇，日军屡次爬城均被击退。我军为支援守新化部队战斗，组织以营为单位进行反冲击 14 次，给日军以重大伤亡，新化守备安然无恙。

第七十三军方面：由益阳和资水下游西进之日军纵队，在马迹塘、武潭地区被七十七师击溃一个联队，俘虏 1000 余人，缴获各种武器 100 余件。战斗接近安化县城，因该县无城垣，利用丘岭设有野战工事三道，正在第一道阵地展开争夺战斗。因激战数日夜，弹药使用过多，急需补充。

据我突击部队深入湘潭、衡山地区活动来电：从 5 月中旬开始，敌后铁路、公路、水道运输繁忙。由于制空权掌握在我方，日军仅能利用夜晚或阴雾天气进行运输。后送伤员络绎不绝，补给困难，兵心涣散。

会战发展到 6 月上旬，均按我原订计划进行。有些重要据点虽然争夺激烈，个别阵地被敌突破或占领，从整体看战局始终稳定。因为战区辽阔，安江、溆浦指挥人员或派参谋人员经常到第一线视察战况并传达上级意图，使全体将士对本次会战的作战方针做到人人心中有数，以免发生差误。

方面军第一线兵团阵地态势，稳定在绥宁、武冈、洞口、江口、隆回、雷峰山东麓、安化地带。日军进入这一地带之后，投入相当大的兵力，约计在 20 余万人左右，愈战愈深陷群山峻岭之间，每前进一步，付出相当大的伤亡。根据以上战区形势，我方面军指挥部下达全面指示：依据我预定战略方针，经过半月来的战事发展，已经达到我会战第一期战略计划目的。各军师从现在起，坚决固守现有阵地，各种火力相配合，歼击当面敌军，没有经过上级允许，不准随意变更阵地，以待我第二期战略计划的实施。

我航空兵轰炸各大队，仍按原来计划继续对深入雪峰山地区之日军阵地侦察、轰炸。轰炸重点置于湘黔公路两侧地区，以一部支援新化、安化、武冈方面作战。如发现衡阳、株洲、湘潭、益阳、邵阳等日军后方有集结或运动，立即轰炸。

昆明伞兵纵队马思恭部，已空运一个大队到达芷江集结。

从第六战区调来支援的第十八军先头师已到达辰溪附近。后续部队三日内可集中完毕。

美军联络部通知：芷江后勤基地已由昆明加调汽车运输兵营到达芷江，担任前进补给。

5 月 6 日晨接重庆统帅部密电：该战区已临决战阶段，已电催昆明陆军总司令何应钦上将偕美军作战司令麦克鲁将军、参谋长巴特鲁等前赴安江前线指示机宜。

三、决战阶段

战事持续到 5 月上旬末，全线战况稳定，各军既设阵地固若金汤，日军屡次试图突破，均被我粉碎，俘获愈来愈多。辰溪集中营已人满为患。将战俘转送贵阳、重庆途中，出现一件不幸事件。我警卫第一营第二连连长胡定国押送战俘车队前往贵阳，车抵玉屏时，俘虏抢夺我押解人员枪支，杀死中尉排长一人、开车美籍驾驶员二人。事发后，当地补训处派兵协助平息，当场镇压两名带头闹事的俘虏。据调查，这种士兵是在日本参加“武士道”的斗士，十分残暴。

5 月 5 日前后，新六军全部在芷江、安江地区集中完毕。5 月 9 日，十八军在沅陵、辰溪地区集中完毕。正在增补弹药，整装待发。

5 月 8 日零时，安江、辰溪上空突然发现日军侦察机一架盘旋，并用探照灯侦察我地面动静。我以防空火网猛烈射击，日机立即飞去，说明日军已有警惕。

据日俘军官自称：由于欧亚战争形势突变，日本处于不利地位。在华战场屡遭失败，若再向中国西南山区进攻，毫无胜利把握。因此，兵无斗志，军队内部且有反战情绪。

第四方面军指挥部秉承何总司令意图，决定12日召开一次军事会议，决定下一步作战方案。参加会议的有何应钦、王耀武，陆总参谋长萧毅肃、副参谋长冷欣，工兵指挥官马崇六、炮兵指挥官彭孟缉等先后从昆明赶来参加。美军作战司令麦克鲁、参谋长巴特鲁、方面军首席联络官金武德等亦赶来参加。中外将校济济一堂，共商歼敌大计。

这次会议的中心目的，除由司令部情报、作战主管人员绘图报告作战以来敌情变化和我军作战经过以外，主要讨论研究今后作战方案。

会议开始，何总司令先作了简短发言。

王耀武接着发言，他说，湘桂铁路没有通过一次车，主要原因有我四方面军控制湘、桂、黔、川、鄂这重要门户。日军这次企图打开这重大门，在战略上是犯了冒进、在战术上是犯了攻坚的错误。现在战场情况已经告诉我们一条经验：尽管日军投入将近两个军团的兵力，但已陷入死胡同，进退两难。胜利结束会战大有希望。当前要讨论一个主要问题：如何使用我们的新生力量？请大家提出宝贵意见，请总座决断。

接着，我提出作战方案说，我刚从前线回来，对前方情况较为了解。总的敌情是：当面日军在湘黔公路方面突入较深，已经陷入深山峻岭困境。战区南北两境我们坚守的武冈、新化、安化几个支撑点，仍在我军手内没有放弃，这对尔后使用第二线兵团进出是一个有利条件。因此，我初步考虑，第二线部队不宜投在战区正面去顶牛，由于日军主力也是投入在战区正面，这样做力量对消了，纵能打过去把敌人赶跑了，也达不到我们战略目的。古代兵法家邓艾善用奇兵的经验值得我们借鉴。我的方案是采用左翼迂回包围日军战术。兵不在多而贵神速，我想使用一个加强军的兵力，从辰溪、溆浦插入日军之侧背再向南进击，配合第一线兵团截断湘黔公路后，围歼包围之日军，可操胜算。

这一方案优点是不须攻坚而能聚歼全部或大部日军，达到打歼灭战目的。这在部队运动上、交通上可能遇到些困难，但我早已有准备。部队车辆可集中在江口待命，待湘黔公路打通后归建。运输问题我已在溆浦县准备健壮民兵数千人交付部队使用，以人力代车辆运送补给品，可以弥补交通上的困难。

第二方案是萧毅肃、冷欣、廖耀湘和罗幸理提出的。它的方案综合起来是采用中央突破。将日军迫缩于濱水以西地区歼灭的计划。

以上两案提出后，与会者纷纷各抒己见。廖耀湘提出不同意第一个方案的理由是：将美械装备部队投到深山樵犬小道上去，等于消耗自己的优势，美式装备部队离开公路不能作战。我接着说，你讲的正对。你想利用公路，日军也想利用公路，双方主力都在公路两侧汇合，力量对消，形成“顶牛战术”。我们作战目的是要打歼灭战，你纵然能将敌人顶出去，也难以捕捉歼灭他们。接着发言的很多，辩论到深夜。何总左右顾盼，特别望着麦克鲁的颜色，难下决心。正在这时，电话铃响了，是溆浦指挥所作战参谋林铸年打来的。我接了电话之后，借此机会说，我要回指挥所处理一件重要情况，先走一步，等总司令下定了决心，我遵照执行。

吉普车深夜在公路上奔驰，我的脑子围着“左翼迂回包围”和“中央突破”两个问题思想，不知不觉已经来到溆浦指挥所。几昼夜未合眼，实在有些疲乏，想休息片刻，谁知刚一躺下，电话铃又响了。拿上话筒一听，是王耀武在呼叫：你是维达吗？你赶快回来一趟。我问有何事？他说辩论结果，何老总和麦克鲁将军认为你的方案考虑周到、全面，现在已经决定采纳你的方案。何总要你来指导实施。我又问：决定使用哪个军？还是两个军同时使用？王答说：先使用十八军，以后再看情况。我说：好吧，那我不用到安江来。因为十八军进出道路必定经过溆浦，我的位置就在这里，一切我有准备，明天我预定去找胡琏谈谈，介绍当面有关情况。我们均系黄埔同学，有困难我们共同研究解决，请转何总放心。

5 月 12 日，我接到溆浦县长汇报，该县组织的人力输送队，已经有三个大队 3000 人集中等候调遣。如要增加人数，希望先一天通知，立即调派。

13 日清晨，我驱车抵达大江口，迎面遇上十八军的先头部队源源开进。见到胡琏军长后，我们一同步行，交谈情况。谈到部队进出溆浦以后许多问题时，我说，安化与新化之间，有友军七十三军和一〇〇军可以保障胡的部队展开安全。截断湘黔公路后，要注意与江口、石下江七十四军的联系。最后围歼战要与各军相互协调一致，方能奏效。言犹未尽，不知不觉已经到达溆浦，我请胡休息片到，他特别注视我的军用挂图。他是一位好学勤谨的指挥员，马上把自己的图囊打开，取出地图，将敌情以及友军位置标上。我说，这一来你就心中有数了。胡说，时间不早了，我要赶路，暂且告辞。

我同胡琏握别后回到指挥所，立即将以上情况汇报何总司令，他认为处置尚属周到。我随即吩咐对空联络参谋两件事：第一，通知芷江空军派歼击机在溆浦山门地区掩护我军开进展开。派作战参谋乘联络通信飞机随部队行动，进行联络具报。第二，从现在起，我轰炸机任务，应对邵阳，洞口地区日军阵地进行猛烈轰炸，制止其部队活动。

5 月 15 日晨，得知一〇〇军作战情况：二十九师杨荫部乘十八军新生力量来到时，我对两丫坪之敌采取攻势，歼灭一部敌人，缴获山炮 8 门，俘日军 300 名。

15 日正午，接获空中侦察报告：从溆浦南进之十八军部队进展顺利，先头已通过隆回。我空军派出之机群继续掩护侦察中。

16 日 8 时，与十八军军长胡琏通过电话所得情况：军主力纵队经溆浦前进中，已与友邻一〇〇军取得部队联系，与七十三军取得通讯联系。在前进过程中，拔除重重障碍，与日军激战数次，我前锋打进山门，并已完全占领，将日军后方设备全部捣毁，俘日军和物资器材甚多。我军继续按预定计划扩大战果中。这个大好消息传来，确实振奋人心。我将此情况汇报安江指挥部，何、王、麦等都感到欣慰。

从此以后，全线战况发展都十分顺利。已通知各军师，乘我生力军进入战场，扩大战果，歼灭日军。截至 17 日黄昏为止，日军咽喉湘黔公路已被胡琏所部完全截断封锁。至此，深入雪峰山地区之日军完全被我包围。

根据以上战况的迅速发展，下一步战略指导方针是：利用现有态势，配合陆空火力，逐步缩紧包围圈，分别割裂其阵地，摧毁日军之抵抗，包围就歼其有生力量。愿投降缴械者给予优待。

据七十四军参谋长邱耀东汇报：突入江口、四塘湾、龙潭地区日军被我围困后，仍不肯缴械投降。经我继续围攻，发现有竖白旗的，等到我军接近时，仍然开枪向我射击。希望通知所属注意不要受骗。

深入雪峰山区日军被我军重重包围后，企图利用深山森林作掩护躲藏起来，使我搜捕困难。经与中美空军混合团研究，决定从6月15日开始，使用凝固汽油弹，对雪峰山地区日军，进行地毯式反复轰炸，清扫森林。

综合这一阶段作战，基本上已按我军预定战略方针顺利进行。第一线各军愈战愈强，阵地岿然不动。据守洞口、山口的五十七师连战数倍于我之日军，战果出色。战略预备队胡琏军进入战场后，由于部队运动神速，将士拼命，协同第一线友军配合得宜，迅速完成对雪峰山地区日军的包围态势，并截断日军之背后唯一交通运输咽喉——湘黔公路，使深入雪峰山地区的日军数万人马成为瓮中之鳖。

四、草草收兵

前期作战顺利进展，各级指挥官无不喜形于色，认为敌军已被围困，胜利唾手可得。会战进行到5月中旬末，日军几度企图由洞口方向突围，未能得逞。此时，指挥部对第一线兵团各部下达指示：对包围圈内之敌，要加强包围圈的防御工事，严防日军乘夜间突围。今后各军战术任务，务将包围之敌分别割裂，一小块一小块聚而歼灭。对武冈、邵阳、新化、安化方向注意日军增援，预设阻击阵地。

5月18日，对空联络组得知：被围困在雪峰山东麓日军阵地大部被我炸毁，包括森林地带。林火熊熊燃烧，烟雾弥漫，我空军侦察困难。

19日，七十四军施中诚军长电话说：洞口、江口日军有部分向我缴械投降。据俘兵称，被围后，粮弹无法补给，官兵已有三天未进饮食，兵无斗志。连日遭空军轰炸，死伤甚重。

同时，一〇〇军、七十三军方面先后汇报说：我分别包围之日军阵地，经我派人劝降后，缴械来归者日渐增多。原进攻新化、安化日军，有一部向邵阳方向转移，已通知十八军注意防范。

5月20日，重庆各界代表莫德惠、邓文仪等一行12人携带慰劳品来到芷江，等待战局结束往第一线犒军。

20日深夜，我在溆浦指挥所接得王耀武电话说：前方战事仍未结束，何总司令很着急。因为中央已确定日期召开六中全会，蒋介石电催何回重庆，亲自向大会报告湘西大捷经过。何总说，战斗仍在继续，他去报告大捷，前方后方岂不矛盾。何总要我同你研究一下，如何早日结束这场战斗，要你考虑一下。稍后，我给王耀武去电话说，你要我考虑早日结束战斗的事，我已经考虑过，为了善始善终结束这场会战，最快也得5天左右。王说，不行！何老总后天清早就要飞回重庆，在他动身以前要设法解决战局。我说，吃饭要一口一口地吃，作战也得一仗一仗地打。我反问他一句：你同何商讨过没有？你们的腹案打算如何指导？他在电话中露出了底牌。他说：在胡琏正面包围圈放开一个缺口，这样可以早点结束战局。我又反问他一句：下面部队长是否同意这样干呢？这样干，对整个战局有什么好处？王又补充一句：就在洞口公路附近放开个口子就行了。看来他们的决心早已下定，我再说也无用。我说：如果你们真要这样干，我作为幕僚长，利害得失我不能隐瞒，我不能执行，请你直接打电话告诉部队行动。

我放下话筒不久，何总又来电话。他说后天清早要回重庆，同你谈的问题，希望你全面考虑。最重要的一句，我至今仍未忘怀，他说，“军事要配合政治吧”。

事后了解，洞口公路方面的口子开放了，敌军逃走一部，是王秉承何的意图直接向军师长打电话的。上野武夫率领所属指挥人员也冒着炮火溜走了，残留在雪峰山漫长山区的日军各部队在失去战场最高指挥者以后，军心更加消沉，只有少数几个据点仍图挣扎不肯投降。截至5月23日正午，全线战斗接近尾声，分割开的日军纷纷竖起白旗，投降缴械。24日以后，各军师忙于收缴武器装备，遣送俘虏，清理战场。

现在我再补述一段战场插话。正当我军合围以后，5月19日，七十四军五十七师在洞口、江口青岩阵地又打了一场漂亮仗，整个歼灭日军一个联队（即等于一个团的兵力），战果辉煌。指挥部通报美军作战司令部，几位美国将军对战报抱有怀疑态度，说：“能不能亲临前方阵地参观一下？”我立刻通知他们：只要他们愿意前往，我愿意奉陪。

20 日上午，美军司令部准备两架武装直升飞机，一同前往参观阵地的有何应钦、麦克鲁、王耀武、巴特鲁、金武德、莫德惠、邓文仪、马崇六、施中诚等以及中外新闻记者等 20 余人，第一程先飞到七十四军五十七师一七一团第二营阵地青岩着陆，该营营长李光亮、连长周北辰上前迎接，李营长陪同中外将领们到各个阵地据点观看，向他们解说战斗经过。他们在视察过程中，看到各工事据点，弹痕累累，日军尸体横七竖八地躺在阵地上。走到青岩阵地，李营长介绍第六连的战斗经过，他说，青岩扼江口要口，日军增加一个联队的兵力，反复冲击达 8 次之多，最后周北辰连长身先士卒，手持冲锋枪，与突入日军实行白刃肉搏战，才将其击败。李营长指着地上说，这一堆尸体虽然不能讲话了，它是这次肉搏战最好的见证。参观者听到营长的说明，都停住脚步，反复观看，新闻记者摄影记者忙得不亦乐乎。巴特鲁走近死尸堆数了一遍，足足有 1200 具。连连说："真了不起！"我们走到青岩脚下阵地，又发现一堆死尸，也有 700 多具，其中有大校衔军官一名，可能是个联队指挥者。

视察完毕，麦、何提出要在阵地上对战斗有功官兵发给奖章、勋章。受勋获奖的有营长 1 人，连长 2 人，排长 4 人，战士 16 人。其中有位中士班长叫李名胜，他夜晚带领 2 名战士突入敌阵，杀死数名正在睡觉的日军，缴获武器枪支 4 件，并生俘两名日军少尉军官，身中两弹，继续完成任务。麦克鲁同他握手并照了相，授予美国自由勋章。同时授予营长李光亮美国金星勋章。

日本投降以后，我率领部队到南京担任警备工作。麦克鲁回国时，我去送行，他将一枚罗斯福勋章给我挂上。

武阳大捷

邱行湘*

1945 年 4 月 15 日，日军约 10 万人，以第二十军为主力，向芷江发动进攻。其目的在于夺取我战略要地，摧毁我航空基地。

一、湘西会战前敌我双方态势

日军部署

根据新六军靖敌突击队截获日军二十军芷江作战计划，其要点如下：

作战方针，全军集结于新化及新宁一线，以主力由宝庆—洞口—安江道以北地区进攻，预计包围“重庆军”主力于洞口、武冈地区。击灭沅江以东之“重庆军”后，即向芷江方面突进，占领该地面覆灭其航空基地。

作战指导要领，以重广支队集中新化地区，一一六师团集中宝庆附近，关根支队集中东安及新宁南方地区，4 月上旬完成此计划。预定 15 日开始行动，以重广支队经黄金井向安江突进，速断“重庆军”之退路，同时进攻

* 作者时任第九十四军第五师副师长。

“重庆军”主力之侧背，以一一六师团主力自宝庆—洞口—安江道突进，一部向南进攻，捕捉“重庆军”主力于洞口、洗马潭、瓦屋塘附近而攻击之；以关根支队自东安—新宁—武阳—瓦屋塘进攻，捕捉“重庆军”主力于武冈西南地区而攻击之。三兵团互相策应，以击灭“重庆军”主力。

如果“重庆军”于洞口、武冈西南地区逃逸，则以重广支队和一一六师团向安江附近突进，以关根支队向洪江附近突进，于安江、洪江及沅江以东地区捕捉之。

击灭“重庆军”后，以重广支队一一六师团由安江—榆树湾—芷江道及其以北地区突进，以关根支队由洪江—安江道附近向芷江突进，占领该地之航空基地。

我军态势

我军事委员会调动第三、四方面军，计王耀武的第四方面军 4 个军，王敬久的第十集团军的 1 个军，汤恩伯的第三方面军 3 个军，共计 23 个师和航空作战部队第五战斗机联队，第三、第四轰炸机中队及 8 个空地联络队近 20 万人。其中廖耀湘的新编第六军空运芷江作为总预备队。作战部队“一部守卫新宁、邵阳、益阳到洞庭湖以及西岸一线，利用既设阵地抵抗敌人。”“一部守卫龙胜、城步各主要地区，坚决阻止黔桂路及桂穗路线之敌人。”“而以主力在武冈、新化之间与敌决战。”第九十四军第五师接受军部命令向梅口、武阳之敌搜索攻击。

1945 年 4 月 15 日，陆军总司令何应钦令第三方面军的第九十四军于 4 月底以前集结通道、靖县地区，准备向武冈以东地区进攻，协助第四方面军击灭进犯湘西之日军。

4 月 25 日，蒋介石电陆军总司令何应钦，令九十四军提前到会同、靖县。我第三方面军即命第二十六军之四十四师集结城步，限九十四军于 28 日前到绥宁附近集中，完成作战准备。

第三方面军汤恩伯司令即命第九十四军归二十七集团军李玉堂总司令指挥，以二十七集团军主力固守桂穗路及其两侧，拒日军于龙胜以南地区，九十四军迅速向城步推进，求敌外翼而攻击之，并依情况之发展，以九十四军主力向武冈东南地区进击，参加第四方面军对敌决战。

第三方面军与第四方面军务必密切联系，协力作战，不受三四方面军作战地境之限制，以达歼日军之目的。

二、武阳围歼战经过

据第三方面军通报，步炮联合之日军3000余人，4月20日至新宁后，21日进犯武冈，主力约2000至新宁30公里之石狮、七里山地区，企图往梅口、绥宁、会同与由放洞西犯之日军合犯芷江。由东安西犯之日军，在梅口被我四十四师各团阻击，予以重创。当时我四方面军原在武冈、武阳的守军均已西撤，三、四方面军接合部已被日军侵占。

4月29、30日两天，梅口之日军转趋关峡，我四十四师跟踪追击。30日，我四十四师一三二团克复关峡。

进犯武阳地区的主力关根支队即五十八旅团，辖有3个独立大队，即第一一五、一一六、一一七大队，每一大队辖5个步兵中队和1个机枪中队、1个炮兵中队，兵力不下3000余人。另外，还有三十四团之一部参加武阳地区决战。

从武阳地区决战前的双方形势来看，日军占优势。武阳及其东北的六王庙东西高地被日军占领，小炮、平射炮和机枪构成强大的火力网。

我守军属第三方面军第九十四军的第五师。第五师于4月17日由贵州省三穗县长吉镇出发，经天柱、靖县，28日全部到达靖县以东地区，奉军长牟庭芳电令参战。

武阳战役，第一期战斗于5月1日开始。九十四军第一号作战命令要旨：

1. 着第五师予卯艳（29日）集结长铺子、绥宁间地区向梅山、武阳之敌搜索攻击。

2. 着一二一师派出一个团，卯艳（29日）集结鹅公岭附近，主力集结于杨家寨、靖县以北地区。

3. 军指挥所向靖县推进。

这时我九十四军处于分散状态，对当面之日军情况亦不明，师遵命先向长铺子附近推进，并作渡河准备。30 日到达长铺子，得知：

1. 梅口方面已无日军踪迹。

2. 武阳在日军手中，详情不明，傅家坳附近，有日军警戒部队，万福桥集日军七八百。

3. 平溪口、阳武店、毛店子各有我一九三师之一部警戒。师基之上述情况，决心即日向武阳之日军攻击。以十三团为前卫，首先渡江（巫水）进出于黄土矿，掩护师主力进出并搜索军情。

5 月 1 日，十三团继续向武阳前进。师主力继续渡河，并以十五团第二营经田心渡、大安、茶江向珠玉山前进，掩护师之侧背。16 时许，十三团先头逐日军少数警戒部队后，攻占武阳。日军据守六王庙东西高地之线。

5 月 2 日，师为搜索军情，警戒我侧翼并相机攻击日军后方联络线，令十三团以有力一部经茅柴岭、罗家铺向李熙桥附近推进，主力向六王庙日军攻击，师主力即推进于傅家坳附近。

两日来，武阳之日军增至七八百，炮 3 门。其主力展开于武阳市街以北亘鸦雀桥西北高地一线。

日军据三里田附近及高地顽抗。攻击初期，我略有进展并占领马鞍山。迄晚，日军续有增加，进展困难，相持入夜。此役，我毙日军一一五大队第四中队长铃木中尉以下官兵 30 余人。日军占制高点，我缺乏炮兵掩护，仰攻伤亡大，而日军则愈增愈多，情况十分危急。为此，2 日下午，师指挥部在傅家坳召开了紧急会议，商讨对策。参加会议的人中除了我们第五师的一些军官外，还有美国盟军的联络员。会议开得非常热烈。这时，第五师的师长李则芬征求我（邱行湘副师长）的意见。我考虑这里是山区，林密山高，山腰上尽是水田，不易强攻，就提出了一个迂回包围的方案，插到日军后方，打他一个措手不及。师指挥部一致同意了这一方案。我们师做出下列部署：

1. 第十五团（欠第二营）及第十三团第三营为挺进支队，归我指挥，即由傅家坳经珠玉山、曾家桥、罗家铺、李熙桥迂回攻击曾家湾、万福桥日军，以协力主力之战斗。

2. 第十三团（欠第三营，附第十五团第二营）继续对当面日军牵制攻击，以俟我迂回部队之到达，务将当面日军于六王庙附近捕捉而歼灭之。

3. 第十四团（欠第二营）左翼包围队，于 3 日开进欧溪桥东南地区，预定自西向六王庙攻击日军侧背。

4. 第十四团第二营为师预备队，位置于傅家坳附近，尔后随战况之进展向欧溪桥推进。

5. 指挥所在傅家坳。

6. 因须待挺进支队之进出，故攻击开始之时间预定为 4 日拂晓。

当时我对挺进支队任务的实施，主要的要求是秘密、迅速，以期出其不意，我们实施了 90 华里以外的一百八十度的大迂回，要使日军在制高点上不能发现我军的任何征候。在战斗没有打响前，连无线电也约定不联系，电报也不拍，以免被日军察觉。我们全师官兵、挺进队官兵连枪弹走火的事都没有发生过。

5 月 3 日，第十三团正面之日军，已增至 1300 多人，拂晓以来以一部与我争夺马鞍山，炮火猛烈，我守备该山之第十三团第五连（欠一排）以地形孤立，且受日军瞰制，应援不易，对日炮无法压制，阵地全毁，该连伤亡过半，犹反复冲杀，拼战至午后 3 时许，先后毙敌 50 余人，唯众寡悬殊，马鞍山遂复陷日军之手。

我挺进支队拂晓开始行动，经 90 里之强行军。酉刻到达李熙桥，正搜索日军，罗家铺方面已发生枪声，情况不明。

5 月 3 日午后 9 时，师继做下列部署：

1. 师于明日以有生力之一部挺进敌后，主力由右翼包围当面日军，进出于万福桥东西高地之线，将日军捕捉而歼灭之。

2. 挺进队于明日晨，由李熙桥向曾家湾、万福桥、六王庙、龙烟山日军攻击之，切断敌之退路，协力主力之战斗。

3. 第十三团为右翼队，继续攻击当面日军，与十四团切取联络。

4. 第十四团为左翼队由欧溪桥向连相坪、大河冲之日军攻击。奏功后转向六王庙攻击，右与十三团切取联络。

5. 两翼队应于明日拂晓前完成攻击准备，待命攻击。

6. 第十四团第二营为师预备队，位置于傅家坳附近，随攻击之进展向欧溪桥附近推进。

7. 工兵营（缺一连）在傅家坳待命。

8. 师长在傅家坳指挥部。

5月4日，拂晓以前各部队均已准备就绪，旋即开始行动，右翼队经激烈战斗，于11时再度克复马鞍山。

正午由罗家铺增来日军1000余人，附炮3门，分两路向我右翼队猛扑，其一部攻抵神仙堂附近，企图包围我之右翼队，当以右翼队之预备队迎击。其犯茅柴岭日军，被我十四团二营抑止于茅柴岭以北谷地。战斗激烈异常，我营长甘健民于此役负伤。另日军一股约六七百人，自午迄戌对我鲤鱼山十五团第三营阵地一再猛扑，我各级官兵均抱与阵地共存亡之决心，誓死拼战，虽全营伤亡100余人，我阵地仍然屹立不动。

挺进支队以一部扼守李熙桥，防日军东窜，主力十五团于戌刻前后攻克曾家湾、万福桥、六王庙、龙烟山一线，日军大部仍退据附近山隘顽抗，是日毙敌400余人，我亦伤亡营长以下200余人。

至是判明与我对战之敌，除原有之五十八旅团（即关根支队）主力一一五大队外，复由罗家铺方向增来一一七大队（俘称）兵力不下3000余人，经我连日攻击，伤亡甚重，其重点及炮兵已转移至神仙堂、茅柴岭、龙烟山间地区。我师以合围之势，乘夜调整部署，继续围歼之。

我师部署：

1. 明日拂晓续行攻击。由两翼包围日军而歼灭之，重点指向神仙堂。

2. 第十四团（缺第一营附第十三团第二营）为右翼队，展开于铁坡寨及神仙堂南端一线，攻击当面日军，进出于茅柴岭附近，重点指向神仙堂。

3. 第十三团（缺第二营、三营，附第十五团第二营）为中央守备队，确保武阳东端至鸦雀桥北端高地一线，并以积极行动协力两翼之攻击，以一部守备武阳市街。

4. 挺进支队之十五团（缺第二营）及十四团第一营为左翼队，由邱副师长统一指挥，展开于万福桥东南一线，对龙烟山、六王庙日军攻击，重点指向龙烟山。奏功后出北向南攻击，协力右翼队之战斗。支队扼守李熙桥之部队，仍续行前任务。

5. 各部队应于明日拂晓前部署完毕，待命开始进攻，师指挥所在傅家坳。

4 日晚，我一二一师三六二团已到欧溪桥，其一部推进至棉溪附近警戒。

5 月 5 日拂晓，各部队开始攻击，10 时许右翼队方面第十四团第二营攻占神仙堂之大队，日军凭险顽抗，数度增援，激战至烈，连长肖叔康身负两创犹裹伤再战，士气益励。迄午以第三营主力加入攻击，反复冲杀，下午 5 时顷将日军击破，完全占领神仙堂，日军向茅柴岭方面溃退，阵地遗尸数十具，我乘胜追击。

左翼队方面，第十四团第一营拂晓与十五团第一营、第三营第八连对六王庙附近日军攻击，一举而摧毁炮兵阵地，继续占领六王庙东北高地，总计先后毙敌 200 余人，马 30 余匹，缴获山炮 1 门，迫击炮 3 门，无线电机 2 部及其他文件地图等甚多，生俘日军 12 名，马 38 匹。日军残部 200 余人东窜。当即令第一营尾敌追击。

左翼队第十五团第三营数经激战，于拂晓前完全攻占龙烟山，即与十四团第一营取得联络，夹击由六王庙附近向东败窜日军。计毙 200 余人，缴获军马 20 余匹，步枪数支及其他军用品甚多，生俘敌兵 4 名。第十五团第一营一部对北警戒，主力与六王庙向北败窜之敌激战于万福桥东南高地，击毙日军 200 余人，缴获马 30 匹，军用品甚多。日军折向东窜至横溪冲附近。

5 日晨，由瓦屋塘方面日军约 1000 余人，抵李熙桥，经十三团第三营痛击，伤亡极重，折向花园退去，第三营派队尾追，与其掩护部队发生激战。

自 4、5 两日以来，日军受我两翼夹击，伤亡惨重，遂开始溃退。龙烟山、横溪冲山地有敌一一五大队残部之掩护队 500 人及茅柴岭、鲤鱼山附近地区有 200 余日军潜匿，我仍继续扫荡。

5 日晚，师遵牟军长电令，改变部署如下：

1. 当面日军为我击溃后，主力已向东逃窜，其盘踞武阳附近之残部，一股约 500 余人，潜匿龙烟山、横溪冲附近地区，另一股约 200 余人潜匿于茅柴岭、鲤鱼山附近地区，企图向东潜窜。

2. 师以歼敌之目的，于明日向该敌围剿。

3. 进剿部队应于明日拂晓开始行动，务以勇敢果决之行动，严密之部署，搜索日军残部而歼灭之。

4. 东北方面堵剿部队应在各部队现在位置附近封锁敌可能利用之道路，择要构筑工事，广派便探，务使其无法脱逃。

5. 西南方面堵剿部队，应以一营位置于铁坡寨附近，另一营以一连扼守武阳市街，择要构筑工事，主力控制鸦雀桥西南方面高地，防止日军脱逃。

5 月 6 日拂晓，第十四团第二营，排除当面日军微弱之抵抗，向罗家铺方面追击，侦知残部约 1000 人，炮三四门于 5 日夜半，从罗家铺东溃，该营随尾穷追。6 日下午黄羊坪附近将该部追及，其顽强抵抗，我略有斩获，入夜后，其续向东窜。此时第一二一师三六一团到达，跟踪追击，该营即向罗家铺待命。

第十五团当面龙烟山、横溪冲向日军残部，经该团围攻，大部就歼，残部 200 余人更换便衣，乘夜东窜，被我李熙桥第十三团第三营阻击转窜湾头以南山地中。复令第十四团第三营经大竹山向北协力第十五团之搜剿，大部被我击毙，残部四散奔逃，武器大部沉于水塘河潭中后被地方民众搜获。迄到 5 月 10 日，武阳附近日军残部终告肃清，该团旋即奉令开武冈参加主力作战。

据日本防卫研究所战史研究室的《昭和二十年的中国派遣军》中记载：

关根支队的一一七大队于“5 月 4 日晨到武阳东北地区和一一五大队取得无线电联络。但在尚未得知详细情况下就又不通了，以后尽管采取了所有办法，仍旧未能联络上，这天遭到空中和地面的猛烈攻击，整日展开激战。”

“5 月 4 日黄昏后各队开始脱离‘重庆军’，但‘重庆军’追击之急超过预料，5 日晨以后，各队陷于混乱状况，几乎无法统率。特别是一一五大队，在万福桥附近遭‘重庆军’奇袭即已溃乱，接着又遭到优势之敌的包围攻击。因关根支队司令部也处于危险状态，所以未能采取措施救援一一五大队。”

“一一七大队在 5 日晨，接到关根支队脱离战线向花园市后退和在该地南侧地区集结的命令，便一面击退敌人的猛追一面后退，中途变更前进目标为高沙市。”

“5 月 6 日，在花园市以西，支队的退路被切断，因此各部从险艰的山地迂回向东走。军司令部由于和支队的通讯联络不良，不能明确掌握情况，为此甚为忧虑。”

这次芷江作战，“独立步兵第一一五大队，几乎全部被歼，一一七大队也有大量死亡。”

在武阳歼灭战中，日军狼奔豕突，或者被击毙，或者自杀，或者投降。迂回攻击六王庙的邱部突击队，被称为“神兵”。

从 5 月 1 日起经历了六天六夜的战斗，第五师 390 名官兵殉国。日军一个旅团的主力被歼灭，这在抗战史上应是光辉的一页。第五师武阳之捷，日军的南路主力一部被歼，使其整个芷江作战部队陷入第三、四方面军的重围，导致惨败。

九十四军军长牟廷芳到芷江报捷，陆军总司令何应钦在芷江机场和牟握手，第一句话就是“武阳之捷开湘西会战胜利之先声”。

第十一师雪峰山会战记

杨伯涛*

1945 年 4 月，日军以夺取芷江飞机场之目的，发动湘西雪峰山战役。激战至 6 月初，历时两月。在我军坚强打击下，日军大败亏输，成为日本侵华军的最后一次惨败。从此，气焰顿挫，在我国大陆上不敢再发动攻势，不数月便无条件向我国屈膝投降。

陆军第十八军原属陈诚第六战区战斗序列，担任常德、桃源、汉寿、益阳、洞庭湖西岸滨湖地区的守备。军长胡琏，副军长张世光，辖第十一师师长杨伯涛，守备常德、汉寿，第十八师师长覃道善，守备益阳，第一一八师师长戴朴，随军部驻桃源。第十一师首先接受全副美械装备，会战开始前已经过数月的紧张训练，熟练地掌握了全副美械的使用。第十八师、第一一八两师，因运输关系装备不能同时到达，来不及调换美械，仍用原装备参战，会战结束后换上美械。1945 年 5 月初，战况紧急时，始奉命将第十八军归入王耀武第四方面军序列，加入会战。

据方面军通报：日军自 4 月中旬开始全面攻势以来，遭到我军纵深既设阵地节节阻击。每前进一步均付出大量代价，往往争一个要点，都经过反复

* 作者时任第十八军第十一师师长。

肉搏，几易其手，以至日军前进迟缓，费时近月，于5月中旬始到达我雪峰山主阵地前沿，兵员粮弹大量消耗，精力疲惫。我军方面利用大纵深阵地节节阻击，利用空间，赢得时间，以加强主阵地的防御工事，并乘日军正面仰攻，兵力分散，部队运动暴露之际，灵活集中炮兵予敌猛烈轰击，大胆组织逆袭部队夜以继日，轮番向日军反扑，使其难于应付。

我空军方面：早在4月初已侦知日军调动兵力，运输频繁，判断有大规模进犯企图。我中美混合团空军亦即加强芷江飞机场兵力，日夜出动飞机轰炸湘粤、湘桂铁路和公路交通线，以破坏敌军兵力集结和补给运输。战幕揭开后，我空军则大力支持地面前线部队，情况需要，随叫随到，向日军联合攻击。这时日空军大部分已转移到太平洋上对付美军，在我国大陆上的空军数量减少，以此丧失了制空权。

5月上旬，我军指挥部观知日军攻势已到达顶峰，决心使用新兵团转移攻势，以歼灭当面之日军：

命令在黔桂边区的汤恩伯第三方面军，所属牟廷芳第九十四军，由城步、绥宁疾进，向武冈西北与我第七十四军对战之日军的左侧背展开攻击，经过激战，该军逐步进展至武冈、瓦屋塘之线，日军受到左侧背压力，只得对雪峰山正面我军停止攻势。我第七十四军亦乘机转守为攻，协同第九十四军围歼当面之日军。

命令胡琏第十八军第一步迅即向沅陵、辰溪地区集结，听候授予任务。军长胡琏以第十一师为先头部队，第一一八师随后跟进，第十八师在后。行军速度一日约40余公里，沿途美军见到我军兵强马壮，无不翘大拇指叫好。在战况紧急关头，兵贵神速。如日军增援部队先期到达，则有击破雪峰山我守军直逼芷江飞机场的危险。我师全体官兵在接到救援芷江战略要点的任务后，群情激昂，莫不摩拳擦掌，急欲使用新武器一显身手。特别有一部分官兵，知道他们的师长是芷江人，更激起义愤，纷纷议论说："我们的师长是芷江人，现在他的家乡危险，我们一定要保卫住师长的家乡，保卫住国家这块战略要地。这一仗关系重大，我们只能打好，不能打坏，我们要豁着性命把日本鬼子打个落花流水，决不让其目的得逞。千万不能叫师长在家乡人面前丢脸。”这次战役我第十一师全体官兵的战斗意志，是极为高昂的。

中国战区总司令何应钦与第四方面军司令官王耀武原定的作战计划：以拟待日军攻势顿挫时，将未曾作战的新锐第十八军用于雪峰山正面，居高临下，予日军以粉碎性打击，一举解决整个战局。后经四方面军参谋长邱维达及其他人的建议：“日军主力部队使用在雪峰山正面，企图直驱芷江，而其两翼则是掩护部队，兵力较为薄弱。这时，日军正面主力部队虽有损失，但基本上仍保持强大兵力。我由正面阵地出击，适撄其锋，难操必胜。不如向敌侧面薄弱部分出击，较有把握”。最后采纳此案改变了计划，决定以第十八军由溆浦新化方面南下，向日军右侧背邵阳、隆回、洞口以北展开攻击，直蹑日军后方，斩断与邵阳日军的联系，形成包围态势。当时第十八军先头部队第十一师，已通过辰溪、花桥、怀化到达安江附近。计划改变，立即掉头向溆浦前进；第一一八师向溆浦以东前进；第十八师向新化前进。第四方面军司令官王耀武派其参谋长邱维达进驻溆浦与十八军联系。

第十一师通过溆浦，以战斗态势搜索前进。预定第一攻击目标，指向日军右侧交通隘道山门镇；第二攻击目标，指向敌主要交通线邵阳至洞口公路线。前锋前进至山门以北之马颈骨附近，即遭遇日军迎面阻击，我即命部队展开攻击。正激战间，日军一个步兵联队和一个辎重联队经山门向龙潭前线补给增援。其步兵队企图增援马颈骨。我军乘日军运动之际，迅速肃清当面少数之日军，将锋转向这个联队。日军盘踞在附近高地和村庄顽固抵抗。我军乘锐扫荡，与日军肉搏拼杀。日军素以白刃战见长，鼓噪咆哮挥刺刀直冲我军。这时我军拥有美械近战武器冲锋枪，数步之内向密集日军迎头扫射，日军中弹纷纷倒地。经整日战斗遂将该联队歼灭。缴获山炮 2 门，步机枪多挺，生俘日军 60 余名，胜利结束这场激战。随我师的美军听到俘虏日军，都好奇地去观看，其中一少尉军官持卡宾枪欲将一名俘虏枪毙以泄愤，被我阻止。在缴获军用品中有几箱日本国钞票，美军竟以美钞兑换，日军小太阳旗亦争攘手中，作为光荣的纪念品。

次日，我师乘胜向山门要点进攻。山门是一隘口，当东西要道，为日军第一线后方补给基地，有日军防守，和我军打响后兵力续有增加。我指挥部队从山门东北地形比较开阔方面迂回攻击，在我军两面夹攻下，日军残部向南溃逃。我即刻命副师长王元直指挥一个团追击，又全歼日军辎重联队，缴获日产大洋马300余匹和其他武器辎重。我师克复山门要点，日军右翼侧背阵地开放一大缺口，后方交通顿即闭塞。日军雪峰山前线部队，立即抽集兵力反扑，意图夺回。我指挥部队在山门北面高地占领侧面阵地，组织火网控制东西隘口道路。当日军向我军进攻时，摸不着我军主阵地所在，向山门盲目炮击一阵，后贸然前进。我师抓住此良好目标，一声令下，枪炮齐吼，日军毫无还手之力，其先头部队被歼大半，后续部队只得翻山越岭夺路逃窜，我师以少数伤亡获得全胜，迅即向上报捷。

为彻底截断日军后方交通，协同友军全歼整个日军，我们继续向南攻击前进，实现第二个攻击目标——截断邵阳至洞口公路。这时日军在雪峰山进攻部队由于形势不利，已开始向东后撤，部队集结于洞口至邵阳公路两侧，每一山头和村庄都有日军占领。我师每前进一步，都遭到日军的抵抗。由于我师装备美械后，火力较日军已占优势，加之中美混合团空军积极协同战斗，美军联络官司乐中校携带的陆空联络电台随我身边行动，在战场指示飞机驾驶员射击和轰炸目标，纠正驾驶飞行的方向与角度，以准确地命中目标，使日军遭受重创。而日军的飞机则不出，只拂晓时一刹那间，以单机低空飞行从我军阵地上一掠而过，对我根本不起威胁作用，故此我军能主宰战场，蹈隙猛进，席卷敌阵。这次作战和过去大不相同了。过去作战，我在战场上同日军相遇时都是极力隐蔽身体，秘密观察日军行动，如不小心隐蔽，一经日军发现，就会招致日军炮、空军轰击。现在我带领师指挥人员和美国联络官司乐中校，到第一线侦察敌情、地形。发现小河对岸700米处，也有刚刚来到的十几个日军，探头探脑，东张西望，以乎也是在侦察情况。但他们发现了我们后，就钻入树林隐蔽起来，我们都哈哈大笑。从从容容指挥部队向之进攻。

在炮火和飞机的掩护下，我展开一个团的兵力向公路要点石下江市攻击，这里日军工事不太坚固，被我一举攻占。我军占领石下江，就完全截断日军赖以补给运输的唯一交通线，形成对日军四面包围。我军左翼第一一八师亦已越六都寨前进到荷香桥附近，向邵阳以西前进途中遭顽固阻击，激战甚烈。

我南方战场第三方面军之第九十四军经过激烈战斗，击破武冈、新宁日军，日军向东溃退，该军衔尾追击，封锁了南部战场。

我据守雪峰山东麓的第七十四军、第一〇〇军，不失时机全线发动反攻。不顾长期苦战疲劳，奋勇咬住日军毫不放松。11日日军在包围圈内，越来越紧缩，濒临绝境。

我判断第十一师占领石下江，卡住日军咽喉。日军处此严峻关头，势必竭尽其全力打开一条血路。第十一师凭着旺盛的士气和精锐的武器，自开战以来，左冲右突，进展顺利。但也不可被胜利冲昏头脑，掉以轻心，贻误大局。因此，我决心应付日军的突围大战，以师主力面对由雪峰山方面涌来的日军，占领有利地形构筑工事，加强封锁，迎击突围之敌；另以所属第三十三团担任封锁公路的瓶颈。由该团团长李树兰派出有力的一部，占领石下江市一座坚固建筑，卡住公路闭塞交通，成为阵地钥匙，该团主力以此为依托，占领公路两侧有利地形，严阵以待。我如此部署，是渴望协同各方面友军同心协力、互相呼应，以歼灭被围的全部日军，报八年来的深仇大恨。第十一师正在秣马厉兵严阵以待之际，忽然接到军长胡琏转来上级的命令：令我将扼守在石下江市的一个团全部撤离，该师集中全力向日军侧面攻击。这样就网开一面，豁出了一段口子，让日军顺公路逃窜。日军一见有路可逃，就不顾一切地加快步伐，一拥而过。我虽督率部队向敌侧击，但斩获之数不太多了。我各方友军经过追击，很快收复失地，恢复了会战前态势。湘西雪峰山战役，于6月初胜利结束。

这次战役，日军以强弩之末，攻击受挫，势穷力竭，困于重围，我军本可全歼该敌，取得更大的胜利。不幸上级命令开放口子，让大部日军逃窜。大胜之局，功亏一篑，良深惋惜。事后了解：因重庆这时正召开国民党六中全会，全体与会人员对湘西战事十分关切。当第十一师攻克山门时，战场形势顿呈有利态势。在安江指挥所的总司令何应钦、王耀武等高级指挥官员及美军官员，额手相庆。美军作战司令麦克鲁将军立即打开香槟酒，举杯连连互祝胜利。重庆方面更为兴奋，立即发动各界组织慰问团。以莫德惠为团长、邓文仪为副团长，携带慰劳品来到芷江犒军。在这种形势下，总司令何应钦为适应人心，不愿战事拖延，影响六中全会，踌躇再三，始决定开放石下江钥匙，给日军一条生路，从而提前结束了历时两月之久的湘西会战。

第十一师在这次战役中伤亡官兵400余人。其中不少官兵曾向我表示决心："要帮师长保卫住家乡。"他们在阵前英勇杀敌，有的壮烈牺牲。他们高尚的爱国品质和对我的深情厚谊，使我极为感动，永志不忘。战后，我征得全师官兵的同意，派干部数人在山门建立"第十八军第十一师抗日阵亡将士纪念坊"一座，以资崇念。

联合国制宪会议

联合国制宪会议与中国代表团

吴自强*

第二次世界大战即将结束时，反法西斯联盟的美国、英国、法国、苏联和中国等 51 个国家根据雅尔塔会议的决议，于 1945 年 4 月 25 日至 6 月 26 日在美国旧金山召开会议，任务是以 1944 年 8 月召开的敦巴顿橡树园会议建议案作为基础制定联合国宪章。会议就联合国五大国一致原则、区域性组织、联合国托管制度等问题进行了激烈讨论，最终维护了联合国五大国一致原则，并通过了《联合国宪章》和《国际法院规约》。

1946 年 10 月，我任《新湖北日报》（湖北省政府机关报）总编辑时，曾赴南京、上海，协调驻南京特派员和上海通讯员的工作。《新湖北日报》驻南京特派员林欣本在美国驻华大使馆新闻处工作，中英语文兼擅，非常活跃。初到京、沪，自然要拜访一些曾经熟识和对报社有过帮助的师友、同行。如在南京的萧同兹（中央社）、龚德柏（《救国日报》）、程沧波、马星野，上海的潘公展（《申报》）、马树礼（《前线日报》）等多人。其中三青团中央副书记长郑彦棻，1945 年在重庆时兼任国际反侵略会中国分会执行部主任，我与他同在枣子岗垭的一座院内办公，常常见面，感情甚笃。这次我

* 作者时任《新湖北日报》总编辑。

特地找了个星期天，和林欣登他的私宅拜访。落座不久，刚从美国回来的魏道明来访，他是大官，曾任行政院秘书长，驻美大使，当时又有晋升立法院副院长的传闻。我起立要走，郑伸手阻拦说：“无冕之王，还回避什么人。”他们是法国巴黎大学的同学，谈起来亲热异常，话题多半涉及联合国开会的事。我也不时发问，魏突然转头问我：“你是小池口的？”我吃了一惊，“我的老家是德化。”原来他听到我的黄梅土音便引起了兴趣。因小池口与德化是毗邻，乡音乡情一下子使我们亲近了许多。小林也熟悉美国情况。于是，我们一起谈天说地，得知许多当时联合国开会前后一些复杂的谈判和互要外交手腕的琐事。

四强发起召开旧金山会议

第二次世界大战中，中、英、美、苏联合50多个盟国，并肩作战。到1945年初，希特勒德国法西斯正处于灭亡之际，中、英、美、苏四强发起召开旧金山会议，目的在于制定《联合国宪章》。二战开始后，反法西斯同盟国走向胜利之初，就召开了多次会议，较早的有1942年1月1日的中、美、英、加、澳、波兰、南斯拉夫、南非等26个国家参加签字的华盛顿《联合国共同宣言》（后来又有玻利维亚等21国参加签字），规定签字国必须倾全力对轴心国（德、意、日）作战，保证不单独对敌媾和。接着于1943年10月，莫斯科外长宣言以美、英、苏、中四国名义发表。中国事先没有接到邀请，临时由驻苏大使傅秉常签字。1943年11月有罗斯福、丘吉尔、蒋介石参加签署的《开罗宣言》等等，都为建立战后和平组织创造了条件。特别是1944年8月至10月召开的敦巴顿橡树园会议，为成立联合国以及草拟和制定《联合国宪章》奠定了基础。

中国人民对日抗战时间最长，死伤最多（3500万人以上），损失最重。但在当时英、苏领导人的眼中不能与他们相提并论，只有美国罗斯福总统独予重视。1942年在华盛顿签署《联合国宣言》时，罗斯福亲自把中国的名次列为第二，最终定为第四。1943年莫斯科苏、美、英外长会议，发表宣言，罗斯福坚持要把中国列为四强之一。1944 年罗斯福接见宋子文时说："欢迎中国列名四强。"为什么罗斯福如此重视中国，这是因为：

第一，战后日本崩溃，亚洲没有强国，出现真空，缺少维护远东和平的支柱；

第二，日本投入中国战场上的派遣军、关东军达 150 余万人，占其全部陆军的 2/3，没有中国的抗战，美国陆军就无力收复南洋诸岛，甚至澳大利亚、印度亦必遭到蹂躏。为减少美军的伤亡，为美国自身的利益，他必须援助中国。

还可从另一面看，1945 年 2 月罗斯福、斯大林、丘吉尔在雅尔塔开会，罗斯福私下与斯大林秘密商谈，想换取苏联早点对日宣战，出兵中国东北，竟不惜牺牲盟友中国的利益，答应支持斯大林提出的三项条件：①维持蒙古共和国现状（其时外蒙古已自行独立）；②中东铁路由中、苏、美三国（旋即撤销了美国）联营；③租借旅顺为苏海军军港。后来在交涉中，蒋介石不敢答应租借旅顺这一条件，另外两条都默认了。中国外交智囊团也另外提出可以在朝鲜等地找一个不冻港代替旅顺，以满足苏联的要求。

这些都是为了各自国家的利益而要弄的手段，在外交史上并不罕见。

中国代表团的组成

中国参加制定《联合国宪章》会议，组建代表团自然要有广泛的社会基础，因为它是代表全中国的，决不能由国民党一党包办。蒋介石似乎也了解这个道理，打算除了由国民党政府派出代表外，还选一两个民主党派和几个无党派人士进来，而对领导八路军、新四军在广大敌后战场浴血奋战的中国共产党则熟视无睹。虽经国民党内的有识之士进言，以及孙夫人宋庆龄向外交部建议，但蒋介石仍然无动于衷。1945 年 3 月初，周恩来写信给美国驻华大使、罗斯福总统私人代表赫尔利和国民参政会主席王世杰，严正指出，国民党独占参加旧金山会议的代表是不公正的、不合理的，并拟以周恩来、董必武、秦邦宪代表中国共产党参加会议代表团，若此建议不予接受，共产党将反对国民党之分裂行为，保留表示一切意见之权利。对此，罗斯福亦两次致电蒋介石示意。这样，蒋介石虽未接受全部条件，但同意董必武为出席旧金山会议的代表。3 月 27 日，国民政府行政院正式公布出席旧金山会议中国代表团名单：宋子文为代表团团长；代表顾维钧、魏道明（以上国民党）、董必武（共产党）、胡适、吴贻芳（以上无党派）、李璜（青年党）、张君劢（民社党）、胡霖（大公报总编）；顾问施肇基。4 月 21 日董必武偕同秘书章汉夫、陈家康乘飞机赴美，均于 25 日前到达旧金山。

稍后，参加代表团的还有商务印书馆总经理王云五，他也是一位无党派人士、国民参政会的主席团成员。至此，代表团代表及其随员共达 200 多人。

代表团中，吴贻芳是唯一的女代表，她是湖北武昌人，金陵女子大学校长、国民参政员，解放后任江苏省副省长，海内外都极负盛誉。董必武是正式代表中年纪较长的一位，大家尊称为“董老”。顾维钧是几十年的著名外交家，当过多次外交总长、特命全权大使，早年出任驻美公使时，就与罗斯福有过交往，所以非常亲密，无话不谈。在敦巴顿会议期间，顾向美国总统作礼节性的拜会，罗斯福轻声语顾：苏联为着达到在联合国取得更多表决权的目的，坚持要求给它的加盟共和国乌克兰、白俄罗斯以始创会员国的资格，预料将受到大家的抵制。苏还打算提出将它的 16 个加盟共和国都塞进联合国，作为讨价还价的砝码。理由是英国各自治领，如加拿大、澳大利亚，他们并未退出英联邦，已取得了加入联合国的资格。如果那样，苏联一国就可获取 17 票的表决权。照此类推，中国 26 个省也可统统成为会员国，中国就有 27 票表决权。将来如果群起效尤，会议就乱了套。这番谈话，是罗斯福对顾表示亲昵，其中也存有对中国拉拢之意。宋子文经常在外活动，代表团内部事务差不多都由顾安排。王宠惠，民国元年就是孙中山南京临时政府的外交总长，以后当过北洋军阀的政府内阁总理，时任国防最高委员会秘书长，曾经要他当首席代表，但他谦辞不就，他又是一位法学专家，凡涉及法律、条约的事都倚仗他。

会议期间，代表团举行过一次记者招待会。事先有人担心，可能在回答记者提问时，各讲各的观点，出现分歧。于是来个“君子协定”，要求大家按照“我是中国代表，代表中国”这一精神讲话，向世界证明中国是团结的、统一的、有力量的。为了更好地做到这一点，推举王宠惠、张君劢、胡适、李璜 4 人共同起草一个声明，由宋子文在会上宣读。记者招待会举行之日，到会各国记者约 600 多人。全体代表都上了台，个个精神振奋。为人们所最关注的共产党代表董必武先生，雍容慈爱，富有长者风度，给招待会赋予浓厚的和平气氛。

出乎意料，两个星期后，旧金山《至上报》刊出了青年党李璜接见记者的谈话，抨击政府是不民主的、不合法的。宋子文对此大伤脑筋，但事端已出，也无可奈何。

回顾敦巴顿橡树园会议

前文提过敦巴顿橡树园会议给旧金山制宪会议打下了基础，为便于叙述，有必要回顾一下那次会议的情况：

敦巴顿橡树园会议是 1944 年 8 月召开的。会上中、美、苏、英都派出自己的高级代表团。中国代表团首席代表顾维钧（驻英特命全权大使），代表魏道明（驻美大使）、胡世泽（外交次长），顾问胡适、张群、施肇基、周鲠生、张嘉璈，还有驻美军事代表团团长商震将军；美国代表团首席代表斯退丁纽斯（副国务卿），代表罗伯特、佩尔、詹姆斯、邓恩、帕斯沃尔斯基；英国代表团首席代表哈里法克斯（外交大臣兼驻美大使），代表贾德干、杰布；苏联代表团首席代表葛罗米柯（驻美大使）。

8 月上旬，中、美、英、苏四国代表团相继到达，罗斯福总统嘱咐美国代表斯退丁纽斯要尽量安排四国代表一起开会，做到四国一致。可是苏联代表拒绝与中国代表在一个会场开会，理由是在中日战争中，苏联是中立国（1941 年 4 月苏、日签订了中立条约），实际上美、英当时正在亚洲对日作战，苏联中立不了。当然苏联认为希特勒德国是最凶恶的敌人，它正在全力打击德军，不愿开辟东方战场。美国亦因各种利害原因，对苏联予以迁就。

经过多次磋商，苏联代表坚持己见，仍然达不成四国同时在一个会场上开会的协议，于是决定将会议分两个阶段进行。

第一阶段从 8 月 21 日开始，美、英、苏三国代表开会，中国被排在外。在会议中，三方通过了一些决议，如确定新的国际组织——联合国的宗旨、组织、促成国际合作等问题，就各国事先准备的方案作了广泛的讨论和研究，通过了决议，但仍留下一些悬而未决的问题，如建立一支国际空军部队，宪章中应包括反对侵略的声明，在“侵略”一词上发生了争论。特别是在安全理事会的表决权问题上争论最为激烈，美、英主张安理会开会以 2/3 的多数通过决议，苏联则主张多数即可；美、英主张如表决事项，某一卷入争端的大国不应有表决权，苏联则认为应有表决权。关于大会主席一事，美国主张只设一个主席、三个副主席，苏联则认为应设四个主席轮流；苏联提出要求接纳它的 16 个加盟共和国为会员国，美国代表以为这样大事，必须由四国首脑会议来讨论而予以拒绝。

由于苏联代表对一些较大的问题（包括上述问题）都须向莫斯科请示，但又常得不到及时答复，故第一阶段的会议迟迟不能结束。原定 9 月 5 日召开的第二阶段中、美、英三国会议，推迟到 9 月 29 日始能举行。

第二阶段中、美、英会议，一开始，美国代表即将第一阶段苏、美、英制定的方案提交给我国代表团。经过仔细研究，一般都可接受。当然，我国早已备有自己的提案，不可能包括在内，仍应请美、英代表讨论我们自己的提案。对前一阶段三国提案的若干部分，也要提出补充修改。对于第一阶段悬而未决的提案，其中争论最激烈的理事国为争端当事国能否有表决权的问题，苏与美、英争执不下，陷入僵局。我代表团按照我国传统观念，赞同美、英的意见，但不愿触怒苏联。而作为四强之一的大国，也有想办法打破僵局的责任。正在左右两难之际，顾维钧在一次宴会上探问美方代表帕斯沃尔斯基，他竟认为这个问题已无实际意义。又在一次魏道明作为中国驻美大使为美、英代表团举行的酒会中，英国杰布也私下表示了同一观点。我国知道美、英的态度已经改变，消除了疑虑，便赞成“大国一致”的原则，解决了这一大难题。

在大会上，对设一个主席、三个副主席或四国轮流作主席的问题，苏与英、美相持不下，没有形成决议。

当然，为着保持中国的独立，我们不顾美、英是否同意，提出了我们自己认为的重要建议，大多被写入《联合国宪章》(初步草案)。

敦巴顿橡树园会议于 10 月 10 日结束，随即在四国首都同时发表公报。公报表明在没有中国参加的第一阶段会议上争论最激烈最重要的未能通过的大问题——“大国一致”的原则，在有中国参加的第二阶段会议得到了确立，大大提高了中国的声望，中国开始被真正承认为四大国之一。在第二年召开的旧金山会议的邀请书上中国列为四个发起国之一，与美、英、苏平起平坐。

旧金山制宪会议

1945 年初，中、美、英、苏四大国发起召开联合国制宪会议，会议在美国旧金山举行。与会者有发起会议的四大国和应邀出席的法兰西、比利时、加拿大、澳大利亚、印度、南非等共 51 个国家的代表。其中，美国代表团，团长是斯退丁纽斯（国务卿），代表为罗伯特·佩尔、詹姆斯·邓恩、帕斯沃尔斯基；苏联代表团，团长是莫洛托夫（外长）、代表葛罗米柯（驻美大使）；英国代表团，团长艾登（外交大臣），代表哈里法克斯（驻美大使）、贾德干、杰布等。

4 月 25 日，四大国外长斯退丁纽斯、宋子文、莫洛托夫、艾登率领代表团和其他被邀请的 47 个国家的代表团及其随员数千人齐集旧金山。当天下午大会举行了开幕式，美国国务卿以东道主身份担任临时主席主持大会，杜鲁门总统讲了话。

根据敦巴顿橡树园会议协议，组成以四大国外长和其他 7—9 个国家外长参加的指导委员会为大会的最高指导机构，成立了各种专门委员会——如组织、程序、法律、军事、托管、国际法院等十多个委员会。

四大国外长每天早晨要集会一次，就一些问题达成谅解，以便在大会上表现得团结如一，使大会主持人很好地主持大会。其他问题交各有关专门委员会研究，争论不能解决的难题，上交指导委员会决定。

第一天早晨，四大国外长会议，爆发了激烈的争论，莫洛托夫首先提出必须通过接纳苏联的乌克兰和白俄罗斯为会员国的问题，态度坚决，没有讨价还价的余地。与这个问题同时提出讨论的，还有大会主席问题，大会使用的正式语文问题。

关于大会主席问题，在敦巴顿橡树园会议上，就有过激烈的争论，但悬而未决。现在 50 多个国家代表团齐集旧金山，等着开会，主席问题非解决不可。美国仍主张设一个主席、三个副主席，这对会议可以有效率地进行负有重大责任；苏联则说并不要任何国家单独承担这种责任。仅这个问题，头一天就讨论一整天，第二天再开了一天“副手会议”，亦无结果，最后提交指导委员会裁定。27 日，“指委会”争了半天，仍不能达成协议，只好付诸表决，表决结果设一个主席提案成立。形式上似乎美国获胜，可是后来经过协议，由四大国轮流主持大会，实际上苏联也未失败。

轮流主持大会按英文字母次序排列。第一次大会应由宋子文主持，我国为了照顾斯退丁纽斯的面子，宋把第一次大会的主持主席让给了他，以后依次轮换。

关于会议使用的正式语文，美国代表力争以英语为大会正式语文，法国代表则希望使用法语，苏联代表也希望选用俄国语。中国代表要求包括汉语在内。后来提交指导委员会讨论，法国提案获得多数国家的支持，于是法语被采用为会议正式用语。

关于接纳乌克兰、白俄罗斯为正式会员国的问题，在四大国外长会议上争论激烈，斗争白热化，数次会议都不欢而散，简直使会议面临破裂、流产的危险，几次将要投票表决，都被关切大局的国家（包括中国在内）阻止，留下了回旋的余地。正在这时，适逢南美各国要求接纳阿根廷为会员，遭到苏联代表的坚决反对，说它与德国有过勾结。经过我国和其他一些国家从中斡旋，会议同意将乌克兰、白俄罗斯及阿根廷加入联合国这一提案联系起来。接着，我国又在分配各专门委员会主席职务上，经过仔细交换调整，并得到美、英代表的同意，满足了苏联代表给乌克兰、白俄罗斯的专门委员会主席的要求，所提方案经大会一致通过，致使这一最难、最伤脑筋的事件，终于得以较好的解决，这是中国代表团的一大贡献。

我们中国代表团对这次大会有着独特的多方面贡献，一一被载入联合国史册。在托管问题上，美国代表提出结合托管制度建立战略地区的提案，引起了一些小国的反对，实行起来，就会削弱联合国的世界和平组织的地位。我国不急于表态，耐心等待公众的舆论，委婉地修正了美国的方案，使托管地区向自治、独立的目标前进。并且要求将以正义和国际法原则处理国际争端这一光照人寰的词语写入了宪章。关于建立军事参谋团、建立特别的军事部队、促进各国文化教育合作、建立经济理事会等，我国都提出了提案，并起着决定性的作用。为了提高安全理事会的工作效率，及时解决国际争端，我国又提出了在当事国提出申请 24 小时内即可开会的建议，得到与会各国的一致采纳。

会议当中争论最激烈的问题，是常任理事国各拥有一票否决权的提案。各小国意见纷纷，虽经反复多次讨论，但仍未达成共识。对此中国提出了要按在宪章草案的大国一致的原则办，经过进一步阐述说服了大家。

会议期间，即 1945 年 5 月 30 日希特勒自杀，墨索里尼 28 日被吊死。6 月 9 日德国无条件投降，反法西斯战争在欧洲战场取得了全面胜利。与会全体人员情绪兴奋，高潮迭起，热潮掀天。

旧金山会议整整开了两个月，推定中、美、英、苏、法为安理会常任理事国，通过了《联合国宪章》。6 月 26 日举行签字仪式，中国代表团第一个签字，接着 46 个创始国的代表也陆续签了字。随后，美国总统杜鲁门作简短讲话，庆祝反法西斯战争胜利，祝大会圆满成功，宣布大会闭幕。同年 10 月 24 日联合国在纽约举行第一次全体大会，《联合国宪章》正式生效。

联合国制宪会议的提案、备忘录、发言记录、决议等各种文件，多得不可胜计，可以装满一个图书馆。我这篇短文，是根据魏道明大使的片断回忆，《新湖北日报》驻南京特派员林欣提供的材料综合整理的，遗漏、错误在所难免。敬望广大读者和知情人士批评指正，不胜感激。

董必武参加联合国宪章签字的片断

严梅生[*]

在联合国成立40周年之际，记者走访了中国联合国协会副会长龚普生同志，请她谈谈40年前，董必武同志作为中国共产党代表参加当时中国政府代表团出席联合国成立大会的情况。

普生同志的爱人章汉夫同志（中共八大候补中央委员，前外交部常务副部长，在十年动乱中含冤去世）曾陪同董老出席旧金山联合国成立大会。普生本人也从事外交工作数十年，现任全国政协委员，有着丰富的阅历。十年动乱期间，她历经坎坷，但如今风度依旧。我们拉了几句家常，很快便进入正题。

她说："联合国的成立是反法西斯战争胜利的一大成果。它反映了世界人民要求保障世界和平，避免再罹战祸的深切愿望。由于在反法西斯战争中各国人民力量的发展壮大，联合国宪章中载入了当初国联所没有的许多原则，如突出尊重各国人民平等权利及自决原则等。"

她回忆当时的情况说："当时反法西斯战争刚结束，美国人民同全世界人民一样正沉浸在欢庆战争胜利的热烈气氛中，和平、民主等口号深得人

---

* 本文系作者根据采访记录整理而成。

心。在战时成立的美国青年、妇女、文化艺术等进步团体，还有工会，都有广泛的群众基础，积极开展和平运动。当时在美国也有一小撮法西斯分子，他们反对成立联合国，利用各种机会，如召开讲演会等，企图打掉成立联合国的主张。但是，他们的阴谋并未得逞。

“中国是联合国发起国之一。当时我党中央曾向国民党政府建议派周恩来、董必武、秦邦宪三同志为参加旧金山会议的代表。但国民党政府只同意一人去。董老是 4 月 6 日从延安乘飞机到达重庆的，重庆的民主同盟和妇女界都为他举行了茶会。12 日离开重庆经印度加尔各答去美国。

“1945 年 4 月 25 日，联合国家国际组织会议在美国旧金山市歌剧院开幕。出席会议的有 50 个国家（联合国创始国应为 51 国。但波兰因故未参加）的 282 名代表及 1,726 名顾问、专家、秘书和其他人员。中国代表团首席代表宋子文，代表：顾维钧、王宠惠、魏道明、胡适、吴贻芳、李璜、张君劢、董必武和胡霖，另外还有高级顾问施肇基。陪同董老的除汉夫外还有陈家康同志（前外交部副部长，在十年动乱中去世）。汉夫当秘书，家康当翻译。在当时那种情况下，我党能派出三人参加代表团，是经过一番斗争才取得的，真是来之不易。

“中国共产党派代表参加这样大的国际集会是第一次，意义重大。这意味着我们在抗日战争中的贡献和取得的胜利得到承认。5 月 1 日，中国代表团在旧金山举行了第一次记者招待会，各国记者纷纷就弱小民族、委任统治制度、国际法庭、否决权、如何处置日本和中国政局等提出问题。向董老提出的问题中有一个是：‘是否认为旧金山会议的成功可有助于造成中国政治上更大的团结与和谐？’董老答：‘是的，但不是有直接的影响。’当董老说‘是的’的时候，听众都鼓起掌来。很有意思的一件事是，在联合国出售的纪念卡中，记得有一张是纪念签署联合国宪章的，上面照的是中国代表团，而签字人恰巧是董老。1971 年 10 月联合国恢复了我国在联合国的一切合法权利。回头来再看看这张邮卡，更觉得它具有特殊意义。可惜我手头那张已经丢失了，但是在联合国仍然可以买到。

谈到联合国宪章签字的情况，普生说：“我国代表团是在宪章上第一个签字的。接着是苏联、英国和法国的代表团，然后是其他国家依照英文字母的顺序签字，美国作为东道国最后签字。本来定于9时签署，但因为装页费时，延迟了3小时。我国代表团签字用的是我国文房四宝中的笔、砚、墨。这些文具是从旧金山唐人街买来的。中国代表团进入签字的退伍军人纪念堂后，就依签字次序在桌后站成一个半圆形，每个代表签完字，退回原处。签字共用了15分钟。吴贻芳博士是第一个签名的女代表，十分引人注目。

当时国民党政府对我们的态度表面上虽然还客气，国民党驻纽约总领事对董老还保持了礼貌。但是，董老的活动却受到种种限制。董老被分配在组织及程序委员会里，使他发挥不了多少作用。国民党特务还对董老的会外活动进行捣乱和破坏。如有一次在旧金山，董老应邀去建国学术研究会演讲，当董老讲完后，他们便提出一些挑衅性问题质问董老，董老义正词严地表明了态度，使他们无言以对。中国人民八年抗战，八路军、新四军的卓著战绩和英雄形象，中国共产党的威望，都深深印刻在爱国华侨的心中，同时也受到美国人民的敬佩。因此，作为中国共产党的代表，董老受到了广泛的欢迎。在美国特务的严密监视下，董老他们在会内会外都做了不少工作。当年纽约市议员中有两位美共中央委员柯奇阿尼(原籍意大利)和戴维斯(黑人)。记得董老和汉夫应邀去纽约市议会参观，当他们抵达该处时，柯奇阿尼提议暂时停会并请董老讲话，对董老和汉夫给予热情友好的接待。

“董老他们在美期间进行了大量的调查研究工作，还介绍解放区的情况，广交朋友。当时会务主要是起草联合国宪章，其中争论最多的是否决权、托管和殖民地的独立等同题。汉夫除了协助董老做国际会议的一些工作外，还利用当时的便利条件，同在美国工作多年的徐永瑛等同志一起编写英文小册子介绍解放区，宣传我们的政策。后来汉夫回到重庆，还撰写了大量介绍美国社会见闻的文章。今天如果能翻阅那些文章，看看几十年前美国的情况，是十分有趣的。家康同志的任务同样十分繁重，也完成得很好。

“旧金山会议后，董老他们三人就到纽约去了。在纽约期间，他们结识了许多政界、学术界、新闻界和文艺界人士，以及社会活动家等。他们三人住在一个美国朋友的家里，这位美国朋友正好到外地去，把房子让了出来。

这样便于工作，还节约了开支。董老每天都安排有大量的对外活动，工作十分紧张，但他们还是自己动手做饭。董老每天参加洗碗。他们生活非常简朴。出国时谈不上什么置装，到旧金山后，我们在美国的一些同志帮他们做了必要的西装。”

普生同志的叙述使我极感兴趣，我向她索要当时的相片。她感慨地说：“我本来有一张董老、汉夫和家康三人赴美途中，在加尔各答机场一起照的相片。他们都穿着卡叽军装。这张相片我珍藏了二十多年，在十年动乱中遭了劫，实在太可惜了。”

最后，普生同志说：“我这一生同联合国似乎有不解之缘。1946—1948 年，我在联合国秘书处工作。1950 年我又随伍修权同志作为中国代表团的一员出席联合国安理会，参加‘美国侵略台湾案’的讨论。在美国我又同当年在联合国共事的朋友以及斯诺、夏仁德、保罗・罗伯逊和杜波依斯那些对中国十分友好的老朋友会了面。1949 年，从外交部建部开始，我便任国际司副司长、司长达 17 年。1971 年我国在联合国的合法席位得到了恢复，但时值十年动乱，我未能回到国际司工作。直到 1977 年我才重新回到司里工作，1978 年去联合国开裁军大会，1979 年出席联合国第 34 届大会。1979 年才脱离联合国工作出使爱尔兰。”

采访就要结束了，龚普生同志深情地说：“每当回忆起老一辈的革命家，想起汉夫同志，内心总是不能平静，有一股子劲儿不断在激励我继续为革命贡献力量。”

说到这里，她望了钢琴上周总理和章汉夫同志合影的照片。她说：“这是万隆会议十周年时我在印尼拍摄的，无意中把底片夹在书里，才幸免于难。我有一次看书，偶然发现了它。现在除了汉夫和孩子们的几帧生活照外，这已成为我仅存的珍贵纪念了。”

桂柳反攻作战

桂柳反攻作战

白崇禧*

战前形势

敌自湘西会战后，自知战力日减，战志消沉，无力控制所占之广大地面，曾缩短防线，集中兵力，以防我反攻。我军委会乘敌战志衰退之际，乃令陆军总部转饬所部第二、三方面军迅速反攻桂柳，收复广西，以为反攻广州之张本，进而实行总反攻计划（按此时我美械装备30余师，已整编完毕，且有中美联合空军可掌握制空权，是总反攻条件已具备，故由广西开始，先打通海口，以接受美国海上军援。同时可借此壮盟军攻打日本之声势）。

敌于桂境兵力为第十一军司令笠原幸雄，指挥第三、十三、三十四、五十八等4个师团及独立第二十二、第八十八2个旅团，共约10万人，分布于桂林、柳州、南宁、龙州等要点。我陆军总部使用于桂柳反攻作战之兵力为第二方面军张发奎指挥之第四十六军与第六十四军，及第三方面军汤恩伯指挥之第二十、二十六、九十四、七十一、二十九等5个军。

---

* 作者时任军事委员会副参谋总长。

战斗概述

第二方面军于民国三十四年（1945） 4月下旬攻占桂境都安后，即向都阳山脉进出，进迫南宁。是时，桂境民团及绥靖部队（属绥靖公署，以独立团为单位）纷起响应，凡我军所至之处，敌莫不望风披靡。5月27日，我第六十四军攻占南宁，敌主力向柳州退却，我军主力同时跟进，一部向龙州追击。我派遣一师与地方团队协同于7月3日克复龙州、凭祥，驱敌于国境之外。我第三方面军汤部于5月上旬向河池、黎明关攻击，迭将河池、宜山攻克。是时，各路均向柳州攻击，至6月29日，第七十一军克复柳州，敌向桂林溃退，我部沿桂柳公路向桂林攻击前进。第三方面军主力进出越城岭山脉后，分向全县、兴安进攻，并先后占领之，向桂林近郊推进，协同友军围攻桂林，于7月28日进占桂林，敌向湘境逃窜，伤亡甚多。战事结束。

作战检讨

甲、敌方

一、敌总兵力不过十万人，采取守势，分布于广西全省桂、柳、邕、龙各要点，备多力分。自湘西会战失败后，敌志气颓丧，加以太平洋战事节节失利，更足以动摇敌人军心，故于精神上已注定失败地位。

二、敌空军在此战役中，其质量或数量至多与中美空军相等或稍劣，因未能掌握制空权，故影响陆军战力之减低。

乙、我军

一、此次反攻桂柳作战，我采攻势，精神上已胜一筹。自湘西会战胜利，我士气更加百倍。

二、我陆军多数得美械装备，火力增强，后勤改善，补给充实，诚所谓

“士饱马腾”。

三、中美联合空军在战役中，支援陆军攻势，此亦制胜之一大原因。

四、广西全省民众，凡适龄壮丁均经军事训练，故国军发动攻势后，各地民团与绥署部队，均能密切与国军共同作战，发挥全面战之威力，增加声势与实力不少。

反攻广东作战计划

1945 年春拟定，此计划未及实施，敌已投降。若敌不降，此计划与反攻桂柳作战一样，当可克敌制胜。

1945 年，中国战区最高统帅为适应军事形势之发展，与我邻接战区协同作战，故策定总反攻计划，其中之一即为反攻广东作战计划。此计划代名为冰水人及白塔，预定于 1945 年秋，对在华日军断然实行总反攻。在实行总反攻之前，先夺取西南海岸港口，以增加陆空军物资之供应，并谋对日最后决战发生更大之贡献。

1945 年 6 月，轴心国之意、德两国于欧战场先后战败，意国早已投降，而德国有组织之抵抗亦已停止。同时，日本南进至太平洋各岛屿之部队，由于海空军日渐削弱，陆军也渐失利。是时，史迪威公路敷设油管已达昆明，每月运输物资达 6 万吨以上，而中国陆军总部半年来所编之阿尔发部队有 36 个步兵师，已大部完成，兵源火力较日为强。中国陆军总部为达成最高统帅所赋予之重大任务，遂依据总反攻计划策定反攻广东计划，并立刻完成一切部署。兹将敌我兵力概述如下：

甲、敌兵力

以长江以南及珠江流域、越南等地区之敌军而判断之。敌兵分布于越南、雷州半岛、海南岛、长沙、汉口及其外围地区，共为 12 师团，17 独立旅团，约 33.2 万人，另一航空兵团、海军在外。

乙、我军兵力

陆军总部所指挥反攻广州作战兵力为第一、二、三、四方面军以及直辖部队，共 19 军，58 师，约 34.8 万人，特种兵在外。此为主攻兵力，其他邻接战区助攻部队不计。

一、作战方针。

以打通广东之海口为目的，先须夺取雷州半岛，再分别进攻衡阳、曲江。我滇南部队则制越北兵力，主力则沿西江流域东下，攻取广州。

二、作战指导。

1. 第一方面军固守滇南原阵地，阻止越北敌人出击，保障我向东作战之安全。

2. 第二方面军先以一部夺取雷州半岛，以为我补给基地，主力沿西江东下，进攻广州西正面。

3. 越北之敌若以主力北向云南，或西向广西进攻，破坏我向东作战时，我第一、二两方面军应挥军入越，攻击侧背，将河内海防占领。

4. 第三方面军以一部进攻衡阳，以主力由广西贺县攻取广东之曲江，再会攻广州。

5. 第四方面军攻取衡阳、宝庆后，继攻长沙，进出汨罗江，使我进攻广州、香港之友军不受敌威胁。

6. 第三、七、九各战区各以有力部队会攻衡阳、曲江、赣州、翁源之敌，各抽一军集结于长沙，以空运补给后，向东江推进，以加重广州敌人在东方之压力；且选择一通内陆港口而占领之，俾接受美援潜艇装备，增强战力。

7. 其他第一、二、五、六各战区应进攻当面之敌，阻敌兵力之转用。

8. 中美空军应协助地面作战，夺取战场上之制空权，以一部轰炸敌在海面活动船只。

9. 在进攻雷州半岛、广州及香港时，希望美国海军协同作战，阻止敌人增援，使作战容易。

此计划拟定后，正准备攻击部署，何应钦上将除将总部推进至柳州外，并设一指挥所于南宁，一时士气大振，大有“灭此朝食”之气概。适日本于 8 月 15 日宣布投降，否则我军必能依此计划，将敌摧毁，圆满达成此任务。

反攻桂北与柳州之捷

戴广德*

反攻桂北

反攻桂北是中国军队全面反攻的前奏。桂北连传捷报，改变中国自抗战以来军事的“被动”局面，我军转败为胜，反守为攻，前方将士勇敢效命，赢得了最后胜利之曙光。

敌我在大山塘一带5个月的对峙态势，奠定我军反攻胜利的基础。1945年5月20日子夜，桂北漫天密云，狂风暴雨，我忠勇官兵冒恶劣气候，翻越崇山峻岭，对顽敌发动“闪电”攻势。牛刀初试，一鸣惊人。第二十九军军长陈金城将军统率的这支苦战之师，一战克河池，收复金城江；再战取怀远，越宜山，再接再厉，艰苦战斗，进而攻克大塘，乘胜追击日军，直趋柳州、柳城，收复了沦陷9个月的桂北失地，奠定全面反攻的有利基础。

我军克复河池乘胜分兵两路南下，左翼兵团沿公路攻击前进；右翼兵团取公路以南小道，追击败敌，对怀远据险顽抗之敌展开猛烈的“钳形攻势”。激战至6月初旬，我军攻抵怀远外围重要据点北牙，顽敌隔河疯狂抵抗，寸

---

* 作者时为《武汉日报》记者，随第三方面军采访。

土必争，激战半月，敌势不支。我两路大军胜利会师怀远，继续挥兵南下，敌退九龙岩，拟据坚固工事死守，借保宜山。我右翼兵团迂回侧击，断敌退路，耗敌兵力，于 6 月 14 日克复宜山；同时我军又兵分两路，右翼纵队沿公路以南地区，经大塘，越三都，直薄柳州，左翼纵队则沿公路、铁路向柳城方向疾进，实行“超越”攻击，使敌军头尾不相顾，节节溃败，狼狈逃遁。我军攻击方逾一月，进展 236 公里，进展迅速，迫使敌人无喘息机会。

这是中国军队开始反攻，收复失地，战果丰硕的胜仗。

记者随夏季屏、王铁麟及胡家骥诸将领沿龙江顺流而下，视察柳州与柳城间最前线。当行抵流山圩我军阵地，高健团长在一片开阔地的绿荫下展开地图，解说敌我作战位置及战斗态势。从望远镜中远视，我军右翼驾板山，正面李家寨，左翼穿甲山阵地，一一在目。烈日当空，万籁俱寂，但见碧绿田野，乌黑丛林，万山矗立。忠勇将士汗流浃背，构筑工事，调整部署。士兵紧握重机枪“扳机”，作预备放姿势。目睹前线官兵忠勇报国热忱，不禁肃然起敬，万分感激，盖彼等始能被誉为中国第一流善良公民，而为吾国历史上盖世英雄也。

桂北天气酷热，交通阻塞，补给困难。第一线作战将士每月副食费仅 600 元。虽值盛暑，而少数部队官兵尚着棉衣，且时疫流行，尤感医药缺乏。记者在我军左翼战地，见通信兵搜拾敌人遗弃铁丝网等稍加整理，系于树枝上，代替电话线，举一反三，显示前方作战部队的艰苦程度！本着“军事第一”和“胜利第一”原则，此番现象在反映当年政治落后于军事，亦直接负责者的严重失职，愧对前方流汗流血将士！

桂境多独立孤山，山上有洞，敌人据岩洞囤粮储弹，顽抗死守，敌我岩洞战的激烈程度，可与大琉球群岛战役媲美。我军缺少重武器，故采迂回战术，超越攻击，围困敌人；当我军右翼兵团攻抵柳州市区，而三都战事尚在继续进行，便是运用迂回战的一例。迂回战少流血，多流汗，表现我军愈战愈进步。

反攻桂北是全面反攻的序战。桂北奏捷是最后胜利的先声。前方官兵不因生活艰苦、待遇差，影响战斗意志；相反，他们面对着用血汗换来的胜利局面分外珍惜，努力杀敌。

柳州之捷

1945年6月29日深夜，曹玉珩师长从战地驰电第三方面军司令官汤恩伯和第二十九军军长陈金城二位将军报捷：“司令官汤、军长陈钧鉴：师占领飞机场后，即全力攻击柳州城，经激烈巷战后，已于艳亥时完全克复。职曹玉珩叩。”国军攻击柳州始于6月6日。当陈军攻克怀远，进迫宜山，除左右翼兵团继续北上，并派突击部队以秘密迅速行动，经大塘附近山地迂回前进，直趋柳州外围。这支神兵突然出现在柳州近郊，展开突击攻势，困守柳州敌仓皇应战，狼狈招架。我军苦战半月，终于24日攻抵柳州南站，在火车站与敌守备部队血战两昼夜，26日转移攻击目标，进攻机场。

此时沿铁路和公路南下我军，互相距离尚相当遥远，呼应不灵，且敌我兵力众寡悬殊。我突击部队为避免不利形势，一度转移至长宁乡集结，旋又继续发动攻势；同时公路线上我军已攻克宜山、大塘，越过三都，主力迫近柳州。柳州攻城战于焉开始。

南宁收复，盘踞桂（林）柳（州）之敌颇感“呼吸”受压迫，而我军沿黔（贵州）桂（广西）路发动攻势，连战皆捷，屡克要地，迫使整个桂北敌人动摇。敌人自己最明白：“不能在广西立足了！”很显然，敌人无力防御，只有退却，可是往哪里“退”，怎样“退”呢？

我军收复南宁，所谓“大陆交通线”被斩两段——事实上外强中干的敌人，并无力量充分利用这条交通线。最使敌人“苦恼”的事情，从越（南）桂（广西）边境及南宁一带溃败敌人，纷纷向柳州逃命，所以最近一月来，柳州番号最多，第三、第十三、第三十四、第五十八等师团，第二十二旅团以及其他敌败兵愈来愈多。

我军已掌握桂西北的三分之二天下。自我军攻势直指柳州，敌人由恐慌而作“紧急撤退”，天天严令非守备部队“限三天内离开柳州”。敌人为掩护其主力撤退并抢运物资，遂以柳城为柳州的外线防御据点，以龙江和柳江作天然屏障，并沿黔桂公路及铁路，构筑坚固防御线，利用山川岩洞，节节顽抗，滞迟我军行动。

柳州敌人分两路溃退。最初沿龙江经柳城走梧州；另一股则沿湘桂铁路及公路退桂林。我追击部亦分兵两路紧追败敌：一由柳州向雒容及中渡线直奔桂林；一由柳城沿江东下。

柳州与柳城敌守备部队，其与我相持之敌为第十三师团。柳州的攻防战始于 6 月 6 日，结束于 29 日，作战时间共历 23 天，最后 4 天为全战役的顶点，而飞机场、火车站、鹅山为敌我争夺最激烈，也是我军攻城战打得最壮烈的地区。

柳州是八桂的重镇，俯瞰桂北，控制桂林，为水陆交通要冲，军事和经济的价值均极重大。单就军事讲，我军规复柳州，此一行动可以攻桂林，而肃清广西境内之敌，出击长（沙）衡（阳），这个有利形势业已奠定，更重要的战事即将随柳州的克复迅速展开，更精彩的捷报，会继柳州之捷如雪片飞来。

柳州之捷是我第二十九军英勇将士用鲜血和生命换来的成果，由于柳州的收复，为我军全面反攻打下胜利基础。

柳州之捷，我军战术运用成功，迂回、渗透、围困、侧击，而收到预期效果，我们谨向劳苦功高的前方将士致谢，致敬！

柳州之捷，我第一线官兵在十分艰苦的条件下打垮了顽敌，攻占名城。我们所以说打得非常苦，苦在缺乏新武器、通讯工具、医药救护甚至衣着。谁无良知，我们面对着这“沉痛”的现实，谁能不表汗颜满面呀！

柳州之捷，我第一线官兵勇敢用命，歼敌盈野。就用兵说，攻击部队的兵力应占优势，然而这一战，战线冗长，正面太广，作战半年的苦战之师，以寡敌众，克敌制胜。在这样敌我兵力对比态势下，怎能收到更大的战果呢？

反攻桂北意味着经过八年艰苦抗战，敌我军事力量的转变——日本由强变弱，中国由弱变强，显示我军具备反攻力量。汤恩伯司令官语记者：“我军将展开全面反攻。”我们深信，桂林指日可下，继而肃清八桂残敌，为期不远，胜利消息将继柳州之捷接踵而来。

桂林光复战纪实

陈　正*

抗战后期我任军统局桂北情报组组长，曾率领一个工作组负责湘桂铁路沿线一带的军事情报工作，亲历和目睹了桂林抗战的前前后后，现就记忆所及，分述如下。

1945 年夏初，日军为配合本土决战，在中国实行“东主西从”的方针，决定缩短战线，将在广西的 3 个师团调往华东地区，广西仅留 1 个师团和 2 个混成旅团。我军经过调整补充兵力，加强装备训练，战斗力有所加强，决心利用日军撤退的有利时机，反击日军，收复失地。

收复桂林之役，由第三方面军司令官汤恩伯指挥，自 1945 年 7 月初开始，采取钳形攻势，一路由西南地区向桂林进发，切断其南至梧州之水陆交通；一路由西北向桂林进发，切断日军北入湘省的铁路交通线，然后逐次击破其外围据点，对桂林城形成包围。参战部队的部署是：李玉堂的第二十七集团军，自黔湘边境向桂林西北进击；牟廷芳的第九十四军，由龙胜向桂林西南进击；丁治磐的第二十六军，从兴安、界首向桂林北面进击；陈金城的第二十九军，从柳州向桂林东南进击；王铁麟的第九十一师，沿湘桂铁路而

---

*　作者时任国民党军统局桂北情报组组长。

上，向桂林西南进击；赵琳的预备第十一师经阳朔向桂林南面进击。

7月13日，我军各部开始向桂林外围进军。7月15日，攻克义宁（距桂林32公里）以北10公里之敌据点惠元圩。同日，我另一部已迫近兴安东北13公里之界首（距桂林82公里）附近，截断了日军全州与兴安之间的交通线。南面，我军由黄冕沿湘桂铁路向永福推进，已到堡里圩（距桂林80公里）。

7月16日，我沿柳桂公路攻击之部队，由修仁向荔浦进攻，于下午8时收复荔浦城，继续向阳朔（距桂林66公里）进军。是日，全州和兴安之日军向我军反扑，我军奋力侧击，毙敌53人，俘16人；在大车岭和五旗岭袭敌取胜，共毙敌400余人，缴获部分轻武器。民众自动援军，做向导，运伤兵，士气高涨。

7月17日，我沿湘桂铁路北进部队已到永福（距桂林60公里）附近。向百寿攻击的部队已抵百寿（距桂林40公里）周围；另一部挺进到两江圩（距桂林30公里）。我西南部队攻克惠元圩后，在义宁以北20公里处全歼残敌，毙敌228人（内有大队长1人），俘敌2人，缴获迫击炮1门，轻重机枪10挺，步枪176支。

7月18至19日，我沿柳桂公路挺进部队攻克良丰（距桂林20公里），又得盟军飞机助战，毙敌200余人。我军乘胜前进，直抵日军高级司令部附近。

7月20日，百寿、义宁、兴安、界首之日军向攻取各县城镇的我军反扑，均被我军击溃。7月21日，兴安、全州间的日军，由五旗岭、考田洞两处向我军反扑，经激烈战斗，终被我击退。7月22日，我军克复百寿城，残敌向两江圩退却。我另一部突进秧塘地区（距桂林13公里）。我军沿湘桂铁路向北挺进之部队，已围攻永福城，敌顽固抵抗，战斗甚烈。

7月23日，北面我军已到达灵川西北5公里之高地（距桂林30公里），灵川城已在我军炮火控制中。我另一部在灵川东北小溶江击毁敌粮车8辆，俘敌8人。7月24日至25日，西南面我军攻克永福城。西面我钻隙部队攻克回龙乡，距桂林城仅10公里。我另一部由秧塘向桂林城挺进。7月26日，我西南面部队由永福沿铁路及公路向桂林城逼进，已至城西南部。西面，我军已攻抵桂林城西郊，与敌战斗激烈。北面，我军攻克甘棠渡（距桂林 10 公里），日军北退之铁路和公路线均被截断。西北面，我军于当天下午克复义宁。汤恩伯严令限于月底收复桂林，各路部队会师。为配合部队作战，交通部长俞飞鹏明令组建 3 个抢修大队，积极抢修前方公路，每队经费 3000 万元，由专人负责办理。

7 月 27 日清晨，由永福向前挺进的我军，抵达桂林西南部，与先期进抵西郊之我军会攻桂林城，至下午 8 时，先后克复西南两关，继而攻入城内，与敌发生巷战，将据险顽抗的 200 余名敌人全部歼灭。下午 1 时 30 分，我周翰熙、曹玉珩两师也抵达桂林城郊，8 时攻入市区，至晚 10 时，完全控制桂林。虽有少数残敌尚在城郊各处凭借工事顽抗，但有组织的抵抗业已终止。我军其他各部队亦于本日陆续抵桂，并向各处搜索，扩大战果。

7 月 28 日，我参加收复桂林之部队主力奉命继续追击敌人，一部分扫荡城内残敌，至午间，城内残敌全部肃清。

是役，毙日军官兵2600余人，俘日军23人；我军亦伤亡官兵1300余人。

（杨吉煊、杨昌智整理）

粟家坳战斗

周　邦*

1944 年秋，日军进犯广西前夕，广西省政府主席黄旭初遵从白崇禧之命令派陈恩元为广西第八区专员，把原广西省政府直辖的桂北 11 个县划为第八区专署领导。灵川县则派绥署参议秦廷柱任县长。

秦接灵川县长职务之后，即策划将灵川县政府迁入两江乡蓝田堡。灵川、桂林沦陷后，不久潭下圩也跟着沦陷了。这时九屋圩已变成了真空地带。

当时的灵川县政工队，在吴腾芳、阳雄飞、吴培梅等人的领导下，曾在怒江及正义乡一带相机打击敌人，并曾配合县自卫队袭击潭下圩的维持会。当时九屋圩、九星村一带，因鉴于送谷子给日本人，仍要受其抢劫烧杀，而在我和政工队吴、阳等人对秦廷柱的影响下，由秦廷柱出九屋圩召集地方人士在莲塘村开会，决定成立地方抗日自卫武装。于是在九屋圩成立了灵岩乡自卫队，派周本智任队长，每日由县自卫大队（当时的大队长为苏鸣荣）派出搜兵，乡自卫队派出搜兵与江洲上周刚的突击队及易家村水埠头康胤的突击队取得联系，并经常派人至潭下圩对面的甘村竹林中放哨，一发现有敌情，

* 作者时为广西灵川县抗日自卫武装队队员。

即马上层层传递通报，使蓝田堡的灵川抗日根据地有所准备，以便调动各路人马准备迎击敌人及掩护民众撤退。

日本人曾经3次袭击九屋圩，都是在天刚拂晓的时候到达九屋圩及九星村边，然后入圩进村搜索米谷、猪牛、衣物、银钱，在光天化日之下强奸妇女，并杀猪做早饭吃，又强拉民夫替他挑谷米粮食至潭下圩。

最后一次，是在1945年5月上旬，这次日本军队也和前几次一样，在拂晓前到了圩边及村边，也同样大肆抢劫谷米及财物。但这次却与前几次不同了，在村中、圩里吃了早饭不但不走，反而在田埂上做了工事。这一次是敌人为掩护桂林一带大军向北撤退的行动。

灵川县抗日游击根据地的最后一道防线是一带险峻的山岭，由太平岭至磨石界、黄岭界、杨柳界，是五岭山脉越城岭的正脉，界内一带村落为芦塘、龙爪、红浮瓢、大洲头、仙人洞等。沿山路进去，一边是奈岭，一边是木马村，都是山口，这是第二道防线，再进去才是蓝田堡。在杨柳界与奈岭之间沿山路过老鼠坳山口，进去为竹山铺，由竹山铺经孟公坳，又可过蓝田铺，而由蓝田铺往西再走30多里山路则为西岭，再过去即可到兴安两金乡及出两渡桥和大罗。两金乡为桂北的抗日根据地，第八区专员公署所在地，这一些地方在越城岭中都是非常安全的地带，由此经三江可通贵州边界。

这时日本军队进占九屋，灵川县的自卫团队由秦廷柱指挥，在磨石界、黄岭界、杨柳界布防守护。

日本军队在5月3日即向磨石界进攻，由于灵川抗日自卫武装守护严密，双方仅以火力接触，以轻、重机枪及步枪互相射击，时断时续。5月5日拂晓之前，日本人即偷袭磨石界的最高峰，打死了守护山头的两个哨兵，在这个山头上防守的一个班，被迫退下了山头。

日军占据山头后，居高临下，以机枪、步枪向我防守阵地射击，这时整个磨石界的防线都受了影响。在当时的情况来说，如果磨石界失守，整个灵川抗日根据地都要受到威胁，而且疏散到根据地的几万人口都要受到蹂躏。因此，拿下失去的最高峰，赶走敌人是一个极其紧迫的任务。于是秦廷柱亲自指挥冲锋，亲自以重机枪射击来掩护自卫队冲锋。当秦正在以机枪射击敌人，掩护冲锋的时候，却被敌人发现了目标，敌人以迫击炮向秦之机枪射击，炮弹两发，一发在距秦 4 丈多远之处爆炸，秦卧倒未受伤，又一发落在秦的机枪边约一丈左右，但未爆炸，当时真是危险万分。秦将机枪转移阵地后，再行射击。

抗日自卫队向敌人所占领之山头发动了冲锋两次，均未能夺回山头，而只好另外构筑新阵地防守，相机出击。

双方在磨石界对峙，激战 4 昼夜，敌人也无法占得我方之便宜，我方亦拿不下最高峰，打了一个平手。从敌人占据磨石界最高峰之后，就不再向其他山头发动猛烈攻势来看，这是一种攻势防御的表现。根据情报，我方大军不久即将由贵州边境经蓝田铺、磨石界出九屋潭下直取桂林，我抗日自卫武装，只要能争取时间，守住阵地或亦采取攻势防御及派出小部队夜间偷袭敌人，扰乱敌人，就能使敌人摸不着我们的底。只要大军一到，把盘踞磨石界最高峰这一股敌人和占据九屋圩的敌人赶走，是不成问题的。

第 5 天，陆军第九十四军一个姓邱的联络副官到了。我不认得他，他在军校第六分校学习时却认得我，他听说我住在奈岭，于是就专门找老师来了。我叫他先与秦县长联系，并问他部队的先遣队何时可到，他说明天下午有一个团到此，其他的部队陆续可到。我留他吃了一餐午饭，他见我生活清苦，于是自己掏钱叫随从去买肉买酒，饭后才去找秦廷柱。

次日，第九十四军的先遣部队雷攻团长率部到此，我建议他把军队摆在大洲头、红浮瓢一带休息，不要行动，以免被敌人发觉，以便在第二天拂晓发动攻击，一举拿下最高峰，并派一部从黄岭出击沿祠堂、莲竹，袭击九屋敌之侧背，一部则从磨石界正面出击，压迫盘踞九屋圩九星村之敌人。雷攻同意了我的建议，一面派人联络后续部队，一面准备明日的拂晓攻击。当天下午 5 时许秦廷柱已陪同雷攻去侦察了地形，拟好了计划，当夜雷攻下达了命令。次日拂晓即向日军发动了猛烈的攻击，激战约 30 分钟，最高峰的敌人已不支；而由黄岭袭敌的一连人，已在九屋敌的侧背打响了，磨石界正面的两个营正层层向九屋之敌进迫，双方激战至上午 8 时许，最高峰已为我军收复，而九屋之敌尚在顽抗。上午 9 时许，九屋之敌向粟家坳败退。此时我空军飞机第一批 6 架在大洲头、红浮瓢一带上空投下大量罐头、粮食。第二批又 6 架继续投下大量的武器弹药，而有些粮食武器落在敌我之间的阵地上，双方都有人出来抢夺，日本人出来抢粮食的已被我军打死了好几个，由此可见当时日军饥饿或缺乏武器弹药之一斑了。

我军进占九屋之后，即乘势向粟家坳之敌猛攻，这时我后续部队已到，有两个团向敌正面攻击。

敌盘踞粟家坳之九星山（9 个石山山峰），以山洞及石块作工事顽抗，我军先以重炮猛击九星山及粟家坳之敌工事，约 30 分钟后即以机枪射击，掩护步兵向粟家坳猛扑，敌亦间以机枪及步枪还击，最后为我击溃，除打死一些日军之外，其他日军向后撤走。在粟家坳九星山的好几个岩洞，发现了许多被日军掳去奸淫的当地妇女及一些日军带不走的衣物、粮食及抢来的东西。

第九十四军克复粟家坳后即向潭下圩挺进，尾追敌人，一直打下桂林，不久桂林光复。

事后据黄柏村（在粟家坳后 10 里）未逃走的老百姓说：“当粟家坳战事激烈时，日军在两天内烧了 200 余具死尸，把村中的壁板柴火和枯树都烧光了，而且到处拉夫，行动慌张。老百姓看见这样情况，知道敌人已将要退走，大家也都躲起来了，因此在敌人败退时，没有办法拉到挑夫，东西丢掉的也不少。”

桂林光复后，约半个多月，日本帝国主义向我投降，对日抗战八年就告结束了。

苏军出兵东北

越过“满洲”边境之后

[苏] 华西列夫斯基*

1945 年 7 月 30 日，最高统帅部大本营发出命令，我被正式任命为远东苏军总司令。8 月 1 日起，后贝加尔方面军、两个远东方面军、滨海军队集团军和太平洋舰队归我指挥。8 月 2 日，给我发来了以下训令：从 1945 年 8 月 5 日起：1. 滨海军队集团军（司令苏联元帅 K. A. 麦列茨科夫）改称远东第一方面军。2. 远东方面军（司令 M. A. 普尔卡耶夫大将）改称远东第二方面军。3. 任命 C.П. 伊凡诺夫上将为远东苏军总司令的参谋长。

8 月 7 日，发来了新训令。训令说，后贝加尔、远东第一和第二方面军于 8 月 9 日开始军事行动，以完成大本营 6 月 28 日训令中规定的任务；各方面军航空兵的战斗行动从 8 月 9 日晨开始。后贝加尔方面军和远东第一方面军的地面部队于 8 月 9 日晨越过满洲边境，远东第二方面军照我的指示行动。太平洋舰队进入一级战备，着手布雷，停止单船航行，运输工具都调到集中点，而后在军舰保护下组织船队航行，展开潜艇，舰队从 8 月 9 日晨开始战斗行动。

我经常向最高统帅报告战斗行动准备进程，以后则直接报告同日军作战

* 作者时任远东苏军总司令。

的情况。我们的电话联系是畅通无阻的。在进攻前夜，我给最高统帅打电话报告苏军已做好开始作战的准备。但是，他的助手回答说，斯大林正在看电影，要我晚一些再打电话报告，我也就这样做了。

各个方面军的战斗行动展开了，它是按照下列战役布局实现的。

Р.Я.马利诺夫斯基方面军：霍尔洛·乔巴山元帅的蒙古人民革命军从大戈壁的赛音山德对德王的部队和张家口方向的绥远集团军实施突击。И.А.普利耶夫上将的苏蒙混合骑兵机械化集群从北戈壁向多伦诺尔市（多伦市）方向突击；А.И.达尼洛夫中将的第十七集团军从尤哥孜尔庙向赤峰突击，以粉碎日本第四十四军的左翼。由于顺利实现了这一意图，结果使关东军同日本驻北平地区的北方方面军隔绝而陷于孤立，失去南方增援的可能。И.М.马纳加罗夫上将的第五十三集团军和А.Г.克拉夫钦柯坦克兵上将的近卫坦克第六集团军从马特向日本第三方面军司令部的驻地奉天（今沈阳）进攻，突击第四十四军的右翼。И.И.柳德尼科夫上将的第三十九集团军从塔木察格布拉克突出部粉碎日本第三十军和日本独立第四军左翼，沿铁路向关东军司令部的驻地新京（长春）挺进，同来自东边的远东第一方面军第五集团军会师。А.А.卢钦斯基中将的第三十六集团军从道乌里亚经海拉尔直奔齐齐哈尔突击独立第四军的中心。从空中支援后贝加尔方面军的是С.А.胡佳科夫空军元帅的空军第十二集团军。

后贝加尔方面军走的是难以通行的地区。中国人和日本人都没有多少像样的地图，我们的制图机构花了九牛二虎之力才保证指挥员具有必要的资料。敌人没有料到，苏军在极其困难的条件下竟能在一星期内通过几百公里。出人意料的程度如此之大，而关东军从西北方面遭到的打击又如此之重，以至关东军从此就一蹶不振了。

在普尔卡耶夫的远东第二方面军中，6个不大的军队集团掩护着一段从石勒喀河口到泽亚河口的后贝加尔铁路；М.Ф.捷列欣坦克兵上将的荣膺红旗勋章的第二集团军从布林台地出发，经小兴安岭，由北面向齐齐哈尔方向挺进；С.К.马莫诺夫中将的第十五集团军从比罗詹，沿松花江向哈尔滨进攻；И.Э.帕什科夫少将的步兵独立第五军从比金出发，同马莫诺夫部队并肩作战，打到勃利；Л.Г.切列米索夫中将的第十六集团军从北萨哈林向南萨哈林实施突击；A. P. 格涅奇科少将的勘察加防区部队占领了千岛群岛。从空中支援方面军部队的是空军上将 Л.Ф.日加列夫的空军第十集团军。

这个方面军非常密切地同舰队和两个区舰队协同动作。海上和内河水兵参加了登陆千岛群岛的南萨哈林，强渡阿穆尔河和乌苏里江，并参加松花江的战斗。我军在丰原（南萨哈林斯克）出敌意料地空降，也是萨哈林战斗中有意义的一页。海军在择捉岛、国后岛和色丹岛的登陆，就其任务完成之迅速、灵活和勇敢来说，惊人程度也并不逊色。

在远东第一方面军中，Н.Д.扎赫瓦塔耶夫中将的第三十五集团军从古别罗沃和列索扎沃洛克两地向林口实施突击；А.П.别洛鲍罗多夫上将的荣膺红旗勋章的第一集团军从兴凯湖经穆棱和牡丹江（敌第一方面军司令部）向哈尔滨实施突击并在那里同第十五集团军会师；Н.И.克雷洛夫上将和第五集团军从格罗杰科沃冲向吉林。И.И.奇斯佳科夫上将的第二十五集团军经汪清（敌第三军司令部）转向延吉直奔朝鲜，然后沿日本海海岸前进至有名的三八线（该线以后成为朝鲜民主主义人民共和国和韩国的分界线），对敌第十七方面军实施突击。从空中支援方面军部队的是空军上将 И. M.索科洛夫的空军第九集团军。坦克兵中将 И.Д.瓦西里耶夫的机械化第十军在第五集团军的地带内作战。

与这一方面协同作战的是以符拉迪沃斯托克为基地的太平洋舰队的主力。快速部队从陆上、登陆兵从海上协同作战，迅速而顺利地攻占了朝鲜海港雄基、罗津、清津和元山。在哈尔滨、吉林和咸兴空降的伞兵立了战功：在敌人的大后方，由于关东军在前线的失败在日本军队中引起一片惊慌失措的情绪，伞兵轻而易举地完成了重要任务。

8 月 10 日，蒙古人民共和国参战。我们的联合进攻一开始就发展得很顺利，苏军立即取得主动权。苏联开始军事行动，在日本政府中引起了惊慌。铃木首相 8 月 9 日声明：“苏联今晨参战，使我们最终处于绝境，已无可能继续作战。”由此可见，日本领导人供认，决定日本命运并加速结束第二次世界大战的，正是苏军的行动，而不是美国飞机 8 月 6 日和 9 日在日本城市投了原子弹。

苏军的进攻是在敌军顽抗的条件下进行的。虽然如此，苏军在各个基本方向都出色地完成了任务。后贝加尔方面军的先头部队早在 8 月 11 日就到达大兴安岭西坡，主力军的快速部队越过大兴安岭后前进到中满平原。强行穿越兴安岭之役是现代战争中无与伦比的英勇业绩。至 8 月 14 日，后贝加尔方面军推进 250—400 公里，前进到满洲中部地区，继续向满洲首府——新京（长春）和大工业中心奉天（沈阳）挺进。在同一时间，远东第一方面军在通行困难的深山老林里突破了强大防御地带并攻占 7 个强大的筑垒地域，深入满洲 120—150 公里，开始进行牡丹江市的争夺战。远东第二方面军在齐齐哈尔和佳木斯的接近地带激战。这样一来，关东军在我军发动进攻的第六昼夜结束时已经被分割成几部分。

在彼此分隔开的各作战方向行动的苏军，其进攻速度之所以有可能达到这样高的程度，完全是由于下列种种原因：军队的部署经过周密考虑，熟知每一作战方向的地形特点和敌人防御配系的性质，坦克兵团、机械化兵团和骑兵兵团的广泛而大胆的使用，进攻的出敌不意，高速进攻性的突破，坚决果断和特别巧妙的行动，红军官兵、蒙古人民共和国的官兵以及水兵的无畏精神和群众性英雄主义。

边防军在整个战局过程中给了远东部队以巨大帮助。在满洲战役初期，他们同野战军一起打击和消灭了敌人大批边防据点和筑垒地域。在以后的战斗进程中，边防军积极参加追击敌人、保护交通线、司令部、重要设施以及野战军的后方。同时，在同敌人的破坏小组和侦察小组的斗争中，边防军也给了无可估量的帮助。

边防军战士在远东苏军整个战局进程中打得多么的坚决、壮烈和巧妙，不妨举这样一个例子。在 Л. K. 波波夫指挥下，光是一支扎林边防支队在第一次战斗中就歼灭了包括 12 名军官的 50 个日本人，俘虏 150 人。以后，扎林支队又消灭了 1 个边防警察分队、2 个区分队、11 个边防小分队、3 个边防哨、9 个独立战斗小组和 2 艘轮船。在进攻的正面，这个支队把正面为 427 公里和纵深为 80—90 公里土地上的敌军全部肃清了，占领了 24 个居民地，包括一个城市。而且波波夫的边防支队还缴获了大量战利品：武器弹药、8个粮库和物资库、4艘货船和一艘轮船。在Л.И.兹里亚诺夫、A.A.尼基弗罗夫、M.H.希什卡列夫等名将指挥下，后贝加尔和远东的其他边防支队同日本军国主义者作战情况也是这样。

在面临战事必败的情况下，日本政府决定投降。次日，铃木内阁倒台。但是，关东军继续顽抗。对此，红军总参谋部8月16日在苏联报上发表声明说："1.日本天皇8月14日关于日本投降的公告只是关于无条件投降的一般性宣言。对武装部队还未发出停止战斗行动的命令，日本武装部队依然继续抵抗。因此，日本武装部队还没有真正投降。2.只有当日本天皇命令自己武装部队停止战斗行动并放下武器，而且这一命令确实付诸实行时，日本武装部队才算投降。3.有鉴于此，苏联远东武装部队将继续进攻日军"。

随后几天，苏军开展进攻并大大加快进攻速度。在后贝加尔方面军的1000公里宽的地段上：普利耶夫的骑兵机械化集群前进至张家口和承德（热河省）；第十七集团军经赤峰冲向辽东湾沿岸；近卫坦克第六集团军虽然由于供应时断时续而遇到很大困难，但依然坚决执行三方面军下达的占领奉天的主要任务；第三十九集团军把敌人退却时破坏的桥梁和铁路一一修复，然后经洮安向长春挺进。恰好在这些日子里，方面军司令决定从第二梯队抽调第五十三集团军到第十七集团军与第三十九集团军之间的缺口处，以便经过开鲁向阜新进攻。结果，后贝加尔方面军8月19日就前进到赤峰、长春、奉天、开通和齐齐哈尔等地。这就是说，我们的武装部队从西边向关东军打进了一个面积大约60万平方公里的巨大楔子。

远东第一方面军也继续发展进攻。第三十五集团军8月16日前攻到勃利地区的佳木斯—图们铁路线，从而确保方面军主力集团的右翼，切断了在远东第二方面军之前向南退却的日本独立第四军同牡丹江集团的联系。当时荣膺红旗勋章的第一集团军和第五集团军正在为夺取铁路和公路的大枢纽、重要的行政和政治中心牡丹江进行激烈战斗，敌人一面顽抗，一面多次进行反扑。8月16日，该市终于被攻克。在这次战斗中，关东军损失4万多官兵。第二十五集团军协同机械化第十军，当天占领了掩护通往吉林和朝鲜北部地区要冲的汪清。同时，该集团军协同登陆兵占领了大海军基地清津并前进到日本第三军的交通线上，切断了第十七方面军同第一方面军和日本海沿岸的联系。在开战后第一周的周末，日本第五军已全部被歼，第三军以及第一方面军的其他部队损失惨重。敌人想不惜任何代价不让我军进入中满平原和北朝鲜的企图破产了。

远东第二方面军在这几天内占领了佳木斯市并同荣膺红旗勋章的阿穆尔河区舰队配合，沿松花江向哈尔滨进攻。苏联空军在整个战场上掌握着制空权，太平洋舰队牢牢控制了朝鲜北部沿岸，关东军遭受惨败。

8 月 17 日，关东军总司令山田乙三将军在对溃散的部队最终丧失指挥并意识到继续反抗已毫无意义时，发出了同远东苏军总指挥部开始谈判的命令。当天 15 时，关东军司令部广播如下声明:“为了尽快实现停止军事行动的命令，我们关东军首长今晨颁发命令，以便我方代表乘坐的飞机能在 8 月 17 日 10 点至 14 点（东京时间）之间飞往下列城市:牡丹江、密山、穆棱，同红军当局建立接触。关东军司令希望这一措施不致引起任何误会。”

8 月 17 日 17 点，接到关东军总司令的一份无线电报，说他已命令日本军队立即停止军事行动，向苏军缴出武器。19 点，日本飞机在远东第一方面军驻地投下两个通信筒，筒内装有关东军第一方面军司令部关于停止军事行动的要求。但是，多数地区的日军不仅继续反抗，而且有的地区还进行反扑。因此，我不得不当即发报给山田将军:“日本关东军司令部曾发报给远东苏军司令部提议停止军事行动，但却只字不提满洲日本武装部队的投降问题。同时，日军在苏日战线的一系列地区转入反攻。兹向关东军司令提出从 8 月 20 日 12 点起在全线停止对苏军的任何战斗行动，缴械投降。之所以提出上述期限，是为了使关东军司令部能将停止抵抗和投降就俘的命令下达到自己的一切部队。一旦日军开始缴械，苏军将停止战斗行动。”

同时，我命令远东第一方面军司令派出参谋到牡丹江和穆棱的机场，授权他们通知关东军司令部的代表:只有当日军开始投降就俘时，苏军的军事行动才能停止。采取这一措施是由于许多日本部队和警备队因失去联系而未接到山田的命令或拒绝执行命令。8 月 18 日 3 点 30 分，山田通过电台答复苏军总指挥部准备履行一切投降条件。8月18日，日军在前线的许多地区开始投降就俘。

为了加速解除已投降的日军的武装并解放日军占领区，8月18日，我下令后贝加尔方面军以及远东第一和第二方面军："鉴于日军的反抗已被摧毁，而道路不通的情况却严重阻碍我军主力迅速前进完成既定任务，为了立即占领长春、奉天、吉林和哈尔滨这几个城市，必须派出专门编组的、装备精良的快速支队。还必须用这些支队或与此类似的支队来解决各项后续任务，不要怕它们离自己的主力太远。"

这样的支队在后贝加尔方面军和远东第一方面军的各集团军中纷纷建立起来了，他们是由坦克部队、乘坐汽车的步兵分队以及自动火炮和反坦克歼击炮兵分队组成的。为了占领重要的军事目标和工业目标并接受日军警备部队的投降，向奉天、长春、旅顺口、大连、哈尔滨和吉林派出了空降兵。先遣支队继空降兵之后进入奉天、长春、旅顺口和大连，随后是近卫坦克第六集团军的部队和兵团。

日本军人张皇失措，当了俘虏。在俘虏中还发现了满洲皇帝溥仪。1933年，这个27岁的清朝代表由日本主子扶植起来，成了满洲皇帝，实际上当了日本主子的傀儡。他的寸步不离的同伴和日常顾问是日本的吉冈将军。在皇帝那里设有日本大使馆，领导大使馆的是关东军司令官。1945年8月17日，当我们的空降分队在奉天机场着落时，溥仪及其侍从连同他的日本顾问，已经准备飞往日本。但是，还来不及飞走就被迫当了苏军俘虏。

8月18日，远东第一方面军副参谋长Г.А.谢拉霍夫少将指挥的空降兵，在哈尔滨机场出人意外地遇见了关东军参谋长秦彦三郎中将。谢拉霍夫在同他谈话时，建议他在按日军当局意见挑选的人员陪同下乘坐我军飞机，到远东第一方面军司令指挥所，以便商谈有关全部关东军投降事宜。秦彦三郎接受了这一建议。8月19日远东时间15点30分，我们同秦彦三郎和日本驻哈尔滨领事宫川举行了会晤。

我们提出投降程序的要求，指定受降的集合点、行动路线和时间。秦彦三郎接受了全部条件。他解释某些日本部队之所以没有执行缴械命令，是由于关东军军事当局未能及时把投降令传达下去，因为关东军司令部在红军进攻的第二天就失去对部队的指挥。接着，我们警告秦彦三郎，日军必须有组织地缴械投降，包括军官在内，而且俘虏的伙食在投降初期应由日军领导负责安排。部队必须同伙房和存粮一起移交到我军手中，日军将领必须同自己的副官和个人必需品一起到场。同时还声明，我们保证不仅对高级军官，而且对全体战俘采取人道主义态度。

值得注意的是，秦彦三郎要求在红军部队到达前准予日本士兵在满洲和朝鲜个别地区保留武器，据他解释，因为“那里的居民不可靠”。我们回答说，苏军会保证红军占领区的全部秩序，不准有任何非法的无节制的行为。然后我们规定苏联军官以后如何会见日军指挥人员，应使用什么飞机，并确定关东军司令部应将何人派往何地。秦彦三郎要求留给日军当局必要的运输工具和通信器材，以便更迅速地向部队传达苏军当局的指示。这一要求得到了满足。在确定了关东军投降的细节以后，他和随行人员被准许乘坐我军飞机在苏联军官陪同下到达其司令部。

在整个谈判过程中，秦彦三郎和他的多数随行人员相当沮丧。“武士道”的自负精神已荡然无存，昨日还很傲慢的满洲太上皇表示俯首听命，甚至显得卑躬屈膝。我们每说一句话，他们都连连点头。显然，他们在心理上消沉沮丧了。

从 8 月 19 日起，日军几乎到处都开始投降。被我们俘虏的有日军 148 名将领，59.4 万名军官和士兵。到 8 月底，关东军和驻在满洲和北朝鲜的其他日军已全部解除武装。

苏军出兵东北　关东军末日来临

[日] 楳本舍三*

1945年8月9日凌晨零时，关东军迎来了自己的灭亡。

人心已经浮动了。自8月15日天皇通过广播宣布投降后，“满洲国”皇帝及其大臣、参议、随从们人心慌乱，已是无法掩饰的了，因为除非在战前、战争期间作过内应，否则，就将会被蒋介石的国民党政府或毛泽东的共产党方面当做卖国贼和汉奸对待。

17日，关东军宣布停战。第二天，即向国内外宣布“大满洲帝国”解体，由此也可以想见“满洲国”处于关东军控制下的这个事实。由于辛亥革命，这个从小被拉下皇位的清朝宣统皇帝——当时的“满洲国”皇帝再次遇到了退位的命运。他可说是悲剧性的皇帝了。

“满洲帝国”的解体仪式是在东边道的山中、通化境内深处的大栗子这个满朝边境旁的偏僻的村子里举行的，寂寞而凄凉。

“满洲国政府”的首脑召开了“满洲国”最后一次会议，总务长官武部说明了“满洲国”解体与皇帝退位的理由，“总理”张景惠表示同意，其他大臣也点了头。

---

* 作者系日本历史研究者。

19 日，山田总司令官在收到关于皇帝在奉天被苏军逮捕的报告时，感到祸不单行，他转过脸，为这个不幸的被废黜的皇帝掉下了几滴眼泪，而那些大臣、参议们却是何等薄情！他们既不为废黜的皇帝溥仪考虑，也不为“满洲”考虑，只想赶快回去，想尽早回到自己家里，这在行将垮台的日子里也许是理所当然的，但哪里像一国的大臣和参议的态度啊！这情景比平民因失败而逃离京城的日子还要可悲。

8 月 9 日凌晨零时。

除满洲和朝鲜边境线的南面外，苏军先是从西面的满洲里、呼伦、阿尔山的辽阔地带，继而从北面的漠河、黑河、瑷珲、同江、哈巴罗夫斯克的辽阔地带，进而在东面的抚远、虎头、虎林、密山、绥芬河、东宁、珲春的辽阔地带，未经事先通知就进行轰炸，战火从此开始。

华西列夫斯基元帅任总司令，其他有 A. M. 马利诺夫斯基元帅指挥的外贝加尔方面军，卡巴廖夫上将指挥的外贝加尔军处外蒙骑兵军团，梅列切科夫元帅的第一远东方面军，M. A. 布尔卡耶夫大将的第二远东方面军。地面总兵力为 157.7225 万人，坦克 5556 辆，还有远东空军司令官诺维科夫元帅指挥的空军飞机 4995 架。此外，K. A. 梅列莰科夫上将指挥的远东第一舰队海军舰艇和 P. S. 尤马谢夫上将的太平洋舰队在今北朝鲜罗南地区元山一带登陆，予以支援。根据记录，红旗阿穆尔河舰队也利用黑龙江、松花江航道到达哈尔滨以北，向大赉一带发动进攻。

苏军投入了比特别大演习时的关东军多出几倍的兵力对伪满洲国发动进攻。而关东军方面则自 1943 年至 1945 年春，将几乎所有重炮、重机关枪、坦克等决战武器以至要塞炮外运，又将现役的全新的 20 个精锐师团或调到南方或调到日本本土。事实上，关东军为了从表面上炫耀自己，只是急急忙忙地招募当地的兵员来凑数，是没有战斗力的，是徒有虚名的。

由于苏军在那里投入了如此庞大的兵力，日本实际上束手无策。举例来说，苏军仅开到牡丹江附近的就有 9 个狙击师、3 个坦克师。

日军也有以大尉为首的一个大队千名官兵孤军奋战，坚守阵地，重创苏军之类的二三个例子，但没有大兵团作战，苏军如入无人之境地，并于 8 月

20日前后进入新京、哈尔滨、吉林、奉天、大连、旅顺等主要城市。

关东军总司令部于12日转移到通化，尽管张景惠强烈反对，溥仪还是在同一天出发前往大栗子了。13日，以张景惠为首的“满洲国政府”领导人转移到通化；18日“皇帝”声明退位，至此，“大满洲帝国”事实上解体。

总参谋长秦彦三郎中将讲述关于苏联发动进攻那天（深夜）的情况：

对关东军来说，苏军的进攻是很突然的，比我们预计的要早得多。那年（1945年）的4月5日，苏联单方面宣布不延长《日苏互不侵犯条约》。这是合法的，是任何人也不能指责的。条约本身规定，双方中任何一方都有权宣布不延长条约。然在条约中确附有一个但书，明确规定在宣布弃约后一年内条约仍然生效。所以，在1946年4月4日前，该条约还是有效的。虽说如此，但从苏联这个国家的平素做法来看，很少有人相信苏联会一直无所作为地等到那一天。而且已经知道，自从德国投降以后，苏军在三面边境，特别是在东面和北面急速地加强了两个方面军。从其增强的程度来看，已明显处于临战态势。在短时间内，如此急速增加兵员、坦克和重炮，是非同寻常的。

另一方面，由于南太平洋的战况越来越恶化，日本遂决心在本土作一决战，从1943年年底开始，关东军不断地把所属部队、坦克、飞机、重炮以至于轻武器等抽调回国，其幅度比苏军增强的幅度更大。加上关东军还必须向“满洲国”内各族人民隐瞒关东军减少兵力的情况，关东军的苦闷非同一般。

关东军抱有希望地认为，苏军最早也要到9月中旬发动进攻，如果9月不发动进攻，那就可能要到来年。所以，关东军在此之前仅在北、西、东面边境一带留下为数很少的守备队，而把驻屯部队的主力撤退到新京大连—图们的三角地区内作战，其他的满洲中心区域一概放弃。说实在的，关东军准备改变战术，进行游击战等规模稍大的战斗。关东军战斗力下降，以致在认真考虑动用正规部队进行游击战。

在新京的关东军总司令部和所有新京居民都以为8月9日来空袭的是美国B—29型轰炸机。几小时后才知道是苏军的飞机。总参谋长秦彦三郎认为苏军的进攻是“晴天霹雳”。他还说：“总司令官山田原来应关东厅总长（关东厅长官）三浦之邀请，准备去大连，但由于虎头正面形势不稳定而一度延期，后来那里有点平稳了，于是，总司令官怀着总长的殷切希望，于8月8日出发去大连。我认为这是没有远见的行动，但已是马后炮了。”

收到来自前线的关于苏军发动进攻的报告以后，前线的大部分部队都进入激战状态，正常的通讯联系常常中断，但大本营没有下达任何指示。

在总司令官外出的情况下，秦总参谋长以总司令官的名义解除了《边界警界纲要》的限制，立即下令发布《战时防卫规定》。又同“满洲国”的总务长官武部进行电话联系后，两人匆忙跑到张“国务总理”那里。这是新京关东军司令部在收到了关于苏军发动进攻的第一份报告时的情况。

关于8月15日听到停战诏书后关东军的动向，报纸上是这样刊登的：

“15日中午，关东军总司令部聆听了天皇发表的停战诏书。可是，大本营却没有发来任何命令，形势已是刻不容缓了。山田总司令官立刻召开幕僚会议，他坐在正中的位子上，秦总参谋长坐在他身边，第一课长草地、第二课长浅田、第三课长官本、情报部长秋草、报道部长长谷川、军医部长梶冢、兽医部长高桥、兵器部长热海以及情报队司令官小松少将、第二航空军参谋藤井等人都围着会议桌而坐，共有18人出席会议。这是关东军历史上召开的最后一次幕僚会议。他们就‘抵抗’还是‘停战’问题的争论立即白热化。抵抗派主张：‘不论胜负都要打到最后一兵一卒，要为神州不灭的大义而牺牲。’停战派主张：‘不要在没有取胜希望的战争中牺牲陛下的赤子了，除服从圣断外，没有别的出路。’”

“两派的意见针锋相对，辩论持续了10个小时。夜愈来愈深了，山田大将始终一言不发，紧闭双眼，正襟危坐，深深陷入苦恼之中。秦中将努力劝说大家‘服从圣断’，最后泪流满面地喊起来：‘你们是想让山田阁下成为一个马贼首领吗？是想把山田阁下赶到长白山去当马贼吗？’身材魁伟的秦中将像着魔了似的向参谋们扑过去。在这样的可怕气氛中，年轻的参谋都不吱声了。抵抗派低着头哭起来。山田大将开始发言，他用威严、沉着的语调下了最后的决断。‘决定服从圣断’的佩戴参谋肩章的精悍的男子们哭了起来。这时，看到窗外东方发白。”

关东军总参谋长秦彦三郎的证词是：

8 月 13 日下午，秦继总司令官之后出发前往通化。他对驻屯通化的第一二五师团叹息说：“到处都在急急忙忙地修筑反坦克壕沟，这可真是‘临阵磨枪’！”

第一二五师团过去一直驻屯在最北边的孙吴，是三个月前才通过调防，刚退下来守备通化的。“好容易来到通化不久，即于第二天（14 日）下午，收到留守新京的第二课参谋从满洲国通讯社得到的情报，说是 15 日中午将要发布重大新闻。真是晴天霹雳！

“8 月 15 日中午，日本国内到处都一样，在新京的关东军司令部里亦然，大家聚集在收音机前哭着聆听天皇的讲话。不论是年老的还是年轻的军官、雇员、打字员，都感慨万分地痛哭起来。”

“我在前一天夜里已从‘满洲国’通讯转来的报告中知道了广播的内容，并对今后的态度作了种种考虑，现在聆听天皇的玉音，仍然感慨万分。可是，总不能徒劳地以长吁短叹来消磨时光。关东军 50 万官兵、200 万日本侨民的命运该怎么安排，必须明确方向。大本营没有发来任何关于今后行动的指示，必须弄清中央的意图，所以匆忙派遣副参谋长松村少将前往东京。16 日早晨，仍未收到任何指示，只好等待松村少将的归来。”

作战班长草地在证词中这样说：

“在关东军总司令部，大家于 1945 年 8 月 15 日中午聆听了停战诏书的玉音后一同放声大哭。可是，不能一直哭下去，因为无情的历史车轮仍在转动。短暂的停顿不仅立即会使几十人甚至几百人丧生，而且还要危及整个日本国家。”

“事关重大，如果中央与关东军在这一停战意图及今后采取的措施上产生分歧的话，那将是很严重的。于是，匆忙将尚在病中的副参谋长兼第一课长松村少将派回国内与大本营进行联系。”

“松村到达东京，已经是晚上 8 点钟以后了。这天早晨，阿南陆相自杀，在这以前还发生了夺取天皇录音未遂的事件以及抵抗派枪杀森师团长的事件，中央处于极度混乱之中，故而未能对关东军发布具体命令。”

“另一方面，苏联的攻势已不容关东军有丝毫犹豫，所以，在 8 月 16 日夜间召开了决定关东军命运的幕僚会议。因为松村副参谋长已前往东京，我这个作战班长主持开会。这是一次庄严的会议，当时在那里的大部分幕僚聚集在三楼中央作战室，总司令官山田乙三大将、总参谋长秦彦三郎中将都端正地坐着。”

山崎重三郎中佐也有证词。他是山田大将的女婿，战争结束时任大本营参谋。他是带着公务来到关东军的，由于痔疮恶化而住进新京陆军医院治疗，做了手术。8 月 9 日，在苏军发动进攻的那天，他出了院，住在关东军司令官山田的官邸里静养。他说：“当天夜里 8 时，山田大将和秦中将一起把幕僚们扔在司令部三楼作战室里，而他们自己则回到了官邸。他们默默地吃过饭后，山田大将和我在一楼的房间，秦中将在二楼的房间里小憩。”

山崎对岳父说出了自己的意见：“既然大命已经下达，我认为不要进行无意义的抗战了。关东军里有一部分少壮派军官主张把新京炸掉，不给敌人留下一草一木。可是，满洲并不是全由日本人自己建设起来的呀！”但山田始终保持沉默，既不说好，也不说不好。然而，他用下巴指一指楼上。山崎明白，这是让他去问一问秦的意见，便上了二楼，同样对秦说一遍。秦同样也默默无言，不肯回答。

山崎没办法，又回到楼下来。山田的目光对准了他，问参谋长的意见如何。山崎认为山田和秦两位将军的沉默就是表示“坚决遵奉大诏”，说：“不久，司令官便和参谋长一起回到了正在争论中的司令部。”

8 月 16 日午夜，停战会议结束后——不妨说是 17 日拂晓，传来了大本营发出的命令：

1. 关东军总司令官应当立即停止战斗行动，但在停战谈判达成协议之前，遇到敌人进攻，不得已时采取的自卫战斗行动，不在此例。

2. 战斗行动一旦停止，应立即报告停战的时间。

于是，当天关东军司令部对所属各部队发出了如下关于停战的军事命令：

1. 帝国决定停止对美、英、苏、中作战。

2. 关东军要想尽种种办法达到停战的目的。

3. 各方面军、各军及直属部队，应立即停止战斗行动，但在停战谈判达成协议之前，遇到敌人进攻，不得已时采取的自卫战斗行动，不在此例。

4. 应特别注意下列几点：

（1）各部队要考虑到宿舍、给养等方便，把部队集结到适当的地方，并作好今后的行动准备；

（2）今后要严防放火、破坏等活动；

（3）要尽可能努力保护当地侨民；

（4）要迅速掌握分散的部队，并广泛传达本命令的精神；

（5）各兵团、部队可分别同自己面对的苏军进行适当的停战谈判，并交出武器和碉堡。

当然，关东军司令部接着下令指示要瞒着苏军秘密处理掉军旗、敕谕、敕语、军事上的重要文件，并示意尽可能顺利而迅速地解散应征而来的士兵。

苏军进入各主要城市最快也要在8月19日至22日，或23日。严格地说，战争俘虏自然不多，因为关东军已于17日解散了应征而来的士兵，即使他们穿着军装，也已经变成老百姓了。

大本营在颁布诏书的同时，还发出了下列指示：要求日本人不要作出为忠于《战阵训》而进行自杀等无谓的牺牲。海军也发出了同样的指示。指示说："在诏书颁布后，就不承认已处于敌军势力范围的帝国陆军军人和军内文职人员为俘虏，应迅速将此文件传达到基层，切忌轻举妄动，要想到皇国将来之兴亡而隐忍持重。"

似乎像在描绘城市陷落的悲哀似的，关东军司令部的庭院里冒起了黑烟，它是对关东军40年历史寿终正寝的一种吊丧的象征。

苏军进驻长春前后

王替夫[*]

一、越格提升

1945 年 5 月 15 日，我接到伪满外交部的通知，被“国务院总务厅”任命为伪满洲国国务院总务厅参事官，主要负责欧洲事宜。

接到命令后，我很高兴，虽说心里隐约感到日本人长不了啦，伪满洲国也没几天支撑了，但对这种越格的提升我还是满欢喜的。很快，我收拾好行装，到新京进宫谢恩。我在皇宫里又一次见到了溥仪“皇帝”。那天，他好像心情不错，用很平和的语调问我：“你是去年从德国回来的？”

我说：“是的，陛下。”

溥仪问：“多大年龄了？”

我回答：“35 岁。”

溥仪很感慨：“有为啊。知道吗，在这个年龄上就晋到这个职位，在日、满两方面的官员中你是头一个呀！”

我说：“谢谢皇帝恩赐！”

---

* 作者时任伪满洲国国务院总务厅参事官。

我没有想到，这次提拔，在其中起主要作用的是我在德国时相识的古海忠之。

二、挚友古海忠之

我在伪满任职多年，日本人古海忠之是我最好的朋友之一。作为侵略者同时又在经济上颇有研究的古海忠之来到我国东北后，集中了30多位经济学家，对东北经济开展了详细的调查研究，对于我国东北的地下资源他了如指掌，一张开发东北的蓝图在他脑海中逐步形成。

1939年秋，他取道美国出访德国，任务是了解欧美的关系和纳粹德国的经济建设，在柏林逗留4个月之久，就住在我家。这期间，我们每每一谈就是半夜。对于日本侵华战争，古海忠之有自己的见解，他对我谈道："日本人太不自量了，一个小小的岛国硬想吃掉庞大的中国！不过是妄想。以我的主张，满洲有这么丰实的地下资源，在贸易上争取占有中国市场，这既解决了日本资源缺乏，又可移民于中国大陆，这样做比用蛮横的侵略政策强得多。"

1945年8月15日，日本投降后，我在长春吕荣寰大使家又见到了他。他说："王先生，我说过我们日本人会有今天的下场，我和我妻子决定不回日本国了，如果中国人信任我，我愿加入中国国籍，把我的全篇经济企业规划蓝图献给中国，愿意帮助中国开发建设。"

然而，古海忠之毕竟是战犯，他先后在西伯利亚和抚顺接受改造。在日本战犯中，他是低头认罪接受改造较为突出的一个，他非常详细地交代了开发满洲的设想，受到战犯管理所领导的好评。

1962年初，古海忠之被特赦回国。回国后仅两个月，他挺身而出愿为日中恢复邦交搭桥。1962年3月5日，他作为友好使者第一次来到北京，受到周总理的接见，他阐述了日本政府的友好心愿，周总理设便宴招待他，并建议他到中国各地视察。古海忠之在中国视察了两个月之久，对中国突飞猛进的建设表示赞赏。1977年10月间，古海忠之第二次来到北京，廖承志接见了他。1979 年 6 月，古海忠之以国际善邻协会友好访华团团员的身份来到中国东北，参观了吉林市、牡丹江市、佳木斯市。这是他生前最后一次来到中国，看到东北的开发建设，他说："这了却了我多年的心愿。"

三、末日溃逃

我上任没几天，二次大战便近于尾声，8 月 8 日，苏军出兵东北，形势危急，伪满洲国要迁都，新京一片忙乱。

首先走的是溥仪"皇帝"和张"总理大臣"，他们迁到通化去了，然后就是一批高级官吏。

我到新京任职时，没有带家属。因为当时伪满政府一时解决不了房子，让我等一个马上就要离职的日本县长的住宅。因而，我住在日本人开的旅馆里，但里面乱得很，夜里不得休息，于是就想找一个僻静所在。一天，在大街上走，路过二马路节孝寺时，看见中国老式红漆柱子花格窗绿琉璃瓦盖的二节楼，好似庙宇，一下被吸引住了，心想，这可是个好地方，经人介绍我便搬了进去。

节孝寺的理事长叫石育泉，30 多岁，知识分子出身，我的同事和他是同学，看着老关系的面子，他借给我一个房间。

到这，我感到很舒心了。他平时不爱吱声，总是闭着眼睛想心事。不过待人很热情、周到。他每天到时候把我送到门口，下班时又到门口接我。

由于战争紧张，伪满洲国政府动员官员、百姓挖了许多防空洞，还编了防空小组，一有警报，人们便都往防空洞里跑。石育泉是街道防空组组长。

记得 8 月 8 日晚 12 点刚过，外边空袭的警报响了，那时我没睡，正躺在床上听"美国之音"的广播。因而，警报一响自然就听到了，但并没在意，因为警报常响，弄得人也不知是真是假，我住的后边是日本人的一个车库，警报刚响就听他们喊："快把车开出来，这是真空袭。"

石育泉不懂日本话，问我是什么意思，我告诉了他，他说："怪不得他们那么惊慌呢。"

这时，不远处忽地一个亮光，然后就是一声巨响，我感到脑袋一阵嗡嗡，棚顶上直往下掉土渣，房屋好像也晃了一下。石育泉不知发生了什么事，紧张地盯着我，用手指着窗外，等我稍稍平静了一点儿后，我飞身下床，告诉他："这是炸弹，好厉害的，碰上了就没命了。"于是拽着他就朝门外跑，也不知哪来的那股劲儿，一会就来到一个大空场上。全城一片混乱，孩子哭，大人叫，折腾了好一阵子。

我们在外边一直待到午夜1点多钟才回来。

惊吓过后，好不疲倦，我们都感到浑身瘫软无力了。石育泉问我："参事官，不会有事了吧？"

我说："今天是过去了，我们好好睡一觉吧！"

第二天刚到8点，号房来人告诉说，车来接我上班。我很吃惊，"好早哇！"按理，每天都比这晚才来车。

石育泉仍把我送到门外，我问司机，日本人今天为什么来这么早，他说开紧急会议。"昨晚哪来的飞机？"我问。他说："是苏联的。"我心里一震，一种不祥的预感突然涌到我心头，看来这一段生活就要过去了。

日本司机看我发呆，关切地问我是否不舒服，我猛一抬头，下意识地用手擦了一下太阳穴，说："没睡好，昨天晚上折腾得太厉害了。"

我心想，形势果然不妙了。

一到"国务院总务厅"，只见"总理大臣"、各"部长"都来了，日本关东军和大使馆的人说："苏军对我日满正式开战，昨晚已突破国境界，并在新京南岭附近扔了一枚炸弹，虽然没伤着人，但现实告诉我们，形势已相当危急，我们要做好迁都的准备。"

看得出，大家都心事重重，不可否认，末日就要到了，应该考虑一下后路了。

官员们都回家收拾东西准备逃跑了。我没带家属，自然也没那么多顾虑。当时，我觉得自己并没有做过对不起百姓的事，伪满洲国完了，我就回哈尔滨。这时下来通知说：马上撤退，让我明天走。伪满洲国政府按照官吏级别不同，发了路费以备路上用，我领了1万元伪满洲国币。

四、光复前后

1945年8月15日，我们事先得到通知，说要召开伪满新京市政府会议，有重要事情要宣布。

早晨，我匆匆吃过饭，便乘车来到市政府。只见人们表情严肃，有的在悄悄地议论着什么。我装作若无其事的样子走到一个平时要好的同事面前，低声问："发生了什么事情？"

他轻轻地拽了一下我的衣襟："日本天皇广播讲话。"说到这儿，又四周瞧了一眼："听说日本人投降了。"然后咳了一声离开了。

一会儿，喇叭传来日本天皇的声音。天皇讲话的大意是：大和民族已临到灭亡的关头，为了生存下去，朕决定无条件投降，希望海内外日本军民安分守己，静待战胜国的接收……

听讲话时，在场的不少日本人流了泪，有的还哭出了声。

随后，我来到伪满国务院总务厅，看见日本人都走了，剩下的都是中国人。过去森严的地下室，门大敞着，鸦片像山一样堆着，成箱的伪满洲国币堆放在里面都还没有启封。

没走的伪满洲国的官员们不少都去抢东西，日本人不管了，有的人成箱子地扛，大烟被抢得满地都是。这当口，我最关心的还是出路问题，日本投降了，像我们这样给日本人干事的人怎么处置呢？光复对中国来说是个喜庆的事，可我们必受惩罚，到底会怎样，我心里也不托底，为此整日忧心忡忡。

16日，伪新京市市长于镜涛（原伪满勤劳部大臣）、警察厅赵厅长和地方九大区区长、商务会会长、农务会会长等在一起开会，内容就是如何从日本人手里接管新京的事。他们专门打发人来接我，我去了。

于市长说："王参事官，今天请你来的目的是和你商量一下，能不能到我们市政府来，我们仍任命你为参事！"

我默默地听着，他接着说："'满洲国'已经垮台了，苏联红军又不知哪天来。但老百姓要吃饭，要有一个有秩序的环境，所以就要有人出来做这些事，王参事官，你说呢？”

听到这儿，精神一直恍惚的我这才清醒过来，明白了他们的用意。说真心话，继续为官我没想过，不管怎样，伪满洲国垮台了，我们为日本人干事的人是逃不过惩罚的，将来的日子一定会不好过。不如乘此空隙回家团聚几天，否则见面的日子都没有了。想到这儿，我马上说：“我打算回哈尔滨看看父母。”他们似乎看透了我的推脱意图，赶紧说：“王参事官，你知道苏联红军要来了，可我们没有一个懂俄语的，你是俄国通。而且又在苏联当了三年的外交官，对他们的国情比较了解，所以，这外交方面也只有你来应付了，就请你帮帮市政府的忙吧！”

我仍然犹豫，一个区长附和说：“将来中央接收了，我们不都要回老家吗？现在是为政府尽力，为中国人办事，也可以将功折罪嘛！”

“作为政府官员和苏联人打交道，恐怕我不能胜任。”

市长说：“王参事官，这你尽管放心吧，我们只让你当翻译，因为我们都不懂俄国话。”

大家都说：“王参事官，冲着长春市民，你就晚回家几天吧！”

我又说出了自己的心里话：“接收了，我们还不是作为战犯受到惩处，和老婆孩子没几天团圆日子了，我想回去和家人待几天，然后回来和大家同舟共济。”

众人齐说：“咱们的地位不是一样吗？要是都不管了，新京不就乱了吗？老百姓需要我们……”

至此，我的心已开始动摇了，看到大家的盛情，也不好回绝。只好表示回去考虑考虑。

晚上，独自坐在床上发呆，直到很晚……

经过再三思考，我终于留下了。

五、协助苏军整顿治安

不久，苏联红军进驻长春。

8 月末 9 月初的一天，日本关东军的一个大佐领一个苏联先遣特派员找市长。市政府为了迎接这个苏方首批代表，特在市长于镜涛官邸设晚宴招待他。

按事先约定，晚 7 点钟，一个苏联上尉来市政府接市长和伪国务大臣张景惠，他说："苏联红军远东军的最高司令官马林科夫中将在日本军人会馆见您。"

我作为翻译和于市长、张景惠一同乘车去了。随同去的还有张景惠的小儿子张绍纪，十八九岁，穿一身灰西装，据说也懂俄语。

我们在原日本军人会馆的二楼见到了苏方代表。

日本投降了，那屋子很狼狈，灯都掉下来了，凳子横七竖八地摆在地上，墙角挂满了蜘蛛网。

我们一行进去后，坐在马林科夫前面的椅子上。

马林科夫中将有 50 多岁，灰白色头发，瘦脸，高鼻子，蓝眼睛，脸皮微微有些发红。他见我们进来，打了招呼，然后说："我在相片上看到过张景惠。"他面对着张景惠，接着说："过去，你是'满洲国总理大臣'，是最亲日的，给日本人干了好多年，如今日本人完了，你对今后还有什么打算哪？"

我照着翻了过来，却故意没说"你是最亲日的"。

马林科夫指着眼前的一位军官，介绍说："这是德苏反法西斯战争的英雄喀尔洛夫少将，我们已任命他为苏联红军驻长春的卫戍司令了，以后你就找他好了，目前，首要任务是把长春的地方治安搞好。你们下去和他商量吧。"说完，他就走了。

于市长、张景惠也先回去了。我和少将到一个小客厅里，他微笑地问我怎么称呼。我说我是长春市政府的参事官，兼任宣传处处长，并负责苏联的外交，叫王替夫。

他说："我是喀尔洛夫少将，负责长春的治安，但需要你们中国人帮助。我是第一次来中国，不懂中国话，不了解当地风情，这就需要你们尽东道主之责。"他向我了解了长春市人口多少、生活情况、人心安定与否、日本人投降有无不法行动等等，我都作了说明，他点点头。接着又说：“明天早晨，请给我安排好司令部办公房子、三辆小轿车、三个会做俄国菜的厨子，还有面包、蔬菜、牛肉等。钱会付给你们的。另外，从明天开始，长春市的交通要恢复正常，商店要开业，全市各行各业恢复正常状态。”

我略微犹豫一下。“交通正常能做到，大、小商店开业也没问题，最担心的是食品供应。日本投降后各仓库、油坊、火磨等处被团团围住恐怕发生抢夺事件。”

他又问：“长春市民的粮食能供应多久？”

我说：“这就看治安怎样了。”

喀尔洛夫来回在室内踱着步子，两手背在身后，“怎么搞法？”

我说：“让我先回去考虑一下。至于刚才您提出的要求，房子、车辆、厨子、食品等我回去尽力照办，明天早上 8 点再碰头。”

他眼睛盯着我：“好吧，谢谢你王参事官，我就喜欢干事痛快的人。”然后又紧加上一句：“今后我们要加紧合作，携起手来把地方治安搞好。”

第二天早晨，我去见喀尔洛夫少将，告诉他要求完全照办，司令部的房子设在原协和会馆二楼，他表示满意，当时，他又给我介绍了他的参谋长斯切潘上校。

于是，我们又对当前的工作进行了协商。

他问：“要保住仓库有什么好办法？”

我说：“据反映，过去关东军的9个生活必需品仓库，已有五六个告急。”

斯切潘当机立断：“一个地方派 10 名苏联军人纠察队员。”又问：“各派出所都出满勤了吗？”

我回答：“不少都跑了，特别是一些便衣警察和一些有罪恶和民愤的人，怕百姓找他们算账，哪敢再待下去呀！”

“还有多少人在岗？”

“这还没统计。”

斯切潘说：“马上统计，尽快都来上班，照常发工资。”

我仍然很担心。很清楚，有很多警察都跑得很远，躲到没有人能认识他们的地方，上哪里去找呢。

见我为难的样子，当场在座的喀尔洛夫少将用手挠了两下头皮，说："老王，我是苏联红军少将，说话是算数的，咱们今天拍手击掌，他们回来，绝对保证生命安全，如果我说了不算，你怎么惩罚我都行。"

离开苏联司令部，我马上找警察厅赵厅长商讨如何寻找躲藏起来的警察。实际上，不但警察害怕，就连赵厅长也怀疑，怕回来没有好结果，最后连性命都保不住，我就把和苏军司令官谈话经过说了，这样赵厅长召集警官马上行动起来。

几天的工夫，逃走的警察基本上都回来了，只有个别罪恶太大的，不敢再露面了。

警察厅把匆匆召集起来的警察进行了整顿，然后派往各个执勤岗点以及街道各派出所，再加上苏联红军也进入了各派出所协助。

果然，长春市的治安秩序有了很大好转，围观仓库、油坊的人都散了。等到苏联大批红军进驻长春时，长春已基本上恢复了正常状态。

六、逮捕张景惠等伪满要员

3 日这天上午 9 时，苏联保安人员以开会为名在伪满国务院召集伪满张景惠各部大臣以及各级有关官员约 30 多人，当场宣布逮捕他们，并乘提前准备好的飞机，飞往苏联赤塔市。

这突如其来的消息，使他们面如土色，可也清楚，抵抗是没有好结果的，服从命运的安排吧！

据说，当时名单上也有我，但让喀尔洛夫少将留下了，他说："这个人我们目前正需要。"怕我溜掉，也是喀尔洛夫说："跑不了，他天天和我们打交道，缓缓再送吧！"

就这样，我又留在了长春。

黎明前的起义

“威明”号炮艇起义记

卫　中*

一、国难家仇

我考入了伪满陆军军官学校第二期。入校后发现不少同学的心情和我是一样的。1943 年，日伪以反满抗日“思想犯”的罪名把家父卫连科逮捕入狱。家父惨死在日伪的屠刀下。这国难家仇，使我胸中复仇的火焰更加炽烈。毕业后被分配到哈尔滨伪满江上军，任“威明”号炮艇的中尉指挥官。一期生吕殿元（吕天）在学校时，因宣传和组织反满抗日活动受到同学们的尊敬，都称呼他吕大哥。吕大哥毕业后被派到江上军。伪军校的各期同学都主动团结在吕大哥的周围，为更有组织地进行反满抗日斗争而日以继夜地秘密筹划着。

二、伪江上军概况

伪满军没有海军。日寇声称“满洲国”的海防由日本海军负责。江上军

* 作者时任伪满“威明”号炮艇指挥官。

是伪满军唯一的舰艇部队。其编制，一是江上舰队，由 4 艘 300 吨级战舰组成；一是炮艇队，由“威明”“晨明”“煦春”“阳春”“海天”“海阳”等 8 艘快艇组成；另有架桥登陆作业队、专事训练军官的教导团、类似海军陆战队的 3 个团。这些团队都部署在哈尔滨北马家船口一带。江上军司令部设在道外十一道街的江岸上。伪江上军司令官是曹澄中中将，此人有职无权，实权完全掌握在日本顾问手中。统帅他们的是日本关东军司令部及其司令官。每艘战舰上有官兵六七十名，每艘炮艇上有官兵 20 多名，舰艇全部由日本军官控制着。“威明”号炮艇长是伪军上尉杨××，此人 50 多岁，来自旧中国北洋海军。

三、反满抗日秘密小组的诞生

自我到“威明”号任职后，为了实现反满抗日报仇雪恨的心愿，很快地便熟悉掌握了“威明”艇上的人员、装备等情况，并将我担任教导团教官时秘密发展的反满抗日骨干少士班长高士宽和上等兵孙永久等调到“威明”艇上来。他俩都毕业自“国民高等学校”，被日伪强征当了“国兵”。他们有比较强烈的爱国思想，与我结成生死弟兄。我们 3 人在“威明”号上建立起一个反满抗日秘密小组，经常研究和宣传反满抗日，团结教育“威明”号的大多数官兵，准备待机起义，打击日军。

与此同时，以吕殿元为首的伪军校各期生早已从各个方面，在伪江上军内进行着卓有成效的反满抗日宣传教育活动，为伪江上军的起义进行了各种准备。

四、准备起义

8 月 9 日，苏联对日本宣战，各路苏军向伪国境线发起猛攻，进展神速。被吹嘘为坚固防线的黑龙江、乌苏里江防线，被强大的苏联红军一举攻破，全线溃败下来，退缩到佳木斯一带的第二道防线。从日军的言行中已经观察出他们的惊慌心态。8月10日，哈尔滨的日、伪军已进入迎战态势。下午，我奉命到伪江上军司令部领取作战命令。其命令大意是：“威明”号准时于12日8时起航，顺松花江北上到依兰至佳木斯江面执行任务。今后一切行动听从日本关东军派来的中村中尉指挥。“威明”号炮艇一次发给全艇官兵3个月薪饷，妄图收买人心，为之卖命。趁全艇官兵忙于出发准备，中村中尉尚未到来之际，我与高士宽、孙水久等碰头，讨论了相机起义的行动计划，他俩一致推举我为总指挥，我们心心相印，同仇敌忾，杀敌报国，情深意切。我将已准备好的手榴弹发给了他俩，表面假装进入迎战状态，内心则是时刻准备起义。

10日晚，一个身材适中、面黑体壮的25岁左右的日本军官带着一个穿“协和服”的日本人，登上炮艇，自我介绍说是奉命率“威明”艇出航执行特殊任务的指挥官中村中尉，问我是否接到命令，我说已经接到了。和他同来的日本人是从航务局调来共同执行任务的。我是这艘艇上唯一能说日语的人。中村对我格外亲切。他把布雷和沉船、闭塞航道的任务告诉了我。希望我同他一道完成这个特殊任务。我假意严肃地表示一定努力完成规定的任务。“威明”艇这次出航执行特殊任务是日、伪高层指挥官密谋决定的。

时间紧迫，来不及同吕大哥取得联系。8月12日8时，“威明”起锚，沿江北上。我站在甲板上，告别了可爱的哈尔滨，奔上生死难卜的征程。身边的高、孙两位战友，使我感到些安慰。就这样，我们开始了和日军中村中尉貌合神离、针锋相对的战斗。

五、破坏命令　杀敌起义

8月12日10时许，“威明”号驶进木兰水域。中村为了了解备战情况，命令炮艇靠岸，这正合我意。我随同中村等两个日本人登岸，从日本人码头长的谈话中得知木兰县没有日、伪正规军队，只有近百人的保安警察。因军情紧迫，迅即回艇继续北上。这次登岸，使我杀日寇夺炮艇、破坏敌人闭塞江道的罪恶计划、沿江北上迎接苏军的决心更加坚定。同时我还设想了第二个方案，必要时夺取木兰县城，在木兰招兵买马，开展敌后游击战，以配合苏军的正面进攻。当“威明”号快到通河时，遇到一艘逆江而上开往哈尔滨的客轮。这客轮向“威明”艇发出靠近它的信号。从望远镜中看到一名关东军大佐正向我们招手。船上载的是从前线撤退下来的日本伤病员以及家属。大佐登上“威明”艇，那个船便开走了。我静听着他和中村的谈话，知道他是从富锦前线败退下来的一个指挥官。他要求留在我们艇上，当即受到中村的欢迎。从他们交谈中，我进一步了解到，在苏联红军强大攻势下，伪国境线全面被突破，日军伤亡惨重。关东军大佐还说，在激战关头，“满”军掉转枪口，从背后打起“主子”来了。要中村命令炮艇靠岸，让那个从航务局调来的日寇下艇登岸去做沉船、闭塞航道的准备工作。此时，中村已完全控制了艇上的电讯联系。我们只能从他们的谈话和表情中判断情况了。平时沉静寡言、超期服役的电报收发员顾××上士与高士宽过去交往甚密。他通过高告诉我两个重要情报：一是苏军正在进攻佳木斯防线，二是命令中村准备好，待佳木斯的日寇撤下后迅即在通河江面布雷。中村这时向我下达准备布雷的命令，并告诉我航务局的那个人已去执行沉船任务不再回来了。一场你死我活的斗争就要到来了。我示意高、孙两位战友到后甲板议事，决定在艇上机关炮的掩护下，带上手榴弹立即赶在布雷之前处决这两个刽子手，举行起义。我们的分工是：孙水久负责到舱内枪毙沉睡在床上的那个大佐；高士宽负责枪决中村。

阴雨已久的天空放了晴。苏军飞机出现在上空，中村命令隐蔽。江上只有少数载着日寇伤员、家属的船只逆江而上。趁着大家慌忙防空之机，我迅速登上炮艇制高点，高士宽向中村开枪，中村向我还击，打穿了我的裤子，说时迟，那时快，高士宽一枪击中中村，中村挣扎着跳入滔滔的松花江中。孙永久对准正在梦中的大佐的头部，一枪结束了他的性命。艇上官兵听见枪声，乱作一团。我当即高喊：全体官兵到甲板上集合，并庄严宣告：“我们起义了。两个鬼子已被我们枪决。不愿当亡国奴的弟兄们，我们要同心协力打击日寇，迎接苏军。”高士宽昂头举手高呼：“为死难的东北父老报仇。”我说：“中国人不杀中国人，不怕死的跟我走，不愿走的送上岸可以回家去！”

杨艇长、顾轮机长都表示坚决拥护我们的爱国义举。全艇官兵无一不热泪盈眶地欢庆胜利，一致推举我为总指挥。艇上的日伪旗已被扯下，一面红旗升了上去，迎风招展。

六、引狼出洞　一网打尽

起义成功后，“威明”艇由我、高士宽、孙永久和杨艇长、顾轮机长共 5 人组成领导小组。大家认为有两条路可走，一是顺江北上硬闯通过通河、佳木斯两道关，迎接苏军；二是回师弃艇登岸，以木兰县为根据地开展游击活动，配合苏军作战。谨慎老练、经验丰富的杨艇长说，像我们这样的小艇，硬闯两道关，显然凶多吉少。我们认为杨艇长言之有理，于是放弃了第一方案，决定巧计占领木兰，依山靠水发动群众，扩大实力，在敌后打游击，配合苏军正面作战。我们的炮艇虽小，但火力很强，艇上有 37 毫米速射炮 1 门，17 毫米机关炮 2 门，轻机 2 挺，每人可配上短、步枪 1 支有余，弹药很充足，一举占领木兰城很有把握。

我们的分工是：杨艇长掌舵，顾轮机长负责开机，高士宽率领 10 兄弟用 2 挺轻机占领县公署，我指挥炮艇火力掩护，孙水久率领艇上兄弟组成预备队，随时准备出击。任务下达，本着兵不厌诈的兵法，我们将升起的红旗又换上伪满国旗，调转航向，向木兰码头驶去。午后 5 时左右，驶近码头。那个日军码头长见“威明”艇要靠岸，亲切地迎上前来，我灵机一动，改变强攻的初衷，本着擒贼先擒王的战术，利用他们还不知道我们已经起义之机，称前线战争吃紧，要了解当地实情，支援前线作战。要码头长立即通告县里大大小小的头目，速到码头议事。这个码头长哭丧着脸说：“今早，日人警察署长得到作战不利的情报后，认为大势已去，中午已剖腹自尽。现在县里日本大小头目都集中在县公署礼堂举行慰灵祭呢！”我说：“这样就更方便了，你要速去告知他们有军机要事相商。”码头长信以为真，跑步前去送信。我们艇上官兵弹上膛，刀出鞘，严阵以待。

时间不长，在那个码头长引导下，一行人跑步奔艇而来。高、孙等按照既定方案立即开火，枪决了两个鬼子，另 3 个缴械投降，表示一切听从指挥。这时岸上的中国老百姓越集越多，日本警察向艇上开枪，我们怕伤害老百姓，命令机长火速将艇开向彼岸。在艇上审讯缴械的 3 人，才知道一个是伪县长王文奎，一个是伪警务科长武守诚，另一个是保安大队长石成山。被打死落江的是日方副县长穗义俊男，另一名就是那个码头长。我对王文奎等 3 人言明："我们是反满抗日的游击队。目前日寇在苏联红军猛攻下，已全线溃败下来，抗日战争已胜利在望。对你们来说，戴罪立功是唯一光明出路，机不可失啊！我们游击队决定以木兰县为根据地，希望你们这些熟悉地情的人给以合作。"王、武、石三人同声表示不再为虎作伥，要戴罪立功。我们当即表示欢迎。石成山说他家还有老小，这次被俘，家里一点也不知道，希望我们准他乘乱潜回县城通知王、武两家的家属隐蔽起来，以免遭受日寇之害。我们考虑到他的意见有一定的道理，就答应他的要求，用舢板将他送上江岸。王、武的心安定下来。

从此，我们讨论行动计划时都请王、武参加。当我们讨论如何攻占木兰时，武守诚认为我们炮艇在码头处决日寇头目的行动，日本人肯定会知道。木兰县南通哈尔滨，北连通河，县城电讯没有中断。如果现在就攻城，会遭到敌人南北夹击，应该先攻占木兰和通河之间的小镇浓河。因为浓河镇三面环水，山水相连，适于游击活动，平顶山后驻有 60 多名山林警察，估计可招降他们，以扩大我们的队伍。我们认为此计可行，决定以迅雷不及掩耳之势，拂晓前攻占浓河镇。武还建议登岸后，先占领派出所。

我们利用夜航，顺利到达浓河镇。按统一部署，高士宽率 4 名队员天明前登岸，袭击派出所，成功后，以电筒信号回报，炮艇准备好炮火支援。高士宽突击队顺利登岸，直扑派出所，只打两枪，就发现有两个吓得浑身发抖的老更夫跑出来。高士宽顺利发回占领派出所的信号。经过对老更夫了解，得知武守诚的判断是对的，我们在木兰枪决两个日敌的行动，已被哈尔滨和通河的日本指挥部察觉，通报沿江各镇对"威明"号的行动严加防范。浓河镇警察署的日军闻讯，惊恐万状，将码头派出所调到镇内设防，企图依托这座小土城负隅顽抗。镇内中国人不足千人，日军及其家属有五六十人。我们弃艇登陆，立即将艇陆两用的速射炮拆卸后装上两轮，推上岸做好射击准备；机关炮手将两门机关炮拆下来，装在两辆牛车上，做好射击准备；其他全部武器弹药装在另两辆牛车上。顾轮机长将“威明”号炮艇自沉在离浓河岸南方偏西约 50 米的江底。

当我们探知浓河镇土城四门紧闭，已有防范时，将捉来的两名老更夫叫来，晓以大义，让他们将劝降书送进城，交给日军首领，内容是：“苏军攻势，势如破竹，日本必败无疑，只要缴械投降，本队保证你们和家属的安全，否则后果自负。”又告诉两个更夫说，对中国人我们秋毫不犯，希广为宣传，凡从内部配合作战者，一定论功行赏，凡助敌为恶者，格杀勿论。信的落款借用了东北抗日联军的威名——“松花江地区游击司令部”。

当我们正要炮攻南门时，一群老百姓开门涌出高喊：“别打呀！别打呀！鬼子已经从东门跑了！”我当即命令孙永久在炮火掩护下攻向东门，并告知他，攻下东门，占领阵地，不要追击，以防中敌埋伏。我们在老百姓的热烈欢迎下进城。军民无不热泪盈眶地欢呼：日本鬼子完蛋了！抗联回来了！我们把指挥部设在镇中的小学校，立即召集老校长等镇上头面人物，传达我们游击队专打日军，决不扰民的宗旨，希望父老乡亲们配合我们对日作战。老校长边流泪边告诉我们说，城东有约千人的日本“开拓团”，都有武器在手，镇内日军都跑到那里去了，你们千万大意不得呀！我告诉他们，苏军就要打过来了，日本鬼子很快就要完蛋了，我们游击队就是要在敌后开展游击战，配合苏军正面作战的。大家非常振奋。散会后，孙永久突击队从东门外抓来一个怀抱不足周岁婴儿的日本老太太。我们本着不杀害无辜的原则，对她说：“日本侵略军有罪，你们是老百姓，我们是不会杀害的。你们不要怕，先吃饭，再送你们回去。”我们用松花江游击队司令部的名义写了一份劝降书，交给那位老太太，让她带给“开拓团”。临出东门，她流着泪说：“中国人好！中国人好！”我们又以松花江游击队司令部的名义出了安民告示。街道上红旗招展，既有笑容，也有恐惧。我们非常理解群众的心理，1000 多鬼子武器在手。他们怎能不害怕呢？我们动员镇上强壮男人同我们一起修筑工事，炮口对准日本“开拓团”，随时准备迎战敢于来进攻的日寇，同时让武守诚负责招降山林警察，扩大游击队伍。13日夜幕降临，我们在四门布防，老百姓主动参加站岗放哨。白天我们几次向“开拓团”方向炮击，叫他们不敢越雷池一步。其实我们这时还打不了这个“开拓团”，可也怕他们出击，如果真出击，我们已做好了撤出土城，上山打游击的准备。

七、松花江地区游击队司令部成立

8月14日傍晚，我们得知伪江上军二艘军舰起义后，隐蔽地进入浓河镇西江的支流里，当即派人前去联络，得知舰长是伪军张少校。当晚双方便在浓河镇会师。这时我们已有足够的力量对付日本“开拓团”了。特别使我高兴的是：从张少校的口中得知，江上军一、二、三团、教导团、舰队作业队等全部于14日上午，在军校一期生吕殿元的策动下起义了。吕大哥率起义部队向兰西、绥化、木兰方向开进，在敌后开展游击战，以配合苏军的进攻，这和我们的战略指导思想不谋而合。我们和张舰长进一步讨论了会师后的行动，在极其热烈的气氛中一致同意成立“松花江地区游击队司令部”。大家推举张舰长为司令，我担任参谋长兼总指挥。杨艇长被任命为舰长，下边设步兵团，高士宽任团长。骑兵团长由舰上一位王中尉担任。原木兰县长王文奎担任后勤部长，武守诚为高级参谋。孙永久任警卫连长。其他起义骨干也都做了安排。我们这支游击队，有一艘装备精良的战舰，有以“威明”艇官兵为主体经过两次战斗考验的步兵团，有熟知乡情的王文奎、武守诚等后勤力量，特别是有吕大哥江上军起义的强大后盾，因而信心倍增，军威大振。

八、歼日军迎光复

8月15日近中午，发现江面上一艘载有千名日军的商船逆水而来。大家一致认为不能让他们跑掉，并决定由张司令率舰出击，步兵团在岸上配合，一举歼灭之。战斗打响后，我们发现敌船只有几挺重机枪扫射过来，我们的炮火远远超过他们。于是我们发挥军舰炮火和陆上速射炮、机关炮的威力，打得他们鬼哭狼嚎。经过 20 多分钟的战斗，日本鬼子船破人亡，慌忙靠向南岸弃船，在重机枪掩护下向南逃去。这时我们发现，敌群中有一部分伤病员、妇女和幼儿，遂命令停止追击。在这次战斗中，我军受伤 6 名，没有牺牲。全体官兵意气风发，斗志昂扬。战斗胜利后不久，我们便收听到日本天皇宣布无条件投降的消息，全体官兵和浓河人民，无不热泪盈眶。

日本投降了，但并没有完全放下武器。我们军舰顺江而下，前去迎接苏军。我们留下足够的兵力保护浓河镇人民和监视日本“开拓团”。我带着敌人布雷、沉船、闭塞航道的罪恶计划登上军舰，还请来了一位白俄翻译。8 月 17 日下午 4 时许，在依兰江面与苏联舰队相遇。为了防止误会，我们主动招手摇红旗致意。我同翻译登上军舰，一位苏军上校接待了我们。我向他汇报了起义游击队歼日军迎苏军的经过。当汇报到日军阴谋在江中布雷、沉艇、闭塞航道，阻止苏军舰前进这个阴谋之所以未能得逞，是由于起义游击队将它破坏了时，苏军司令官立即伸出大拇指，高兴地说：“太好了，太好了！”他们把我和张舰长、王文奎等安排在县城一家大的饭店住下，并表示要让我们去见远东军司令官。他们先向佳木斯联络，说司令官已去哈尔滨，再向哈尔滨联络，说又去长春了。苏军上校说，战时高级指挥官的行踪变动太大，请我们耐心等待。我们说谢谢了，不用等了，游击队还需要我们回去指挥。我们告别苏军，离开了饭店回到游击队。经过研究，我们中的多数人愿意快些回家去，因此就决定各奔他乡了。

伪满炮兵一团反正

邵葆菁*

伪满炮兵一团属第一师管辖，我在该团一营二连充连附，1945 年 6 月随部队从锦州移驻勃利县。

炮兵第一团下属两个炮兵营。一营是野炮营，从锦州来勃利时，炮报废，只有军马，拟到勃利后领新炮。二营是山炮营。

1945 年 8 月 9 日凌晨，苏联对日本宣战，炮团即遭到苏军飞机扫射。此时日本关东军下了令，炮团归关东军直接指挥，准备后撤，要求“人不离枪，马不下鞍”，命令一到，即能开动。

这个情况打破了往日的宁静，日本军官的脸上立刻呈现出阴沉的愁容，但态度却变得和气了。而中国军官和士兵内心则很高兴，思想也活跃起来。士兵们在窃窃私议，“不能傻干了，能溜就溜吧。”有的准备了便衣。中国军官想的是，不能再给日军当炮灰，不能叫这些年轻的士兵做日军的殉葬品了。

此时，邻院的骑兵团于 8 月 10 日悄然起义，这个消息不胫而走。但是日军对此假装镇静，像什么事也没发生一样。骑兵团起义的果敢行动，给炮

---

* 作者时任伪满炮兵第一团第一营第二连连附。

团的中国军官和士兵做出了榜样，使大家认识到起义的时机已经到来。

炮兵第一团随即组成起义领导小组，推举第二营营长岳洪璧少校为组长，各连的主要负责人和团部的军官为成员。其中伪军校同学是骨干，在一连有张铁骑（二期生）、王云青（二期生），二连有邵葆菁（二期生），四连有乔伯勋（二期生），五连有王鸿儒（二期生），还有三期生傅晓鹏和范希英。大家推举王云青任联络官。经领导小组研究决定：①8 月 13 日下午 6 时 30 分全团起义，信号是“十响”连续毛瑟枪声，由王云青执行。为对日本人绝对保密，各连要分别逐级向有关人员传达动员。②起义后，向东北郊区山河屯进驻，口令是：祖国——胜利。③委派通晓俄语的兽医见习官与苏军联系。

我当时在一营二连任连附，连长是日本人大贯景男。除他外，还有五名军官（其中两名见习军官）。当我向连里中国军官传达起义决议之后，大家都喜形于色，跃跃欲试。我随即对全连的起义行动做了部署，每人都随身佩带武器以应变。

8 月 13 日终于到来了。中午，全连军官在一起吃午饭，大贯和两名候补生（一名日本人，一名朝鲜人）都在同一桌上。大贯边吃饭边对我们解释：“我们撤退，是为了集中力量打击俄国人。”“请你们放心，归关东军指挥，也是能攻则攻，不能攻则退……”人之将死，其言也善，大贯喝了一口酒，擦擦嘴，对我说：“当然，你们也可能起义，这不奇怪！我死了算为天皇陛下尽忠了，我不恨你们。可是（他指着候补生）他俩才十几岁，穿军装不久，应该给他们留条性命。”听了大贯的话，我的神经像被针扎了似的，有些紧张，但马上拿起酒瓶给大贯斟酒，并说了一些抚慰他的话。为了缓和气氛，我也呷了一口酒，但同时也偷偷地摸摸口袋里的手枪。大贯很敏感，没想到他竟能坦然地说出来，这等于提醒我们要提高警惕。

在军校时，每逢星期天，我们都愿意到马厩和炮场后面的树林里散步、闲谈或看“禁书”（进步书）。在那里，大家什么都敢谈，谈国际形势、战争情况及我们的未来等等。一致认为，日本统治中国的时间不会太久了。等待时机，光复祖国，现在时机真的来了。

毛瑟枪“十响”终于准时清脆而又频率整齐地响了。按预定的计划，首先处置日本军官。

仅几分钟的时间，解决了全团日本军官。由于是“人不离枪，马不离鞍”，命令一下，全体官兵都整齐地集合起来。各连分别向士兵进行讲话。我们向全连士兵说:“弟兄们，把帽徽和肩章摘下扔掉。我们不是亡国奴了，从现在起，我们是这块大地的主人了。”

勃利县城有撤下来的拥有大炮、坦克、飞机的大量日军，和我们相隔7.5公里。为了不被日军发觉，起义军开始向山河屯进发。当部队通过村庄时，农民兄弟箪食壶浆，迎接起义队伍。军民共同为不再做亡国奴而欢欣鼓舞。夜间，继续行军，由于道路泥泞，速度很慢。尽管如此，还是在红日东升时，开进了山河屯。不久，即迎来了祖国的光复。

伪满第二十三工兵队起义经过

刘庆文*

伪满第四军管区所属第二十三工兵队建于1945年元月，是团的建制，下辖四个连。全队士兵400多名，都是1945年初从辽、锦一带征来的；部队军官是从各兵种部队抽调来的，我当时是工兵中尉，任该队二连连长。在长春伪陆军军官学校学习时，我秘密参加了同学吕殿元组织的“恢复会”（宗旨是恢复失地和主权）。吕殿元是在伪军中的受八路军冀东军区史铁生直接领导的地下工作人员。

1945年5月，德国无条件投降的消息披露后的一个星期天，我到吕殿元家里，我们共同分析了当时的国际形势，认为应该积极组织可能团结的官兵，做好起义的准备。

第二十三工兵队中，军校同学除我之外，还有第一连排长鲁某（少尉、军校三期同学），第三连两名实习军官生（军校五期同学），第二连的三名排长、四名班长。我开始在他们中间进行思想发动工作，酝酿起义。

1945年8月9日夜，苏联飞机轰炸了滨江火车站，这是一个信号，它意味着苏军对日本关东军开始进攻了。

---

* 作者时任伪满第二十三工兵队第二连连长。

翌日，我去王岗第四辎重队（团的建制），找与我关系较好的二连长谭纯孚中尉谈了起义的事，他完全同意。谭纯孚又做了第三连孔居平中尉连长等同学的工作，并确定起义时间以第二十三工兵队行动为准。

8月上旬开始，第二十三工兵队奉第四军管区之命，在哈尔滨东南方构筑防御阵地。第二连在孙家站一带构筑反坦克壕，企图阻止可能来自牡丹江方面苏军的进攻，并按战时状态发放了枪支弹药、粮秣、器材等。各连各自为战。

这时哈尔滨市的形势异常紧张，日伪军调动频繁。指挥系统开始紊乱，伪军中传说纷纭，人心惶惶。

8月初以来阴雨连绵。11日深夜，吕殿元派传令兵刘福祥冒雨来孙家站二连宿营地，通知我："松花江北岸的江上军日内即将起义，第二十三工兵队在松花江南岸不可能与江上军汇合，可在适当时机采取行动，但事不宜迟，注意保密。"

12日上午，鲁少尉和二连的一个排长，三连的一个实习军官生，在我的营房里共同商量确定了起义部署：

起义部队（含第四辎重队）定于14日凌晨3时起义，目的地宾州。因对宾州附近的地理情况熟，可以据守，遭到进攻时可进山打游击，在那里等待苏军或八路军收编。

2. 由我争取三连长共同起义，鲁少尉负责把第一连拉出来。一连、三连均在14日凌晨3时到达孙家站二连驻宿地集结。等第四辎重队到达后乘汽车向宾州进发，对部队其他军官届时尽量裹挟同行，以免暴露。

3. 枪支、弹药分发到士兵手里，荷枪实弹，出敌不意，突出哈尔滨市。命令司务长把面粉送到面包铺限期加工成面包，作为部队的食粮。

4. 把这一决定迅速通知到第四辎重队二连谭连长，如无异议务请按此部署行动。

但8月13日9点，突然接到第四军管区司令部命令："第二十三工兵队及所属各连，限即日午后2时前到大直街大鹰楼集结待命。"这突如其来的命令打乱了我们起义的具体部署，使我们感到茫然不安。我们一方面观察动静，分析形势，一方面准备应付事态变化。到午后无新的情况，也未发现其他迹象，只好就地待命。下午 5 时许，我派鲁少尉去第四辎重队找谭纯孚，除通报情况外，还转达了起义仍按原定部署执行，唯两个部队集合地改在大鹰楼，集合时间不变，到时由鲁少尉在集合地点迎接他们。谭表示同意，并转告我第四辎重队已按行动部署做好准备。鲁回到大鹰楼时已经很晚了。这时仍毫无情况，显然敌人未发现我们起义的活动。

13 日深夜，我先派出二连二排长指挥两个班在驻营地内外布置了警戒，命令任何人不准出入驻营地，不准同外界联系。然后，在大鹰楼第二连连部里，我们又召开了有一连鲁少尉、二连两名排长、两名班长、三连李连长和两名实习军官生参加的起义骨干人员秘密会议。我简短地做了起义动员后，又共同商定下一步的具体部署，即：14 日凌晨 3 时举行起义，起义部队在大鹰楼前集合，第四辎重队一到，立即登车向目的地——宾州进发。并就行军序列和途中可能遇到的问题，一一作了研究部署，会议结束时已经子时，大家摩拳擦掌而又十分小心地分头进行准备。这一夜我们很少有人合眼，大家都意识到成败在此一举，盼望起义的时候尽快来到。

在这以前，我又和上尉副官赵玉珂就起义问题交换了意见。赵玉珂表示他留在市内作为起义部队的内应、联络人，待苏军进驻哈尔滨时，由他与苏军联系有关起义部队的收编、安排事宜。

8 月 14 日凌晨 3 时，第四辎重队在第二连长谭纯孚、第三连长孙居平、少尉排长宁广义指挥下准时到大鹰楼前，与鲁少尉接上了头。他们立即就行军序列、路线、车辆编组等做出安排。14 日是个阴天，3 时 40 分我以传达第四军管区命令“第二十三工兵队返回原驻地待命”为借口，下达了起义开始的命令，两个团全体官兵迅速登车。此时，鞠冠英队长、于会堂少校、斋藤少校、奥西连长还蒙在鼓里，睡眼蒙胧、糊里糊涂地随大家一起上了车。

参加起义的第二十三工兵队共 405 人，轻机枪 9 挺，步枪 400 支，弹药、器材若干；第四辎重队共 100 余人，汽车 20 辆，步枪、手枪 100 余支。

起义部队仅用了 1 小时，就全部通过三棵树，未受到任何抵挡，顺利地冲出了日伪军重兵防守的哈尔滨。此时，全军开始明白这是起义，不少人高兴地大声疾呼或引吭高歌。鲁少尉从最后面喊出来:“我们起义了!我们不再是伪军了,我们是抗日的部队,把帽徽、领章、肩章都扯下来丢掉,把它踩在脚底下。”几分钟之内官兵们扯掉了帽徽、领章、肩章,甚至有的士兵把帽子也一起丢到大路上。李连长把不知什么时候准备好的青天白日旗竖起来,鲁少尉也打起了红旗,呼啦啦地迎着晨风舞动着。此情此景触动了每个人的心弦,不少人激动得流出了眼泪。

到达蜚克图镇时,起义部队一面休整一面又做了向宾州进发的准备。此时,鞠冠英队长、于会堂少校到第二辆车来向我表示支持起义,我们当即表示欢迎,并请鞠冠英队长继续指挥第二十三工兵队。二连二排长来报告说,斋藤少校、奥西连长求见,他们叩头作揖,要求饶命。我让李连长去处理,结果是缴了他们的手枪、军刀,就地释放了他们。

14 日午后 2 时许,先头部队做好战斗准备,在泥泞的道路上,进抵宾州西城门。在这以前一个多小时,宾州的副县长、参事官及 20 多名日本人,乘汽车向阿城方向逃窜。伪县长乡绅等头面人物迎接了起义部队。部队进城在小学校宿营,同时派出警戒,防止敌人来袭。

8 月 15 日上午,在小学校操场召开了起义部队全体官兵大会,宣布为了抗日救亡,脱离伪军,正式起义。第二十三工兵队、第四辎重队仍保持原来建制,部队长及各级军官不变。为了协调两个起义部队的行动,会上成立了起义联合指挥部,我担任指挥,谭纯孚担任副指挥。指挥部要求全体官兵继续留在起义部队,迎接祖国的光复。对愿意回乡的,只要交回枪支、弹药,就可自行方便。最后宣布了起义部队的纪律:不准擅离队伍,不准骚扰百姓,不准抢劫偷盗,违者按军法从事。并要维持好宾州城区的社会治安。

从 15 日午间陆续有朝鲜族代表、教育界代表、乡绅和商工会代表等前来慰问部队,场面颇为动人。当 16 日从收音机里听到日本无条件投降的消息时,全县军民群情激奋已极。

随着起义成功,日本投降,祖国光复,军官们在政治上的分歧表面化了:以军校同学为主的青年军官主张起义部队等待苏军收编;以于会堂为首的两名老军官极力主张保存实力,等待国民党政府接收,还提议起义部队易名为“光复军”；鞠冠英队长不表态，实质是同意于会堂的主张。在这种情况下，我意识到在苏军未对起义部队做出指示之前，起义部队内部政治上的分歧，不宜急于做出任何决定。当前只能强调团结，不然就意味着分裂，甚至不能继续维持起义部队的现状。从 8 月 20 日至 23 日连续 4 天召开干部会议，双方在会上都坚持自己的主张，彼此都不妥协，没做出任何决定。

苏军进驻哈尔滨的消息传到宾州后，为了同苏军取得联系，8 月 22 日，我秘密派二连上等兵肇凤辉回哈尔滨找赵玉珂，探询苏军司令部对起义部队的态度和安排，然后再决定起义部队的去向。肇凤辉直至 8 月 28 日才回来，他传达了赵玉珂同苏军司令部联系的结果：苏军司令部命令，宾州起义部队返回哈尔滨听候处理。

起义部队驻守宾州期间，士兵返乡者日渐增多，县里粮食已经告急；于会堂与当地乡绅交往频繁，似有所谋，问题接踵而来。所以在接到苏军司令部命令起义部队返哈尔滨的指示后即研究决定：率部返哈尔滨。唯于会堂等十几人坚持继续留驻宾州，起义军于 9 月 2 日离开宾州返哈，当经过三棵树时，被苏军缴械，起义部队随之解体。

挺进东北

挺进东北

曾克林[*]

二号命令和大王庄会议

1945年8月8日，苏联政府宣布对日作战。9日清晨，百万红军从东、北、西三个方向突破日本法西斯和伪满3000公里防线进入东北，给日本“关东军”以致命打击。8月中旬，后贝加尔方面军在马利诺夫斯基元帅指挥下，红军坦克军第六集团军与步兵越过大小兴安岭到达东北中部平原，红军远东第一、第二方面军突破黑龙江滨海地区与日寇展开激战。红军的伞兵分别在沈阳、大连、长春、哈尔滨、北安着陆。日本帝国主义经营14年之久的防御体系土崩瓦解。

8月9日，中共中央、中央军委主席毛泽东发表了《对日寇的最后一战》的声明，指出：“8月8日，苏联政府宣布对日作战，中国人民表示热烈的欢迎。由于苏联这一行动，对日战争的时间将大大缩短。对日战争已处在最后阶段，最后地战胜日本侵略者及其一切走狗的时间已经到来了。”主席还号召：“中国人民的一切抗日力量应举行全国规模的反攻，密切而有效力地配

---

* 作者时任冀热辽军区第16军分区司令员。

合苏联及其他盟国作战。应在一切可能条件下，对于一切不愿意投降的侵略者及其走狗实行广泛的进攻，歼灭顽抗之敌，夺取其武器和资财，猛烈地扩大解放区，缩小沦陷区。”

继毛主席声明之后，8 月 10 日，朱德总司令代表八路军延安总部向各解放区所有武装部队发布了第一号大反攻命令，命令所有抗日武装部队“依《波茨坦宣言》规定，向其附近各城镇交通要道之敌人军队及其指挥机关送出通牒，限期投降。如遇敌伪拒绝投降缴械，即应予以坚决消灭。”

8 月 11 日又发布第二号命令，指出：为配合苏联红军进入中国境内作战，接受日伪军投降，命令“（一）原东北军吕正操所部由山西绥远现地，向察哈尔、热河进发；（二）原东北军张学思所部由河北、察哈尔现地，向热河、辽宁进发；（三）原东北军万毅所部由山东、河北现地，向辽宁进发；（四）现驻河北、辽宁边境之李运昌部即日向辽宁、吉林进发。”

同日，晋察冀军区司令员兼政治委员聂荣臻，也向日寇华北派遣军司令官下村定大将发出最后通牒，限期在接到通牒 48 小时内，令其所属部队交出全部武器、物资，依所指定的地点分别集中，听候处置。在毛主席、朱总司令的号召下，我解放区军民向日寇展开了排山倒海的反攻作战。8 月 15 日，日本天皇颁发诏书，宣布接受无条件投降。

我们冀热辽部队的广大子弟兵，在接受延安总部的二号命令后，以最快的速度，大踏步地向东北进军。8 月 13 日，冀热辽军区司令员兼政委李运昌接到延安总部的电报后，立即在冀东丰润县左家坞附近的大王庄召开了冀热辽区党委、军区党委紧急会议，参加会议的有詹才方、李中权、张明远、朱其文、曾克林、苏林燕、李子光等领导同志和地委书记、军分区司令员。会议认真讨论了如何执行延安总部第二号命令的问题。会议决定，成立冀热辽军区“东北前进工作委员会”（简称“前委”和“前方指挥所”），李运昌同志任书记，同时决定由李运昌同志率领冀热辽子弟兵 8 个半团和 2 个地区支队、朝鲜支队共 1.3 万多人，以及李子光、焦若愚、徐志、李海涛、杨文汉等 5 个地委书记及 2500 多名地方干部，分 3 路越过长城，向热河、辽宁、吉林进军。西路由 14 军分区司令员舒行、政委李子光率领 13 团、挺北支队，共 2000 多人从兴隆、围场两地出发，向承德方向前进；中路由 15 军分区司令员、赵文进率领 11 团、51 团约 3000 多人从喜峰口出发，向赤峰方向前进；东路由 16 军分区司令员曾克林和副政委唐凯率领 12 团、18 团、朝鲜支队、分区直属队约 4000 人，从抚宁县出发，向锦州、沈阳方向前进。李运昌司令员率军区直属队和 3 个团为后续部队。同时，各军分区均成立了“第二梯队”，留守原地，消灭敌伪军，收缴武器，并准备随时支援北进部队。

在大王庄会议部署向东北进军的同时，我们 16 军分区所属部队沿北宁路中段两侧，向拒绝投降之敌进行猛烈反攻。8 月 16 日，临抚昌支队、卢抚昌支队、民兵、游击队以军事上的进攻和政治上的瓦解，围攻对滦东地区威胁最大的日伪军据点昌黎县城。

18 日，分区副司令李道之、参谋长王衍和 12 团副团长马骥率 12 团一部，攻克留守营西北的樊各庄日军据点，全歼日本宪兵队 120 余人，缴获机枪 7 挺，掷弹筒七八个和一批军用物资。20 日，又打下了靠近山海关的海阳镇。24 日，我率领主力先后打下了卢龙以东的双旺镇敌伪据点和抚宁县台头营日伪据点，消灭守敌，缴获许多武器及大批粮食。18 团团长周家美、政委吴宗鹏带部队打下昌黎以东的张各庄车站。

8 月 25 日，我们 16 军分区召开干部会议。会上，我向全体干部宣读了延安总部朱总司令发布的二号命令，传达了大王庄紧急会议精神。会场沸腾，干部们群情激奋，纷纷要求出关。

会后，各区领导就出关路线进行了具体研究。为了迅速挺进东北，分区领导决定：避开山海关，绕道九门口，速向锦州、沈阳挺进。当天，部队告别了结下鱼水情深的滦东人民，告别了共同抗战八年的父老乡亲，离开台头营，浩浩荡荡地踏上了新的征程。

8 月 26 日，我率部到达榆关镇、海阳。

8 月 28 日，我军占领柳江和日伪盘踞的石门寨煤矿，截断敌人秦皇岛、山海关燃料基地。

8 月 29 日夜，我部绕出九门口，越过长城，进入东北，向辽宁省绥中县挺进。

会师前所站

自8月25日以来，我军一路势如破竹，所遇敌伪通通缴械，先后缴枪1200多支。

为摸清前面敌人的动向，8月28日，我曾面示分区侦察参谋兼侦察连长董占林带一个便衣侦察班，侦察山海关以北绥中以西敌伪的动向，并注意和苏军联系。

8月29日上午，董占林带领侦察班进至前所车站以北两华里处的高粱地隐蔽。他们经过侦察，查明前所车站共驻有伪军400余人，步枪200余支，轻机枪10余挺，还有一批军用物资、弹药。敌戒备森严，但伪军内部已经恐慌。董占林当机立断，一面用八路军某部队长的名义给前所的伪军写了通牒令，称八路军已将伪军包围，令伪军下午5点前在前所车站以西集合投降；一面给我写报告，让侦察员骑着毛驴急速送到，建议部队跑步前进解决敌人。下午3时，董占林在前所车站西与伪军谈判，正告他们，日本帝国主义已经投降，伪满军不能再为日寇甘当罪人，并令其投降。400伪军眼见末日已到，于下午5时打起白旗在前所车站西集合，向我军无条件投降缴械，计缴获步枪200余支，机枪10余挺及一批军用物资和弹药。

我和唐凯同志接到董占林报告后，即令部队跑步前进，于下午6时赶到山海关以北的前所车站。由于解决了前所，截断了北宁路山海关至锦州的铁路交通，使山海关之敌处于孤立无援之地。在前所，董占林陪我查看了敌人的军需仓库。我们收缴了许多敌人的指挥刀、腰带、大皮鞋、手枪套等。

这天晚上，分区副参谋长罗文派人给我送来一封信。罗文在大部队出关的前两天，即8月27日离开主力带12团一个连和电台1部，先行出关，北上联络苏联红军，了解辽西敌情。罗文在信中报告说，有一支苏联红军侦察小分队从林西、赤峰方向经叶柏寿、凌源、前所，驰往山海关方向。我接到报告后很高兴，决定组织部队迎接苏联红军。

30日上午，我们预料苏联红军要经过前所，便让出关部队在前所车站以东公路上排成四路纵队，迎接苏军。

9点多钟，苏联红军由一位上校部队长和一位少校营长（伊万诺夫）带领，约有六七十人，每人3套武器，还有1部电台、5辆汽车，1门三七炮、1门五七炮，从绥中方向朝前所开来。

我军临时抽调了一些司号员组成“军乐队”，吹起了欢迎号，欢迎苏联红军的到来。不料因语言不通，苏军一见面后，误认我军是伪军，将我欢迎部队包围起来，并要缴我军的械，后经翻译解释才解除误会。苏军收起武器后，我和唐凯同志高兴地迎上前去，在苏军带来的蒙籍翻译介绍下，互相握手，亲切拥抱，共庆胜利会师，气氛异常热烈。“斯大林万岁！毛泽东万岁！”“乌拉！”的口号声和欢呼声响彻天空。

两军会师后，我们原定任务是迅速向锦州、沈阳进发。但有情报说，山海关之敌已陷入孤立无援境地，成了惊弓之鸟，有条件打下来。于是我们决定杀一个回马枪，先攻打山海关，为后续部队扫清前进障碍，再继续前进。司令部把这一想法用电台报告了冀热辽军区司令员李运昌同志，得到了批准。随后，我和唐凯同志对苏军说，我们是受朱总司令的命令到东北来的，任务是配合苏军作战，收复东北失地，接管东北主权。目前，山海关还有日军战斗部队600多人，日本文职人员和家属约2000余人，另还有伪军1000多人以及伪警察、伪宪兵、伪政府人员几千人，没有缴械投降，希望苏军和我军一起攻打山海关。苏军开始没有同意，说他们的任务是到东北作战，山海关属华北，他们不能去，经我们做工作后，下午欣然答应和我军共同作战：然后双方研究了攻打山海关的作战计划，决定由我军担任主攻，苏军进行配合。

攻克山海关

听到要攻打山海关的消息，干部战士人人摩拳擦掌，斗志昂扬。

苏军小分队部分人员留在前所，其余50多人由少校营长伊万诺夫带领，乘坐汽车，携炮1门，随同我军向山海关前进。我和唐凯同志带1个警卫排和机关参谋人员、政治部的敌工宣传人员乘苏军汽车先走，部队急行军向山海关开进。

从前所到山海关近40华里，时值中秋，天气仍很闷热。头顶烈日行军，走不了多远，就汗湿衣衫，透不过气来。但是，战士们个个生龙活虎，排着整齐的四路纵队，疾速前进。

攻打山海关之前，我们考虑为了不因战火给古城和人民带来损害，也为尽量减少我军伤亡，决定采取“先礼后兵”，向日伪军发出“受降通牒”，限敌人向八路军、苏联红军投降。我和唐凯同志向军分区军法处长兼宣传科长汤从列同志布置了起草通牒的任务。汤从列是我们军分区的一名知识分子，抗日大反攻后，军分区的一切对外宣传、发布战报、安民告示等，均由他起草，是一位很强的“笔杆子”。不用多久，他就起草好了通牒，全文如下：

> 由于苏联政府对日宣战，强大苏联红军攻入东北，我八路军已全面举行对日大反攻。8月15日，日本天皇已向日本国下诏，接受无条件投降。现中国八路军和苏联两国强大军队，已兵临山海关城下，着派中苏两国代表，向驻山海关日军司令官送出通牒，命令驻山海关的日军、伪“满洲国”军接到本通牒后，限于本日下午二时率部于山海关火车站无条件向中苏军队投降。
>
> 此致　驻山海关日本军司令官
>
> 敬礼
>
> 中国八路军司令官
>
> 苏联红军司令官
>
> 一九四五年八月三十日

此份“受降通牒”，于中午12时用日文译出，然后，由我军侦察科长郑公然、参谋董占林、敌工干事齐勇及苏军1名上尉副连长和2名战士，乘苏军吉普车，挂苏联国旗，前去山海关与日军谈判我军受降事宜。当他们到达山海关南门时，只见敌人四门紧闭。1小时后，日军1名上校带着1个班出来，与我军和苏军代表进行谈判。中苏方面命令日军下午2点在火车站以南集合投降。日军借口奉蒋介石命令，武器要交给国民党军队，同时，又以山海关不归“满洲国”管辖为由，拒绝向我军和苏军投降。谈判时，日军只留一部分和伪军坚守山海关，其余开始向秦皇岛撤退，我方代表立即写了情况，由董占林和另外 2 名战士乘车返回山海关以东，将信交给我和唐凯同志，并报告山海关敌人情况。随后，大部队便跑步向山海关前进。

下午 5 时左右，部队开到山海关东山坡，各团按照指定位置，从东、南、北三面把山海关包围了起来，并积极制作软梯，擦拭武器，做攻城准备，等待攻击命令。

山海关是一座古老的名城，位于燕山山脉东端。其城墙高达 10 米，宽容五马并行。“天下第一关”的横匾雄踞于东门之上。全城占地 8 平方公里，山势陡峭，又加上护城河环绕，地形险要，易守难攻，可谓“一夫守关、万夫莫开”，历来为兵家必争之地。

九一八事变前后，日寇在火车站南建了日军兵营，在东门驻扎了日军津榆守备队，山海关成了伪满洲国的南大门，也是日军侵略华北，吞并中国的重要基地。

部队靠近山海关城东以后，我和苏军上校部队长带领 12 团、18 团指挥员侦察地形，部署兵力，选择确定攻城路线。我们站在威远城旧址上，从望远镜里清楚地看到，山海关城门紧闭，城墙周围，遍布着堡垒和各种防御工事，城垛口到处是敌军士兵。城里，日伪军荷枪实弹，来往巡逻。看着敌人仍然耀武扬威，联想到 12 年来美丽的山海关遭到日寇铁蹄的无情践踏，我们心潮起伏，无比愤慨。

我叫特务员打开军用地图及日、伪军布防图，和苏军上校一起，研究制定了作战方案。然后，召开军分区团以上干部会议，由我下达了攻打山海关的具体任务。会后，12 团、18 团组织班以上干部开会进行攻城部署，发动大家献计献策，政治工作人员进行战斗动员。

战斗前的山海关，显得格外宁静。放眼眺望，只见高大的“天下第一关”城楼连着巍峨的燕山山脉。长城像一条巨龙，蜿蜒伸展，西去万里。我们为中华民族有这样雄伟的古迹而骄傲。为了保护这座历史悠久的古城，减少人民生命财产和部队的损失，我们决定，再次敦促敌人投降，敌若拒降，再采用武力。

回到指挥部后，我们第二次派出代表，向山海关日军送去了“最后通牒”，限令敌人立即投降。但日伪军仍然顽固不化，拒绝投降，并对我军采取了严密的防范措施。

敌人两次拒降后，我按照事先制定的作战部署，于下午5点向部队下达了总攻命令。攻城战斗开始。

18团以“天下第一关”城楼为主攻目标。12团以火车站、桥梁厂为主攻目标，两面夹击敌人。苏军部队长带领其50多人，携炮1门，与分区直属队进入隐蔽集结地，作为预备队。

主攻“天下第一关”的18团，把突破口选在刻有“山海关”的城南门。该处接近城墙以后，便形成死角，易于攀城近战。战士们每人身带7颗手榴弹。攻城开始，苏军首先向敌人开炮。接着，全团集中轻重机枪、迫击炮，封锁制高点，压制敌人大力。敌人顽固抵抗，妄图封锁住我冲锋的道路。一时，枪声大作，密集的子弹不断在我指战员的头上飞过。敌人的炮弹也在我指战员的身边爆炸。我指挥部队马上调整火力，打得城墙砖石飞溅，城墙内外，火光冲天。

我军战士借着硝烟，冒着弹雨，在我军强大火力掩护下，竖起了软梯，立即爬城。敌人进行拼死抵抗。双方的轻重机枪声、步枪声、手榴弹声交织在一起，我指战员脸上的血和汗水混合在一起。他们边爬边顺着城垛口猛投手榴弹，压制敌人火力，炸得敌人血肉横飞，狂呼乱叫。我指战员迅猛登上垛口。嚣张一时的日本侵略军，顿时陷于混乱，纷纷逃跑。东门那边，苏军用战防炮将城门打开，我军战士在密集炮火掩护下，像猛虎下山一样扑向日军，打得守城日军丢盔弃甲。

18团胜利地占领了“天下第一关”，把红旗插上了城楼。苏军没有料到我军进展会如此迅速，以至又误打了一炮。这时，周家美、吴宗鹏、马骥等同志带的团指挥所随着登城部队，移到这个俯瞰全城的制高点，继续指挥全团，直插城区中心，追击敌人。“天下第一关”城楼制高点被我攻占后，敌指挥官还妄想凭借民房，继续巷战。我军不给敌人以喘息之机，后续部队炸开城门，我军和苏军蜂拥而入，对敌人穷追猛打，敌人有的跪地求饶，有的缴枪投降，侥幸未被消灭者，像一群无头苍蝇，到处乱窜。

为了及时指挥部队近战歼敌，周家美、马骥等同志又决定将团指挥所从“天下第一关”移到街中央钟鼓楼上。这时，多年来被日伪军踩在脚下的山海关人民，对敌人的仇恨像火山一样爆发出来，虽然战斗还在激烈地进行，他们却不顾生命危险，提着开水，举着食物，舞着旗帜涌向大街，为我攻城部队助战。

与此同时，12 团的指战员，在团长杨树元、副政委（代理政委）刘光涛的带领下，也按规定的路线、时间，从孟姜女庙附近的望夫石村出发，沿着城墙和铁路，向火车站和桥梁厂挺进。苏军在战斗一开始，就用炮火配合，连续打了一二十发炮弹。当时，敌人有一列火车向山海关驶来，吓得立即往回开。我 12 团指战员在炮火掩护下，分三路跑步向城东、城南出击。一路由东面顺墙边进入城区，一路往南向桥梁厂方向前进，团长杨树元带领机炮连、警卫部队为中路，直插火车站。这时，苏军小分队也沿着铁路打到火车站，截住敌人准备运走的军用物资。

一部分日本鬼子狼狈地向秦皇岛逃跑，驻守在火车站的伪军宪警看到日寇弃城溃逃，纷纷举枪投降。

12 团的另一路部队也拿下了桥梁厂。接着，12 团、18 团继续追击残余的敌人，占领县政府、海关、邮电、银行、监狱等要害部门。由于我军动作迅速，敌人连军火库也没来得及破坏，武器弹药和军用物资统统被我缴获。铁路、车站、机车、车辆也完好地保存下来。

晚上 9 点钟，战斗胜利结束。

12 团和 18 团连夜继续搜索敌伪、汉奸、收缴武器，打扫战场，清点物资。这次战斗，除逃跑的一部分日本兵外，共击毙和俘虏日本兵 200 多人，打死打伤和俘虏伪军 1500 多人；临榆县伪县长陈维廉、“山奉（天）”铁路总监督“董扒皮”及伪县政权人员全部被俘；收缴长短枪 3000 多支，掷弹筒、迫击炮 50 多门，轻、重机枪 70 多挺，各种子弹 10 万发，还有大批军用物资。

解放山海关的胜利消息迅速报告了晋察冀军区和党中央。1945 年 9 月 6 日，延安《解放日报》在第一版上用大字标题作了报道：“华北军事要冲山海关及沦陷敌手 12 年之久之榆关镇，已于 8 月 30 日为我军光复。”

山海关攻克后，成千上万在日伪暴政蹂躏下的人民，敲锣打鼓，鸣放鞭炮，载歌载舞，欢庆翻身解放。分区派出“前锋”剧社的宣传队员及干部战士上街进行宣传。人民群众和子弟兵一起高唱：“解放区的天是明朗的天……”家家户户的门前插上彩旗，表达对共产党和人民子弟兵的衷心爱戴和热烈拥护。青年们踊跃参军，许多从东北失业回关里的人，路过山海关也不走了，加入了人民军队的战斗行列。

根据党中央“壮大自己”的指示精神，分区用在山海关缴获的大量武器，武装了一批新兵，并改善了部队的武器装备。攻打山海关以前，12 团在冀东已是装备较好的部队，每连有 6 挺轻机枪、3 门掷弹筒，但枪较杂，马四环、三八式都有。这时，完全换上了日式装备，一个连配备了 9 挺歪把子日式轻机枪、6 门掷弹筒、120 支“三八式”步枪。每个战士 1 顶钢盔，布子弹袋也换成了日式子弹盒。18 团的武器装备也都全部进行了更换。

配合苏军　解放东北

伍修权*

1945 年在世界近代史上占有突出地位。这一年世界反法西斯战争取得了全面胜利。中国是参加世界反法西斯战争的五个大国之一，是亚洲反对日本侵略者的主要国家。中国人民不惜牺牲，长期奋战，抗击了日军的大部，对世界反法西斯战争的胜利作出了重大贡献。德国无条件投降，世界反法西斯战争的西方战事结束后，苏联于 1945 年 8 月 8 日参加了对日作战，使反法西斯战争的东方战线发生了重大变化，中国的抗日战争进入了最后阶段。

一

1943 年，世界反法西斯战争形势开始好转。在西线，苏联取得了对扭转欧洲战局具有重大意义的斯大林格勒战役的胜利，继而又取得库尔斯克战役的胜利；美英在北非获胜后登陆意大利。在东线，美英军由西南太平洋和中太平洋分两路转入反攻；日本二百多万陆军被钉死在中国战场，多次向我进攻和“扫荡”均收效甚微。在这一有利形势下，苏、美、英三国首脑于

* 作者时任中共中央军委总参谋部作战部副部长。

11 月下旬在德黑兰开会，商讨美英开辟欧洲第二战场和苏联参加对日作战问题。

1944 年 6 月 6 日，美英军在法国北部诺曼底地区登陆，开辟了第二战场，德国溃败已成定局。但美军在太平洋上的岛屿进攻却进展缓慢，经过艰苦战斗才进抵马利亚纳群岛和菲律宾一线；缅北战局仍处于胶着状态；特别是在中国大陆和朝鲜半岛，还有强大的日本陆军主力，还保存着完好的重工业和充足的物质条件。美国估计，如果苏联不参加对日作战，对日战争很可能要继续到 1947 年，美军还需付出巨大牺牲，因此美、英均渴望苏联早日参加对日作战。

1945 年 2 月，苏、美、英三国首脑在苏联克里米亚半岛上的雅尔塔开会，商讨反法西斯战争胜利后的有关问题，会议最后一天秘密缔结了苏联参加对日作战的《雅尔塔协定》，苏联正式同意在德国投降后三个月内，参加同盟国对日作战。4 月 5 日，苏联政府通知日本废除《苏日中立条约》。5 月 8 日，德国投降。7 月 26 日，美、英、苏在柏林郊区波茨坦会议上，敦促日本无条件投降。

苏联对日作战的实际准备，开始于 1945 年 4 月。首先将具有山林地作战经验的卡累利阿方面军指挥机构调往双城子，将机动作战能力较强的第三十九集团军调往后贝加尔地区。德国投降后，又陆续将第五集团军调至滨海地区，把第六近卫坦克集团军和第五十三集团军调到后贝加尔地区。原乌克兰第二方面军马利诺夫斯基元帅、扎哈罗夫大将、普利耶夫上将和帕夫洛夫斯基中将也相继到达赤塔。从 1945 年 5 月 6 日到 7 月 31 日，从西线调到东线来的有两个方面军指挥机构，4 个集团军，共有 27 个师、12 个旅、若干独立兵团以及特种部队和技术兵器，使远东苏军兵力增加了一倍。随之在伯力成立了以华西列夫斯基元帅为总司令的远东苏军总部，下辖三个方面军（后贝加尔、远东第一、第二方面军），太平洋舰队和黑龙江区舰队。共编有 11 个合成集团军，1 个坦克集团军，1 个骑兵机械化集群，3 个空军集团军，3 个防空集团军，计划有 80 个陆军师（包括 2 个坦克师和 6 个骑兵师），总兵力达 150 多万。这些军队拥有 26 万多门炮，5500 多辆坦克和自行火炮，

3800 多架飞机，500 多艘海军舰艇和 1500 多架海军飞机。

苏军出兵时，在我东北地区以及驻守朝鲜北部、库页岛南部的日军有 6 个军和 1 个航空兵军，计 24 个师又 12 旅及其他独立部队共 70 余万人，伪满、伪蒙的 8 个师又 12 个旅约 20 万人，总兵力近 100 万，编成 2 个方面军和 2 个独立军。另在朝鲜南部还有一个方面军辖 9 个师。关东军当时虽然数量众多，但质量已大不如前。因支援太平洋战场和准备本土决战，许多训练有素的关东军精锐已抽调出去，虽经补充扩编，但训练素质差。关东军错误估计苏联从欧洲向远东调动军队，短时间决难完成，判断苏军最早要到 1945 年 9 月以后，甚至 1946 年春天才可能发动进攻。故而对苏防御计划举棋不定，直到 7 月 5 日几经改变，才最后定下来，许多纵深防御工事都没有来得及完成。

1945 年 8 月 6 日清晨，美国在日本广岛市投下了第一颗原子弹。8 月 7 日，斯大林签发远东战役指令，8 日苏联正式对日宣战，9 日发起全线进攻。苏军发动进攻的同一天，美国在日本长崎市投下了第二颗原子弹。美国两次向日本投下原子弹，是想用这种威力很大的新式武器，迫使日本单独与美媾和。但原子弹并没有使日本屈服，甚至也没有使日本政府和军队受到很大震动，它们仍在积极准备以满洲和朝鲜为依托进行本土决战。

苏军远东战役的决心是：以三个方面军从东、西、北三个方向同时进攻，采取东西对进、以西为主、向心突击的战法，迅速切断东北日军与我国华北、朝鲜及海上的联系，分割围歼关东军主力于东北腹地，并以太平洋舰队协同陆、空军进攻朝鲜北部、库页岛南部及千岛群岛。苏军统帅部在训令中强调，要“尽速夺取胜利，避免与日军在满洲陷入持久作战”。

8 月 9 日零时，苏军三个方面军的先遣支队越过国境。拂晓，各军主力发起全线进攻。

西面是苏军主突方向，马利诺夫斯基元帅指挥的后贝加尔方面军主力由蒙古东部突出部出击，未遇日军有组织抵抗，长驱直入，通过沙漠区，翻越大兴安岭，三昼夜前进 180 至 360 公里，12 日前至鲁北、突泉一线；左翼攻克日军满洲里筑垒地域后，直抵博克图；右翼分两路于 14、15 日抵多伦、张北。19日，方面军主力前锋进抵长春、沈阳附近，左翼攻占齐齐哈尔，右翼进抵张北、承德、赤峰等地，切断了东北与华北日军的联系。

东面，麦列茨科夫元帅指挥的远东第一方面军遇到日军顽强抵抗，经激战陆续攻克穆棱、林口及密山、虎林筑垒地域，14日始逼近牡丹江市。为加快进攻速度，方面军主力迂回牡丹江向吉林、长春发展，17日进占勃利、图们，19日到达敦化、汪清等地区。

北面，由普尔卡耶夫大将指挥的远东第二方面军强渡乌苏里江和黑龙江，主力在黑龙江区舰队协同下沿松花江南下，攻歼富锦筑垒地域日军后，进逼佳木斯；右翼攻克瑷珲筑垒地域向嫩江前进；左翼攻占饶河筑垒地域，进占宝清。19日前，北线苏军已攻占佳木斯、依兰，向哈尔滨、北安、齐齐哈尔挺进。

在苏军强大攻势面前，日军彼此孤立，指挥不灵，不断溃败。8月17日，关东军司令部通过无线电广播向苏军求降。18日，远东苏军总司令华西列夫斯基下令各方面军组成快速支队，迅速到各要点准备受降。18、19日，苏军各方面军派代表率临时编组的小分队，搭乘运输机，在战斗机掩护下，首先在哈尔滨、长春、沈阳三市机场空降，勒令日军投降。20日以后，又以同样方式在双辽、辽源、延吉、吉林、大连、旅顺，以及朝鲜的平壤、元山、咸兴等地空降。20、21日，东西对进的苏军快速支队在哈尔滨、长春、沈阳会合。8月31日，苏军最后肃清东北境内，以及朝鲜半岛北部、库页岛南部、千岛群岛的日军残部。整个战役持续23天，苏军俘获日本关东军司令官山田乙三大将以下官兵59万余，显赫一时的日本关东军遭到彻底覆灭。9月2日，日本政府代表在美国战列舰密苏里号上正式签署了无条件投降书。

苏联对日宣战的第二天，毛泽东主席8月9日发表声明，表示热烈欢迎，同时指出："由于苏联这一行动，对日战争的时间将大大缩短"，号召"中国人民的一切抗日力量应举行全国规模的反攻，密切而有效力地配合苏联及其他同盟国作战。"10日，朱德总司令向所有解放区人民和抗日部队发布第一号大反攻命令，命令所有抗日武装"均得依据《波茨坦宣言》规定向其附近各城镇交通要道之敌人军队及其指挥机关送出通牒”，限期投降，如遇敌拒绝投降，“即应予以坚决消灭。”11 日又发布第二、三、四、五、六、七号命令。我解放区百万大军在广大人民支持下，展开了大规模的反攻作战，不日收复大小 50 余城和广大乡村。

我军首先挺进东北的是冀热辽军区李运昌所部。冀热辽解放区紧靠东北，我八路军在抗日战争中早有部队在热、辽两省与敌军作战，因而该军区主力很自然地充当了配合苏军作战的先遣军。东北境内的另一支抗日武装——东北抗日联军，在中国共产党领导下，14 年来一直忠贞不屈地坚持抗日武装斗争，创造了无数可歌可泣的英雄业绩。苏军出兵东北时，我“抗联”保存下来的武装积极配合苏军行动。抗联主力旅的部分骨干力量，在周保中、李兆麟、芦东生、冯仲云等率领下，直接协同苏军作战。

冀热辽军区成立了以李运昌为书记的东北前进工作委员会（简称“前委”）和前方指挥所，决定抽调 8 个主力团、1 个营、2 个支队，分东、中、西三路挺进东北。首批挺进东北的部队共约 1.3 万人，另有 2500 多名地方干部随各路部队行动。留驻长城以内的其他冀东野战部队随时准备支援北进部队。经过组织和动员，冀热辽部队于 8 月 15 日以后陆续出发北上。

当时，虽然苏军在东北进展迅速，关东军已准备投降，但在长城内外的大批日、伪军仍保持完整建制，固守据点，拒绝向我军缴械。我军北上时值盛夏，大雨滂沱，洪水猛涨，道路泥泞，一些部队还需通过热河南部遭日寇毁灭的无人地区，给我挺进东北部队造成一些困难。各路在进军途中均与沿途日、伪军进行了战斗。

冀热辽军区 16 军分区曾克林所部 30 日上午在前所村与驰向山海关的苏军第十七集团军先遣支队前锋会师。经双方协商，苏军约 60 余人在一上校率领下乘汽车 6 辆，带榴弹炮 4 门，协同我军攻打山海关，当日下午我军包围了该地日、伪军。苏军派一名联络军官和十六军分区派出的董参谋向守军送出通牒，令其缴械。守军 3000 余人拒绝投降，我军遂发起总攻，黄昏时突破城防进入巷战。当晚 9 时结束战斗，毙、伤、俘日、伪军 1500 余人，其余日军乘火车南逃秦皇岛。我东路部队一举解放了通往东北的门户——山海关。

9 月 3 日，曾克林、唐凯率领两个团、一个朝鲜族支队，乘在山海关缴获的火车向锦州、沈阳疾进，沿途收复绥中、兴城、锦西，解除伪满军两个旅的武装。4 日到达锦州，在当地苏军配合下，解决了锦州北大营日伪混合旅（含一个炮团）5000 余人，并接管了伪锦州省府机关，留下 18 团驻守锦州，13 团继续北上，5 日晨列车到达沈阳。苏军沈阳城防司令因语言不通、联络不周，开始不同意我军进驻，几经交涉方允许我军下车。我军列队进入沈阳市区时，受到10多万市民的夹道欢迎。当晚在大东区小河沿宿营。7 日，苏军驻沈阳的第六近卫坦克集团军司令克拉夫钦科上将、军事委员图马尼扬中将等会见了曾克林、唐凯。苏军领导人提出，鉴于受苏联政府与国民党政府签署的有关规定限制，不能把沈阳交给八路军接管。我军遂摘下八路军标志，改称人民自治军。苏军城防司令部通知苏军各部队，人民自治军可在东北各地活动，行动不受限制。从此，进入东北的第一支八路军就取得了“合法”地位。随后成立了东北人民自治军沈阳卫戍司令部、政治部，曾克林任司令，唐凯任政治委员，张化东任副司令，汤从列任政治部主任，发布了安民告示。9 月 14 日，李运昌、李荒、焦若愚等率“前指”到达沈阳，成立了沈阳市临时人民政府，白希清（民主人士）任市长、焦若愚任副市长。稍后还成立了辽宁行署，朱其文为主任。

我军进驻沈阳后，即以沈阳为中心，派出部队分 5 路到辽宁各地解决日、伪残余，接管敌伪政权。一路到辽阳、鞍山、营口方向；一路到本溪、安东地区；一路到抚顺、清原、梅河口一带；一路到铁岭、开原、四平等地；一路到郑家屯、白城子地区。

在此期间，原东北抗联的周保中、李兆麟、冯仲云等所率部队的骨干力量，随苏军早已进占吉林、黑龙江、辽宁省府及一些中等城市，并与曾克林所率部队取得了联系。

进入本溪、鞍山、抚顺的部队，在当地暴动出来的本溪、抚顺“特殊工人”大队和鞍山“总职工会”工人纠察队协助下，迅速解除了当地日、伪武装，接管了政权。在本溪，成立了卫戍司令部，罗文任司令。在鞍山，解除了伪邓国庆旅 3700 余人，成立了保安司令部，赵国泰任司令，王平任公安局长。在苏军配合下，又剿灭了通远堡、草河口、摩天岭、桓仁、千山等地伪满土匪，解除了辽阳机场 300 余名空军武装，缴获飞机 30 余架。

留驻锦州的周家美第 18 团，成立了以军分区参谋长王珩为司令的卫戍司令部，并派出部队到锦县、义县、朝阳、北票、阜新、黑山、彰武、北镇、盘山、新民、台安、辽中等十几个县进行接管，协助当地人民建立临时政府，打通了锦承铁路。这样，整个辽宁省已基本上由我军控制，为接引我大军出关打下了基础。

党中央继电令冀热辽军区部队率先北上之后，8 月 20 日，又分电山东、平原、晋察冀各分局指出，苏联红军进入东北后，国民党反动派将力图与我争夺东北。我军除李运昌部已深入辽宁、热河两区外，决定再从山东调 2 个团，冀鲁豫调 1 个团，冀中调 1 个团，共 4 个团开赴东北，每团不得少于 1500 人，并限 10 日内准备完毕即行出发。9 月 10 日再电山东、冀鲁豫、晋察冀分局，除原调 4 个团外，再抽出 10 个 1500 到 2000 人的团开赴东北。同时从各区抽调近万名行政、教育、技术等干部组成干部团送往东北。中央这一决定，大大增强了我控制东北的力量。

苏军出兵东北后，8 月 14 日，苏联与国民党政府在莫斯科签订了《中苏友好同盟条约》及一系列有关换文协定。其中《关于中苏此次共同对日作战、苏联军队进入中国东三省后苏联军总司令与中国行政当局关系之协定》附录规定，苏联红军在战胜日本三个月之内，必须把主权交给国民党政府。我军进入沈阳并接管东北一些城市后，美、英等国纷纷指责苏军违反协定，允许中共接管东北，并在外交上不断对苏施加压力。国民党政府也再三要求苏军做好向国民党政府移交的一切准备。本来，美、英等国与苏联就存在着不可调和的矛盾，战后美国杜鲁门政府野心很大，企图取代日本，变中国为它的殖民地，东北究竟控制在谁手里，成了当时国际、国内影响很大的敏感问题。

在这种情况下，东北苏军总司令马利诺夫斯基经请示苏共中央，决定派代表到延安与我党中央直接联系。9 月 14 日，苏军上校卫斯别夫为代表，带一名中校翻译谢德明，在我军进驻沈阳的曾克林陪同下，乘一架苏军运输机从沈阳北陵机场起飞，直达延安，受到杨尚昆、伍修权的迎接。当天下午，曾克林向政治局作了详细汇报，并转递了周保中、冯仲云给中央的信。当时在延安主持中央工作的刘少奇，以及朱德、任弼时、陈云、彭真、张闻天、彭德怀、李富春、叶剑英等中央领导同志，详细询问了有关情况。当时，中央正在研究战略方针和力争控制东北的对策，曾克林的直接汇报，为中央决策提供了参考。

9 月 14 日，朱德等中央领导同志接见苏军代表，同他进行了谈判。苏军代表奉命转达苏方意见，冀、热、辽地区既然是我党抗日根据地，可考虑交给我军，但长春、哈尔滨等大城市，须根据协定交给国民党。

9 月 19 日，党中央正式向全党发出“关于目前任务和向南防御、向北发展的战略方针和部署的指示”电，指出“目前我全党全军的主要任务，是继续打击敌伪，完全控制热、察两省，发展东北我之力量并争取控制东北，以便依靠东北和热、察两省，加强全国各解放区及国民党地区人民的斗争，争取和平民主及国共谈判的有利地位”。指示电明确规定“全国战略方针是向北发展，向南防御。只要我们能控制东北及热、察两省，并有全国各解放区及全国人民配合斗争，即能保障中国人民的胜利”。以后的实践证明，党中央这一战略决断是极其正确的。

9 月前后，我出关部队在党中央和东北局的正确领导下，配合苏军解放了热河、辽宁全省和吉林、黑龙江两省的南部和西部，先后接管了山海关、锦州、沈阳、抚顺、鞍山、本溪、辽阳、营口、安东、通化、开原、铁岭、四平、昌图、齐齐哈尔、白城子、承德、赤峰、朝阳、北票、阜新、梅河口、磐石、东丰、西丰等许多重要城市，很快打开了局面，站住了脚跟。

进驻沈阳

李运昌*

16 分区司令部接管锦州后，于 9 月 5 日率领 12 团及朝鲜支队 2000 人，乘火车迅速进入东北最大城市——沈阳。我军突然出现在沈阳，影响很大，苏军感到意外，对我军来得这么迅速有怀疑。开始，不准我军下车。面对这一情况，曾克林和张化东、刘云鹤带着参谋人员到苏军沈阳司令部交涉，卫戍司令卡夫东见到曾克林就责问："你们是什么军队？从哪里来？谁叫你们来的？"这意想不到的责问很不礼貌，但曾克林仍心平气和地向他说："我们是中国共产党的队伍，毛泽东、朱德领导的八路军，是坚持冀热辽地区抗日的部队，奉延安总部的命令到东北，配合苏军共同作战，解放东北，接管东北的。"卡夫东说："根据《雅尔塔协定》和中苏条约，最高统帅部是不会同意你们进沈阳的。"这时曾克林也说："你们有最高统帅部，我们也有最高统帅部。我们的最高统帅是毛泽东、朱德。我们是奉他们的命令来沈阳的，要我们离开沈阳，需要有延安总部的命令。"卡夫东很生气发了一顿脾气，仍不同意我们进驻沈阳，这次交涉无结果。曾克林回到火车上和唐凯研究了情况，大家一致认为，我们有中央二号命令作根据，一定要和苏军据理力

---

* 作者时任冀热辽军区司令员兼政委。

争，排除万难也要进驻沈阳。曾克林等人第二次找卡夫东交涉，卡仍坚持不让下车，又无结果而回。直到3点，曾克林和唐凯第三次到苏军卫戍司令部。这次他们态度都很强硬。一见卡夫东，唐凯便伸出胳膊指着参加革命后在手臂上刺着的镰刀、斧头和五角星的标志连声说："共产党、毛泽东！共产党、毛泽东！"这时出来一个政治干部叫格拉辛科。此人态度和气，较老练。曾、唐二人向他们说："我们是共产党、毛泽东领导的八路军队伍，是执行朱德总司令的命令到东北配合你们共同作战的。我们在山海关已经和你们共同作战了，在锦州又和你们部队会师。冀热辽是我们的抗日根据地，我们长期在这里坚持抗日，你们不让我们来，让谁来？你们如果不相信，可以打电报问莫斯科。"他们听了这一席话，感到有道理，最后表示同意下车，但要驻距沈阳市15公里外的苏家屯去。尽管这样，与苏军三次交涉总算有了结果。

傍晚部队接到下车的命令，200多人迅速集合得整整齐齐，干部战士身着一身黄军服，战士每人一个钢盔，带着子弹盒，枪都上了刺刀，每连9挺机枪，队伍显得威武雄壮。

八路军到达沈阳的消息很快传开，成群结队的工人、学生、市民，纷纷拥上街头欢迎。广场和街道两旁聚满了人群。当部队排成四路纵队沿大街唱着《八路军进行曲》,《没有共产党就没有新中国》歌曲行进时，沿途群众高呼口号："不当亡国奴！""中华民族解放万岁！"

在队伍行进中，有成千上万的群众和队伍前呼后拥，并肩而行，像举行一次庆祝胜利解放的大游行。苏军有两辆装甲车为前导进行护送。当苏军看到这么多老百姓自发欢迎八路军时，非常震惊。沈阳苏军卫戍司令部马上改变原先态度，派了两名上校，坐着吉普车，前来追赶队伍，在途中拦住说："你们不要去苏家屯了，就住在市区故宫东面的小河沿。"于是，部队又迈着整齐的步伐，高唱着歌曲，走向小河沿驻地，许多群众夹道欢迎，直送到驻地，不愿离去。

9月6日，16军分区司令部搬进原伪满沈阳市政府大楼，政治部搬进原日本宪兵司令部，部队仍驻小河沿。这样，我军力排万难，总算站住了脚。

当天，苏军沈阳卫戍司令部政治副司令格拉辛科，派人来市府大楼找唐凯到苏军司令部会谈，气氛融洽。他们询问了我党我军的一些情况，及党员在部队中的比例等等，唐凯一一作了回答。9 月 7 日下午，苏军驻沈阳最高司令部、近卫军坦克第六集团军派来两名上校军官到市府大楼 16 军分区司令部，通知曾克林、唐凯说："斯大林、莫洛托夫来了电报，你们确实是毛泽东、共产党的部队，请你们两位将军到司令部去。"

曾克林、唐凯到了苏军司令部。苏军后贝加尔方面军、坦克第六集团军司令克拉夫钦科上将和军事委员图马尼扬中将，即苏军驻沈阳的最高领导人，亲自会见曾克林、唐凯，双方进行了亲切的交谈。当时苏军驻沈阳的各军兵种负责人、军长、军事委员们均在座。

克拉夫钦科说："你们来沈阳，我们没有去车站欢迎你们，很对不起，这主要是中苏条约的限制。"

曾克林说："8 年抗战，我们一直坚持在最前线，打击日本侵略者，冀热辽是我军战斗的地方。这次我们出关，与你们部队会师，配合作战，打开山海关的就是我们这支部队。"

唐凯补充说："正因为我们坚持了这个地区的斗争，所以才来得这么快。"曾、唐还向苏军讲了延安最高统帅部发布的第一、二号命令的精神。当唐念到"为配合苏军有效地消灭日本关东军、伪满军收复东北，现驻河北、热河、辽宁边境之李运昌部，即日向辽宁、吉林进发"时，克拉夫钦科、图马尼扬及各军负责人均非常高兴。

克拉夫钦科说："我们不叫你们将军了，称你们为同志，我们是同志式的谈话。"

接着，对今后我军和苏军就如何配合，肃清各地敌伪武装势力，进一步进行了会谈。会谈后，我军成立了沈阳卫戍司令部、政治部，曾克林任司令，唐凯任政委，并发布安民告示。9 月 30 日，党中央正式下达命令，令进入东北的我军改用"东北人民自治军"番号。苏军也通知驻东北各地的部队，东北人民自治军可以在各地自由活动，不受限制。从 9 月 7 日会谈后，苏军对我军的态度有了重大的变化，这对于后来我军继续挺进东北，开创东北的局面，具有十分重要的意义。

16分区部队进入沈阳后，得到很大发展，并一度接管和看守关东军在苏家屯的军火仓库，取出大批武器弹药，装备了部队。9月14日，16分区部队即开赴南满，接管鞍山、辽阳、营口、抚顺、本溪等城市，并消灭了南满的日伪残余势力。我朝鲜支队参加了消灭通化日军3000人的战斗。盘踞辽阳的伪满军一个团，在伪满大臣于芷山的儿子于学谦指挥下，拒绝向我军投降。经过激烈战斗，将其全部消灭。从本溪逃入平顶山的日军残余千余人，在我驻本溪部队发出通牒后，仍拒绝投降，被我军第21旅及警卫部队围剿歼灭。仍在辽阳奉集堡机场的关东军林木航空大队（有飞机20余架），在我军政治攻势下，向我投降。驻连山关、凤凰城的日军航空大队地勤人员向我投降，伪保安部队1500人，经我21旅包围，解除武装。

我冀热辽部队自8月中下旬进入热河、东北，至11月底，各部队经过战斗和发出通牒，共解除伪满军3个旅、2个团，60个县市的伪满警察大队共约4万人的武装，以及日本关东军残余5000人，并在兴隆争取了伪满热河军管区西南地区司令黄方岗部万人和青龙县伪讨伐队张金祥部2000人的投诚起义。

9月初，我率领前方指挥部和第二梯队5000人及大批地方干部出关，9月16日进入沈阳。苏军派300人到车站欢迎。

我16分区部队进入沈阳后，即与抗联冯仲云取得了联系。9月中旬，在长春的原东北抗联的领导人周保中亲来沈阳与我们建立了联系。与此同时，我军进入沈阳后，东北抗联同志利用广播电台，向全东北人民传播了冀热辽部队已到沈阳的消息，这既鼓舞了东北人民，也大大帮助了我们。关内解放区派到东北的地下工作人员和原在东北潜伏的地下党员，得到消息后，纷纷前来接关系，仅东北工作委员会系统就有100余人。这些同志向我军提供了大量重要情报，对我军接管东北城市，建立人民政权，收集资财，肃清敌伪残余势力，扩大部队，起了不小作用。

日本投降　欢庆胜利

在重庆欣闻日本投降消息

黄　钟*

“号外”震动了山城

抗战进入第八个年头，我当时 8 岁。岁数不算大，但个子窜得很高，长得像十一二岁的男孩。由于父亲的职务频频调迁，本应开蒙读书的我，却因随着家庭的迁徙，而多次失去上学的机会。

1945 年春天，父亲奉调赴重庆财政部任职，母亲带着我随父亲由贵阳迁来陪都。父亲在川东师范附近租了两间民房，颠沛流离的一家便暂时安顿下来。一安顿好，母亲就絮絮叨叨在父亲面前嘀咕：“阿钟已 8 岁了，还未进学堂读书，越长越大，怎么好，赶快让他插班上学吧。”

不久，父亲终于在川东师范附小给我报了名，因个头太高，从一年级上怕被人笑话，父亲便安排我插班二年级。

谁料想一张《大公报》号外却改变了我入学读书的计划。

1945 年 8 月 15 日下午，父亲带着我去两路口商场买一套童子军式学生服和一些文具。刚迈出商场大门，只见街上四五个面黄肌瘦的报童挥动着报

---

*　作者时为学龄儿童，随父母迁居重庆。

纸，一边跑，一边吆喝：“号外！号外！《大公报》号外！”“请看日本鬼子投降的消息。”“小日本宣布无条件投降！”

街上的行人闻声一拥而上，纷纷抢购“号外”。父亲看见便急忙拉着我到附近一间茶馆，寻了一个座位，让我管着刚买的衣服和文具，然后急急转身跨到门外钻到人堆中去买“号外”。

父亲买回了“号外”，要了两杯茶，坐下聚精会神地细看报纸，我则在一边喝茶咀嚼着花生米，一边端详着贴在烟熏火燎的墙壁上的一张抗日宣传画——四只袖口佩着中、美、英、苏国旗的巨手，握着四只巨大的钢钳钳着一条凶恶狰狞的巨蟒，巨蟒身上裹着一面太阳旗，吐着蛇信，虽扭曲挣扎终被钢钳钳住动弹不得。

茶馆内人声鼎沸，茶客们都兴奋无比地谈论着“号外”上的喜讯；柜台上一只老式收音机在播放着一个奉化口音的男人的讲话，四五条汉子围着认真地倾听。

父亲看罢“号外”，端起茶盅一饮而尽，然后拉起我就走出茶馆。街上全是人，三五成群，围聚在一起议论着什么。父亲牵着我走进一家照相馆，他跟摄影师交代几句，便一屁股坐在木制的摄影台阶上，用双臂拥抱着我，叫我将《大公报》号外叠好拿在胸前，并特意将大标题《日本投降矣！》对着镜头。这是一张极有意义的老照片，可惜在“文革”中与许多书画一同被焚毁。记得拍照的那天，父亲穿着袖肘已经磨花的藏青哔叽中山装，左胸佩戴着一颗国民政府财政部圆形证章，我穿的是那新买的童子军服。

随着《大公报》号外被派送到大街小巷，全市的男女老幼都知道抗战胜利了。到了傍晚，陪都重庆像是沸腾的开水锅。首先上街游行的是沙坪坝的大学生，接着是工厂的工人、各行业商会的商人、小龙坎和北碚的农民都涌进城来，望龙门码头上上下下人山人海，爆竹在四处燃放，古老的三眼铳在街上发出震人心肺的巨响，滚滚的人流在欢呼，阻滞的车辆齐鸣喇叭，火药硝烟弥漫了整个山城，沟沟洼洼、坎坎坡坡、家家户户都像是在办喜事。一群群穿着童子军校服的孩子手擎着三角旗去开会。我虽没入学，但也哼哼叽叽缠着母亲用彩纸糊了一面三角旗，穿上新童子军服，兴冲冲举着小旗跑到川东师范的操场上凑热闹。

晚上，全市举行胜利提灯会，左邻右舍的哥哥、姐姐都人手一盏竹灯笼去参加提灯游行。重庆是个山城，街道和建筑物都盘山一层层叠上去，在那夏末秋初繁星闪烁的月夜，山城层层灯火，衔接着天上的星星，令人难以辨识哪是星星，哪是明灯。提灯的队伍，犹如一条条蜿蜒的长龙在山腰游动。那民间艺人表演的火流星，像是火龙喷吐的火轮。人们从嘉陵江仰眺两岸：远山朦胧，灯月相连，星火辉映，如琼楼玉宇，壮美极了。忽然，飞机场、歌乐山防空探照灯将巨大光柱射向夜空，在澄蓝夜空中交织成巨大的V字。长期的战时灯火管制，人们似乎习惯于黑暗中生活，从来没有见到这样缤纷绚丽、多彩多姿的夜景，与往日破垣断壁、雾夜残灯、人泣狗吠的情景宛如两个世界。尤其难得的是，在这胜利的星辉照耀下，男男女女、老老少少，人人脸上洋溢着喜悦和幸福，这些在凶残敌机轰炸中，承受着巨大苦难和仇恨的英勇坚毅的人民，此刻显得无比的美丽、善良和自信。

“号外”派发后的日日夜夜

《大公报》号外传遍山城以后，许多好消息便接踵而至，首先市场物价暴跌，市面上原先许多看不见的商品，一夜之间都冒了出来。跌得最惨的也就是被奸商囤积居奇的人民生活必需品，如米、面、布、油、糖，还有进口西药和纸张。

“号外”派发的第三天，政府眷区竟然冒出许多旧货市场，“下江佬”的官太太们都把自己家中粗笨之物：床、柜、桌、椅、锅、碗、瓢、盆拿出来摆卖，许多娇声嗲气的太太竟纡尊降贵地与农妇老妪讨价还价。那些生活用品和家具卖得很便宜，几乎是半卖半送。精明泼辣的川东妇女带同自己的丈夫和弟妹，一窝蜂地将官太太的物件用少量的关金券和法币转移到自己手中，便肩挑车挽满载而归。而那些捏着几张纸币，目送买主欢笑而去的太太们不但不懊恼，反而个个露出灿烂的笑容。

奇怪！这种违背市场价格法则的现象是怎么回事？其实一点也不奇怪，

这就是由“号外”引发的返都——胜利大搬迁所衍生的市场效应。

《大公报》号外派发的第七天，在一片普天同庆、举国欢腾的日子里，你别说，真还有些人感到切肤之痛，那就是一些发国难财的奸商。他们拼命囤积货物，尤其是关乎国计民生的物资，本想奇货可居狠赚一笔。谁料想，“号外”一出，物价大跌，落得血本无归。有的一夜之间破产，百万身家化为水；有的债台高筑，被迫寻死觅活。

除了那些奸商因亏损迁怒到“日本投降来快了”，我当时也有些闷闷不乐，原因是《大公报》号外派发的第八天，父亲接到上司的指令——“整理文档，待命返都”。父亲说：“钟儿，到南京再上学罢。”这样，我上学的事又一次变卦。

母亲一面收拾行李，一面安抚我说南京的学校如何好，我仍然闷闷不乐地说：“这回又不能上学了。”母亲拿起“号外”说：“钟儿，就用这《大公报》给你作开蒙的课本吧，这上面学问可多呢。”说着便将报纸摊在小桌上教我认字。

烟雨出川江

市场物价全面暴跌的时候，上上下下一片“返都”声中竟也有一样东西涨个不停，那就是车船票，至于飞机嘛，除了军运只有达官贵人敢于问津。就是轮船、汽车还避不过政府的征用，真正能投入民运的交通工具也就屈指可数了。当年“逃鬼子难”，避难到西南的难民足足有2亿同胞。他们进川是陆续而来，一朝胜利，人人归心似箭。这举世的胜利大搬迁，却成了当时政府的难题。

供需的巨大反差，于是黑市车船票也就一日三涨。那阵子，谁能搞到一张招商局或民生轮船公司的船票，无论下水是南京、武汉还是宜昌，都是一种身份与权势的象征。最先离开山城的是军人及其眷属，其次才是政府的文职官员，至于老百姓，那就各显神通自找门路吧。

《大公报》号外派发的第十天，父亲终于从财政部拿回一只大信封，里面装着招商局轮船“××号”三等舱的两张船票，于是母亲喜滋滋地将笨重的东西全部赠送给房东。她两眼闪着泪花对我说：“钟儿，别忘了嘉陵江，别忘了重庆，别忘了四川人，在国家危难时，是他们收留了沦陷区的难民，承受着百般困难，与我们共渡难关，迎来胜利，四川人是我们的好同胞。”

“××号”的汽笛在暮霭中鸣叫，川江两岸矗立的岩壁，反射着幽远的回音。顺江东下虽说是一日千里，但这艘李鸿章办洋务时打造的蒸汽火轮，犹如一匹不堪重负的老马，何况又超载着从船长到大副、老柜各自私带的“黄鱼”，在这水急滩险的川江上夜航，真如盲人骑瞎马、夜半临深池，险之又险。

绵绵的秋雨和江上的雾岚笼罩着蜿蜒的川江，轮船在参天矗立的两岸悬崖峭壁间，在湍急浑浊的江水上，像是一只无助可怜的蜉蝣逐水东去。夜幕渐渐降临了，统舱中挤塞着南腔北调的归乡心切的同胞，他们横七竖八依偎着简单行李进入梦乡。三等舱内，在微弱的灯光下，我依在母亲的怀中，跟着她一字一句认着报纸上的生词。那劣质新闻纸上散发着廉价油墨的气味，可是那特大号铅字“日本投降矣！”深深印在我的脑海里。

轮船鸣着汽笛，驶出了瞿塘峡，江面陡然宽阔如浩渺大海，东方天水交接处，一抹红霞升起，母亲牵着我从舱中走出，此时绵绵细雨和雾岚均不知何时消失，水流虽然缓慢了，但轮船却加快了速度，均匀的轮机声在奏着轻盈的进行曲。

父亲似乎是彻夜未眠，长长的头发上挂着露珠，他似乎异常兴奋，脸上毫无倦容。江风习习迎面吹来，他伸开两手握住前方栏杆，那中山装肘部绽开的毛线在江风中摆动。忽然，轮船又一声长鸣，一轮红日冉冉升起。

母亲指着前方对我说：“阿钟，快看，太阳出来了。”父亲目视着前方红日和江水，不禁激动得朗声吟道：

剑外忽传收蓟北，初闻涕泪满衣裳。
却看妻子愁何在，漫卷诗书喜欲狂。
白日放歌须纵酒，青春作伴好还乡。
即从巴峡穿巫峡，便下襄阳向洛阳。

我在抗日战争胜利日那一天

于光远*

1945 年 9 月 3 日这一天，我在延安（在延安大学校部负责教务工作）。这一年的 5 月举行中共的“七大”时，二次大战胜利的大局已定。5 月 8 日德国宣布无条件投降，5 月 9 日延安各界举行庆祝，5 月 10 日莫斯科鸣炮三万响庆祝胜利，反法西斯各国宣称今后集中全力打垮日本。7 月 28 日中美英三国政府向日寇发出公告，促其立即无条件投降，日本内阁会议拒绝投降。8 月 8 日苏联对日宣战。11 日苏美英中四国对日提出无条件投降公告，这个公告和日本要求投降的消息，同日在《解放日报》上登载，延安人一直处在欢腾之中。而且我们已从报上知道本来定于 8 月 31 日举行的投降签字仪式，因太平洋上的飓风改在 9 月 2 日举行。所以，9 月 3 日是我国抗日战争胜利纪念日。我们都很兴奋地去阅读报上关于 9 月 2 日日本投降签字在东京湾美国“密苏里”号舰上举行情况的报道。

抗日战争从 1937 年 7 月北平卢沟桥战斗开始整整八年，中国人民进行了艰苦卓绝的奋斗，做出了巨大牺牲，我自己也无日不为这个终于取得的胜利决定好好工作和学习。但是延安人包括我在内是很理性的。我们知道有新

* 作者时在延安大学校部负责教务工作。

的斗争等待着我们，国民党反动派、美帝国主义不会让中国人民顺利地去享受胜利的果实的。在 9 月 3 日这一天，我又重读了 8 月 25 日党中央对时局的宣言，摩拳擦掌，想离开已经住了有 6 年之久的延安，到斗争最需要的地方去。这一天，同那些日子的另外一天并没有很特别的地方，照常工作和学习。我是很兴奋，也是很沉着的。我们延安人都把这一天看做是我国新时期的路标。在越过这个路标之后就踏上新的历程。

在 5 月党的“七大”之后，毛泽东、党中央布置在延安做过领导工作的人举行“山头会议”。这个会议的缘起是在党的“七大”之前的六届七中全会上已经通过了关于党的历史问题的决议，总结了抗战以前的历史教训，可是对抗战爆发后的经验教训并未涉及。毛泽东认为应当为总结抗战中的经验教训做准备，要求正在延安的同志按工作过的地区分头回忆史实，发表感想。我因（1）在“一二・九”运动后做过多年党领导青年运动的工作，（2）抗战初期在党的武汉临工委、湖北省农委做过委员，在长江局青委担任过书记和委员，（3）我帮助过广东省委工作，因此“一二・九山头”“湖北山头”和“广东山头”都把我找去开会。由于日本投降，党中央说“历史的经验以后再研究吧，赶快迎接划时期的新工作”，于是这个山头会议连小结都没有做，一下子都停下来。9 月，大家都在作下山的准备。

他们终于被迫放下了武器

王炳毅*

1945 年 8 月 23 日下午，素有“火炉”之称的南京炎热难当，城西古老的石头城墙下，一群群蜻蜓飞舞盘旋。日本在 8 月 15 日向全世界宣布战败投降后，南京的日伪报刊、电台遮遮掩掩，尽量不公开这一重大消息，但广大市民都已知道了，无不喜上眉梢，奔走相告。

我跟着拉煤车的表哥出汉中门，他掌把，我拉绳，当时我还是个 13 岁的瘦弱少年。在城门口，我发现往日耀武扬威不可一世的鬼子兵一个个没精打采，呆若木鸡。他们分两排坐在两架长木椅上，各人手握刺枪。平日最爱行凶打人的小队长浅泽的那张蟹壳形脸，仍是一副凶神恶煞像，就是精神不济，眼皮红肿，眼圈黑里泛青。他和那些守门的鬼子兵这些年来打骂过的中国人不计其数，男女老少都有。我家就住汉中门内棋盘巷。就我所知，就有十几人被这些野蛮凶暴的家伙活活打死！我的表哥上一年就因拉煤车过哨卡时向“太君”们鞠躬慢了些，又瞪了他们一眼，就被浅泽小队长连抽几个耳光，又拳打脚踢，打倒在地。一名军曹还牵来一条狼犬，让它扑咬我表哥，口口声声说表哥“私通新四军游击队”。亏了开煤炭行的老板闻讯后跑

---

* 作者时为南京市居民。

步赶来，向“太君”们挨个鞠躬，递香烟，还塞给浅泽几张钞票，外加两包锡纸包强盗牌香烟才算息事，找伙计们用门板将已遍体是伤的表哥抬往医院……

今天，表哥的情绪可好了，见鬼子们一个个落魂失魄的倒霉像，他真是掩饰不住内心的高兴。经过一向有“鬼门关”之称的城门口时，他狠狠地瞪了鬼子们一眼。我也充满了扬眉吐气之感，挺起我的胸膛。我们俩给汉中门外大街上的餐馆、杂货店送过煤块后拉空车返回。正欲进城门，发现城外路边许多市民议论纷纷，有个汉子恨恨地骂：“东洋鬼子还不老实，天皇的降诏书都下达好几天了，他们还不肯缴枪，真是不见棺材不落泪呀！”我忙挤上去想看个究竟，却被一位老大伯喝道：“小娃子，冒冒失失乱挤什么？想吃枪子儿吗？还不后退？鬼子想要蛮哩。”我只好退后，仗着个子小，我又爬上路边的梧桐树，向城门口内张望。

原来，守城门的这二三十名鬼子竟拒绝向前来接管城门的新六军部队缴械，一个个端着刺枪凶狂地嚎叫着。浅泽小队长尤其凶狂，他挥舞东洋刀，口沫四溅，脸色狞厉。在他们对面不远处，站着两排国民党的新六军士兵，一个个头戴钢盔、手持美制步枪或冲锋枪，军容严整。一名军官用铁皮话筒向鬼子们喊话，发出警告，市民们并未被鬼子们的凶狂劲吓住，一个个义形于色，骂个不住。我身前一个工人咬牙切齿道：“我恨不能亲手杀掉这些鬼子，我大大（指父亲）妈妈就是八年前南京城破时被鬼子杀死的！”他的眼里几乎喷出火来，手中握一把篾匠用的小砍刀。他的话更引起人们的共鸣。“杀！杀！杀！杀掉这些狗娘养的鬼子！”叫骂声浪更高，我也忍不住喊叫着。表哥已丢开板车，捡两截砖头在手，打算参加市民们对作困兽之斗的鬼子的自发性报复攻击。我知道为什么人们如此痛恨鬼子。就在一二百米外的秦淮河畔就有两座千人坟，埋葬着八年前被鬼子进城时野蛮屠杀的三四千南京军民，那两个大坟丘在河滩上分外显眼。而在发生过 30 余万军民被屠杀的大惨案的南京，像这样的千人坟、万人坑至少还有二三十处之多！它们是日寇侵华暴行的见证。

这当儿，大约浅泽小队长知道负隅顽抗必死无疑，就老实多了，下令放下枪支。他也放下东洋刀。他们都向东北方向下跪。显然是向在遥远的日本本土的天皇谢罪。新六军一队士兵押走了他们，送往战俘营。人群中发出热烈的欢呼声，我少不得也跟着欢呼，满脸汗珠都顾不上拭去……这激动人心的一幕永远地留在了我的记忆中。

在抗战胜利的日子里

郑洞国*

1945 年夏，在祖国人民的热烈欢迎下，我率中国驻印军班师凯旋。回国后，新一军，新六军未及休整，即先后开赴湖南芷江和广东湛江一带，积极准备向日军发动攻势，原驻印军总指挥部随即撤销，我留在昆明待命。

在这稍前，苏联红军已攻克柏林，与美、英军队会师于易北河。纳粹德国宣布无条件投降，欧洲反法西斯战争胜利结束。在东方战场上，日军亦连遭惨败，曾逞凶一时的日本海空军和部分陆军在太平洋战场上被美英盟军消灭殆尽，而占其总兵力 60%以上的侵华日军也在中国大陆愈陷愈深。从 5 月份起，侵华日军被迫开始由湖南、广西、湘桂路及粤汉路撤退。中国军队节节进击，相继收复南宁、柳州、桂林、福州等重要城市，以及湖南、广西、福建、浙江、江西等省的广大地区。长期坚持敌后抗日斗争的八路军、新四军和其他抗日人民武装，也积极向日军发动局部反攻，解放了大片国土。战争的进程表明，日军距离最后的覆灭已经不远了。中国人民经历了八年多的艰苦抗战，终于迎来了胜利的曙光！

是年 8 月，美军强大舰队不断向日本国土迫近，并于 8 月 6 日、9 日先

---

* 作者时任第三方面军副司令长官。

后在日本广岛、长崎投掷了两枚原子弹。同时，苏联政府亦于 8 月 8 日正式对日宣战，百万苏联红军挥师进入中国东北，很快击溃了日本关东军。对于战争前途已经完全绝望了的日本天皇被迫于 8 月 10 日召开御前会议，决定接受中美英三国发表的波茨坦宣言，宣布日本无条件投降。

日本投降的消息迅速传来。8 月 15 日，当重庆广播电台播音员以激动振奋的声音播放出这一特大喜讯后，祖国各地顿时一片欢腾。“日本投降了！”“我们胜利了！”人们奔走相告，欣喜若狂，连我这个久经战场的军人也激动得难以自持，情不自禁地走上街头，加入到欢乐的人流中去，和人民一起庆祝这伟大的胜利。此后一连许多天，人们都是在狂欢的气氛中度过的。大家不知疲倦地唱呀、跳呀，大街小巷挤满了载歌载舞的人群。锣鼓声，鞭炮声，连同人们纵情的欢笑声，汇成一片，震耳欲聋。“剑外忽传收蓟北，初闻涕泪满衣裳。却看妻子愁何在？漫卷诗书喜欲狂。白日放歌须纵酒，青春作伴好还乡。即从巴峡穿巫峡，便下襄阳向洛阳。”杜甫的这首名诗，确能反映出当时长期饱受战乱之苦、对新生活充满希望的中国人民的极度欢愉心情。

自日本天皇正式向国民发布投降诏书后，侵华日军陆续停止了军事行动。8 月 21 日，日军乞降使节今井武夫少将一行 8 人飞抵芷江。由我陆军总参谋长萧毅肃将军召晤，向其指示了在华日军向中国军队投降的有关事宜。这就是有名的“芷江洽降”。

当时，中国最高军事当局授权陆军总司令何应钦将军，全权负责中国战区内所有日军的受降工作。根据我方的指令，共计 128.3 万余侵华日军先后在 12 个战区和 4 个方面军向中国军队投降。经历了八年的生死较量，他们终于向中国人民俯首屈服了！

在昆明期间，朋友们你来我往，终日摆酒欢宴，暂时把一切都忘到了脑后。但这种轻松的日子并没有持续多久，我便接到了就任第三方面军副司令长官的委任令，随后便与司令长官汤恩伯将军一起，前往设在柳州的方面军司令部视事。

大约在 8 月下旬的一天，我和第三方面军另一位副司令长官张雪中将军首先进入上海。当我们的军队排成数列纵队，威武雄壮地开进上海城时，上海民众万人空巷，热烈地夹道欢迎。那一天，数不清的工人、学生和市民，手执彩旗、花束，涌满了我们的街道两侧，甚至连路旁的屋顶上也站着欢呼的人们。许多青年男女学生争先恐后地将成束的鲜花抛向士兵的行列，抛向我们乘坐的车辆。队伍进入闹市区后，拥在街头的人愈来愈多，很多人干脆冲过军警的警戒线，流着热泪拥抱战士们，并簇拥着军队向前行进。由于人多路阻，队伍不得不走走停停，从机场到设在外滩的第三方面军司令部，竟整整花费了几个钟头。我们所有在场的人，从高级将领到普通士兵，无不为上海人民发自内心的热烈欢迎所深深感动。我们非常理解他们的心情。从八一三淞沪抗战以来，整整八个春秋，上海沦陷区的人民终于第一次重新看到了自己的军队，终于盼到了国家光复的一天。此时此刻，有谁能抑制住自己由衷的喜悦呢！

抵沪不久，我便前往南京处理公务。一星期之后的9月9日，在南京，中国战区日军投降签字仪式又隆重举行。斯时我恰在南京，有幸参加并亲眼目睹了中国历史上这庄严的一幕。

日军投降签字仪式的地点选在中央陆军军官学校大礼堂。那天，礼堂大厅正中墙上高高悬挂着孙中山先生的遗像，大厅中央为受降席，受降席对面设较小的长案，为日军投降代表席。受降席与投降席均以白绸环绕。左侧是我们所在的中国高级将领席及中国记者席，右侧为盟军军官席及外国记者席。参加仪式的共有400余人，整个仪式气氛庄严、肃穆。

签字仪式定于上午9时举行。8时56分，中国陆军总司令、一级上将何应钦率海军上将陈绍宽、陆军二级上将顾祝同、陆军中将萧毅肃、空军少将张廷孟等四名我方高级受降官入场。何应钦将军端坐于受降席正中，其余四名受降官分坐其两侧。紧接着，一名中国将领引导侵华日军最高司令官冈村宁次大将、总参谋长小林浅三郎中将、副总参谋长今井武夫少将、侵华海军司令官福田良三中将、台湾日军参谋长谏三春树中将等日方投降代表入场。进入大厅后，他们面对受降席站好，规规矩矩地向中国受降官员鞠躬致敬，经何应钦将军示意允许后，方逐一坐在投降席上。这时大厅两侧坐席上有些骚动，人们注视着面色阴沉、神情沮丧的日军投降代表，不时低语。我在战场上与日军打战多年，却还是第一次看到冈村宁次等人，长久以来聚积在胸中的仇恨、愤怒和作为胜利的自豪情感不由地交织在一起，心情久久难以平静。

9时整，司礼官宣布日军投降签字仪式开始，大厅内顿时肃静。首先由小林浅三郎上前，以立正的姿势双手将证明文件呈递给何应钦将军。何氏认真审阅后，即命萧毅肃将军将日军降书中文本两份交付冈村宁次。冈村起立接过降书，显得有些慌张，签字时，手微微颤抖。签毕，由小林将降书呈交给中方受降官员，何应钦将军亦在其上签字，代表中国战区接受日军投降，至是礼成。冈村等一行人听到命其退席的指令，在众目注视下，垂首走出大厅。

随后，何应钦将军即席发表了演说。我还记得他的演说辞中有这样几句：日本法西斯侵华军队的投降，是中国人民八年艰苦奋斗的结果。中国、亚洲以及全世界人类的和平与繁荣，从此开始了一个新的纪元……希望全国人民精诚团结，奋发努力，迅速完成国家光复大业，永远维护中国和世界和平。

营山人民欢庆抗战胜利见闻

郭玉成*

1945 年 8 月中旬的一天下午，在四川省营山县政府秘书室工作的我，突然收到南充市第十一行政督察区专员公署电告：日本宣布无条件投降，抗日战争胜利结束。消息传开，营山人民群情振奋，兴高采烈，纷纷奔走相告。有的激动得将帽子揭下抛向空中，有的脱下衣服在空中挥舞。人们喜悦之情，溢于言表。各机关社团和居民们纷纷挂出国旗，燃放鞭炮，张贴标语，以示庆祝。城乡上下庆祝活动持续数日，人们沉浸在一片欢乐之中。

是日下午，县政府、县参议会、县党部、县银行、田赋粮食管理处等机关职员，县城百货业、疋头业、糖酒业、缝纫业等工商业同业公会以及中小学校师生，人人手执彩色三角旗走上街头游行庆祝。县城各条大街上，人们三五成群在一起尽情欢呼八年抗日战争的伟大胜利。磨子街黄公祠的营山在乡军管会，一些曾参加过抗日作战的退役老将士们，绘声绘色地交谈他们亲身参与抗日作战艰苦卓绝的历程。盐市街东林寺巷前，一大堆人群正围着听从山东烟台市流亡到营山的于福基一家 6 口哭诉日本鬼子侵略中国使家乡沦陷，逼迫他们拖儿带女讨饭流浪、栖息寺庙的悲惨遭遇。一些抗日阵亡将士

---

*　作者时为四川省营山县政府秘书室工作人员。

家属集合于正西街忠烈祠前，尽情倾诉他们的亲人为保卫祖国浴血抗战的情景。诉者声泪俱下，听者群情振奋，义愤填膺，当场高呼：打倒日本帝国主义！

翌日，各机关、学校在各主要街道贴出壁报，欢庆胜利。营山中学、晋德中学、女子中学、城守和城附两镇中心小学、云龙小学等师生，组织宣传队上街宣传演说，高唱《大刀向鬼子们的头上砍去》等抗日歌曲。女中、城守镇中心学校老师在十字口搭台宣传，女中学校职员龙显贵与城守镇小学教师罗玉联唱《松花江上》，他们边唱边哭，观众也一起哭起来了。晋德中学宣传队在城隍庙戏楼由教师龙显华主演的话剧《放下你的鞭子》深深地激动了广大群众的爱国热情。顿时，场上“打倒日本帝国主义狗强盗”“中华民族万岁”的口号声持续不断。当时在营山县城演出的达县话剧团和骆市职业川剧团也分别在磨子街瘟祖庙戏楼、正西街城隍庙戏楼和街头演出《强盗的末日》、《胜利终属于我们》等活报剧。

特别是第三日，欢庆活动达到高潮。下午 2 点，县长伍心谏在营山县城第二体育场亲自主持召开了营山人民欢庆八年抗日战争胜利的庆祝大会。他在庆祝大会上报告了营山在八年抗日战争中有 27048 人参加了抗日作战，其中有 200 名是青年远征军开赴印度、缅甸对日作战；为支援抗战，有 5000 余人参加修建达县河市坝飞机场；在战场上为国捐躯的共有 600 余人。营山人民在抗日战争中做出了重大的贡献。晚上，各机关、学校、工商界和居民们在书院坝子集中，举行了隆重的提灯晚会，通城游行。游行队伍衣着整齐，彩灯各异，十分壮观。营中、晋中学生皆穿草绿色童子军装、短裤，打绑腿，女中学生戴船帽、着青色裙、穿青鞋青袜，特别是晋中学生人人手执玻璃马灯，行进整齐，威武雄壮。当晚，在营中大操场和惠民宫坝子分别燃放焰火。与此同时，全县 3 个指导区、30 个乡（镇）均举办提灯游行晚会，家家挂国旗、放鞭炮，欢庆抗日战争的伟大胜利！

忆宁都的胜利之夜

周效之*

抗日战争初期，江西省会由南昌迁至泰和。1944 年日军在太平洋地区节节败退，企图固守中国战场，为东南亚日军准备退路。这年冬天，日军由广东南雄窜入江西赣州，打算沿赣江而下，与南昌日军联接起来。由于泰和在江西中部，位于赣江之滨，首当其冲，受其威胁，1945 年 2 月间，江西临时省会又由泰和迁到宁都的青塘。那时我在省建设厅工作，也随单位迁移到宁都。

青塘距宁都约 20 公里，处于四面环山之中，只有一条临时公路可达。由于交通不便，江西省政府在这里只设有秘书处，其他厅处都分散在宁都、兴国、永丰、于都等地。仅省政府主席曹浩森、秘书长胡家凤坐镇青塘。但每个厅局长的私人公馆却多设在宁都。

从1945年1—9月，这段时间里，所有在泰和、吉安、赣州等地的机关、银行、商店、报社（《民国日报》、《力行日报》）、剧院以及三青团等单位，大都受战局影响先后转移到宁都。连江西唯一的中正大学，也由泰和的杏岭迁到宁都的长胜。

---

* 作者时为江西省政府建设厅工作人员。

宁都地处江西东南，从当时地理位置来看，东北通上饶，南通福建长汀，西毗兴国，接赣州，是连接浙、闽、湘、粤的交通枢纽，是第三、九战区的连接中心，是东南前线一个重要的战略据点，也自然而然地成为江西政治、军事、交通、商业的临时中心。一个冷落、偏僻的宁都，一时变成人口稠密、商业繁荣的热闹城镇。

那时宁都，虽是江西第八行政专署的所在地，整个县城却只有一条东西相连的大街，另外还有一条横街和一条靠北面的环城马路。由于城区范围小、人口多，每当傍晚时分，街头上便出现了拥挤的人流，公务人员、学生、军人、工人、商人、司机、难民等，都走上街头，熙熙攘攘接踵而来，擦肩而过。在总长不到两华里的大街上，一个小时内，可以和朋友们碰上几次面。转移到这里的人，大都在战乱中度过了 8 年的流离生活，心情是非常沉重的，都盼望着早日传来胜利的消息，恢复和平，结束战争。正如一匹战场中逃出的战马，“哀鸣思战斗，迥立向苍苍”。

1945 年 8 月 7 日，在闷热的天空里，传来了一个兴奋的消息，盟军美机在 8 月 6 日凌晨向日本广岛投下了第一颗原子弹；9 日在长崎又投下了第二颗原子弹，使广岛、长崎变成了一片焦土。

8 月 9 日又传来更兴奋的消息，苏联 8 月 8 日向日本宣战。

形势急转直下，8 月 10 日下午 8 时 25 分，在宁都收到重庆传来的最好消息：“日本政府宣布无条件投降。”

啊，八年抗战终于取得胜利！第二次世界大战胜利结束了！消息传来，人们欢喜若狂，大街小巷出现了成千上万的狂欢群众，职员、军人、工人、学生、商人都自发地组合起来，涌上街头，形成一队队的游行队伍，由东到西，再由西到东，在街头上欢呼、狂喊、握手、拥抱，所有商店都自动燃放鞭炮，庆祝胜利。一时欢呼声、歌唱声、鞭炮声，交汇在一起，此起彼落，互相回响，好像一支巨型乐队，在演奏一支动人的狂欢曲，响彻空际，震撼全城，整个宁都城沉浸在狂欢之中。

当时在宁都出版的《民国日报》，在 8 月 11 日头版刊登《伟大的日子》一文中，有过这样一段特写：“消息传来，霎时，全城轰动，成千累万的人群疯狂地在街头上狂笑欢呼。朋友见面，紧握双手，欢笑到说不出话来，甚至热烈地拥抱，遇见陌生的路人，亦不禁握手拥抱起来，人与人之间，都显得格外的亲密，无法压抑的感情，都从每人的心灵中流露出来，不论操何职业的人，都同一舞蹈、欢呼。宁都，这赣省政治、军事、经济、文化中心，自昨晚8时25分起，开始发狂了。”当时我和几位新闻记者也参加游行行列，只顾在人群中一个劲地欢呼，一串爆竹向我飞来，竟烧破了我的衣衫。事后一位同事劝我将这件衣衫好好保存，留作胜利纪念。事经40年，可惜衣衫早已遗失了。这种自发的狂欢，是8年来从未有过的激动场面。这也难怪，八年的战乱生活，已压得人们喘不过气来，苦难的人民是多么盼望着胜利，现在胜利终于来了，人们焉有不从内心发出喜悦的激情！

是晚，我特地走访了一位逃到宁都的诗人陈隆恪先生（著名国学大师陈寅恪先生的胞兄），请问他对胜利有何感受！他欣然命笔在白纸扇上题写杜甫诗一首：

剑外忽传收蓟北，初闻涕泪满衣裳。
却看妻子愁何在，漫卷诗书喜欲狂。
白日放歌须纵酒，青春作伴好还乡。
即从巴峡穿巫峡，便下襄阳向洛阳。

这首杜甫名诗，虽是描绘唐代安史之乱后人们对胜利的喜悦，但对经历8年抗战的人们来说，也有同样的感受。人们对胜利的喜悦是古今相同的。

狂欢高潮过去了，夜深人静，人们在睡榻上作着不同的美梦。流离他乡的人们，开始考虑归计，将如何重建破碎的家园。抗日战士，考虑复员，作着解甲归田的计划。政府考虑迁回南昌，接收南昌，将如何重建南昌。美梦虽然各异，却有着一个共同的愿望，那就是希望和平，从此过着和平的日子。

伪满洲国的垮台

傀儡戏的收场

爱新觉罗·溥仪*

大栗子沟是一座铁矿，在一个山弯里，与朝鲜一江之隔。清晨，白雾迷漫着群山，太阳升起之后，青山翠谷，鸟语花香，景色极美。在当时，这一切在我的眼里却都是灰暗的。我住的地方是日本矿长的住宅，有七八间房，这种日本式的房间隔音不好，所以成天闹哄哄的。

8 月 13 日到了这里，过了两天惊惶不安的生活，8 月 15 日日本就宣布投降了。

当吉冈告诉了我“天皇陛下宣布了投降，美国政府已表示对天皇陛下的地位和安全给以保证”，我立即双膝跪下，向苍天磕了几个头，念诵道：“我感谢上天保佑天皇陛下平安！”吉冈也随我跪了下来，磕了一阵头。

磕完头，吉冈愁眉苦脸地说：日本关东军已和东京联系好，决定送我到日本去。“不过，”他又说，“天皇陛下也不能绝对担保陛下的安全。这一切要听盟军的了。”

我认为死亡已经向我招手了。

张景惠、武部六藏和那一群“大臣”“参议”找我来了。原来还有一场

* 作者时系伪满洲国皇帝，中国末代皇帝。

戏要演，他们拿来了那位汉学家的新手笔——我的“退位诏书”。我站在犹如一群丧家犬的大臣、参议面前，照着念了一遍。这个退位诏书的字句已不记得了，只记得这件事：这篇诏书原稿上本来还有那少不了的“仰赖天照大神之神庥，天皇陛下之保佑”，可是叫桥本虎之助苦笑着给划掉了。桥本担任过守护天皇的近卫师团长，后来又做了守护天照大神的祭祀长，可算是最了解天皇和天照大神的人。

我假如知道，我这时的身价早已降在张景惠那一批人之下，心情一定更糟。日本人在决定我去东京的同时，布置了张景惠和武部六藏回到长春，安排后事。他们到了长春，由张景惠出面，通过广播电台和重庆的蒋介石取得了联系，同时宣布成立“治安维持会”，准备迎接蒋介石的军队接收。他们打算在苏军到达之前，尽快变成“中华民国”的代表。但没有料到苏军来得如此神速，而共产党领导的抗联军队也排除了日军的抵抗逼近了城市。苏军到了长春，苏联指挥官对他们说了一句：“等候吩咐吧。”张景惠他们以为维持会被承认了，不禁对苏联又生了幻想，张景惠回家对他老婆说：“行啦，这又捞着啦！”第二天，伪大臣们应邀到达了苏军司令部，等着苏军司令的委派，不料苏联军官宣布道：“都到齐了，好，用飞机送你们到苏联去！”

8 月 16 日，日本人听说在长春的禁卫军已和日军发生了冲突，就把随我来的一连禁卫军缴了械。这时吉冈通知我，明天就动身去日本，我当然连忙点头称是，装出高兴的样子。

吉冈叫我挑选几个随行的人。因为飞机小，不能多带，我挑了溥杰、两个妹夫、三个侄子、一个医生和随侍大李。“福贵人”哭哭啼啼地问我：“我可怎么办呢？”我说：“飞机太小，你们坐火车去吧。”“火车能到日本吗？”我不假思索地说：“火车能到。顶多过三天，你和皇后他们就见着我了。”“火车要是不来接呢？我在这里一个亲人也没有呀！”“过两天就见着了，行了行了！”

我心乱如麻，反复思索着如何能逃脱死亡，哪还有心顾什么火车不火车呢？

飞机飞行的第一个目标是沈阳，我们要在那里换乘大型飞机。从通化出发，和我在一起的吉冈、桥本、溥杰和一名日本神官（随桥本捧“神器”的），其他人和一名日本宪兵在另一架飞机上。这天上午 11 时，我先到了沈阳机场，在机场休息室里，等候着另一架飞机。

等候了不久，忽然响起了一片震耳的飞机马达声。原来是苏军飞机来着陆了。一队队手持冲锋枪的苏联士兵走下飞机，立即将机场上的日本军队缴了械。不大的时间，机场上到处是苏联的军人。这是苏军受降的军使来到了。

由于这个变化，我没有能够到日本去。第二天，便被苏联飞机劫往苏联去了。

伪满末日散记

郑广元*

1945 年，第二次世界大战已到末期。欧洲战场，德意两国已战败，太平洋上，美军已逼近日本本土，原子弹轰炸了广岛和长崎。8 月 8 日，苏联突然对日本宣战，苏军部队很快进入伪满洲国境内，日本关东军在大兴安岭一带进行抵抗；另一支苏军快速部队，深入伪满中部，向白城子突进，威胁伪满首都新京（今长春）。夜间，苏军飞机在长春市上空侦察，长春市人心惶惶，一片混乱。伪满政府各部日系官吏（即日本人伪官吏），一个个脸上流露出惊恐不安的神色；满系官吏（即中国人伪官吏）则每人发给三个月工资，各自逃命去。伪满洲国傀儡皇帝溥仪居住的“帝宫”内廷，更是乱成一团，关东军参谋、“帝室御用挂”吉冈安直，不时前来催促溥仪逃往通化。

嵯峨浩，溥仪的二妹、三妹、五妹及妹夫，溥仪的乳母、“学生”、侍医、随侍、太监和佣人，还有伪宫内府次长鹿儿岛，各处长、科长和他们的家属，近侍处长毓崇和家属，“帝室御用挂”吉冈安直和伪祭祀府总裁桥本虎之助是离不开溥仪的人。其他如伪满总理张景惠、总务厅长官武部六藏及

---

* 作者系伪满洲国国务总理郑孝胥的孙子，溥仪的二妹夫，一直跟随在溥仪身边。“满洲国”崩溃时，他是负责“帝宫”逃亡的经管人之一。

各部伪大臣，也纷纷跟着逃跑。这一大群人活像逃难的难民，挤在一列火车上，走了两天三夜，于 8 月 13 日到达长白山区、鸭绿江边、大栗子沟铁矿区。这群人在这里过了两天惊惶不安的日子。8 月 14 日，日本天皇裕仁宣布无条件投降，伪满洲国傀儡皇帝也宣布“退位”（这是溥仪第三次“退位”）了。随同溥仪逃跑的，有他的“皇后”婉容、.“贵人”李玉琴、弟弟溥杰和妻子。

当天，“御用挂”吉冈通知溥仪去日本，叫溥仪挑选几个随行人员。溥仪挑了溥杰和三、五两个妹夫（润麒和万嘉熙），这三个人都是在日本学过军事的；还挑了三个侄子，都是侍候“皇上”最得力的；此外是医生黄子正和随侍李国雄。下午，我去看溥仪，见他情绪颓丧，他叫我把随行人员名单交给吉冈。我走进吉冈住所，只见他和伪祭祀府总裁桥本两人，身穿日本和服，坐在“榻榻米”席上，正在低声谈论什么。他一回头，我发现他鼻下的小胡子没有了，脑里顿时一闪：莫非他要显示“武士道精神”，要剖腹自尽吗？吉冈接过名单，看完后说：“好吧，飞机小，乘不了许多人，就这样吧。”随即，溥仪把一大群家属和随行人员留在大栗子沟，派溥俭、溥僎和我三人照料。晚上，溥仪一行人匆匆忙忙乘上火车，离开大栗子沟到通化去了。

溥仪走后第二天，大栗子沟周围的日本关东军部队全部撤走，半山上的“建国神庙”被放了一把大火烧光了。这时，一大群伪满宫内府和大栗子沟铁矿的日本职员和家属，还留在铁矿区宿舍楼里。伪满宫内府的日本人每天的饮食，由矿区日本人供给。内廷有自己带来的粮油，矿区只供给一些菜蔬。伪宫内府的一群日本官吏见溥仪一走，更是摆出一副专横跋扈的样子；日本翻译道满要内事房管理人严桐江交出带来的大米、面粉、白糖和油料等食品，由日本人管理。溥俭、溥僎和我研究，不同意将全部食品归日本人管理，只同意分一部分给他们食用。道满不同意，向严桐江发怒，我们不理他，他也再无办法。伪宫内府的日本人弄到内廷分给的食品后，就各自在家里做糕点。当晚，所有日本人都到车站仓库里去住。溥杰的日本妻子和女儿，仍留在中国人当中生活。第二天，内廷人们也都集中迁到一所大库房里住，库房里分隔成八九间，带来的食品和溥仪的一些行李，都放在那里。

青山绿水环绕的大栗子沟，秋天来得早，气候渐渐凉了。住在库房里的一群内廷人们，各自安排各自的生活。“皇后”婉容有两个太监侍候，有带来的鸦片烟抽；“贵人”李玉琴也有佣人侍候；嵯峨浩自从到大栗子沟以来，就穿上中式服装，带着女儿整天坐在房中，愁眉不展；严桐江把带来的英国香烟分给会抽烟的人们，还把内廷贮存的鱼翅和海参做菜分给大家吃。

一天下午，忽然来了一辆大轿车，后面跟着一群伪警察。车停在路旁，从车里走出一名苏联军官，一个没有穿军服的苏联人和两名手里拿着轮盘式冲锋枪的苏联士兵，向库房走来。这时内廷人们都惊慌起来，一个个都急忙收拾行李，挤在走道里，等候苏联军官吩咐。苏联军官（大约三十多岁，胸前戴着一排小勋章）把这一群人召进一间平时是饭厅，也是会客的较大的房里，然后满脸笑容，向屋里挤满的人们讲话，由那个没有穿军服的苏联人翻译成中国话。他先问：“你们为什么都背着行李，站在走道里呢？”然后解释说：“你们不必害怕，我们不是来抓你们的。”于是大家都围着长桌坐下，静静地听着。苏联军官自我介绍，他是苏联战斗英雄比夫廖夫中校，是在欧洲战场战胜纳粹德国后，调到远东来对日本作战的。他还透露消息说，你们的“皇帝”溥仪在苏联受到很好的待遇，你们可以放心。最后他说，他来大栗子沟，是要找几个人去苏联侍候溥仪，其中要一名厨师，去做中国饭给溥仪吃。最后他拿出一张名单，叫溥俭、溥偀及随侍数人，准备随他去苏联。严桐江拿出带来的法国香槟酒和进口雪茄烟，请苏联军官们用，比夫廖夫中校高兴地举杯一饮而尽。少时，他要求见见“皇后”婉容，他走进婉容的房里，有礼貌地和婉容握手后出来。他又约大家到屋外参观两名苏联士兵手中的新式武器——轮盘冲锋枪。侍候婉容的太监说，婉容要给溥仪去信，让他执笔，报告溥仪婉容平安，希望早日团聚。信写好后，交溥俭带去。

溥俭、溥偀走后，留在大栗子沟的还有四十余人，由我照料。溥仪的侄子、伪宫内府近侍处长毓崇和职员吴少香，也自动参加照料。侍医徐思允一家和内廷佣人霍青云，搭上老乡运货马车，回长春去了。其他人也想分散雇大车回家，只因听说山沟里时常有拦路抢劫和绑架的事，未敢冒险而行。为了安全，每夜都有两人一组，轮流在库房门口值班。一次轮到我和一个随侍值班，半夜时，只见两个人影向库房大门走来，手中都拿着长枪，走到大门前五六米处，发现了我们，就举起枪对我们气势汹汹地叫“不许动”。他们见我们没动，就往大门里走。门里没点灯，一片黑暗。他们的叫声惊醒室内的几个随侍和佣人，随侍们吓得连滚带爬，致使桌椅乱响，把这两人吓了一跳，以为室内有不少人，便急忙向门里放了两枪，回头就跑了。这次幸亏没有伤人，但使住在库房里的人们都感到极不安全，毓崇和严桐江建议，去联络当地伪警察和伪铁路警察，请他们保护，每处送去 10 万元伪币。

一天下午，我到村里去看看，想探听当地老乡们对伪宫内府的反应。我遇到一位老乡，因他有时来库房前卖菜，早就认识，他见到我，非常热情，留我在他家里吃晚饭，还把他的一位邻居请来作陪。酒过三巡，他劝我尽快把我一家搬到村里来住，说“宫内府很不安全”。我们正说得热闹时，忽然毓崇和伪警察所长找来了，说到处找我，以为我失踪了。回去后我想起老乡说过“宫内府很不安全”的话，恐怕是有些根据的，便同毓崇和严桐江研究今后怎么办。毓崇建议约伪警察所长和伪铁路警察头头来谈谈。严桐江主张全体搬到临江县城里去住。我赞成他们的建议，就派吴少香去临江县联系住处和搬家用车辆等，吴少香去后回来说，临江县里没有人管，找不到联络人。一天夜里，我们约了两处伪警察头头来谈，他们建议给我们枪支，自己保护，我们没有同意。正说话间，忽然听到远处传来很密的枪声，越来越近，伪警察头头们忙取出手枪，跑到屋外墙角，向天空放了几枪。这时室内灯火全部熄灭，一时枪声不断，约半个小时才渐停止。一场虚惊，弄得大家一夜没睡觉，究竟是怎么一回事，我不知道，很可能是这些伪警察头头们表面上“保护”我们，暗中却唆使一帮地痞流氓抢劫我们来了。

约一个月过去，山风飕飕地吹着，寒冷的霜露浸黄了地上的野草和路旁的树叶。天气变化，有时也飘一阵雪花，库房里寒气袭人。严桐江找到过去烧暖气锅炉的老工人，用日本人留下的大堆煤块，把通到库房暖气的锅炉生了火，使库房温暖如春。这时内廷佣人霍青云又由长春回来。毓崇自告奋勇同吴少香、霍青云再去临江县城，联系迁移的事。他们找到临江县伪县长，安排离县公署不远的临江公寓，做我们的临时住所。并联系了铁路段派一列专车到大栗子沟来“接驾”，沿途由铁路警察保护。办这些事，一共被索取了 10 万元伪币。我当时纳闷，严桐江几次大量花钱，究竟带来有多少钱？后来严桐江才透露，溥仪当了十几年傀儡皇帝，每月都有存钱，到大栗子沟时，带来 120 多万元伪币，这些伪币如不尽快用掉，转眼就要成为废纸。

11 月，我们迁到临江县城里。临江公寓是一所临街的中式平房，进大门，右边一间大厅，厅后是存放行李的小库房和几小间住房；左边一排七八间住房，婉容、李玉琴、溥仪的乳母“二嬷”等人都住在那边；后院有四间日本式平房，溥杰的妻子嵯峨浩、女儿嫮生、溥仪的三个妹妹和孩子住在那里。经过几天安顿，生活稍安定些，县城里确比大栗子沟安全，日用品和食品也能买到。

经过半个多月，临江县一带又紧张起来，传说八路军向临江进军，已离县城不远。伪铁路警察和县警察队，在县城北面山坡上把守，企图抵抗；伪县长以下一些官吏纷纷逃跑。新年前夕，气候已很寒冷，时常下雪，街上行人稀少，偶然可听到远处零星枪声。有一天晚上，闻枪声越来越近。第二天早上，街上店铺都没有开门营业，直到下午枪声才停。临江公寓大门整天紧闭，内廷人们个个紧张不安，不知又会发生什么事，夜里大部分人不敢睡觉，静静地倾听着门外的动静。一天夜里约 11 点钟，忽有敲大门声，敲声很急，随侍和佣人慢慢打开门，突然冲进来十几名八路军战士，举起枪叫大家“不许动”。随后进来一名拿手枪的军官，让大家都集中到大屋里，听他讲话，后来才知道他是八路军后勤部李政委。李政委中等身材，面貌红瘦，态度和蔼，四川口音，是参加过二万五千里长征的老干部。李政委宣布，溥仪的财物全部查封，随行人员的行李要检查一次，不需用的物品全部交出。次日早晨，李政委和七八名青年战士便到每人房里检查行李。我们把一些用不着的物品，如我的草绿色“协和服”等都交了。严桐江曾把溥仪的部分物品分交内廷随行人员，藏在各自身边，后来在我们准备离开临江公寓，再次检查各人行李时，这些物品都被查了出来。新年过后不久，李政委通知伪宫内府内廷准备送婉容、李玉琴、嵯峨浩、太监和佣人共 7 人回长春。次日，一辆卡车把 7 个人送走，其他随行人员也搬出临江公寓，遣散各自回家。

婉容、李玉琴、嵯峨浩等 7 人到通化后，就暂时住下了。溥仪的乳母“二嬷”和她的儿子后来也到通化，和婉容等 7 个人住在一所房屋里。在大栗子沟那一群伪宫内府日本官吏也都在通化，关在伪公署底层一间屋里。农历的除夕半夜，在通化市内，准备遣返的约两千多日本人阴谋暴动，冲进八路军设在伪公署楼上的办事处，双方枪战，日本暴徒多有伤亡。战斗中流弹横飞，穿过婉容等人的住处，溥仪的乳母“二嬷”臂上中弹，流血过多，不久死去。婉容、李玉琴、嵯峨浩在通化住了不久，就被送到长春去。婉容被送到她的哥哥润良家，润良不肯收她；李玉琴被送回她的娘家去了；其他人也散了，只有婉容和嵯峨浩没有去处。当苏军撤出东北时，比夫廖夫中校在中途扔下溥俭、溥佚等人不管，于是溥俭、溥佚都逃走了。溥俭到通化，随婉容等人到长春后，又随婉容和嵯峨浩到延吉，一起被关进监狱。那时，婉容病已垂危，有时昏迷不醒。过不久，准备去哈尔滨，婉容行动不便，溥俭本来要送婉容去，后来旁人再三劝溥俭不要带婉容去，就让她死在监狱里算了。溥俭和嵯峨浩离开延吉，途中听人说，在他们走后第三天，婉容就死去了。

伪满洲国皇帝的最后一天

[日]田中钧一*

逃亡皇帝的列车

昭和二十年（1945）8月15日中午，我以吉林省磐石县副县长的身份，聆听了终战诏书的宣读。3天前，8月12日晨，我收到一份密码电报："本日中午，由吉林方面开往梅河口，带有重大使命的特别列车，将由贵县通过，希动员全县警察，对县内各站实行特别戒严。"

以后不久，根据收到的"未确定情报"，这是溥仪皇帝乘的列车。

当时，收音机每天都播送苏军自8月8日夜侵入"满洲国"后猛烈进攻的消息，由此可以推断这一过境列车，一定是皇帝"蒙尘"。"蒙尘"是中国用语，是天子避难逃出都城之意。

计算一下时间，我以全县最高负责人的身份，同县长悄悄地来到磐石车站。站内已由警察严加警戒，除我们两人外，看不到一个人影。列车比预定时间晚了几分钟。从车站北边老远就开始减速，渐渐地靠近站台。原来以为列车只是从这通过，可是出乎意外地像是被站台吸住似的停了下来。列车是

---

* 作者时任伪满磐石县副县长。

由四五节车厢组成的，所有的车窗都拉下了窗帘，没法子看到车内的情况。

忽然，大同学院的同班同学饭冢富太郎从后面车厢的车门里探出上半身来喊我，我跑去同他交谈起来，三言两语中不仅证实了我的预料完全正确，而且还听说连关东军司令部也在 11 日那天撤到通化了。皇帝的列车所以停在站内，当然是为了收集警备情报。

一会儿，车开了，我一面目送着消失在山冈密林里的列车，一面痛感局势日益严重了。

5 天之后，在东边道的山坳里，举行了一次对伪满洲国来说具有历史意义的仪式。以下所述，是参考终战时武部总务长官的秘书官山田明（大同学院同学，已故），在通化省东边道大栗子镇参加溥仪皇帝退位仪式的记录而成的。

在矿山公司 6 席大的房间里举行的退位仪式

大陆的夏天十分短促。山沟里的大栗子镇，晚间寒冷的夜风，吹散了白天的残暑余热，不知不觉间身上还感到一些寒意。这是昭和二十年（1945）8 月 17 日午夜，再过几分钟就是第二天了。

大栗子是通化省东边道深山里的一个山镇，这个新出现的镇，是满洲矿山公司及其矿业所的所在地。在矿业所的一间 10 席大的日本式办公室里，大臣们早已围拢着一张简陋的办公桌默不作声地等待着。室内笼罩着一种难以形容的怅然失望的黯淡的沉闷空气。入夜，在一个没有灯罩的昏暗的电灯下，许多说不出名的昆虫在飞撞，有的已是精疲力竭、气息奄奄了，掉在桌上来回挣扎。这情景，象征着面临日本战败突然间伪满洲国随之崩溃所引起的国民混乱。

突然，张景惠"总理"仰起了那张不像年过七旬的脸，一向柔和的双目，闪现出几十年前当绿林好汉驰骋于旷野的壮年时期的锐气和果断，"霍"地站起来说："正像今晨由新京飞来的总务长官刚才报告的那样，苏军于 9 日凌晨，从东、北、西三方面开始行动，越境侵入，其先头部队已迫近新京近郊。15 日那天，盟邦日本天皇陛下，已无条件接受《波茨坦宣言》。事到如今，对‘满洲国’来说，已是失掉了依靠和存在的意义。我想应由‘皇上’自动退位，来给‘满洲帝国’以最后的终结。也就是让皇上自己宣告‘满洲帝国’的死刑。我作为国政的最高负责人，现在就把这种想法呈奏皇上。”他的话音低沉而清晰，好像看透了一切似的。可是，大臣中谁也没有接着发言，于是又归于沉默。

张景惠对于这种气氛毫不介意，他拿着准备上奏的退位诏书草案，登上楼梯，到二楼皇上的临时“御所”去。参议府议长臧式毅和宫内府大臣熙洽紧跟在他的后面。这个诏书草案，是根据“周二会议”（相对于日本的次官会议）的决议，由企划所长高仓正用日语匆忙起草再译成满语的。

此时，老“总理”对皇上奏些什么，皇上又是如何回答的，在那种仓促的情况下，都不得而知，现在这两个人又都不在世了。上奏时间只有几分钟，老“总理”就退了下来。他对大家巡视一番，过了一会儿，才以沉重的语调说：“皇上完全批准我们的建议。退位诏书不久就颁发，誊本已经抄好了。”

不一会儿，因为诏书上用玺，尚书府大臣慌慌张张地捧持着玉玺，走进另一个房间。不久，在二楼布置好了的一间有 6 席大的日本房间里，挤满了大臣。以“总理大臣”张景惠为首，各部大臣、参议府议长、宫内府大臣和祭祀府总裁桥本虎之助以及总务长官武部六藏等人，都紧紧地并排站着。房间里没有一件像样的摆设。山田想，这就是留在历史上的一个重大时刻吗？虽说荣枯盛衰乃人世常情，但是作为“告一国之终焉”的隆重仪式，竟如此寂寥冷落，不能不令人感到人世无常！

不久，邻室的隔扇打开了，只见皇上身穿“满洲国”上将军服，带一枚大勋位兰花颈饰章的勋章，穿着鞋站在席子上的简陋木桌跟前。近来已经有些苍白的脸色，更加发青了。也许是心情不好的缘故吧，看起来甚至有些吓人。在命运多舛的“皇帝”生涯中，这时的紧张心情，恐怕是最大的一回了吧。

“皇上”一直沉默无言。三年前举行了全国性的“建国 10 周年”纪念典礼，而今夜，又在这寒村陋室中，结束这个国家，放弃自己的帝位……

我想，这 14 年的往事，一定会像走马灯似的在他的脑子里转动吧。皇帝仔细地端详着每个大臣的面孔，之后，慢慢地打开退位诏书。“奉天承运，大满洲帝国，明诏尔有众曰：朕自登基以来，提携盟邦，国运隆隆，日臻隆治……”溥仪这样往下念着。当念到“退位宣言”时，脸色有些发红。声音虽然比平时略高一些，但还是以较为沉着的声调宣读了退位诏书。

祭祀府总裁桥本，这个一直捧持着建国神庙的神器宝剑，扈从皇上“蒙尘”的退役中将，在他显然日渐消瘦的双颊上，流下了一条闪光的泪痕。臧式毅是个黑脸膛，他那大眼珠子愣愣地瞪着，尔后低下了头。

张景惠和武部六藏，面色沉痛，好像有一种与众不同的忧虑，正在折磨着他们的心，大概是想到了今后等待自己的黯淡命运吧。特别是武部的处境，100 余万苏军进攻之下，怎样保护 170 万日本侨民的生命财产呢？又怎样度过这即将到来的隆冬呢？他一定深切地感到这种忧虑和责任感的沉重压力了。

皇帝宣读退位诏书的时间非常短促，大约只用 2 分钟左右，这同宣读对美英两国的宣战诏书，是无法相比的。“满洲帝国”崩溃这一历史事件，竟在一瞬之间草草了结。旧清朝的宣统皇帝，而今的“满洲国皇帝”溥仪，终于变为一介爱新觉罗·溥仪了。

溥仪略向前弯下他高高的身体，透过深度的近视眼镜，巡视一下面前群臣，又补充说：“本人基于日满一德一心之大义，现在退位。希望各位注意自己的身体健康，如有幸长生在世，想还能有再见的机会吧。”话一讲完，就离开了桌子，从右边走到大臣的前面，首先在最年长的张景惠面前伸出了细长的右手。

溥仪没有说话，但是谁都知道，他是要同大家握手告别。张景惠用像女性般柔软而厚实的手掌，紧紧地握住了溥仪的手。于是，溥仪又到每个大臣前面，相互握手。几乎所有的人都哭了。有的不管旁边是否有人，尽情地流着泪；有的一声不响地埋下头，有的悄悄地用手帕捂上脸，姿态虽然各异，但都已陷于难以形容的感慨之中。

当溥仪走到前兴农部大臣于静远的面前时，发生了出人意料的情况。只有于静远一个人，不知是怎么想的，对溥仪伸出来的手，只予一瞥，就把双手转到背后去了，目光越过溥仪的肩，注视着挂在后面墙上的老挂钟。

于静远是建国功臣于静涛的长子（原文如此。应为于冲汉的长子——译者注），在大臣中最年轻，是个四十五六岁的壮年。他为什么会这样呢？一种说法是，于出身汉族，一向对满族的爱新觉罗家族心怀不满。还有的说，于看透了日本的形势不妙，已经倒向国民军（原文如此——译者注）方面去了。无论如何，他所以这样的理由，除缄口不言的本人外，是永久无法知晓的谜。

这是“满洲国”最初的，也是最后的皇帝溥仪退位仪式的实况。

在退位仪式之后，溥仪立即回到他的临时“行宫”满洲矿山职员宿舍去了。山田和大家一起目送着溥仪的背影。偶然看了一下钟，时钟正指在午夜12点30分。8月18日的早晨已经开始了。

奉天机场的一步之差

如上所述，秉承日满一德一心的宿愿而诞生的新国家——“满洲国”，仅仅才13年，由于日本战败的外部原因，突然被迫自行灭亡，加上苏军意外地打进国内，夜以继日地猛攻，不几天就逼近“满洲国”的心脏地带，招致无可挽救的后果，完全达到了混乱的极点。在这一片惊慌不安中，标志一国丧亡的皇帝退位仪式，在极为严肃的气氛中举行，是不该忽视的。

退位仪式举行后当晚的事，谁也没觉得大事已毕，可以松口气了。相反一个个表现出一种难以掩饰的反常的不安和焦躁情绪，大概是每个人都因考虑如何避免和经受即将降到自己头上的灾难而痛苦吧。

原来“满洲国”所采取的方针是，在战局达到最不利的地步时，把政府机关和关东军司令部迁到通化，凭借广阔天险的自然要塞和无边的密林屏障，坚持抵抗到底，但是这个计划，如今是完全落空了。

仪式完毕不久，谁都不愿意久留，马上编好临时列车，把愿意走的人送到通化。这时，使山田这个日本人感到吃惊的是，来到大栗子的满洲大臣们，一反昨天的常态，在一瞬间收拾好了细软，向狭窄的大栗子站台奔去。

第二天（19 日）溥仪带着他的亲兄弟溥杰以及润麒，由大栗子行宫出发，在逃往日本途中，于奉天机场被苏军逮捕，送往伯力郊外的监狱，成为阶下囚。这里值得特别一提的是，事情竟如此凑巧，苏军先头部队进入奉天也是 8 月 19 日，真是一步之差，就使溥仪的希望与现实相差十万八千里。

芷江受降谈判

回忆在芷江接洽日军投降

陈应庄*

1945年春，国民革命军新六军由昆明调防芷江，我任军政治部少将主任，于3月底由重庆到达驻地。当时在芷江驻扎的还有美军后勤司令部补给站。8月15日，日本宣布无条件投降。不几日，传来受降的具体办法。盟军方面，由最高统帅麦克阿瑟受降；盟军各战区，由战区最高统帅受降。中国战区由中国陆军总司令何应钦代表蒋介石在南京受降，并确定芷江为接洽受降地点。新六军将最先空运南京担任警备。

8月18日，中国陆军总司令部中将副参谋长冷欣、少将副参谋长蔡文治、少将处长钮先铭等先行到达芷江，作受降准备。20日，何应钦率领高级幕僚由重庆飞抵芷江，设立陆军总部前进指挥部，与日本侵华派遣军总司令冈村宁次的代表接洽日军投降事宜。当时随何应钦来芷江的还有国民党行政院所派顾问团和陆军总部参议刁作谦、龚德柏、顾毓琇、邵毓麟以及中外记者十余人。

何应钦到达芷江后，立即召集高级将领卢汉、汤恩伯、王耀武、张发奎、廖耀湘以及湖南省主席吴奇伟等举行军事会议。事后获悉：在这次会议

* 作者时任新编第六军政治部主任。

上，首先由何应钦报告日本接受波茨坦公告，宣布无条件投降的经过；接着宣布成立芷江前方司令部，接洽日军投降，处理收复区军事、政治、经济等事项。具体有以下几点：

（1）准备接待日本侵华派遣军总司令官冈村宁次的投降代表；

（2）规定中国各战区军事长官受降接管有关事项；

（3）在日军未正式举行投降签字前成立南京前进指挥所；

（4）在日军未正式签字投降前迅速空运部队接管日军占领区，并严令各战区日军在我接管部队未到达前，负责坚守其控制区；

（5）21 日举行接洽投降仪式，派萧毅肃参谋长主持，陈应庄挂少校领章负责接待。为什么要我挂少校领章呢？因为冈村宁次派来的代表今井武夫系少将副参谋长，我当时也是少将，不便以同等级别接待投降代表，只好暂时屈居少校。

21 日上午，陆军总部各处主管人员全部由昆明飞抵芷江。随后，冈村宁次的代表今井武夫也亲到芷江向中国战区最高统帅蒋介石的代表、中国陆军总司令何应钦接洽投降事宜。今井武夫是遵照蒋介石 8 月 18 日致冈村宁次的电令前来接洽的。

8 月 21 日早晨，碧空万里。中国国旗遍挂芷江城，全城人民喜气洋洋。

9 时整，我空军混合大队野马式战斗机 3 架朝常德飞行，至 10 时 15 分在 5000 英尺高空发现绿色双引擎九五式日军运输机一架，从常德西南飞来。我机即分前后引导向芷江前进，于 11 时到达芷江机场上空。另有我方战斗机 6 架盘旋空中警戒。我引导机一架首先着陆，日机旋即着陆，最后我护送机 2 架着陆。

11 时 20 分，日机绕机场滑行一周停在指定地点。此时机场上掌声雷动，无数双眼睛注视着日军投降代表的神情。几十名中外新闻记者纷纷把镜头对准日机和投降代表。日机两翼的太阳旗和两翼末端系有的红色布条，均被美国军官夺去撕成若干段，作为战胜日军的纪念品。日机着陆后，由中、美宪兵严密监护。我作为接待人员，命令打开机门，让宪兵登机。嘱咐日军投降人员坐着不动，接受宪兵仔细检查，并没收所有武器及违禁品。宪兵报告检查完毕，我命令日军投降代表下机排队站着，由宪兵检查全身。

检查完毕，即命令今井武夫及随员分乘两辆插有白旗的吉普车驶向招待所。这所房子在芷江城东北，空军总站合作社的后面，是一所日本式的木板平房。吉普车到达后，我引导今井及随员进客厅休息。接着，要今井介绍他的随员。他便一一向我介绍：桥岛义雄大佐参谋，前川冈雄中佐参谋，木村辰男中佐译员，松原喜八少佐，久保善助上士，小八童正航空员及中川正治雇员，加上他自己共8人，超过蒋介石所规定人数3人。

陆军总部规定我对今井等人负完全保护责任，无论何人要会晤今井等人，必须通过我得到陆总的批准。今井等人的出入，也必须事先得到我的许可。

当天下午3时40分，由我带领今井和他的参谋桥岛义雄、前川冈雄，译员木村辰男等4人往陆军前方司令部晋见萧毅肃参谋长，接洽投降事宜。

接见地点就在司令部客厅。客厅布置简洁庄严，正面墙上悬挂着孙中山遗像和国民党旗帜，还缀有中、苏、美、英四国国徽及巨形V字。参加会谈的有副参谋长冷欣，美军作战司令部参谋长柏德诺及有关军事官员，新闻记者近100人。

今井及其随员以谨慎而恭敬的态度向萧参谋长敬礼。萧面对投降代表宣称：“我是中国战区中国陆军总司令部参谋长萧毅肃中将，代表中国战区中国陆军总司令何应钦一级上将来接见贵官。”接着，介绍陪同接见的冷欣、柏德诺。旋令今井说明身份并提出身份证明。今井答道：“本人是日本驻华派遣军总司令官冈村宁次的副参谋长今井武夫少将。”在介绍了随员后，今井又说：“本人是派来晋见中国战区最高统帅蒋委员长的全权代表，在停战协定签订前与贵部取得了联络，故没带其他证明，只有受任命令状。”萧说：“这也可以，请交出来。”今井起立亲自将任命状捧呈萧毅肃。萧又问：“中国战区最高统帅蒋委员长8月18日6时致冈村宁次的复电，要贵官随带驻中国、台湾及越南和北纬16° 以上地区所有日本陆海空军之战斗序列、兵力位置及指挥区分系统表册，是否已带来？”今井答道：“日本驻华派遣军总司令官冈村宁次大将仅负责指挥中国战区的日军，台湾、越南、北缅的日军不属他的指挥范围，故对此不了解。”今井说完，令桥岛参谋呈交驻华兵力配备图。萧也将中华民国三十四年八月二十一日中字第一号备忘录交给今井，并令其签具收据，负责转致冈村宁次。这份备忘录，对于接受日本投降的我方军事长官的受降地区，作了具体规定。

今井接受备忘录后，要求对内容有所说明。萧答应另行派人解释，并告诉对方：“中国陆军总司令部将先在南京设置前进指挥所，派冷欣中将任主任，以便让日军投降事项顺利进行。所有前进指挥人员（附空军机场设立人员）将与贵官同飞南京。请贵官转告冈村宁次大将妥为保护，并切实招待。”萧接着说：“何应钦上将决定不待日本签订投降书，在最短期内空运部队到南京、上海、北平各地，以便迅速处理日军投降事宜。”今井一一答应，并出具收据，签名盖章。这时，中外新闻记者争相拍摄这一具有重大历史意义的场面。

23 日上午 11 时，我引导今井武夫乘坐插着小白旗的吉普车去晋见何应钦。陪同接见的有萧毅肃、冷欣、蔡文治、钮先铭、柏德诺和中美记者。今井脱帽行至何应钦前，默然肃立，鞠躬敬礼。何问今井：“前日下午 3 时萧参谋长面交的第一号备忘录，贵官了解吗？”今井答非所问：“收到了。”何又问：“后来我派员又送来三件备忘录，收到了吗？”今井又答：“收到了。”接着，何郑重地告诉今井：“我已决定贵官仍乘原机飞返南京，希转告冈村宁次大将，对我前后交与的备忘录，务必切实照办。”今井说：“一定转达。关于备忘录的内容，敝总司令部一俟奉到东京大本营命令，即可决定。”何说：“本总司令已决定于本月 26 日以后，30 日以前，开始空运部队至南京。望贵官转告冈村大将，作好一切准备。”今井说：“是的，知道了。”最后，何应钦宣称：“今天谈话到此为止。贵官现在可以准备出发了。”今井鞠躬告退。

至此，日本代表来芷江接洽投降任务，已告完成。今井武夫一行于是日下午 3 时左右由芷江飞返南京。

目击芷江日军乞降

邹若军*

1945年7月26日盟国发表《波茨坦公告》，人们预想着总反攻的到来，议论在东南地区配合美军登陆作战的可能性。在这种情况下，我被重庆《扫荡报》派为驻中国战区陆军总部的记者。

我还没有成行，日本已在8月15日正式宣布无条件投降。原来设想的战地采访已无必要。我急于赶到昆明去，到国民党航空委员会（事实上的空军总部）接洽机位。他们说，与其到昆明，不如到芷江，因为中国战区陆军总部正迁向芷江。8月18日奔向九龙坡机场，才知芷江正在布置侵华日军洽降。

芷江是湖南西部一个小县，从重庆这个火炉城市来到这里，依然感到气温灼人，好在晚上比较凉爽。一年前，衡阳失守前后，我曾到设在这里的战斗机基地采访。当时了解到我国空军占有优势，岳阳附近白螺矶一战，日本零式战斗机到处躲藏，只求避战。但对制空权的具体作用还是一无所知。后来读到冈村宁次的日记和回忆才明白，他说："对敌机的猖獗活动几乎束手无策，我方空路交通处境极为艰难。"他从汉口到广州与日军第二十三军联系，不得不经上海、台北绕一个大圈迂回到达广州。而且日军在战场上的活

* 作者时任重庆《扫荡报》派驻中国战区陆军总部的记者。

动也受到很大牵制。

这时，国民党刚宣布取消《战时新闻管制条例》，垄断新闻报道8年之久的国民党中央社当惯了"新闻官"，早已失去新闻感觉。我利用这个空隙机会，当晚叫通重庆电话，发出日军洽降的第一个报道。第二天就引来了一大批同行，临时成立了一个记者招待所。

今井武夫8月20日离开南昌，随带参谋2人和翻译1人，乘坐冈村宁次使用的专机，为的是"顾全日本军最后的体面"。在汉口休息一夜，第二天离开汉口机场时，按照规定在机尾绑扎两条长达3米的红布，以示接洽投降。中途发现机上还有一挺机关枪，连忙在飞经洞庭湖上空时投入湖中。到达常德上空，按照事前的规定，6架P–51战斗机向洽降飞机飞来，把它像押解囚犯般地解送芷江。

当天中午，洽降飞机按照机场指示着陆后，3辆吉普车直驶机舱门前。两名中国参谋检查机舱，并查明来人的身份，领着他们登上两辆吉普车，另一辆吉普车则装载着在旁监视的宪兵。这3辆车立即加快速度，直奔距离机场约2公里的一所木板平房，房外用油漆涂绘一个很大的白十字，这就是洽降者的临时住所。从他们到达后，木板房附近成为禁区，没有特别许可，任何人都不准接近。这对于我的职业来说，不能不是个极大的遗憾。

机场上除中外记者外，其余大约有1000多中美两国军事人员，大家眼睁睁地看着这几个可望而不可即的洽降者，既感到满意，又感到不足。为了弥补这种不足，很多人围成一圈，围观今井武夫这架用来保持体面的飞机。这架运输机漆成黑色，显然是为了便于逃避空中攻击。今井武夫后来在他的回忆录中写到这架飞机时说："它饱经战争苦难，不仅漆皮脱落斑驳，而且满布弹痕，越看越觉寒酸，实在也是万不得已。"他不禁吟起安信贞任1062年战败投降的诗句："且顾残衣甲，褴褛难遮掩。"这就是日本军国主义战败时已经精疲力竭的具体写照。但围观的人群意犹未足，索性把机尾的两条红布尾巴扯下来，分成许多小块，每人留一块作为纪念。

下午3时，今井武夫等人乘吉普车到达洽降会场。有两排长桌摆在会场前端，几名中美高级军事人员坐在上面一排长桌后。被领进会场的洽降者，依次是今井武夫、参谋桥岛义雄和前川冈雄、翻译木村辰男。双方相对而坐。中方发言先译成英语，再译为日语；洽降者发言先译成汉语，再译成英语。互报姓名和身份后，中方命洽降者出示代表身份的证明。今井武夫听了颇为震惊，开初有些踌躇，随即申明说，目前尚未接到日本大本营正式命令，不能派遣正式代表，此行不待奉召，主动前来，只是担任联络，所以没有携带正式证件。问他有无其他证明文件，今井武夫连忙取出冈村宁次派他前来芷江洽降的命令副本，应付了这一他们意料之外的尴尬局面。随后，洽降者递送日军兵力分布略图以及日军指挥系统表。接着中方用中、美、日三国语言宣读向冈村宁次指示投降事宜的第一号备忘录，并指定今井武夫直接送交，其他具体细则，会后另行指派人员安排。日军洽降仪式至此结束。

8 月 23 日下午，今井武夫在接受各种指令后，离开芷江，飞返南京，筹划冈村宁次签降的准备工作。

8 月 25 日，中国方面从芷江派出 3 架运输机，组成设营组前往南京。我混在设营人员里上了飞机，成为第一批返回南京者中的唯一记者。

下午 4 时左右在南京大校场机场着落，我随着部分指挥人员乘车直驶城内国际联谊社。当时规定，任何人不得外出。我的职业不可能接受这种军事命令，好在随身带有一套旧西装，换上衣服，找来一位翻译，请他同日军联系，安排一个记者的采访。日军派来一辆高级军官乘坐的轿车，随来一名日军中尉充作“保镖”，他还能说生硬的汉语。乘车在市区兜了一圈，到了繁华地区，我要下车，“保镖”也要跟来，我要他坐在车内等我，他好像很为难。我取出一张卡片，并在后面写上不许他妨碍我的采访工作，他像是取得了一份凭据，笑着向我点头。

在几个繁华地段作了即兴式的采访后，我要那个“保镖”送我去采访大汉奸陈公博。他听后向我哭丧着脸，好久说不出话来。我知道他感到很尴尬，要他打电话向上级请示。等了十几分钟，他垂头丧气地对我说，这事只能等到秩序安定之后再作安排。他告诉我，一星期之前，汉奸之间在南京闹市区曾一度发生枪战，现在这些人都已被隔离软禁，不能接见客人。既然如此，我只能作罢。

但事隔二十几年后，看到今井武夫的回忆录，我才了解个中奥秘。

今井武夫从芷江回到南京，第二天一早就去找陈公博，商定逃奔日本的计划。这事取得冈村宁次同意后，使用日军在南京剩下的唯一的运输机，在25日凌晨，把陈公博及其妻李励庄等7人秘密送到明故宫机场登机，并派一名日军参谋作为向导。就在我们到达南京的12个钟头以前，这架飞机已在曙色朦胧中飞往日本。

正是这天，麦克阿瑟总部下令，从当天中午起，严禁一切日本飞机在日本国内飞行。为了赶在禁令之前到达日本，连中途在青岛加油的时间也不肯耽搁，径直飞奔日本。因为燃料不足，结果在日本鸟取县的米子机场迫降。

迫降之后，日本外务省派人赶来，第二天引导陈公博等人到京都。为了避人耳目，躲藏在郊区的金阁寺。前首相战犯近卫文麿假借为其母“办佛事”为名，到金阁寺同陈公博密谈。不久，前者畏罪自杀，后者在苏州被枪决，密谈的内容未留下记录，就不得而知了。

27日，“陆总”前进指挥所主任冷欣到达南京。据说，冈村宁次曾表示“上将例不拜中将”，拒不主动会晤冷欣。后来才终于被迫往拜。只此一点，足见冈村宁次的骄狂。

日本大本营讨论投降问题时，主和与主战双方发生激烈争吵，冈村宁次曾两度致电陆相阿南惟几和参谋总长梅津美治郎，要求继续作战。8月12日他向所属中国派遣军发布训示：“必须发挥建国以来最大勇猛之传统，为维护国体、保卫皇土，只有断然决一雌雄。”在日本宣布无条件投降的前两天，东京曾经盛传“最反对停战的必然是中国派遣军”。冈村宁次自供，他曾同侵华日军海军舰队司令福田良三进行策划，纠集所部陆海军，退集我国山东滨海地区，盘踞烟台和青岛，作最后的挣扎。后来日本天皇裕仁宣布无条件投降，才放弃这个罪恶的计划。

所以，日本皇族鸠彦到南京传达裕仁的停战诏书时，曾对冈村宁次说：“我在东京风闻这里陆海军态度最为强硬，有被扣留的危险……阁下要扣留我吗？”

但就是这样一个顽固透顶的军国主义分子冈村宁次，9月9日终于被迫在南京签署投降书。

国民党政府大概查过《皇历》，选了 9 月 9 日上午 9 时所谓“三九良辰”，在南京举行受降典礼。地点在国民党中央军校原来的校址，国民党的高级军官坐在会场前端中央长桌后，来宾席上有同盟国军官和国民党的高级文官。冈村宁次等投降者到达大门口，一律解下身上的佩刀，表示解除武装，一个个手上端着军帽，低垂着头走进会场。依次是：日军中国派遣军总司令官大将冈村宁次，中国方面舰队司令长官中将福田良三，第十方面军（在台湾）参谋长中将谏山春树，第三十八军（在印度支那北部）参谋大佐三泽，中国派遣军总参谋长中将小林浅三郎和副参谋长少将今井武夫。进入会场后，他们站在座位前一齐立正敬礼，然后坐下。冈村宁次随即起立，出示授权投降的证明书。

受降者审阅证明书后，取出投降书一式两册，小林浅三郎趋前敬礼，领取后交冈村宁次用毛笔签字并盖章。小林浅三郎捧着投降书再向受降者敬礼，送请审阅。其中一册交还日军，仪式即告结束。

1932 年，冈村宁次是日军上海派遣军的副参谋长。1933 年，他调充日军关东军副参谋长，曾签署《塘沽停战协定》。这两次他都是以胜利者的姿态出现。现在，他是失败者，率领 120 万日军投降，他承认，“这是从未意料到的痛苦处境”。同时他又供认，一进入会场，他就采用“白隐禅师”的“内观法”，“把往来行人当做深山树木”，顽固地无视现实，对抗现实。签降的当天，他又向所属发布“训示”：“今奉大命，率我武勋赫赫战史辉煌的中国派遣军，不得已投降敌军……万感交集，无限悲痛。”这个彻头彻尾的日本军国主义分子，根本不肯承认投降。这样的顽固分子，难道在日本只有一个吗？

冈村宁次如此顽固，极端疯狂，并不是偶然的。他自始至终与中国人民为敌。1941 年调任日军“华北方面军”司令官，在我国华北地区执行抢光、烧光、杀光的“三光政策”，为期长达 4 年，欠下了无数不可饶恕的血债。但是，这样一个罪行累累、双手沾满中国人民鲜血的战争罪犯，国民党政府却在 1949 年 1 月判处“无罪”，匆匆把他送回日本，使他逃脱了应得的惩罚。

密苏里舰受降

我见证的密苏里号受降过程

黎秀石*

1945 年 9 月 2 日上午 9 时，第二次世界大战最后的篇章——同盟国代表接受日本无条件投降签字仪式，在停泊于日本东京湾的美国战列舰“密苏里”号上举行。日本新任外相重光葵代表日本天皇和政府、陆军参谋总长梅津美治郎代表帝国大本营在投降书上签字；盟军最高统帅麦克阿瑟上将、美国代表尼米兹上将、中国代表徐永昌上将、英国代表福莱塞海军上将、苏联代表杰列维亚科中将，以及澳大利亚、加拿大、荷兰、新西兰等国代表依次签字。投降书的签署，正式宣告日本军国主义的彻底失败和世界反法西斯战争的最后胜利。

1945 年 9 月 3 日，中国国民政府下令举国庆祝，放假 1 天、悬旗 3 天，并从 1946 年把 9 月 3 日作为抗战胜利纪念日（时称“国定纪念日”）。

1949 年底，中华人民共和国政务院曾将 8 月 15 日作为抗战胜利纪念日。1951 年 8 月 13 日，政务院发布了规定 9 月 3 日为抗日战争胜利纪念日的通告。

1999 年，中华人民共和国国务院令第 270 号《全国年节及纪念日放假

---

* 作者时为《大公报》派到澳洲随英国太平洋舰队的战地记者。

办法》(1949年12月23日政务院发布，1999年9月18日国务院修订发布)中发布的有关抗日的纪念日有“七七”抗战纪念日、“九三”抗战胜利纪念日、“九一八”纪念日，这是中国政府以法规的形式确定了抗日战争纪念日。

2014年2月27日下午，第十二届全国人大常委会第七次会议经表决通过了两个决定，分别将9月3日确定为中国人民抗日战争胜利纪念日，将12月13日确定为南京大屠杀死难者国家公祭日。

我，1914年1月生于广东南海丹灶海边坊黎家。1935年毕业于北平燕京大学新闻系，解放前曾在《大公报》等报刊和通讯社任编辑、记者、译员、驻国外办事处特派员。第二次世界大战期间担任过《大公报》战地记者。

1945年9月2日，全世界200多名记者云集在“密苏里号”的甲板上，报道日本投降特大新闻。当时在舰上采访的有三名中国记者，我是其中之一，见证和采访了日本投降的全过程。

1945年5月，《大公报》派我到澳洲随英国太平洋舰队当战地记者。当时美国海军正在进攻日本的冲绳岛，战况十分激烈，但不让英国太平洋舰队插手“冲岛之战”，因为美国不想与他人分享功绩。英舰只得躲在澳洲东岸以收拾太平洋各群岛的残敌。我随舰炮轰过不少大小岛屿，但无一还击。

英航母进入日本海后，天天用飞机轰炸日本城市。日本已无防空能力。英驾驶员平安返航无不报喜。英机投放的燃烧弹使日本木屋一片一片地化为火海。

8月14日下午，日皇颁布终战诏书，通篇诏书没有提到“投降”二字，更值得注意的是，日皇自认为国体得以维持。8月30日美军开始进驻日本。我和一些英美记者在8月27日乘汽艇先行在东京登陆，想证实一下14日的日皇终战诏书是否意味着放下武器。我们晚上8时摸黑登陆，街上一片沉寂，就好像一座死城，活像判了死刑的犯人在绝望中的死寂。

日本降使曾要求带军刀来签降，未获盟军批准

1945年9月2日上午，日本向盟国投降，在停泊在东京湾的美舰“密

苏里号”舰上举行签降仪式。世界20个国家的280名战地记者和摄影记者观礼。我记得中国记者有三人，《大公报》同事朱启平、中央社记者曾恩波和我。

8时15分，中国全权代表徐永昌上将率领随从5人走向举行仪式的甲板。美国、苏联、英国、澳大利亚、加拿大、法国、荷兰、新西兰的代表跟随在后。主持日本投降仪式和对日实行占领的盟军最高统帅麦克阿瑟将军和代表美国受降的尼米兹海军上将于上午8时45分到甲板，和各国代表并列。8时53分，日本降使由美国驱逐舰运到“密苏里号”舰上来。外务大臣重光葵代表日本政府，日本参谋总长梅津美治郎代表日本大本营前来求降。这个梅津是与国民党政府亲日派何应钦于1935年7月6日签订“何梅协定”掠夺我国在河北大部分主权的那个臭名远扬的“华北驻屯军司令官”，他曾要求带着他的军刀来签降，未获盟军批准。重光葵也是日本侵略邻国的急先锋，曾在上海被朝鲜爱国志士炸断一条腿。

他们二人带着9个随从投降：3个陆军军官、3个海军军官、3个文官，正好代表侵略中国的三方面恶魔。9时，盟军受降仪式开始，先由盟军统帅讲话。麦克阿瑟将军说：“……各主要参战国的代表们，今天聚集在此，来签署一项庄严的协定，以便和平得以恢复……”接着麦克阿瑟将军指着甲板上摆好的桌子，叫日本代表在降书上签字，先是重光葵，后是梅津。

受降书由麦克阿瑟将军以盟军最高统帅名义开始签署，其次是尼米兹上将以美国全权代表的名义签署，接着是中国全权代表徐永昌上将签署。其时是9时10分，我眼眶充满了泪水，种种思绪冲上心头。

日本人大多认为东条英机不是战争罪犯

日本在军国主义统治下是打败了，但他们口说败，心却不认败。我在日本半个月，花了许多时间与日本人谈话。我想了解他们对本国投降有什么想法。我问过工人、妇女、记者、军人、读书人等人一个问题：“你认为东条英机是个民族英雄，还是战争罪犯？”没有人认为他是战争罪犯，多数说他是个英雄。我想许多人的答案都是警察所授意的。

曾到过上海和香港采访的佐藤私下却承认日军在中国的所作所为是错的，日本是侵略中国。也有日本人如矢野不以道义论是非。他对我说："胜者为王败者为寇。现在日本败了，天下都骂日本，如果今日日本胜了，日本都是对的。"我想大多数日本人同意矢野的看法，因为他们不认识日军在中国的所作所为。矢野是朝日新闻采访部副主任。

受降那天，我们许多记者手上没有降书全文的复印本，都以为日本无条件投降了，后来我才发现降书全文都没有"日本无条件投降"的字样，而是写着：本代表（即各国派来的代表）兹命令日本帝国大本营应立即对不论在任何位置之一切日本国军队及在日本国支配下之一切军队的指挥官，命其本身及在其本身支配下之一切军队应立即无条件投降。

德国投降的文件上面是写明德国向盟国无条件投降的。国家投降与军队投降，区别很大，前者深远很多。为什么对希特勒灭之而后快，而对同是罪魁祸首的日皇却保存备至呢？1943 年 11 月，中美英举行的开罗会议明确宣言，三国对日作战"直到日本无条件投降"。暗地里接受对日皇有利的有条件投降，美国是背叛了盟友的。他们默认日皇颁布终战诏书，通篇诏书没提"投降"二字，使日皇自认为国体得以维持。

我参加了盟国对日本的受降仪式

朱启平*

1945 年 9 月 2 日上午 9 时 10 分，我在日本东京湾内美国超级战舰密苏里号上，离开日本签降代表约两三丈的地方，目睹他们代表日本签字，向联合国投降。

这签字，洗净了中华民族 70 年来的奇耻大辱，这一幕，简单、庄严、肃穆，永志不忘。

天刚破晓，大家便开始准备，我是在 7 点多钟随同记者团从另一艘军舰乘小艇登上密苏里号的。密苏里号舰的主甲板有两三个足球场大，但这时也显得小了，走动不开。到处都是密密簇簇排列着身穿卡叽制服、持枪肃立的陆战队士兵，军衣洁白、折痕犹在、满脸笑容的水兵，往来互相招呼的军官以及二百多名各国记者，灰色的舰身油漆一新，16 英寸口径的大炮，斜指天空。这天天阴，灰云四罩，海风轻拂。海面上舰船如林，飘扬着美国国旗。舰面上人影密集，都在向密苏里号舰注视着。小船往来疾驶如奔马，艇后白浪如练，摩托声如猛兽怒吼，几乎都是载着各国官兵来密苏里号舰参加典礼的。陆地看不清楚，躺在远远的早雾中。

* 作者时任《大公报》驻美记者。

签字场所

签字的地方在战舰右侧将领指挥室外的上层甲板上，签字用的桌子，原来准备向英舰乔治五世号借一张古色古香的木案，因为太小，临时换用本舰士官室一张吃饭用的长方桌子，上面铺着绿呢台布。桌子横放在甲板中心偏右下角，每边放一把椅子，桌旁设有四五个扩音器，播音时可直通美国。将领指挥室外门的玻璃柜内，如同装饰碧织锦画一般，里面存列着 30 根花条，31 颗星，高 65 英寸、阔 62 英寸的陈旧美国国旗。这面旗还是 92 年前，首次来日通商的美国将军佩里携至日本，在日本上空飘扬过，现在，旗的位置正下视签字桌。桌子靠里的一面是联合国签字代表团站立的地方，靠外的留给日本代表排列。桌前左方将排列美国 50 位高级海军将领，右方排列 50 位高级陆军将领。桌后架起一个小平台，给拍电影和拍照片的摄影记者们专用。其余四周都是记者们的天下，大炮的炮座上、将领指挥室的上面和各枪炮的底座上，都被记者们占住了。我站在一座 20 毫米口径的机关炮上临时搭起的木台上，离开签字桌约两三丈远。在主甲板的右前方、紧靠舷梯出入口的地方，排列着水兵队和陆战队荣誉仪仗队，口上又排列着一小队精神饱满、体格强壮的水兵。

白马故事

8 点多钟，记者们都依照预先的位置站好了。海尔赛将军是美国第三舰队的指挥官，密苏里号是他的旗舰，因此从来客的立场讲，他是主人。这时他正笑吟吟地站在出入口，和登舰的高级将领们一个个握手寒暄。之后，美国太平洋舰队总司令尼米兹将军到了，海尔赛将军陪着这位上司步入将领指挥室，舰上升起尼米兹的五星将旗。海尔赛以前曾在向记者的一次谈话中说过这样一件事：他看中了日本天皇阅兵时骑的那匹白马。他说，想等击败日本之后，骑上这匹名驹，参加美军在东京街头游行行列。他还说，已经有人在美国国内定制了一副白银马鞍，准备到那时赠他使用。一个中士也从千里外写信给他，送他一副马刺，并且希望自己能在那时扶他上马。我还想起，第三舰队在扫荡日本沿海时，突然风传密苏里号上正在盖马厩。现在，马厩没有盖，银驹未渡海，但日本代表却登舰签字投降来了。

乐队不断奏乐，将领们不断到来。文字记者眼耳倾注四方、手不停地作笔记。摄影记者更是千姿百态，或立或跪，相机对准各处镜头，抢拍下这最有意义的时刻。这时候，大家都羡慕四五个苏联摄影记者，其中两个身穿红军制服，仗着不懂英语，在舰上到处跑，任意照相。可是我们这些记者因为事先有令，只能站在原定地点，听候英语命令，无法随意挪动。这时，上层甲板上的人渐渐多了，都是美国高级将领，他们满脸欢喜，说说笑笑。我还从来没有见过在这样一块小地方聚集这么多的高级军官。

代表到来

8 点半，乐声大起，一位军官宣布，联合国签字代表团到。他们是乘驱逐舰从横滨动身来的。顷刻间，从主甲板大炮后走出一列衣着殊异的人。第一个是中国代表徐永昌将军，他穿着一身洁净的哗叽军服，左胸上两行勋绶，向在场迎接的美国军官举手还礼后，拾级登梯走至上层甲板上。随后，英国、苏联、澳洲、加拿大、法国、荷兰、新西兰的代表也陆续上来了。这时，记者大忙，上层甲板上成了一个热闹的外交应酬场所。一时间，中国话、英国话、发音语调略有不同的美国英语以及法国话、荷兰话、俄国话，起伏交流，笑声不绝。身移影动时，只见中国代表身穿深灰黄军服；英国代表穿全身白色的短袖、短裤制服，并穿着长袜；苏联代表中的陆军身穿淡绿棕色制服，裤管上还有长长的红条，海军则穿海蓝色制服；法国代表本来穿着雨衣，携一根手杖，这时也卸衣去杖，露出一身淡黄卡叽制服；澳洲代表的军帽上还围有红边……真是五光十色，目不暇接。

8 时 50 分，乐声又响彻上空，盟军最高统帅麦克阿瑟将军到。他也是坐驱逐舰从横滨来的。尼米兹在舰面上迎接他，陪他进入位于上层甲板的将领指挥室休息。舰上升起他的五星将旗和尼米兹的将旗并列。军舰的主桅杆上，这时飘起一面美国国旗。

上层甲板上热闹的外交场面渐渐结束了。联合国代表团在签字桌靠里的一面列队静立，以徐永昌将军为首的50位各国海军将领和50位陆军将领，也分别排列在预先安排好的位置上，这时有人说，日本代表团将到，我急急翘首望去，只见一艘小艇正向军舰右舷铁梯驶来。不久由美国军官领先、日本人随后，陆续从出入口来到主甲板。入口处那一小队水兵向美国军官敬礼后，即放下手立正。乐队寂然。日本代表团外相重光葵在前，臂上挂着手杖，一条真腿一条假腿，走起路来一跷一拐，登梯时有人扶他。他头上戴着大礼帽，身穿大礼服，登上上层甲板就把帽子除下了。梅津美治郎随后，一身军服，踽步而行，他们一共11个人，到上层甲板，即在签字桌向外的一面，面对桌子列成三行，和联合国代表团隔桌而立。这时，全舰悄无声息，只有高悬的旗帜传来被海风吹拂微微的猎猎声。重光一腿失于淞沪战争后，一次在上海虹口阅兵时，被一位志士尹奉吉投掷一枚炸弹炸断。梅津是前天津日本驻屯军司令，著名的何梅协定日方签字人。他们都是中国人民的熟人，当年在我们的国土上不可一世，曾几何时，现在这里重逢了。

仪式开始

9时整，麦克阿瑟和尼米兹、海尔赛走出将领指挥室。麦克阿瑟走到扩音机前，尼米兹则站到徐永昌将军的右面，立于第一名代表的位置。海尔赛列入海军将领组，站在首位。麦克阿瑟执讲稿在手，极清晰、极庄严，一个字一个字对着扩音机宣读。日本代表团肃立静听。麦克阿瑟读到最后，昂首向日本代表团说："我现在命令日本皇帝和日本政府的代表，日本帝国大本营的代表，在投降书上指定的地方签字。"他说完后，一个日本人走到桌前，审视那两份像大书夹一样白纸黑字的投降书，证明无误，然后又折回入队。重光葵挣扎上前行到签字桌，除帽放在桌上，斜身入椅，倚仗椅边，除手套，执投降书看了约一分钟，才从衣袋里取出一支自来水笔，在两份投降书上分别签了字。梅津美治郎随即也签了字。他签字时没有入座，右手除手套，立着欠身执笔签字。这时是 9 时 10 分，军舰上层传来一声轻快的笑声，原来是几个毛头小伙子水兵，其中一个正伸臂点着下面的梅津，在又说又笑。但是，在全航庄严肃穆的气氛下，他们很快也不出声了。

麦克阿瑟继续宣布："盟国最高统帅现在代表和日本作战各国签字。"接着回身邀请魏锐德将军和潘西藩将军陪同签字。魏是菲律宾失守前最后抗拒日军的美军将领，潘是新加坡沦陷时英军的指挥官。两人步出行列，向麦克阿瑟敬礼后立在他身后。麦克阿瑟坐在椅子上，掏出笔签字。才写一点，便转身把笔送给魏锐德。魏锐德掏出第二支笔给他，写了一点又送给潘西藩。他一共用了六支笔签字。签完字后，回到扩音器前说：美利坚合众国代表现在签字。"这时，尼米兹步出行列，他请海尔赛将军和西门将军陪同签字。这两人是他的左右手。海、西两人出列后，尼米兹入座签字，签完字，就各归原位。麦克阿瑟接着又宣布："中华民国代表现在就签字。"徐永昌步至桌前，由王之陪同签字。这里我转眼看看日本代表，他们像木头人一样伫立在那里。之后，英、苏、澳、加、法、荷等国代表在麦克阿瑟宣布到自己时，先后出列向麦克阿瑟敬礼后，请人陪同签字。陪同的人澳洲最多，有四个，荷兰、新西兰最少，各一人。各国代表在签字时态度以美国最安闲，中国最严肃，英国最欢愉，苏联最威武。荷兰代表在签字前，曾和麦克阿瑟商量过。全体签字毕，麦克阿瑟和各国首席代表离场，退入将领指挥室，看表是 9 时 18 分。我猛然一震，"九・一八！"1931 年 9 月 18 日日寇制造沈阳事件，随即侵占东北；1932 年又强迫我们和伪满通车，从关外开往北平的列车，到站时间也正好是 9 时 18 分。现在 14 年过去了，没有想到日本侵略者竟然又在这个时刻，在东京湾签字投降了，天网恢恢，天理昭彰，其此之谓欤！

投降书脏了

按预定程序，日本代表应随即取了他们那一份投降书（另一份由盟国保存）离场，但是他们还是站在那里。麦克阿瑟的参谋长苏赛兰将军本来是负责把那份投降书交给日方的，这时他却站在签字桌旁，板着脸和日本人说话，似乎在商量什么。大家都不知道出了什么事，记者们议论纷纷。后来看见苏赛兰在投降书上拿笔写了半晌，日本人才点头把那份投降书取去。事后得知，原来是加拿大代表在日本那份投降书上签字时签低了一格，占了法国签字的位置，法国代表顺着错签了地方，随后的各国代表跟着也都签错了，荷兰代表首先发现这错误，所以才和麦克阿瑟商量。苏赛兰后来用笔依着规定的签字地方予以更正，旁边附上自己的签字作为证明。倒霉的日本人，连份投降书也不是干干净净的。

日本代表团顺着来路下舰，上小艇离去。在他们还没有离舰时，12 架超级堡垒排列成整齐的队形，飞到密苏里号上空随着又是几批超级堡垒飞过。隆隆机声中，我正在数架数时，只见后面黑影簇簇蔽空而来，那都是从航空母舰上起飞的飞机，一批接一批，密密麻麻，不知有多少架，顷刻间都到了上空，然后向东京方向飞去。大战中空军将士厥功甚伟，理应有此荣誉，以这样浩浩荡荡的阵势，参加敌人的投降典礼。

我听见临近甲板上一个不到 20 岁满脸孩子气的水手，郑重其事地对他的同伴说："今天这一幕，我将来可以讲给孙子孙女听。"

这水兵的话是对的，我们将来也要讲给子孙听，代代相传。可是，我们别忘了百万将士流血成仁，千万民众流血牺牲，胜利虽最后到来，代价却十分重大。我们的国势犹弱，问题仍多，需要真正的民主团结，才能保持和发展这个胜利成果。否则，我们将无面目对子孙后辈讲述这一段光荣历史了。旧耻已湔雪，中国应新生。

“密苏里”号受降仪式上的英美将军

顾 然　吕 闯*

1945 年 9 月 2 日，太平洋盟军总司令麦克阿瑟在“密苏里”号接受日本投降时，站在他身后的两位盟军高级将领——温莱特中将和珀西威尔中将都曾被关押在吉林省辽源盟军高级战俘集中营。揭开谜底的是一位参加过二战的美国老兵李奇，他曾是二战辽源高级战俘营的真实见证者。1945 年 8 月，是他从这座战俘营中解救出温莱特中将和珀西威尔中将，并把他们送到“密苏里”号上，陪同麦克阿瑟一起接受日本投降。

1948 年出版的《温莱特回忆录》记载了温莱特沦为战俘被关押在辽源高级战俘营的经历：

太平洋战争爆发后，麦克阿瑟与日本菲律宾派遣军司令官本间雅晴逐鹿南亚输多胜少，守军岌岌可危。罗斯福总统决定让麦克阿瑟担任新成立的西南太平洋战区司令。麦克阿瑟的助手温莱特被委任为新建吕宋岛部队的指挥官。

临别前，麦克阿瑟紧紧握着温莱特的手说：“守住这里，直到我回来为止。”然后送给他一盒香烟和两个刮脸盒，作为告别的礼物。

---

*　作者时任《新文化报》记者。

之后不久，温莱特被美国陆军总部晋升为中将，委任他为驻菲律宾美军总司令。1942 年 4 月 9 日，菲律宾的巴丹半岛失守，7.5 万名美菲联军向日军投降，其中美军 1.2 万名。

接着，日军向美军的最后一道防线克雷吉多尔岛发起了猛烈的攻击。驻守在那里的温莱特中将终于撑不住了，5 月 5 日 10 时，他向华盛顿发出了最后的电报："请告诉全国，我的部队和我本人已经完成了所有人类能够做的一切，我们捍卫了美利坚合众国和她的军队的优秀传统……我带着深深的遗憾和对我顽强的军队的无限自豪去见日军指挥官了……再见了，总统先生！"

第二天，他带领 1.2 万人向日军缴械。至此，被日军俘虏的美菲战俘达到了 9 万多人。

1942 年 6 月 9 日，日本军方宣布温莱特将军为战俘，与其他参谋人员运往菲律宾高级战俘营。1942 年 8 月 14 日到达台湾，先后辗转 3 个战俘集中营。

1944 年 12 月 1 日，温莱特将军等 16 名高级军官和 16 名勤务人员乘火车，晚上被押送奉天战俘营第二收容所西安县战俘营（即辽源高级战俘营）。这个高级战俘营建在当年日本关东军辽源守备队被称为"北大营"的驻地里，是为了镇压辽源人民的抗日斗争，选择地处市内和矿山之间的地方，建造了这座兵营，目的是想利用这个地理位置，切断城里人和矿山工人的联系。当时"北大营"占地约 3 万平方米，四周筑有高墙，高墙外是一圈电网，高墙上也有电网。院内有十字形马路将"北大营"划分为 4 个部分，南部的两部分用矮榆树墙隔开，西面迎正门部分是守备队部，东面则是一栋栋兵营。兵营北部的两部分用砖墙隔开，西面是一栋栋监房，用来关押被俘的中国人；东面是一个比较小的四合院，这就是用来关押盟军战俘的地方。设有情报、侦查、审讯等特务机构，还有牢房和狗圈，里边养着 20 多条凶恶的洋狗。对这个杀人魔窟，中国人不敢从门前经过。

此前，美军截获的一份日军俘虏情报局发自昭和二十年（1945 年）一月十九日的《移管俘虏通报》中，也有将温莱特中将等 20 名俘虏移交给奉天战俘营（西安县第二收容所）等情况的记载。

温莱特等人被关押到“辽源高级战俘营”后，战局发生转变，这些高级战俘被日军作为人质资源秘密关押起来。但他们的待遇开始好起来。

后来，日本人提出要求，让温莱特给美国国内写信，希望他做一些调停工作。温莱特是麦克阿瑟在西点军校的校友，是二战中被俘的美军中军阶最高的将领之一。

1945 年 8 月 16 日凌晨 4 时 30 分，在日本天皇宣布投降的第二天，一架 B–24 运输机从西安出发，机舱内有 6 名背着伞包的军人，他们是美军派往奉天执行营救温莱特中将等战俘计划的营救小组，其中有李奇、詹姆士·翰奈西少校、罗伯特·拉马尔少校、爱德华·斯塔兹中士、书绪己滕中士、程师吾。

他们在奉天空降后被日军俘获，当时奉天战俘营守军已经知道日本宣布投降，并没有难为他们。营救小组发现，他们要营救的将军，很多人不在奉天战俘营里，日本军官松田告诉他们，一些将军被转移到了西安县第二收容所，那里是奉天战俘营的分所。

1945 年 8 月 17 日，李奇和拉马尔前往辽源营救温莱特等人。

19 日，当温莱特见到李奇时，情绪十分低落，他担心美国政府和人民轻视他。他对李奇说，我对不起美国，我投降了。李奇则安慰他，这件事不完全怪你，你是个英雄。

24 日，温莱特等一行 35 人离开辽源；从西安县第二收容所到奉天大约 240 公里路程，当时正处雨季，道路很差，路上车辆损坏，又逢青黄不接的时节，他们沿途得到了中国老百姓的热心帮助，端茶送水、送柴送油、推车引路等，使他们两天后赶到开原，乘火车到达沈阳。李奇在途中拍下了中国百姓帮助他们推车的珍贵照片。27 日，他们乘飞机离开沈阳，随后飞往美国停泊在东京湾的“密苏里”号战舰，参加日军投降仪式。31 日 19 时，麦克阿瑟看到了一个几乎认不得的老人：瘦骨嶙峋，身上穿的军服满是褶痕。他拄着拐杖，步履艰难，双眼深陷，两颊凹进，头发雪白，皮肤看上去像旧皮鞋。看见麦克阿瑟，温莱特尽量做出微笑的样子，想说什么却哽咽着说不出来。

1945 年 9 月 2 日 8 时 43 分，麦克阿瑟以太平洋盟军总司令的身份率各国代表在“密苏里”号战舰上接受日本代表的投降。受降仪式开始，麦克阿瑟在众多盟军将领中指定刚刚从辽源战俘营被解救回来的温莱特中将和珀西威尔中将陪同其签字。

麦克阿瑟签署完受降书后，转身把刚刚用过的钢笔交给身后的温莱特将军。这一颇有意味的过程被在场的摄影记者记录下来，成为了永久的历史瞬间。

温莱特后来在《回忆录》中写道:“如果没有中国百姓的帮助，我即使被解救出来也未必能活着离开。”他始终没有从自责中挣脱，不久郁郁而终。而在美国人眼里温莱特从来没有失败过，1972 年，他们为他写了本书，名字叫《巴丹英雄》。

在英国，珀西威尔将军由于在日本战俘营度过的那段日子而被人民尊敬。他后来做了远东战俘委员会（FEPOW）的终身主席，尽力为与他有过相同经历的战俘们争取补偿，并最终为他们获得了 500 万英镑的日本冻结资产。

辽源高级战俘营曾关押过二战盟军的高级军官还有美国陆军帕克少将、爱德华·金少将、乔治·摩尔少将，荷兰驻东印度司令考尔中将，澳大利亚的麦克斯维尔准将，英国驻香港总督马克·杨爵士、驻婆罗洲总督史密斯、驻苏门答腊总督史皮茨、高等法院大法官摩西尔文等。

中国战区各地受降

中国战区受降亲历记

——从芷江到南京

王楚英*

我是 1937 年 8 月 13 日投笔从戎、亲身经历了八年抗日战争的老兵。曾先后在上海的罗店、大场，江苏的常熟，安徽的广德、宁国和江西的彭泽、湖口、瑞昌至武宁沿线，同日军作过殊死搏斗，曾两次负伤；太平洋战争爆发后，随军入缅援英，组织缅甸华侨抗日志愿队并任队长，先后在泰缅边境帕罗土、密沙、高加力等地伏击日军，歼敌百余，缴获颇多，打响了缅甸抗日战争的第一枪。后任中国战区盟军参谋长史迪威上将的联络参谋兼警卫队长，随其征战印缅两年有余。1944 年 10 月改任中国驻印军新六军十四师少校作战科长。日本宣布投降后于 1945 年 8 月 17 日调任中国陆军总司令部前进指挥所参谋，亲身参与了中国战区的受降工作，特追记其事如后。

今井武夫芷江洽降之经过

日本宣布无条件投降后，第三战区司令长官顾祝同即建议由该战区就

---

* 作者时任中国陆军总司令部前进指挥所参谋。

近前往南京接受日军投降，当获蒋介石、何应钦（时为中国陆军总司令）同意。故蒋介石在给侵华日军最高指挥官冈村宁次的第一号命令中曾规定冈村宁次派代表至浙江玉山洽降。但是，中国战区参谋长魏德迈和美军作训司令麦克鲁却不以为然。他们指出：日本虽已宣布无条件投降，日军头目却仍顽固不化，十分嚣张，根本不承认失败，冈村宁次对于向中国投降更不服气。而新六军在缅北全歼了日军中最精锐的第十八师团，并歼灭了第二、四十九、五十三师团各一部，使日军丧胆，称其为“森林之虎”“华军的利剑”。以新六军到南京受降，不但足以威慑日军，而且可以给沦陷区的中国人民极大的精神鼓舞。现新六军正集结在芷江空军基地周围，将其空运南京，当日可达。而第三战区的部队却远在浙赣闽边区崇山峻岭之中，交通闭塞，只能徒步行军，他们距离南京其实甚远。况且两军的装备仪容也有差异，由新六军这支战功卓著、拥有新式装备、纪律严明、军容严整的部队前往南京受降，一定能获得许许多多的良好效果。魏德迈和麦克鲁这么一说，蒋介石觉得其言有理，便改变了主意，决定将新六军空运南京担负受降任务，并通知冈村宁次派代表至芷江受领何应钦的命令。同时规定：代表以 5 人为限，于 8 月 21 日晨，乘日本飞机一架自汉口起飞，经常德上空到芷江。要求该机两翼各系一条 4 米长的红布条以便识别。还规定了该机在三架中国战机掩护下的飞行高度、与机场塔台联系波长和呼号、降落顺序等事项。

芷江位于湘西的湘黔公路边，西面隔着新晃县与贵州省相毗邻，沅水从城西经城南向东流过榆树湾（现为怀化市），在洪江与沅水汇合。中美空军混合团以此地为基地后，这座小县城便成为战略要地。1945 年 4 月 13 日，日军妄图夺取芷江，摧毁我空军基地，曾由第二十军司令官坂西一良亲率 5 个师团进犯芷江，被我第四方面军王耀武部和第三方面军汤恩伯之一部分别在城步、武冈、雪峰山、洞口一带，给以毁灭性打击后，日军于 5 月下旬全线溃退，我军取得了抗日战争中最后一次攻势作战的重大胜利，通称湘西大捷。

受命主持中国战区日军投降事宜的中国陆军总司令部，由参谋长萧毅肃率领于 19 日自昆明空运来到芷江。原来驻在芷江县城关的是新六军军部及直属部队、第十四师四十团和中美空军混合团及其附属机构，已有人满之患，遍地是军用帐篷，到处都有军人。现在忽然增加了许多中美高级机关和各种部队，更加显得人多车多，交通辐辏，拥挤不堪。芷江这座湘西小县城顿时冠盖云集，车水马龙，热闹非凡，从此成为举世瞩目的历史名城——日军投降洽降地。

8 月 20 日下午，何应钦在冷欣、李惟果、王俊、贺衷寒等人陪同下，率中央各机关官员 80 余人及中外记者数十人，分乘 4 架大型客机来到芷江。这时芷江这座古城已披上了节日的盛装，到处张灯结彩，旗帜飘扬。在城门口、机场入口、湘黔公路道口、沅河大桥两端，分别矗立着高大壮观的彩饰牌楼，各缀以“胜利之门”“正义大道”“和平之桥”“和平胜利”“胜利万岁”的横额，顶端均安置着金光闪闪的大 V 字，内置灯光，晚间光芒四射。在大 V 字两侧分插着中、美、英、苏四国国旗，显示着这是世界人民的共同胜利。

21 日，芷江大雨初晴，天朗气清，风和日丽，地上绿树成荫，郁郁葱葱；田间禾稻如浪，一派金黄，好一幅丰收景象。人们刚刚庆祝了湘西大捷，又迎来了日本投降的历史性胜利，大家更是笑逐颜开，无比自豪。一大早便有人穿着节日盛装，扶老携幼，从四面八方纷纷来到芷江机场周围的山坡上席地而坐，或者站在机场通往城厢的道路两旁，等待日军投降代表来向中国人民屈服投降的这一永垂青史的时刻。在公路两旁每隔 50 米便竖有 4 根约 8 米长的蓝白红三色旗杆，顶端悬挂着中美英苏四国国旗或联合国 51 个会员国的国旗（这 51 个国旗印在一块绸布上，称为联合国旗，因当时还未制定联合国旗），旗下站着新六军英姿飒爽、武装整齐的战士，引来了过往行人的注视和微笑，还有青年学生献上鲜花，向这批刚从缅甸战场凯旋的战士致敬。

当时我在新六军十四师任作战科长。湘西会战胜利结束后，军长廖耀湘派我同十四师的副团长谢仲良，新二十二师炮兵指挥官游公弼、副团长祝能，军部中校参谋刘震寰，一起到昆明美军参谋指挥学校受训。当我们从广播中得悉美国已于 8 月 6 日、9 日先后向日本投下了两颗原子弹，造成了日本人重大的伤亡，日本举国震动的消息时，预感到日本必将投降，便建议校方（中方负责人为萧毅肃、成刚，美方负责人为马丁将军、席乐义上校）请了伍启元等教授向我们讲解原子弹问题，又由美军作训司令麦克鲁少将和中国陆军总司令部副参谋长蔡文治、情报处长钮先铭给我们介绍日本动态和盟军对德国投降的处置以及我们将来对日本投降的政策。8 月 15 日日本宣布无条件投降后，廖耀湘立即电召我们于 17 日飞回芷江，派我在前进指挥所筹备接受日本降使今井武夫（日本侵华派遣军副总参谋长）一行到芷江洽降有关事宜，萧毅肃指定我协助陈倬上校接待今井武夫，兼管安全警卫工作。

8 月 21 日上午 9 时，由周天民、林泽光中尉和美军上尉葛兰芬驾驶的 3 架野马式（P–51）战机在万人瞩目中从芷江机场腾空而起。10 时许，周天民在常德上空发现日本投降代表今井武夫一行所乘的飞机，遂按约定信号，令该机按规定随其向芷江飞行，于 11 时飞临芷江上空。此时，另有 6 架战斗机正在空中警戒。11 时 15 分，周天民首先着陆，守候在机场四周山坡上的人群顿时爆发出了雷鸣般的掌声、欢呼声、锣鼓声、爆竹声，伴着轰隆隆的机声，构成了一曲中华民族反侵略战争胜利乐章的大协奏；数不清的鲜花和彩纸彩球从人丛中抛向天空，落进机场，形成了“鲜花从天降，欢声动地来”的壮丽景观。

继周天民的飞机之后是今井武夫的座机，在严密的戒备中，徐徐降落后驶到了机场北面特开的停机坪。它是一架双引擎飞机，机身涂着日本国旗，机尾拖着一条红布带。当日机下降时，原来沉浸在狂欢中的人群，顿时被这架涂着“红膏药”的飞机激怒了，爆出了震天动地的怒吼，喊打声此起彼伏，一阵高过一阵，许多污物纷纷投向日机停机坪方向。如果不是新六军王启瑞团长事先在机场周围设置了警戒线，并向群众打过招呼，宣传了政府对待已投降的日本军的“以德报怨”宽容政策，数万愤怒的民众，一定会冲进机场，把今井武夫一行打得粉身碎骨的。

日机停妥后，我和陈参谋即令打开机舱门。今井武夫穿日军夏服，佩少将领章，腰悬军刀，面露戚容，肃立机舱门口，诚惶诚恐地问道：“能否下机？”陈参谋说：“全体下来！”今井一行 8 人手提行囊依次下机后列队肃立于舷梯旁边。今井即解下腰间佩刀，双手呈交陈参谋，等候旁边的中外记者立即举起照相机摄下了这一历史画面。今井随即向我们呈递身份证明，他们是：中佐参谋桥岛芳雄、少佐参谋前川国雄、译员木村辰男、机长空军少佐松原喜八、驾驶员空军上尉久保善助、通信官空军上尉小八童正男、雇员中川正治。经我们一一核对查证无误后，遂由宪兵检查他们的行李。检查完毕，我即与我空军安全人员由日本机长松原喜八陪同登上日机巡视，再让记者拍照。当时，今井神态忧伤，站在那里呆若木鸡，任人拍照。下午，陈参谋令今井 8 人分乘两辆中型吉普车（车头挂白旗），紧随我开的小吉普车来到机场北侧小山下一幢红砖平房休息用膳。陈参谋和我以及翻译等工作人员则住在平房附近的帐篷里，四周由新六军战士和宪兵担任警卫。

当日 14 时，陆军总部参谋长萧毅肃中将在芷江城内南街万寿宫召见今井武夫等。事前我们已将这里布置成庄严肃穆、象征胜利的会见厅。这是一幢四合院式的平房，我们将最后一幢的中间堂屋布置成会见厅，正面壁上悬挂孙中山先生遗像，两旁分悬国民党的党旗、国旗，其下方正中嵌一金色大 V 字，两侧为“和平”二字，靠墙脚置有冬青、松柏等盆景。中、美、英、苏的国旗和四国领袖的巨幅画像分悬在东西两壁。厅内南北摆了两张长条桌，相距 3 米，各覆着白布；东西两侧也各有一张覆盖白布的条桌。上首为受降席，萧毅肃居中，冷欣、柏特诺（中国战区美军作战司令部参谋长）等分坐左右，右侧为记者席，左侧为中美官员席；下首为洽降代表席，今井居中面对萧参谋长，其两侧为桥岛、前川两参谋及译员木村辰男。

14 时零 5 分，我和陈参谋引导今井等进入会见厅，在下首长条桌后列成横队，由今井领着向萧毅肃鞠躬致敬后，向萧呈递证件并介绍其随行人员，然后立于座位上声音低沉凄怆地向萧毅肃报告说：“本人奉驻华日军总司令官冈村宁次将军之命前来晋谒中国战区负责人，领受指令。我的任务是在停战协定签字前同贵官联络，无权在任何文件上签字和解决问题。”

萧毅肃听见今井在报告中竟使用“停战”一词，而回避投降的事实，大为不满。他厉声训斥今井，指出：“日本天皇已下诏接受《波茨坦公告》实行无条件投降，命令日军停止战斗，交出武器。贵官是冈村宁次将军派出的投降代表，前来接受中国战区关于侵华日军投降的命令。你在口头报告中用停战代替投降一词，殊为不妥，特予以纠正。”并追问今井为何没有呈交冈村宁次给予今井的命令？今井见问，即由桥岛中佐将该命令原件呈阅。

萧毅肃又说：“中国战区最高统帅18日曾电令冈村宁次将军，由你将中国大陆（东北三省除外）、台湾和越南北纬16°以北地区所有日本军队的指挥系统、兵力分布、机场、舰艇、弹药库、布雷区的位置和现状之表册图籍一应带来呈交。请全部交出。”今井却说：“现在带来在华日军兵力配备图并无表册。台湾和越南均不属冈村宁次管辖，故图上阙如。”今井即嘱桥岛向萧参谋长呈上《驻华日军兵力分布图》。当令其立于桌前展开地图并作说明，此时数十架照相机再次对着桥岛和地图拍照，镁光灯闪耀不停。

稍后，萧参谋长即示意我叫记者们暂停摄影。随后将中国陆军总司令何应钦上将致冈村宁次的《中字第一号备忘录》交我送给今井武夫，令其当场展阅后签收。其领受证经今井签名盖章后由桥岛送呈萧参谋长。萧即说：“第一号备忘录，贵官业已阅读，其主旨是中国陆军总司令部决定设立南京前进指挥所，由冷欣中将任主任。将派先遣人员孙桐岗、陈昭凯、张汶杰三位上校随你的飞机前往南京进行筹备，要求冈村宁次将军保障他三人的安全并提供支持。”今井听后肃立答道：“谨遵尊嘱，定代转达。”萧毅肃又说：“在日本投降签署降书之前，我们将运送军队前往各重要城市准备接受日军投降，请冈村宁次将军对此给予配合。”今井点头领命。萧遂将“中国陆总”芷江电台波长、呼号及通报时间表交我送给今井签收。今井同时将日方的通报时间表、波长、呼号等交桥岛再呈萧毅肃亲收。萧随后面谕今井：“何应钦总司令将亲自召见你垂询情况，并派中美专家到你住处面谈，你均应据实详答。”今井频频起身点首唯诺，肃立称是。萧面告今井：“你们返回南京时间另行通知。”并准许今井利用其飞机上的通信设施同南京联络。萧即令今井退出。我就带着今井等乘车返回驻地。这次洽降历时80分钟。

22日，分别由蔡文治、钮先铭召见今井，垂询有关问题。当日下午及晚间，中美专家们分别询问今井各项技术性问题。在23日上午，我向今井交付了第2号至第4号备忘录。

《第二号备忘录》是告示冈村宁次，已令各地受降主官在指定城市设立前进指挥所，饬各地日军最高指挥官听令行事。

《第三号备忘录》要求冈村宁次对于即将空运到南京、上海、北平的中国军队妥为接待。

《第四号备忘录》对冈村宁次做出关于日军投降缴械的 6 项具体规定，并规定重庆与南京电台通报时间和波长、呼号。

23 日 13 时 30 分，何应钦在芷江召见今井。萧毅肃、冷欣、蔡文治、廖耀湘、舒适存（新六军副军长）、钮先铭、麦克鲁、柏特诺均在场。我带今井入场。何应钦的机要参谋陈桂华上校和廖耀湘的作战参谋亦随行在侧，由陈武上校担任翻译。今井入室行礼如仪。何应钦示意他就座后，面告今井说："你今日下午可返南京。已交你之第一、四号备忘录应妥交冈村宁次将军，嘱其妥办。我决定俟证明南京机场确实可用后，即向南京空运中国军队。请告知冈村宁次将军从速准备接待。"今井随即肃立答道："谨遵钧命。"召见至此结束，历时 15 分钟。我遂领今井退出，登车返回机场，监督其登上原机。我空军上校孙桐岗和陆军上校陈昭凯、张汶杰也随今井的飞机前往南京。我和陈参谋送孙桐岗等登上飞机坐定后，见一切正常，即走下舷梯。14 时 45 分，这架日机开始驶向起飞跑道，此时已有 3 架战机升空警戒。15 时正，指挥塔令该机起飞，随即向南京飞去。

冷欣到南京设立前进指挥所

8 月 25 日晚，何应钦在芷江收到冈村宁次来电，内云："今井总参谋副长一行及贵军将校三人已于 23 日 20 时抵南京；贵军南京前进指挥所望尽速前来，其飞行时间、高度、路线、机种、架数请预示，俾对冷欣阁下一行妥为保护，期无遗憾；至于他到南京之住宿、办公地点、交通工具、安全保护等事宜，本官已作妥善安排，可保无虞；南京机场甚为完好，可供贵军使用，23 日抵此之孙桐岗阁下已亲自检查，有所布置；今晨飞抵南京贵军伞兵队和通讯、机械分队在孙桐岗阁下指挥下完全掌握大校场机场，同芷江的无线电通信业已沟通。谨闻。”26 日晚，何应钦对前进指挥所 211 名官兵（陆军总部 159 人，新六军 52 人）训话，他说：“南京的同胞遭受日军八年的凌辱，痛苦不堪。他们正以等待骨肉归来的亲情，期待着你们像亲人一样早日回去救助他们。你们一定要注重仪容、严守纪律。倘有玩忽，有干军纪，不特会有损国军声誉，而且有负国人的厚望。望各自爱，切勿稍懈。”

27 日，我们 211 人连同 6 辆吉普车，分乘 7 架飞机自芷江飞往南京。14 时，第一架飞机首先在大校场机场着陆，内有吴传新上校率领的第一组官兵及一辆吉普车。接着大约每隔 10 分钟左右就有一架飞机降落。我率新六军部分官兵和无线电台、吉普车乘第 6 架飞机。当我乘的这架飞机在南京上空环飞一周时，我凭窗俯瞰全城，只见山河依旧，中山陵仍巍然屹立在钟山之阳，扬子江照常经由城北滚滚东流，而所有景物却显得很凋敝，实属满目疮痍，使我备觉凄楚，黯然神伤。

飞机着陆时，正在机场外面田间耕作的农民和附近村中的居民，一看见中国的飞机和军人出现在眼前，便欢喜若狂地涌向机场的外壕边，挥舞着草帽头巾，有的举着手中农具，欢跳着向我们招呼“兄弟”“老总”！我们不约而同地奔向外壕边，隔着宽约 5 米的壕水，噙着热泪，同乡亲们聊起来，并向他们抛去香烟和罐头。他们当中几位男青年则手提竹篮和瓦罐，装满了茶水、山芋、地瓜等农产品，涉过外壕来到我们面前，情不自禁相互热烈拥抱起来。只可惜我没有用照相机录下这非常动人的情景。这时 3 个巡逻的日本兵，见有农民进入机场便赶来干预。强压了八年愤恨的农民兄弟，一见这几个日本兵指手画脚、叽哩呱啦，便怒火中烧，猛地扑过去，挥拳就打。打得日本兵鼻青脸肿，却不敢还手。经我们劝解开，日本兵溜走了。我向这几位农民兄弟宣传了政府对待投降日军采取“以德报怨”政策。他们却说日本鬼子作恶太多，不杀他们不解恨。我们正谈着，忽听集合号响了，只得同这些乡亲们依依不舍地道别。

14 时 50 分，冷欣乘的第 7 号飞机最后着陆。先期来到机场迎候的今井等日军官员，马上迎向机前，列队恭候。孙桐岗、陈昭凯、张汶杰三人和伞兵营长刘农畯上校则率一连伞兵列队于停机坪上，吹奏军号以迎。冷欣检阅仪仗队后，被今井迎至帐篷里略事休息，便召集全体官兵讲话。与冷欣同机前来的是：新六军副军长舒适存中将、海军少将陈容泰以及陈应庄、王世荣、陈倬、宫其光、邵毓麟、顾毓琇、龚德柏、邹若军、律鸿起、刁作谦、陈始升、李人士、傅克军、王达庄、叶夷仲、曹大中、林秀栾、黄瀛等人。冷欣作简短讲话后，即率文武官员和记者分乘带来的吉普车和日方派来的大客车，直趋中山陵，晋谒孙中山先生陵寝，敬献花篮。其余官兵则由吴传新上校和舒传煜少校率领，分别乘日军大客车前往黄埔路励志社和中山北路华侨招待所（“中国陆总”南京前进指挥所在此办公，其斜对面原外交部大楼即是冈村宁次的总部）驻防。

17 时，今井带着桥岛、前川和译员前来晋见冷欣。舒适存、陈倬、宫其光在座。今井向冷欣汇报了 1 至 4 号备忘录的执行情况和南京、上海、北平三地的近况。冷欣随将 5 至 7 号备忘录面交今井。这时，另有 5 架飞机自芷江飞抵南京，运来了陆总和空军、海军指挥所官兵及吉普车，并带来了何应钦给冈村宁次的 8 至 13 号备忘录 6 件。

28 日上午 8 时，冈村宁次由今井武夫少将、少笠原清中佐陪同到中国陆军总部前进指挥所拜会冷欣。陈倬、邵毓麟在座。冷欣说：“我奉何应钦上将之命来南京设立前进指挥所，传达他的命令，为受降作一切准备，希望你们照办。已先后向贵官送交何总司令备忘录 7 件，实施情况如何？请提交书面报告。”冈村宁次是一个极其顽固的侵华日军头目，对日本投降很不服气，对冷欣难免心存轻蔑。他原本不愿亲自拜访冷欣，经驻华日军总参谋长小林浅三郎和今井武夫一再进言，他才前来，态度却很倨傲。他没有直接回答冷欣的提问，而是淡淡地说：“此事我责成今井少将办理，由他向贵官和何总司令作书面报告。”冷欣将 8 至 13 号备忘录交冈村宁次一一阅览后签收。冈村宁次又说：“我已命令日军停战，但共军不断逼降，制造摩擦，日军已伤 500 余人，维护交通和要地安全至感困难。望国军快速推进。重要城市仍当尽力保护。”并说，他准备将总部及附属机构移驻吴淞，由今井在南京联络，以便让出房屋，供国府还都之用。冷欣嘱其候命。嗣经何应钦电令：“冈村宁次及其总部不得离京。”冈村就未敢再提。

28日下午，冷欣召集全体军政人员开会，要求为新六军即将空运南京和预定9月9日上午9时在南京军校礼堂举行签降仪式，作好一切准备，向有关人员布置了任务。令舒适存带领刘措宜、宫其光、向华超、舒传煜和我负责签降典礼的筹备工作。同时要求舒适存首先安排好新六军飞抵南京后的部署和运转工作，并叫我调查南京地区伪军的具体情况。他还宣布何总司令已任命第十四师师长龙天武少将兼南京警备司令，要我为其准备房屋，拟定警备计划。

新六军于8月30日开始从芷江空运来南京，至9月5日运完。我被临时派驻大校场机场，进行接待，安排汽车接运部队前往防地：新六军军部及直属部队驻黄埔路、炮标、马标；十四师师部驻中山北路华侨招待所对面，其直属队驻山西路附近；四十团驻岔路口，另以一营驻马鞍山；四十一团驻守南京市区，另以一营守燕子矶；四十二团驻浦口、浦镇，另以一营守六合。新二十二师驻镇江，以一个团守备宁镇铁路，并向扬州、句容、丹阳等地派出警备部队。配属新六军的第七十四军第五十七师陈嘘云部驻守常州、江阴、无锡等地。伪军刘启雄等部集中江宁、溧水地区进行整编，伪国府警卫团和伪军校学生、伪宪兵移驻孝陵卫整编。

9月6日，萧毅肃率陆军总部来到南京，进驻黄埔路原中央军校内。

中国战区日本投降签字仪式隆重举行

9月8日，何应钦在蔡文治、钮先铭、张廷孟和陈桂华陪同下，从芷江乘“美龄号”专机来南京。谷正纲、李惟果、丁惟汾、贺衷寒、葛敬恩和麦克鲁、柏特诺等同机到达。10时许，南京各界人士和自发来迎的民众万余人，身穿盛装，手持国旗和鲜花，列队于明故宫机场停机坪旁；新六军仪仗队、军乐队在王启瑞上校指挥下，列队于欢迎人群的右首；在仪仗队左侧为先期到达南京的陈绍宽、顾祝同、萧毅肃、冷欣、汤恩伯、王懋功、马超俊、李明扬、郑洞国、廖耀湘、牟廷芳、舒适存、龙天武、李涛和其他军政官员与盟方官员共100余人。冈村宁次等5人也来恭迎，被允许在机场内一角静候。

何应钦的座机在 9 架战鹰护卫下，于中午时分飞临南京，在城市上空环绕低飞三圈后，徐徐降落。顿时南京市沸腾起来了，锣鼓声、爆竹声、欢呼声响彻晴空，人们四出观望，途为之塞。“美龄号”刚刚停妥，陈绍宽、顾祝同等趋前相迎。机门开启，何应钦站在门口，频频挥手向欢迎人群致意，然后缓步走下舷梯。此时军乐大作，象征和平、胜利的无数飞鸽和彩球腾空而起，漫天飞舞；停机坪上万众欢呼，鲜花摇晃，国旗挥动，摄影记者忙个不停；在欢呼声和军乐声中，南京两位女学生向何应钦献上鲜花和绣有“日月重光”“党国干城”的锦旗、横幅。接着，顾祝同、陈绍宽便陪何应钦检阅仪仗队。然后乘车前往黄埔路中国陆军总司令部。

当日下午，何应钦在中山东路励志社召开军政人员会议，听取了冷欣、廖耀湘关于日伪军的现状和南京受降准备情况以及南京与周边地区的治安状况的汇报；顾祝同、汤恩伯、王懋功、马超俊关于各自管辖地区的情况及受降接收之准备的汇报；陈容泰、孙桐岗关于日本在华海、空军之现状及接收准备的汇报；邵毓麟、顾毓琇关于日伪的财经工商现状、教育文化设施和接收之准备的汇告；最后听取了舒适存关于“九九”签降典礼有关程序和工作安排的汇告。何应钦即席讲话，首先阐明我国对日本投降实行“以德报怨”的宽容政策之目的与必要性，接着重申接受日军投降和处置伪军、伪组织应严格遵守之纪律，并提出了具体的要求。同时再次晓谕：入城部队和人员，务必提高警惕，严格军风纪，爱护民众，奉公守法，洁身自好。倘有玩忽，严惩不贷。

当晚，何应钦仍在励志社举行了中外记者招待会。他宣告：中国战区日本投降签署降书仪式定于 9 日上午 9 时在南京举行。日本投降代表为冈村宁次，日军投降总兵力 1283240 人，其中华北方面军 326244 人、华中第六方面军 290367 人、京沪地区（第六、十三军） 330397 人、广东地区（第二十三军） 137286 人、越南（第三十八军） 29815 人、台湾（第十方面军） 169031 人。另有日侨 779871 人，韩侨 50935 人。日军投降后，对日俘侨给以宽大周到之对待，尽快予以遣返，使其早返家园，各安生计。他接着回答了中外记者的提问，表示解除全部日军的武装约需3个月。随后，他发表了简短讲话。他说:“8年前11月26日我们离开首都时，都有沉痛的决心和坚强的自信，我们一定能够取得最后胜利，重回首都。经过8年的艰苦抗战，终于获得光荣的胜利，重回首都了。今后的目标，在建设富强康乐国家、营建人民福祉、维护世界和平。”

1945年9月9日上午9时，中国战区日本投降签字典礼，在南京原中央军校礼堂隆重举行。

在通往军校的中山东路黄埔路口矗立着一座高达十余米的彩饰牌坊，下置三门，中通汽车，两侧行人。牌坊上部分三层，饰以翘角飞檐，顶层设有金属制成的V字，悬挂着中美英苏国旗，翘角悬挂宫灯；第二层正中镶嵌着巨型国民党徽；第三层则为横匾，上书“和平胜利”四字。楼柱都加彩饰，蔚为壮观。从黄埔路南口这座牌坊开始，在整个黄埔路上和军校大门到礼堂门前广场的马路的两边，每隔50米竖着一根5米高、漆着蓝白红三色斜条纹的旗杆，杆上悬挂印有51国国旗的联合国旗，旗下并排站着两名新六军战士或宪兵。他们头顶钢盔，肩负背包，手持冲锋枪，身着呢军服，黑色皮鞋，全白手套，庄严挺立。

在军校大门前，建造了一座用苍松翠柏扎成的高大牌坊，其上方的木质横匾漆成红底，镶嵌着“中国战区日本投降签字典礼”12个光辉夺目的金色大字。横匾上方矗立着用松叶编扎的两米见方的方块，正中嵌着巨型金色V字，两边分缀“和平”二字，中美英苏的国旗在其上方飘扬。向内间隔10米，又有一座门楼横陈于马路上方，其横匾的蓝底上书写着白色的“中国陆军总司令部”衔名。这两处都各有四名新六军战士或宪兵把守。

在礼堂广场前，又有一座用松枝柏叶扎成的屏风，中置“和平永奠”四字。礼堂是二层楼砖木结构，正面有三道门，门的上方各饰一个国民党徽，门间的墙壁则饰以蓝白红三色布幔。礼堂正面呈锥形，上有塔形钟楼，塔顶旗杆悬着巨幅国旗。在这旗杆与楼之四角间各用彩带相联，上悬51国的国旗，以示联合国之大胜利、大团结。在礼堂主楼之东西两侧各有一幢二层楼房连接，现辟为典礼指挥部和贵宾休息室。礼堂钟楼上层内置巨钟，形似汉口江汉关上之钟楼，其下方也镶嵌一个巨型金色 V 字。

走进礼堂正面大门，迎面受降大厅，除对着正门留有一个入口外，其余三面均用天蓝色布匹围成“Π”型状的签降区。靠北置一较宽的大型长方桌为受降席，备有带扶手的皮椅 5 张，桌中央置红木文具盒、文件夹及中央广播电台的麦克风。其对面相距约 4 米处置一较窄的长条桌为投降席，备有七张靠背木椅，桌正中也置一文具盒。受降大厅正面墙上高悬国民党党旗、国旗和孙中山先生巨幅画像，像下缀一 V 字，“和平”二字分列两旁，其下端靠墙脚处置有 12 盆苍翠欲滴的盆松和万年青。在孙中山先生遗像对面的楼廊上，则并排挂着中美英苏四国领导人的画像。礼堂内东西两壁上，间距相等各缀有三个用蓝白红三色绸扎成的梅花。另在堂内圆柱上围插着中美英苏国旗，堂内自中心向四角以彩带相连，彩带上悬着印有 51 国国旗的联合国旗。大厅的上方悬着四盏造型精美别致的大吊灯，光照全场。

受降大厅布围内，在受降席和投降席的后面，各站着 8 名精神抖擞、武装整齐的新六军战士。在正面的三道门和其他通向礼堂的入口处，以及礼堂内两个楼梯口，均各有两名新六军战士守卫。布围的入口则由两名宪兵警戒。

受降大厅西首为中国高级将领和盟国贵宾观礼席，东首为中外记者观礼席。西楼为盟方官员观礼席，东楼为中国文武官员（校官和文职荐任官）观礼席，坐位上均贴有入席人名条。

正门东西两侧各置签名台，应邀前来观礼的中外文武官员和来采访的中外记者，均持请柬和本人身份证件于 8 时开始签名报到，领取观礼证（内示座次）。向华超少校接待盟方贵宾和一般官员，舒传煜少校接待中方文武官员，张学智少校接待中外记者，我负责警卫安全工作并接待中方高级将领。

出席日本投降签字典礼的共有 405 人：中国陆军将级军官 99 人，海空军官 35 人，陆军中上校军官 85 人，文官 51 人；盟方官员 47 人；中国记者 52 人，盟方记者 36 人。加上工作人员、警卫战士和宪兵，共达 1000 人左右。

上午 8 时 35 分，中方人员入席。8 时 40 分，盟方人员入席。8 时 43 分，中外记者在门外等候拍照。

8 时 45 分，中国军训部次长王俊中将引导冈村宁次等日本投降代表 7 人，分乘 3 辆黑色轿车来到礼堂门前广场下车。这 7 人都表露出一幅凄楚苦相，低着脑袋，哭丧着脸，呆呆地站在车旁任中外记者争相拍照，然后王俊中将才领着他们急步走进礼堂东侧休息室里等候召唤入场。

8 时 50 分，记者入场就座。

8 时 52 分，礼堂内受降大厅的水银灯和全场楼上楼下所有灯光突然放光，场内顿时照耀得如同骄阳直射。此时，何应钦身着戎装，佩戴上将领章，胸前缀满了勋章绶标，在舒适存的陪同下由礼堂北面休息室，健步走进受降大厅，全场人员立即肃立致敬，并热烈鼓掌相迎。早已等候着的中外记者，纷纷抢着摄取镜头，镁光灯闪耀不停，咔嚓声此起彼伏，场内顿时活跃起来。何应钦频频向周围举手答礼，由舒适存引导走到受降席站定，举目四顾，连说：“请坐，请坐！”可是，全场 405 位中外人士竟没有一个落座，仍然站在自己的位置上不停地鼓掌，气氛热烈达到了高潮。摄影记者和带有照相机的人们，在场内四处奔跑，寻找最佳位置以猎取镜头，直到何应钦举手再次高声说：“请坐，请坐！”大家才各就各位，场内方平静下来，何应钦这才也坐下。陈绍宽在其左，再左为张廷孟；顾祝同在其右，再右为萧毅肃。何应钦的机要参谋陈桂华上校，事前已将《降书》《中国战区最高统帅蒋中正第一号命令》的正副文本，以及何应钦预定于签降典礼结束后即席发表广播讲话的文稿，依次放入文件夹内，并打开文具盒，将墨砚、毛笔、印章一一调妥，然后与我并立在张廷孟座位的左后方。日语翻译陈武上校立于何应钦座位后方。何应钦等 5 位中国受降代表端坐在座位上，各将军帽取下置于桌上。全场肃静注视着大门。

8 时 58 分，王俊中将引导日本投降代表侵华日军最高指挥官冈村宁次陆军大将、中国派遣军总参谋长小林浅三郎陆军中将、中国方面舰队司令官福田良三海军中将、驻台湾第十方面军参谋长谏山春树陆军中将、中国派遣军总参谋副长今井武夫陆军少将、驻越南第三十八军参谋长三泽昌雄陆军大佐、中国派遣军参谋小笠原清陆军中佐等 7 人，低着头由正门步入厅内。王俊中将指挥彼等在投降席后排成横队，冈村宁次居中，其右侧依次为福田良三、谏山春树、二泽昌雄，左侧依次为小林浅三郎、今井武夫、小笠原清。日方译员木村辰男着白色西服立于冈村身后。7 名日军投降代表均穿日军夏服，佩领章，戴军帽，白领外翻。就位后冈村率先脱帽，然后齐向何应钦深深地鞠躬敬礼。何应钦微微欠身示答，并命彼等就坐。他们均正襟危坐，神情沮丧，目视前方，右手握帽置于膝上，冈村则将军帽置于桌上。

9 时，何应钦命记者自由拍照。

9 时 4 分，何应钦命冈村宁次呈验代表证件。冈村即将代表证件交给小林浅三郎呈送。小林离席从投降席左侧躬身走到何应钦席前，肃立鞠躬，双手将日本政府及大本营授权冈村宁次代表签署降书办理投降事宜的证件捧呈给何应钦。因桌子太宽，小林面前还有一台播音器，小林生怕碰到它，不便过分俯下身子，以致何应钦不得不起身伸手去接，结果出现了何应钦同小林相对站立交接文件的镜头，曾遭物议。何应钦接过小林呈送的证件坐下检阅后，即从文件夹内取出日本投降书两份交付小林，由其双手捧接后，后退一步向何应钦一鞠躬，原地后转，循原路走回冈村身边，向其交付降书，替他开启文具盒，置砚磨墨。冈村将降书阅毕，即展平于桌上，取笔蘸墨，恭恭敬敬地在降书写上"冈村宁次"四字，随手从自己上衣的右上口袋里取出印章，轻蘸印泥，盖于名下。此时是 9 时 7 分。冈村见自己的名章盖得向右斜，面露尴尬之色，却已无可如何，只得命小林捧此降书呈给何应钦。当何应钦收讫后，冈村立即起身向何应钦点头，他似乎在向何应钦示意：日本已向贵国无条件投降了。时值 9 时 8 分。何应钦审视小林呈来经冈村签名盖章的日本投降书后，一一签名盖章，以其中一份交萧毅肃送给冈村，冈村恭立敬领。时为9时9分。何应钦随即将《中国战区最高统帅蒋中正第一号命令》交由萧毅肃亲交冈村宁次受领。冈村宁次再次肃立，伸出双手捧接，点首示敬。萧乃退回原位。冈村接过一号命令后坐下展阅，然后在领受证上签名盖章，再交小林浅三郎将其呈交何应钦。中国战区日本无条件投降签字仪式至此结束，时为 1945 年 9 月 9 日 9 时 15 分。何应钦即命冈村等日本投降代表退出大厅，仍由王俊中将用原车送冈村等离开典礼会场。

冈村等退出受降大厅后，何应钦即席发表广播讲话。他说："敬告全国同胞及全世界人士，中国战区日本投降签字仪式已于中华民国三十四年9月9日9时在南京顺利完成。这是中国历史上最有意义的一个日子，这是八年抗战全国军民不畏牺牲、浴血奋战的结果，其中也有爱国侨胞及盟邦政府和人民热情相助的功劳。这对亚洲及全世界人类的和平繁荣做出了重大贡献，从此开一新的纪元。我们中国将走上和平建设大道，开创中华民族复兴的伟业。"何应钦的讲话约1分钟，签字典礼遂在雷鸣般的掌声中结束，共历时20分钟。

11时30分，冷欣携带冈村宁次签名盖章的日本投降书飞赴重庆，向蒋介石汇报。

根据中国战区最高统帅一号命令的规定：从9月10日起原日本的"中国派遣军总司令部"名义予以取消，改称"中国战区日本官兵善后总联络部"，由冈村宁次任部长，担负传达及执行何总司令之命令，办理日军投降后之一切善后事项，不得主动发布任何命令；各地区日本投降代表之原司令部均改为该地区日本官兵善后联络部。

中午，何应钦在励志社设宴招待中外官员，共庆抗日战争胜利。

热河、察哈尔、绥远三省受降经过

靳书科*

1945 年 8 月 15 日，日本宣告无条件投降。蒋介石特晋升第八战区副司令长官兼绥远省政府主席傅作义为第十二战区司令长官兼绥远省政府主席，并任命傅作义为热河、察哈尔、绥远三省受降官接受日伪军投降（当时蒋介石拟着傅作义率部到东北接受辽宁、吉林、黑龙江三省日军投降，因傅感兵力不足，地区太远，完不成受降任务）。傅作义奉命后，即在绥西陕坝第十二战区长官部召开党政军负责人紧急会议，研究受降及接收有关事宜。参加会议的有绥陕边区副总司令（总司令邓宝珊）兼第十二战区长官司令部政治部主任董其武、副总司令孙兰峰，第十二战区长官司令部参谋长李世杰、副参谋长张潜、秘书长王克俊，绥远省保安司令部副司令张濯清、保安处长陈光斗，绥远省政府秘书长于纯斋、民政厅厅长陈炳谦、财政厅厅长李居义、建设厅厅长曾厚载、教育厅厅长潘秀仁、地政局局长周北峰，绥远省党部书记长兼党政总队总队长张庆恩以及其他有关人员。会议决定由孙兰峰代表傅作义长官为第十二战区受降官，并组成东进接收指挥部，成员有陈光斗、孟昭第、王雷震、周钧、苏伯安、张庆恩、张国林、苑乃安、李大超、

---

* 作者时任暂编第三军暂编第十七师第三团团长，受降时兼任包头城防司令。

李英夫、张恺然、徐树仁、陈雉卿、刘映元、白震以及电台工作人员及警卫人员等多人。与此同时，急令战区所属各部队，即刻由防地出发兼程向指定地区疾进，配合接受日伪军投降，办理接收事宜。

作者时任国民革命军暂三军暂十七师第三团团长，受降时兼任包头城防司令。现就记忆所及简述如下。

（一）

以孙兰峰为首的第十二战区接收大员奉傅命之后，孙即率领先遣指挥部人员数十人，分乘卡车三辆径直向包头、归绥、集宁、大同等城市挺进。并在接收大员中内定孟昭第为集宁警备司令、张恺然为集宁政务委员会主任委员兼县长；陈光斗为大同特派员办事处特派员、王雷震为副特派员、陈雉卿为主任、白震为对外联络官。他们负责处理集宁和大同日伪军投降及接收有关事宜。同时，傅作义长官分别向各部队下达进军命令：

（1）暂三军（军长袁庆荣）所辖暂十七师向包头挺进，该师的第三团（团长靳书科，即笔者）担任西山咀及黄河以南二小圪堵一带第一线防务，即刻集结全团星夜兼程向包头疾进，迅速进入包头，控制城内日军，维持地方秩序，接受日伪军投降。并令该师副师长宋海潮率领该师第一团（团长张进修）向凉城县进军，协助地方行政人员接收该县。

（2）令该军所辖暂十一师（师长王子修）即刻由东胜县驻地出发昼夜兼程向归绥市挺进，迅速进入市内，维持地方秩序，接受日伪军投降。

（3）令三十五军（军长鲁英麟）所辖新三十一师（师长安春山）即刻由驻地出发经包头沿包绥铁路线向归绥挺进，迅速进至归绥附近，协助暂十一师接受日伪军投降。并分兵一部向陶林县进军，协助地方行政人员接收该县。令该军所辖第一〇一师（师长郭景云），由驻地出发，继新三十一师之后经集宁向大同挺进。到达集宁后归孙兰峰受降官指挥，接受大同日伪军投降。命该军长率所辖新三十二师（师长李铭鼎），继一〇一师之后，向集宁、丰镇挺进，协助该两县地方行政人员接收该两县。

（4）令东北挺进军总司令马占山率领该部由哈拉寨驻地出发，渡过黄河沿集宁、兴和、柴沟堡之线，向张家口挺进，迅速进入该市，担任城防，代表傅作义受降官接受日伪军投降。

为便于各地进行接收，特于事前组成各市县政务委员会，负责接收日伪物资，开展地方工作。各军、师奉命东进后，傅作义长官任命步兵旅（原五临警备旅）旅长于霖瑞为河套地区警备司令，担任该地区的防守任务。

（二）

日本投降时，我任暂十七师第三团团长，担任西山咀及黄河南岸二小圪堵一带第一线防务。8月15日晚，接到傅作义长官直接发来的紧急电令：着我团即刻集结星夜出发，向包头市进军，担任该市城防，控制市内日军。16日下午我团进至麻池以西地区时，傅作义长官又派汽车传令我团："部队加速前进，靳团长在原地等候接受新的任务。"不一时，傅长官乘坐卡车到来，我即向前请示任务。傅作义长官指示说："据报包头飞机场有日军战斗机一架，日军想焚毁。任命你为包头市城防司令，代表接受日伪军投降。进入包头市后，命令日军放下武器，将日军控制起来，令之准备接受投降，不得有任何轨外行动。所有日伪物资一律贴封看管，令日军造具清册，听候接收，无长官部命令任何人不得动用（因我系日本东京陆军士官学校毕业，对日军情况比较了解，可以不经翻译直接命令日军）。部队让副团长率领继续前进，你先带兵一部乘汽车速即进入包市，并将办理情况报我。"我奉命后即率一加强连及部分后勤人员先行进入包头市内，以城防司令的身份，命令日军联队长兼特务机关长田中大佐（原为中佐后升大佐），不得有任何破坏行为，并勒令将企图焚毁飞机之日军士兵山田关押禁闭。随即将日军大队长尾原少佐、情报主任儿玉大尉、日军在乡军人中队长中村大尉、日本驻包头领事××（姓名失记）等人召来，命令他们严格掌管好日军与在乡军人（日军中有一部分系日军退伍后在乡军人重征入伍的）及日本侨民，不得有任何不法行为。并命令分别集结在几个地方，听候处理，无城防司令部发的通行证，一律不许在大街上行走。同时，将日军特务机关的无线电台先行接管，责令儿玉大尉负责向张家口及大同日军进行联络，通知各处日军向我军投降。

就在此时，从包头日军特务机关得悉：

①驻张家口市的伪蒙疆日军司令官根本博中将，已奉侵华日军总司令官冈村宁次大将之命，命包头及大同等地日军直接向第十二战区受降官傅作义司令长官投降。

②驻归绥及集宁日军已于日前乘火车撤至大同集中候令投降。

③归绥市内的秩序暂由伪蒙军维持。

④伪蒙军总司令李守信已命令驻归绥的伪蒙军参谋长包贵廷率归绥市及其他等处的伪蒙军直接向第十二战区司令长官傅作义受降官投降，听候处理。

⑤伪蒙军有一个师（第九师）起义投降了八路军。

此时，我一面将对日军处理及所获情况呈报傅作义长官，一面令部队严格遵守纪律，做到秋毫无犯。夜宿包头城外，翌日上午整队进城，当晚第十二战区长官部进驻麻池村内。

傅作义长官接到我团上述报告后，即命令暂十一师和新三十一师，务于本月 19 日前，进入归绥市内，接受日伪军投降。又令在萨、托二县之间进行游击活动的游击支队司令郭长清即率所部向归绥急进，抢先进入归绥市内，等候孙兰峰受降官接受日伪军投降。同时又急电孙兰峰迅速进入归绥市接受伪蒙军投降。

（三）

我团于 8 月 17 日中午 12 时进入包头市。当我全团官兵身着草绿新装，脚穿麻织草鞋，精神饱满地打着战鼓、吹着军号、唱着胜利凯歌、迈着整齐步伐列队进入城内时，市民热泪盈眶，夹道欢迎。特别是那些离别八年的包头官兵的家属及亲友一见亲人，高兴得流下了喜悦的泪水。有的甚至跟在部队的侧面直到入城式结束。部队进城后，立即将城防接管。除对重要关卡派兵驻守外，并将日军所看管的武器、弹药、粮秣、医药以及其他军用物资仓库等全部查封，派兵看守，规定没有长官部的命令，任何人不得进入随意动用。责令日军管理人员将各库存物品，分别造具清册，听候有关部门派人接管。

一切城防布置妥善后，傅作义长官及第十二战区长官部，即于 18 日进驻包头市城外电灯公司院内。傅长官进驻包头城后，为了尽快恢复包头市的正常秩序，特令马秉仁为包头市警备司令兼政务委员会主任委员，建立市镇机构，开展市内工作。其时马秉仁正忙于组织警备司令部及建立市内各行政机构，日伪物资仓库仍暂由城防部队派兵看管。直到我团调离包头开往归绥时，才正式接管。

我团进驻包头之后，新三十一师即沿包绥线向归绥兼程前进。这时，暂十一师也由副师长刘景新率领该师第二团（团长郁傅义）先从东胜出发，连夜由高龙渡口渡过黄河向归绥急进。郭长清游击支队也奉命由托县地区向归绥市快速前进，企图抢先进入归绥城内夺得首功。与此同时，第十二战区另一游击支队司令兼归绥县县长乔汉魁，也奉命向归绥急进，以期首先占领归绥市。

8 月 18 日郭长清部及暂十一师、新三十一师先后进入归绥市内，先遣指挥部孙兰峰受降官也随安春山师进入归绥市内，代表傅作义司令长官接受伪蒙军投降。傅作义令暂十一师驻防归绥担任城防；令新三十一师向陶林、兴和推进，协助地方行政人员接收该两县；令郭长清部向清水河县推进，配合地方行政人员接收该县。20 日，一〇一师继新三十一师之后进入归绥市附近，孙兰峰受降官指挥该师继续向集宁、大同挺进。

8 月 22 日，傅作义司令长官由包头乘火车到达归绥，第十二战区长官部驻于麻花板营房内，并将伪蒙军各部队改编为第十二战区第十路军。为了安定伪蒙军的情绪，仍任命李守信为总司令、包贵廷为参谋长代行司令职务，任命门树槐仍为师长。将伪蒙军炮兵部队改编为第十二战区直属野炮营，令暂十七师第三团第三营少校营长张令功为该营中校营长，任命伪蒙军兵工厂厂长兼炮兵团团长张启祥为第十二战区炮兵副指挥官（指挥官刘振衡），伪蒙军官学校仍住在该校听候分发安排。还将伪绥西联军改编为第十二战区第一集团军，任命王英为集团军总指挥；成立归绥市政务委员会，由李居义任主任委员，张遐民为副主任委员；温永栋为归绥市警备司令兼归绥市市长，韩伯琴为归绥市副市长兼归绥市警察局局长；朱伯行为归绥市稽查处处长。与此同时，绥远省政府也由绥西陕坝迁入原省政府大院内。除在陕坝时原绥远省政府的各厅局长及原绥西河套各县县长未更动外，傅作义主席又新任命绥远省卫生处、公路处等5名处长和人事室主任，以及归绥县、包头县等13个县的县长。

（四）

孙兰峰率先遣指挥部人员及一〇一师于8月23日到达集宁，督饬集宁警备司令孟昭第及政务委员会主任委员兼县长张恺然接收集宁，安定地方。傅作义长官在孙兰峰未到达集宁之前，通过包头日军特务机关的电台，命令张家口日军指挥官根本博中将饬令大同日军直接向孙兰峰受降官投降（大同日军归张家口日军指挥）。大同日军指挥官接到命令后，即派日军两个中队（相当于我军两个连的兵力）乘火车到集宁车站迎接孙兰峰受降官。孙等一行乘火车行抵红沙坝时，因铁路被破坏，火车出轨不能前进，只好以机车（火车头）将孙兰峰等送到大同。

孙到大同后，日军指挥官设宴招待孙等一行。席间日军为表示亲切，特找来女招待数人为孙等敬酒，孙大为不满地说："这成什么体统，为什么不让你们日本女人来敬酒呢？"吓得日本人不敢申辩，只是说："我们错了，我们错了，请宽恕！"是日，孙等接收大员住在大同饭店，特派员办事处设在丽生魁商号。郭景云率领的一〇一师当日也赶到大同，驻大同车站附近，协助孙兰峰进行接收。

8月23日上午，孙兰峰等正在研究如何接受大同日军投降及接收日伪物资等问题时，大同日军指挥官突然进来，拿着山西太原日军指挥官给他的命令："着大同日军直接向第二战区司令长官阎锡山的全权代表雁北地区领导小组楚溪春投降，并将日伪一切物资交由楚等接收。"正谈论中，阎锡山的参谋长楚溪春乘飞机到达，直奔孙兰峰的住所。一进门就气势汹汹地说："大同是山西省的地方，第二战区的管辖地区，你们凭什么到这里来接收呢？"孙兰峰说："大同是第十二战区的管辖地区，属于热、察、绥三省受降范围，当应由十二战区接收。"楚溪春凭着上述理由，又有阎锡山的命令，日本人的支持，以及因楚本人在晋绥军的职位和资望都高于孙兰峰，是孙的多年上级，态度非常强硬，非要接收不可。孙兰峰则以奉傅作义命令，这是十二战区应接收的地区，且有一〇一师军事力量，分毫不让。双方争执不下，最后竟各自拍案反目，不欢而散。孙兰峰将此情况电请傅求得解决办法，张家口日本指挥官根本博也同时电呈傅作义请求裁决。傅作义接到孙及日特务机关转来根本博的电报，经一再考虑，认为阎锡山是多年的老上级，楚溪春是多年的老朋友，大同是山西的辖区，日军又倾向于山西一方。从战区划分看，大同虽属第十二战区的范围，属于热、察、绥的受降地区，强行接收当无问题，但这样做势必反目（指与阎锡山），影响旧属关系，而且勉强接收，如日军不向我军投降，必将激化，后果可虑。经过反复研究，还是礼让为宜。最后决定分别电告孙、日双方，大同交由第二战区接收，纠纷始告平息。

大同受降问题解决后，孙兰峰随即带少数随从人员乘飞机去北平，随同当时前往东北与苏联红军马利诺夫斯基洽商东北三省接收事宜的国民党东北行营主任、东北三省受降官熊式辉及接收特派专员蒋经国等到哈尔滨，与苏军接洽对热河日军的受降事宜。

（五）

在张家口的伪蒙疆日军司令官根本博，因奉侵华日军总司令官冈村宁次大将之命，向热、察、绥三省受降官傅作义司令长官投降，即通过包头日特务机关的电台，直接电请向傅作义投降。并请求速派大军来张，以便进行投降交接。傅接电后即令东北挺进军总司令马占山率该部由哈拉寨地区星夜渡过黄河沿集宁、兴和、柴沟堡之线，向张家口挺进，代表傅作义受降官接受张家口日伪军投降。一路行军顺利，未遭任何阻击，夜晚进抵柴沟堡宿营后，夜间子时许被八路军包围袭击，里应外合，一举袭入堡内，战斗异常激烈。马占山突围不出，不得已从城墙用绳子吊下来，才行脱走，率残兵败将撤回集宁一带。马军撤退后傅部再无部队可以派往，但张家口日军因被八路军围攻甚急，又多次电请派军接收。紧急时甚至请求傅长官哪怕用飞机派一两位大员前来，日军即可遵命投降，听从指挥。而傅长官连一两位接收大员也派不出去。其时，蒋介石虽任命冯钦哉为察哈尔省政府主席，并已到包头数日，但因无部队护送前往，也无法到职。最后因苏联红军进抵张北狼窝沟坝上，日军因系无条件投降，不能进行抵抗。日军迫不得已，根本博始同德穆楚克栋鲁普（德王）、李守信以及其他日军和伪蒙疆军政人员一起乘火车到北平，向国民党北平受降官、北平行营主任李宗仁投降。并在行前特给傅作义长官来电（由包头日军特务机关电台转来），陈述其情，表示遗憾。张家口由共产党领导的八路军接收，成立察哈尔省人民政府，张家口市即归人民所有。

（六）

侵包日军及日在乡军人和日本侨民，自经我军接管后，安分守己，未发生任何不轨行为，放下武器后即在指定地点集中，听候遣返回国。经过将近一月的时间，日军将各个仓库中的武器、弹药、服装、粮秣以及其他一些日伪物资分别造具清册，经双方负责人签名盖章交接完毕，并由我方将受降情况呈报国民党中央备查。

接收工作全部清结后，即在包头市聚德成饭庄内举行受降仪式，由暂十七师师长朱大纯代表傅作义受降官接受日军投降。日军联队长田中大佐代表日军向我受降官进献军刀、敬礼投降。最后由我团派兵两连，由第二营副营长率领，将日军及日在乡军人与日侨民眷属等共计 2700 余人，用军用专车护送至大同，交由大同日军接管，而后和大同日军一起经天津遣返回国。

在我团遣送日军到大同之前，日军田中大佐请求火车路经归绥时，允许他下车到第十二战区司令长官部向傅作义受降官认罪致谢，以示敬意。经请示傅作义长官同意接见。接见时由傅的日文秘书苑乃安担任翻译。

日军遣返后，由重庆来了两位朝鲜客人，负责人李某（名字失记）。他们代表韩国（南朝鲜）政府前来接管朝鲜侨民回国。为了工作开展得顺利，特向我城防司令部作了拜会，要求帮助搞清侨民人数，并允许遣返回国。随后在饭店租用礼堂举行中朝联欢，庆祝抗战胜利，设宴招待各方人士。联欢会由南朝鲜的那位李某主持，在致欢迎词时，大讲朝鲜被日本帝国主义多年统治亡国之痛苦，感谢中国及同盟国家帮助他们复国之恩德。联欢会后第三日即携朝鲜侨民男女约 120 余人，一起由归绥乘火车经大同转太原到天津乘船返国，对我军给予的照顾表示感谢。

（七）

我团在奉命开往归绥的前几天，傅作义长官发布任王雷震为包头市市长兼包头市城防司令、介仰推为包头市警察局长、李秉智为高等法院分院院长、赵冠一为电灯公司经理、岳占元为包头银行行长。部队在出发的前一天，将看管的各个日伪仓库及其他物资分别交由包头市政务委员会及警备司令部接管，并将城防有关事项及担任城防时，由我负责将伪包头警备队改编的包头市保安大队，交由城防司令部指挥，此大队暂时担任城防，维持地方秩序。不久傅作义长官又派一〇一师李思温部担任包头市的城防。

我团部队奉命看管的日伪物资仓库，交由包头市警备司令部及政务委员会接管后，一些不法分子以假公济私、以权谋私等贪污盗窃手段，将一些重要物资盗走，然后重新加封。后来傅作义长官察知此情，派员查明属实后，将警备司令兼政务委员会主任委员马秉仁撤职关押，参谋长唐希舜撤职，副官处处长袁荫浓以及王华亭、赵亚民和王某某（大汉奸蒋辉若的副官）4 人执行枪决，以此收揽民心，而实际上这几个人都是为发“劫收”财的达官显贵做了替罪羊。

在湖南长沙接受日军投降纪略

陆承裕　陶富业[*]

1945年8月15日，日本政府命令侵华日军停止军事行动，就地缴械投降。蒋介石命令第四方面军司令官王耀武负责湖南区的受降任务。当日，王耀武派其副参谋长罗幸理率第三处课长蔡仁昌及翻译、工作人员、警卫、报务员等十余人，为受降先遣人员，持王耀武要日军华中派遣军总司令官畑俊六大将立即缴械投降的命令，从芷江机场飞往长沙与日军洽谈受降办法。16日，王耀武偕同美国派驻第四方面军司令部联络官主任伍任德少将（译音）、司令部第二处少将处长陶富业及工作人员十余人，乘美机飞往长沙，并令第十八军就近迅速进驻长沙接管城防。日军华中派遣军总司令官畑俊六大将向王耀武递呈了投降书，接受战犯管制，并指定其参谋长一知川少将担任与第四方面军司令部的联络，负责办理投降的具体事宜。第十八军到长沙举行了入城仪式后，接替了长沙市的警备，日军全部放下武器向长沙市郊外集中。

第四方面军司令部后续人员及直属部队经洪江、祁阳徒步到衡阳乘火车至长沙后，立即成立了受降组，由第四方面军参谋长邱维达为组长，第二处处长陶富业为副组长，下设三个股，由二、三、四处派课长及参谋人员、兵

* 作者陆承裕时任第四方面军司令部第二处课长，陶富业时任第四方面军司令部第二处处长。

站司令部人员共约二十人负责处理对日俘的接收工作。

我当时是第四方面军司令部第二处课长，现与司令部第二处少将处长陶富业共同回忆受降工作的经过，概略记述如下。

对日俘的处理

在湖南投降的日俘总共 24 万余人，分布在衡阳、长沙、湘阴、岳阳、常德等 5 个集中管理区，都在交通线上，对尔后迅速遣送日俘较为方便。各管理区都设有日俘管理处，由第四方面军司令部委派主任及工作人员十余人，负责点收日俘的武器装备（马匹、车辆等军用物资，交由兵站司令部保管），按对战俘的供给标准发给补给品。各管理区都派有正规部队警备，防止发生意外事件。各区日俘都派有联络官到日俘管理处担任联络。至于日俘内部管理工作，则按其原建制自行管理，日常活动不得越出我军的警戒范围，少将以上的战俘另行集中管理，由第四方面军的调查统计室管理（调查统计室系戴笠的军统特务组织）。

总共收缴日俘各种轻重武器 17 万多件（包括大小炮，不包括战刀、指挥刀），各种弹药、工兵器材、医疗器械、药品、被服装备及其他军用器材无数。还有铁道装甲车 2 列，汽车 2800 多辆及很多配件，骡马 5000 匹（乘马、驮马均在内）。日俘中的技术人员，如火车、汽车司机，修理人员，电厂技工，医师等等均择优抽调出来作短暂的留用人员后仍如数遣还。也利用过部分日俘修复公路和铁路。各地日俘逐步转到岳阳附近，从长江水道被运往上海遣送回日本。

当时，投降的日军中还夹有不少中国人，他们大多数是在湖北、湖南、江西等地被日军抓夫或被俘虏的国民党军队的士兵，编入部队（后勤部队最多）搞粮弹运输或战场抢运伤兵等艰苦劳动，所以日军称他们为“苦力”。其中有工人、农民、士兵、小商贩、小孩，以湖北、湖南人最多（部分是武汉的码头工人和黄包车夫），都根据他们本人的要求资遣回家了，但也有少数人不想回家，要求补入部队当兵的。这些“苦力”只是一些幸存者，过去被日军杀死、拖死、累死的不可胜数，尤以老年人遭受的虐待最惨。

此外，日军中的顽固分子接到无条件投降的命令之后，有放声痛哭者，有破坏火炮和焚毁汽车者，有捣毁枪支或将枪支投入河中者。集中后也发生过日俘强奸妇女和杀人事件，这一些人都受到了惩处。

对汉奸的惩办

日军投降后，各地维持会组织亦已瓦解，湖南省维持会长唐天德被逮捕。唐天德的父亲是湖南省有名的大恶霸地主，他本人毕业于日本士官学校，在何键的基本部队第十九师当过骑兵连长，不久离去。抗日战争时期投奔汪精卫集团。湖南沦陷后，日军要他做湖南维持会长，他干过不少坏事。唐被逮捕后，平日与他沆瀣一气的人给他当说客。当时湖南省参议会议长赵恒惕等出面要求释放唐天德，担保他不会逃跑。王耀武也就利用唐天德暂时担任日军联络官一知川与第四方面军司令部受降组之间的特别翻译，翻译任务完成后仍交调查统计室关押，不能自由行动。省内其他沦陷区的市县也有许多维持会，大多数汉奸都被捕了，先后受到惩处，也有潜逃或勾结地方官吏而逍遥法外的，有的直到解放后镇反才归案法办。

我们对日俘中的台湾人一律以同胞对待，区别于日俘和汉奸。愿回台湾者资遣回籍，不愿回者另安排职业，或留在军队中暂时当翻译官，懂得一定技术（如开汽车、治病等）而又不愿回去的，则留作汽车司机或医生。但也有极少数人愿去日本的。

接收日军物资的情况

日军投降后的接管主要由接管物资的兵站司令郑希冉主持。郑希冉又名郑云岳，是王耀武的山东同乡，长期以来是王耀武的军需处长。在接收日军物资和采购军粮中，据我所知，郑希冉为王耀武做了如下几件事：

一、日军在长沙的大批汽车配件材料由兵站接收后，郑希冉秘密卖给了湖南的复兴银行（数量和价值不明）。又将所接管的大批汽车除部分配发各部队外，开始是将已坏的汽车零件拆下来，以后即使尚能修理可用的汽车零件也被拆掉由郑希冉经手卖了。

二、接收的日军 4 艘内河航运轮船，由郑希冉押运到汉口替王耀武开设了一个运输公司。又将接收的一批电动机和其他机器，替王耀武在汉口开设了一个锯木工厂。

三、接收的日军被服仓库，内存有大批黄军呢、军毯、布匹等，除给司令部及直属队的将校军官每人发一套黄军呢制服外，其余均被盗卖，尽饱私囊。

四、日军投降后，郑借口日俘及湖南过境部队皆需粮食供应，由兵站司令部组织粮食采购委员会，以原七十四军上校军需科长唐惠明为采购委员会主任赴安乡一带湖区采购。他们多报人数，超购大量粮食，运往武汉高价出售，获取暴利。经湖区人民向省参议会揭发，赵恒惕提请王耀武查究，王为了掩饰自己，就将唐惠明立即调回。自恃是王耀武一手提拔的，过去又有功于王，盗卖军粮也是受王的指使，所以若无其事。次日下午，王耀武召见唐惠明，并陪唐同吃晚饭，对购粮事一字未提。唐退出后一些老同事为唐担心，便询问召见情况。唐惠明说："司令官并没有责难追究之词，只是脸色严峻，问了家庭情况，只几句话，未及其他。"次日，王耀武突然宣布枪毙唐惠明，这一新闻轰动了长沙，也震惊了第四方面军司令部。局外人称道王耀武治军严明；但王的老部下却窃窃私议，慨叹唐惠明做了替罪羊，死到临头还不知有杀身之祸。事后传闻王耀武付了唐惠明家属一笔丰厚的优抚金，送其妻回安徽老家去了。

在长沙受降后，王耀武所指挥的十八军、七十四军、一〇〇军、七十三军等从湖南先后调往江苏、京沪一带，进行部署，抢先接收。1946 年 1 月，王耀武的第四方面军司令部奉蒋介石电令集中武昌，候机空运山东济南，改编为第二绥靖区司令部。关于湖南区日俘的遣送任务，交由第二十七集团军总司令李玉堂派部队接替，王的七十三军则集结岳阳附近待命。

参加南昌受降的回忆

黄　屈*

1943 年，江西临时省会泰和形势吃紧，省政府及所属厅处，旋迁宁都。当时，我在江西省社会处供职，由于家属拖累，一再逃难，前途莫测，家小无人照顾，不得已离职，携家眷前往岳母家乡新干县三湖乡曾坊避难。每日无事，乃学钓鱼消愁。

迄 1945 年 8 月间，一天，忽闻日寇由南至北窜犯新干，复与村民一起，逃至附近偏僻乡村（双村）暂避，次日闻日寇已北去，乃返回曾坊村。但见日寇所经之处，鸡鸭猪牛无存，沿路各户门板家具，被弃之路旁，且闻未及逃避的老妇，有被奸淫者，日寇蹂躏我国人民可见一斑。

不久，清江县政府忽派员驱车来找我，口称日军已无条件投降，抗战胜利结束。第九战区委派第五十八军，去南昌接受南浔地区日寇投降，需要日语翻译人员。因我曾留学日本，懂日语，特来请我前往担任翻译工作。我闻此讯，喜出望外，欣然从命。略整行装，随来员即赴清江县政府，当日就送我到樟树镇五十八军军部。军长鲁道源亲自接见，请我大力协助，俾完成此项光荣的历史任务，态度十分诚恳，我感于国民的一分子，义不容辞，随即

* 作者时在江西省社会处供职，为南昌受降的翻译官。

表示愿尽微力。我们共进餐后，吩咐副官，用骑兵送我到该军第二十八团团长黄学文处，即随该团向南昌进军。当时，因南昌仍被日军占据，唯恐语言不通，发生意外，所以特派我做翻译官，随该团先头部队进南昌，同去的还有美国记者一人。

我到二十八团团部后，黄团长礼遇有加，共同行止，次日即向南昌进发，到达向塘时，正值中午，军队埋锅做饭，稍事休息。向塘一带是日寇洗劫的“三光”之地，杂草丛生，满目荒凉。近有一小川，兵士下河捕鱼，鱼多且大，随手可得，因而得河水煮河鱼，饱吃一餐。有士兵捕鱼时，发现河底有不少步枪和子弹，遂争先捞取。捞起的枪多至100余支，子弹亦不少。此乃日寇北撤时，仓惶中所弃之物。

下午5时许，先头部队进抵莲塘时，遇上日军哨兵，阻止我军前进，双方兵士，对阵对峙，刀枪相见，危机一触即发。我方一哨兵跑回团部，报告紧急情况，黄团长即请我前去交涉，我毫不迟疑，不顾安危，随哨兵急赴相峙地点，即用日语，命令日兵不得开枪，马上放下武器，同时亦要我兵收回攻势，并对日军说明我军是进驻南昌接受你军投降的军队，早已通知你军，为什么要阻挡我军前进？日兵答他不知道，我说你不知道，可以报告你的长官。日军听后，急赴哨所打电话向南昌方面请示。约半小时后，日军乃让开一条通道，我军迅即前进。6时许，二十八团官兵进入南昌，成为抗战八年的胜利者，昂首挺胸进驻多年失陷的江西省会南昌城。全团官兵喜悦之情不言而喻。

次日早，另一路的新第十师官兵，也顺利地进入南昌，军部亦随后进驻市区，至此，南昌完全由五十八军接管，日军则全部撤出市区听命。

五十八军军部进驻南昌城，受到南昌市民热烈欢迎，我军随即准备接收日军武器弹药和物资，成立接收委员会，分多组同时进行，并确定1945年9月14日上午9时举行受降仪式，同时确定在九江成立日俘管理处，由副军长梁得奎任主任，负责日军遣回前的管理和监督工作。

受降仪式在庄严、隆重中进行。我方参加的人员有五十八军团以上军官，南昌市各界人士代表、知名人士，在南昌的外宾和新闻记者，我作为翻译官亦参加。军部进入南昌后，我即由第二十八团移往五十八军军部。日军参加人员有南浔地区高级军官，其中有中将司令官笠原幸雄及少将旅团长生田寅雄等，代表日军投降。

9月14日上午9时，当受降长官鲁道源进入会场时，全体起立，宣布受降开始。首先由日军降将笠原幸雄代表日军向鲁军长鞠躬，当即面容惨白，退至原位听训，旋由鲁军长发表讲话，大意是：我中华民族，热爱和平，宽大为怀，日军放下武器后，既往不咎，听从发落。讲完后，由日本帝国大学毕业的黄辉邦教授翻成日语，日军降将听后，深感惭愧，低头反省，默默无声，但全场掌声如雷，经久不息。

会后，五十八军军部全体军官，个个兴高采烈，欣喜若狂，当晚大摆筵席，庆贺长达八年的抗日战争赢得最后胜利。我记得筵席是云南风味的牛肉席，十多道菜全系牛肉，且每道菜又各具风味。我第一次吃到了这样美味而又丰富的筵席，至今记忆犹新。

黄辉邦教授是我留日后期的同学，清江县人，家住三湖乡附近，在此之前，我们在三湖街上多次相遇交谈。我之被邀请，原系他的举荐，否则清江县政府是不知道我会日语的。

日军投降后，副军长约我到他住处，面请我协助他往九江成立日俘管理处，继任日语翻译官，我感到义不容辞，也就应允了。我这次担任日语翻译既不是委派，也不是聘任，亦无报酬，仅是尽国民一分子的义务。

九江日俘管理处成立后，日军司令官笠原幸雄中将，旅团长生田寅雄少将，先后到管理处晋谒梁主任，表示敬意，并请示机宜。梁主任告诫说："你们要好好管束部下，不得胡作非为，不准再有侵害我国人民的行为。将所有兵士，全部集中到鄱阳湖东岸沿湖的湖口、星子一带，并不得占住民房，静候我国政府派船遣送回国。"他们表示遵照办理，并邀请梁主任亲赴实地视察。梁主任也答应了他的请求，并吩咐他派汽艇来接。因此在管理日俘期间，我曾两次随梁主任赴星子、湖口一带的日俘集结处视察，所有日俘官兵尚能遵守纪律，安心静候遣送。两次视察，先后分别由笠原幸雄、生田寅雄亲来接送。同时还视察了九江附近的日军医院，及九江日俘侨民。一直到全部日军和侨民遣送完毕为止，未发生一件违法事件。迄最后一批遣送九江日俘侨民时，梁主任和我亲赴江边监督遣送工作，待日侨全部登船启程后，管理处工作才胜利完成。

不久，我就回湖南参加衡阳电厂复厂工作。这一次出任翻译，留下了我一生难忘的、有民族历史意义的战斗回忆。

广州进军受降

张发奎*

（一）广州进军

胜利的歌声、欢呼、笑逐颜开的言辞，包围着我的四周。战争结束了，黩武侵略者已放下了它的武器，人类希望的和平，终于现出了一线的曙光。8 月 21 日我奉令偕美军联络部博文将军和我的作战处长李汉冲，由南宁飞往湘西的芷江，去参加初步受降协商会议。这是我最高统帅部命令驻华派遣军总司令冈村宁次派代表前来芷江接受中国陆军总司令何应钦将军之命令的第一个行动。敌乞降代表副总参谋长今井武夫等 6 人，乘一架棕绿色、两翼末端拖着两条红色布条，有特别标志的飞机，在我盟机的监视之下降落于芷江机场，他们的沉默与忧郁，代替了骄纵的表情，他们在南京的昂首傲慢，已如羔羊俯首驯服了。

这是受降与接收工作的开始。今井武夫在 22 日上午洽降典礼举行时，呈献了日军驻中国、台湾及北纬 16 度以北越南区内所有日军的战斗序列、兵力位置及指挥系统区分等各种图表，并接受何总司令授予的第一号备忘

* 作者时任第二方面军司令官、军事委员会委员长广州行营主任。

录。该备忘录指示日军投降应行准备的事项。乞降代表们，在一种不安和惶恐的表情之下，俯首帖耳地表示他们的服从。

从乞降代表携来的一束资料中，我不但明了敌人在我国的全部兵力部署，而且很详细地明了广东方面敌人的第二十三军辖有一〇四师、一七九师、一三〇师和第八、十三、二十二、二十三 4 个独立旅团及海南岛与香港的防卫部队，总兵力为 137300 余人。再从他们防御广州之部署与阵地各种设备，令我咋舌大惊。如果我进攻广州行动在其未投降以前实施，诚不知须费如何的心力和牺牲若干的生命。在这里我感觉到敌人虽失败了，但他们军队的战斗精神和强韧不屈的情绪，以及井然不乱的纪律，依然是值得重视的。

在芷江，我接受了接收广州、香港、雷州半岛及海南岛等地的受降官任务。24 日，我衔命返南宁。当即拟订受降及接收计划之步骤要领如下：

受降步骤：

接防日军占领区：规定各受降部队接收地区任务，迅速推进，接防日军占领区，并限定移防后日军之集中地点。

解除日军武装：规定日军于移防之时，仅准其暂行携带之步枪、轻机枪及少数弹药，其余武器弹药缴交受降接收部队，日军于移防集中后，开始解除全部武装。

集中管理日俘：日军集中全部解除武装后，视为战俘，送至指定之集中营，受我军监视，教育管理。

接收要领：

日军本身之装备，直接缴交受降部队接收。

日军日侨所控制之工厂、工场、仓库、公营民营事业等，均先交由受降部队警戒，仍留原负责人看管，列册移交中央各部会特派员、地方机关之主管代表接受，整理利用。

受降部队所接收之一切武器弹药器材等，一律移交各主管部门之接收代表接受之。

受降部队任务区分及行动：

粤南区总指挥邓龙光，指挥第六十四军、雷州独立挺进支队，及沿海警备大队。以第六十四军主力进驻雷州半岛，以一个师进驻海南岛，负责接收各该地区日军投降及地方绥靖。

新一军孙军长，指挥该军及重迫炮营，暨第十三军之第八十九师，即由现地经梧州、三水向广州推进。该军主力配置于广州市，各以一部分置于三水、顺德，监视该方面日军及受降实施。

第十三军（欠八十九师）继新一军后，即沿梧州、三水、广州推进，以主力配置于广州（不包市区）至九龙之广九铁路沿线，以一部推进香港，监视该方面之日军，及受降实施。

该军主力到达广州时，第八十九师即归还建制。

第六十四军沿合浦、化县、阳江向开平、台山、新会附近推进，以主力配置于新会、台山、鹤山地区，监视该方面日军及受降实施。

各部队接近日军防区时，得直接与日军交涉接防事宜，并令其按指定地点集中。

日军移防后之集中地点及我接防部队：

（1）日第二十三军军部及军直属队集中广州河南，由我新一军接防。

（2）日第二十三独立旅团集中广州河南，由我新一军接防。

（3）日第十三独立旅团集中石围塘，由我新一军接防。

（4）日第八混成旅团集中芳村花埭，由我新一军接防。

（5）日第一三〇师团集中新会，由我第六十四军接防。

（6）日第一二九师团集中东莞，由我第十三军接防。

（7）香港守备队集中宝安，由我第十三军接防。

（8）海南岛守备队集中琼山，由我第六十四军接防。

军队是由作战的态势迅速地向指定地区前进，除原在越桂边境的第六十二军，改归第一方面军指挥，向河内海防担任受降任务外，余均向东行进。敌人自宣布投降后，已将其外围部队向后逐渐集结。

新一军、第十三军、第六十四军均很顺利地开进指定地区，没有遭遇任何抵抗或阻梗的情事。同时，日军第二十三军司令官田中久一，亦于9月1

日与我派遣飞赴广州的参谋人员开始了联络的工作。

（二）受　降

敌人停止了一切行动。由于他们良好纪律的保持，我们受降工作没有感觉如何困难。但如何处置敌人所卵翼的伪军及伪组织的地方伪政权，倒是一件最头痛的事。他们在急转直下的局势中，难免有惊惶的骚动和畏罪逃避的行为。因此应如何安定他们的心理，使他们不致因恐惧而再发生罪行，同时又使他们维持原地的秩序，实为当时一件最重要的措施。

我原定于 9 月 3 日在南宁举行正式的受降，使该方自由地区的人民，得到一种 8 年抗战所受苦难之慰藉，随后奉陆军总部命令，改在广州为正式受降地点。因此，特先组设广州前进指挥所，担任传达本部命令，并令中将高级参谋张励为主任，率领官兵百余人于 9 月 9 日乘盟机 8 架由南宁飞广州。当飞机起飞时，南宁民众不下万人，围集机场，欢送他们东飞。

对于香港受降任务，我特别感到兴奋。香港在我国人心中，是一个国耻的创伤。在过去，它是罪犯的避风港，资本家官僚们的乐园。广东风气的败坏，以及广东政治的商业买办化，多直接间接受香港的影响。盟军最高统帅部首先划定香港地区归中国接收，根据战后领土主权完整及民族愿望的观点，是有充分理由的。英国政府借此时机将香港归还中国，未始不是外交上明智之举。但唐宁街的绅士们却见不及此，致使中英邦交在战后仍保留着一种暗淡的友谊。在德黑兰会议后，罗斯福总统本来想使香港归还中国，并使之成为一个自由港。波茨坦会议对香港战后的地位，亦有同样的建议，但均受英政府的反对。中国接收香港的规定，遂因之而中变。

当我获知受降各部队依次到达指定地点，新一军亦已确定接防广州之后，我于 9 月 15 日上午，率同主要幕僚乘机飞广州主持受降，我与广州别离 15 年的悠久岁月，第一次戴着胜利之冠荣归故乡，虽无《昼锦堂记》中所描写的心情，但亦不禁感想万千了。尤其当我的坐机翱翔于穗市晴空的时候，俯视白云珠海，念兹一片锦绣山河和数百万中华儿女们的久受敌人的蹂躏，更令我心头涌起了无限的伤感。飞机在市空盘旋两周才缓缓地降落。我接受了欢迎人员的热烈欢呼，检阅了欢迎行列及仪队后，即率领新一军的部队，举行广州进军的盛大仪式。汽车纵列，骑兵部队和全副美式装备的步兵，以雄壮威武的姿态，通过了庄严而辉煌的凯旋门，巡行了市区的主要街道。当时我和博文将军以同盟国并肩作战的象征，站在吉普车上，沿途受到全市夹道欢迎的民众的欢呼，国旗凌空飘扬，爆竹之声，不但激动了我的情感，而博文将军也在被这东方式的热情所激荡，认为毕生第一次的愉快和光荣。

9 月 16 日受降仪式在中山纪念堂举行。上午 10 时，代表广东地区投降之日军第二十三军司令官田中久一中将及其参谋长富田少将，海南岛日军指挥官代表肥后大佐等 3 人，首先步入礼堂向我鞠躬致敬，挺直地立在我的面前，很沮丧阴沉地聆听我下达命令，继而战栗地签署了降书。站在面前的敌酋，他们的内心的悔悟？抑或是愤恨？我固无从推知，但我看到的，是玩火者的悲哀，玩火者的收场。

我当时下达的命令如下：

中国战区陆军第二方面军命令

中华民国三十四年 9 月 16 日于广州司令部

一、日军驻华派遣军总司令官冈村宁次大将，已遵日本帝国政府及日本帝国大本营之命，率领在中国（东三省除外）、越南北纬 16° 以北、台湾、澎湖列岛之日本陆海空军，于中华民国三十四年 9 月 9 日在南京签具降书，向中国战区最高统帅特级上将蒋中正特派代表中国陆军总司令一级上将何应钦无条件投降。

二、遵照何总司令命令，及何总司令致冈村宁次大将中字各号备忘录指定日本及本官所指定之部队，及其辅助部队之投降。

三、上第二项之日本军队，应于中华民国三十四年 9 月 16 日，照下列规定切实施行：

（1）所有受降区内之日本陆海空军，及其辅助部队应即停止敌对行为。遵照本部第四号备忘录，及中鱼未国基电所规定之日军初步投降移防规定切实办理，候令全部解除武装。

（2）所有本受降区内之日本陆海空军，及其辅助部队武器、弹药、装具、器材，文献、档案等，应集中保管不得破坏，并造具详细清册，静候本官派员点收。

（3）所有日本部队解除全部武装后，仍保持纪律，至解除全部武装后之集中地与给养输送等项另令之。

（4）在本受降区内，所有日军控制下之车辆船舶（包含商船）及一切军用物资，除依照本部第四号备忘录规定，业已移交者外，其余均须停留于现在之位置，不得移动或破坏，并须立即取消所装载之爆炸物，搬移于安全地点，妥为标志封存。特别指定航行内河之大小船舶，全部集中于高要。航行海洋之大小船舶，分别集中于黄埔及广州湾。

（5）所有本受降区内之军事或非军事之一切交通通讯设施及器材，均须保持完整，不得移动或破坏，并造具图表，静候接收。

（6）所有本受降区内之一切军事设施及建筑物，如陆上水上海空军基地场站设备，军需仓库，领港设备，防空设备，暂时或永久性之陆上或海岸防御工事、炮台、要塞，连同一切有关军事生产发明之计划与设施等，皆须保持完整，维持良好状态，静候接收。

（7）所有本受降区内，关于军事控制下之民用财产（包括日本侨民）均不得移动，或使用与破坏，并造具清册，静候接收。

（8）所有本受降区内之日本侨民，应就现地静候命令，但应即呈出名册及居留地点，其所有之武器，亦应列表呈出，由本官派员验收。

（9）在本受降区内之盟国战俘及被拘人员事项，特规定如下：

（甲）盟国战俘及被拘人员之福利及安全，在未正式接收以前，必须立即恢复自由，并妥为维护，所有一切管理及生活物品、卫生，应予充分供应，直至正式接收为止。

（乙）盟国战俘及被拘人员之拘留地点，所有一切设备、储藏、记录、械弹、卫生器材等，在未正式接收以前，应负责保管完整。

（丙）在本司令官所辖部队进驻地区内之战俘及被拘人员，应遵照本司令官备忘录第四号所规定办理，交由接防部队接收。但在交接时，应由日方供给彼等15天之充分给养及生活用具，并先行指派该战俘及被拘人员中之高级人员暂时负责维持管理。

（10）贵官奉行本命令时，应立即呈出如附表所列各种图表册。

四、上项应切实遵守，并即通令所属各部队切实遵照实施。

右令

日军第二十三军司令官田中久一。

第二方面军国字第一号命令并附记及附件如下：

1. 在本命令下达之前之所有本部送至贵官之备忘录所规定任何事项，仍应切实遵守。

2. 本命令由本官面交田中久一将军。

中国战区陆军第二方面军命令国字第一号附件：

（1）所辖区内日本陆海空军兵力驻地表。

（2）所辖区内日本陆海空军人员、马匹、械弹、器材、飞机、车辆及其他一切之装备、种类、性能详细数列清册。

（3）所辖区内日本一切现役、未能服役或尚在建筑中之船舰、潜水艇暨其他军备之数量、种类与驻地状况图表。

（4）所辖区内100吨以上现役、未能服役或建筑中之商船（包括前属于任何盟国而转入日本手中者）种类、数量与驻地状况一览表。

（5）所有一切装置障碍地带及位置种类详图。

（6）所有日本军事或半军事组织所统制利用，或直接间接拥有全部或一部之工厂、工场、研究所、实验所、试验所、技术图表、模型、计划图样等用具，或用以生产或制造有关日本军事或半军事组织所用之战争工具器材及产业等之位置状况及说明书。

（7）所有军事设施及设备，包括机场、水上基地、防空阵地、海港、海军基地、仓库、暂时或永久性之陆上及海岸防御工事、堡垒，及其他设防区域之位置及说明。

（8）所有日本控制下之民用财产，包括日本侨民之财产状况数量表。

（9）所有军事或非军事交通通讯状况图表。

（10）日本侨民姓名、人数、居留地，及其所有之财产武器一览表。

盟国战俘及被拘人员姓名及集中营位置图表。

伪军组织之主要人员姓名，及其（军）营位置表。

伪军组织之主要人员姓名，及其部队机关状况报告书。

田中久一受领证

谨收到

中国战区陆军第二方面军陆军上将张发奎国字第一号命令1份，当遵照执行，并立即转达所属及所代表各部队之各级长官士兵遵照，对于本命令以及以后之一切命令指示，本官及所属与所代表之各部队之全体官兵均负有完全之责任。

日本驻华南支派遣军第二三军司令官陆军中将田中久一。

（三）接收及善后

这个历史任务虽已完成，可是整理受降后繁杂的任务，却令人感到不快。这固然因胜利的突然来临，使我们在时间仓促中不能预作详密的准备。而我们行政方面之低能与社会人心之腐败，也于胜利后不久之际，全部暴露无遗了。社会秩序的混乱，奸徒乘机抢掠，加上接收情形的紊乱，和浑水摸鱼的贪污罪行，真令我感到我们虽赢得了胜利，但我们先哲遗下来的羞耻观念，却已荡然无存了。

我先述接收的事情，这是战后行政的最大污点。第一是中央对于接收问题，根本没有全盘计划。凡接收机关的派遣，接收部门的分类，接收物质的处理，都没有明白的规定。如当我成立接收委员会时，中央仅派有军政部、交通部、财政部、中宣部、经和航空委员会的特派员到来，至于其他中央各部门有无派遣人员，及应接收何物，均无指示。但事隔月余，经济部、农林部、教育部、社会部、海军部等特派接收人员又陆续到来；如海军的船艇就须由军政部的特派员再行移交于海军部的接收人员；有国营性的生产工业，就须再移交经济部的接收人员，甲移交乙、乙移交丙，其中损失和舞弊情事，就不难想象了。其次则物质之分类又没有详确的规定，如通讯器材，究属于军政部？抑属于交通部？军用的化学工厂，究属于军政部？抑属于经济部？凡此均引起了接收工作不少的纠纷。接收委员会最初虽有一个概要的规定，但因中央各部门的步骤紊乱，亦无法顺利进行其工作。这些都是当时行政院应该负的责任。多数接收人员的低能和贪污，更直接造成了接收工作的混乱。接收人员，为个人打算的多，为国家设想的少；藏匿埋没，折扣报销，贵贱调换，敲诈勒索，层出不穷。结果发财是私人，吃亏是国家，军政部特派员莫与硕和他的办公厅主任李节文的正法，亦不足以转变此种风气。发“胜利财”与“劫收”的名词，竟在这个时候添入了“辞典”。于是，人民由希望的高峰跌进了失望的深渊。胜利的光荣，也因此而黯淡褪色了。

听说战后法国枪毙了数万名奸伪人员。国家的正义与民气必须伸张。文天祥的浩然之气，实足以代表一个国家民族的生存条件。奸伪的政治主张，虽有其不同的角度，但卖国求荣的行为是罪无可逭的。所以在胜利后，我就确定以严厉的法律来处理奸伪人员。陈璧君、褚民谊、周应湘、汪宗准、何文灿等，首先就进了我的缧绁。吕春荣、范德星、李剑琴、符永茂等就立即上了断头台。这决不是残酷，这是历史自然的淘汰。

广州区的伪军有 20 余个单位，人数 6.2 万人，内中还有 4 个伪军正规陆军师，这是一个相当数目和值得注意的问题。战后的社会，需要安定，如果对于这大量的伪军处置失当，很足以影响整个社会的不安。本方面军受降部队未开进粤境时，伪军大都散布在广州及广九铁路沿线附近。对这个足以影响受降工作的威胁，我开始即作妥善的考虑。我训令他们严守纪律，不得妄动，并暂负所在地治安维持之责，听候中央处置。中央对于伪军之指示，原以自动缴械解散为原则。但在战争胜利之前，大部伪军都已暗中受过军委会核委名义，为顾虑地方的治安和昭示中央的威信，我对他们作开诚布公的处置，除一部缴械解散外，余均加以改编拨归国军或保安团队之补充。这是一件最为棘手的工作，在两个月内的时间，却很顺利地解决了。

（四）遣 俘

另一个困难的工作是13.7万余日俘的处理问题。广东地区的日军，自三十四年9月16日开始分区集中后，于是年9月24日实施解除武装，进入指定的集中营，施以战俘的管制。我成立了一个日本官兵管理处，并于琼州、东莞、顺德分设三个分处，掌理其事。

日本官兵对投降缴械所表示的态度，颇为诚挚恳切。在集中营内，一般均能服从命令，恪遵纪律。他们虽是解除了组织的战俘集团，仍能保持上下级的礼节；而对于日常生活之规律，尤为井井有条，整洁洗刷，不遗余力，并能利用废物，自行建造营舍，且于集中营区内，开辟园艺，种植蔬菜，全无一种战败、沮丧、颓废的表现。这不可否认是日本建军的成功，也值得我们注意的事。

我对于日本官兵的生活，完全施以优待的恩惠，这并不是出于《海牙公约》的限制，而是表示宽大为怀的意旨。民族的仇恨固不易于顷刻间消除，然人类的同情，是应该发扬的道德。所以虽在贫困的供应景况下，对于他们的生活，总是时刻照顾的。同时我对日俘之教育，更为特别的重视，且认为是管理日俘最重要课题。自明治维新以来，他们都受侵略黩武思想之熏陶，且具有浓厚之民族优越感，俨然以亚洲领导者自居；虽然8年之对华战争已稍为改变其对我国之认识；4年之太平洋战争，亦已挫折了他们不可一世之气焰，对同盟国之无条件投降，更已彻底揭穿了“皇军不可胜”的愚昧；但战败并不是毁灭，日本民族今后仍将在亚洲、在世界生存。如何使7000万饱受侵略主义熏陶的日本人，从根本改造，接受民主思潮的洗礼，实为同盟国的重要任务。而盘踞在华南、亲历其“武士道”盛衰的10余万日俘，应利用其集中等候被遣回国之期，予以彻底之感化教育，实为管理日俘的中心工作。

对于韩、台籍之战俘，为示特别优待起见，曾把他们与日籍军民隔离，并不以俘虏的身份待之。我且命令拨还他们本身所有的财产。这一处置，当时有少数人认为不合理。他们认为韩、台籍人，在华南的罪行，较之日人有过之而无不及，不但应受日俘同样待遇，更应严究其罪行，加以严厉的惩处。我以为这是一种短视的见解，台湾是中国故土，台人是祖国的人民，他们受了50年的奴隶生活，受着日人教育和思想上的鞭笞，如果他们有助桀为虐的行为，也是祖国放弃了他们才养成的罪恶。韩国为我们兄弟之邦，他们和台人同样过着悠久亡国生活，我们为扶助弱小民族，为争取今后的与国，对他们都不能与日本人作同样的看待。

三十五年3月21日，第一艘美国自由轮由虎门开出，船上登载日侨4000余人。嗣后每次均以4000人为基准陆续遣送。此10余万穷兵黩武之徒，终于在其侵略幻梦破灭后，怀着创痛的心情，踏上凄凉的归途。

4月25日，全部日俘日侨遣送完毕。我得到幕僚们的报告，也觉得盛衰无常，不胜感慨系之。

武汉受降经过

侯镜如*

1945 年 8 月 15 日，日本天皇裕仁宣布无条件投降。我当时任国民革命军第九十二军中将军长，奉命率部由湘西兼程开往武汉受降。

受降准备

日本投降前夕，第九十二军辖第二十一师（师长郭惠苍）、第五十六师（师长孔海鲲）及第一四二师（师长刘春岭）3 个师，归第六战区第十集团军总司令王敬久指挥，在湖南津市、澧县、安乡、南县、常德、汉寿、益阳间滨湖地带担任抗日防务。以第二十一师、第一四二师为第一线，新近由第三十九军改编成的第五十六师控置于桃源县附近为军预备队。军司令部及直属部队驻桃源陬市附近。左翼友军为第六十六军宋瑞珂部，右翼友军为王耀武所辖的部队。

武汉方面之敌，为日军第六方面军所属第一三二师团、第一一六师团、第八十六旅团、第八十八旅团及后勤部队、空军、海军共 4 个军，20 余万人。

---

* 作者时任第九十二军军长。

日本投降后，第六战区司令长官遵照蒋介石及陆军总司令何应钦的指示，通知日军第六方面军指挥官冈部直三郎所部就地停止一切军事活动，向我军缴械投降；并以一个军监视宜昌、当阳、沙市方面之日军，以四个军向武汉挺进，分别解除日军武装。具体部署是：第十集团军负责武汉方面的受降任务，以王敬久为总受降官；第九十二军负责解除武昌及金口、蒲圻、咸宁、葛店等地日军第八十八旅团、第八十六旅团、第十二步兵旅团及第一一六师团的武装，以我为受降官；汉口方面由第六十六军负责；仙桃、岳口、天门、应城、黄陂、孝感方面由第二十六集团军周砉和第三十三集团军冯治安所辖第十八军、第五十九军、第七十五军负责。

战区司令长官部根据蒋介石电令指示精神，鉴于日本政府虽已示降，但侵华日军狡恶，一贯以战胜者自居，在我军接收过程中，可能出现负隅顽抗情况。为避免不必要的损失，要求各受降部队应俟战区司令长官部当面与日军取得直接联系，等日军第六方面军指挥官将我战区司令长官给日军的通知，诸如“不得向本战区已指定之军事长官以外任何人投降缴械”“本战区各军前进地区及经过路线日军不得阻碍”等一系列规定下达到日军前线部队以后，再开始行动。事实也是如此，在日本投降的前一天，我第一四二师第四二五团王道心营还当面与日军发生过战斗，我军亦略有伤亡。因此，在接奉受降任务后，军司令部当即令各师以团为单位开始向澧县、常德、桃源、益阳、军山铺等地区集结待命，并做好一切行动准备。

向武昌挺进

我军各部队于 8 月下旬集结完毕后，战区司令长官已与日军联系就绪，当即遵照集团军总司令部的命令，各部队于 8 月 27 日开始前进。

行军部署：全军区分为两个梯队。第二十一师及军直属部队为左纵队，从常德出发，经津市乘船沿澧水经安乡、华容出洞庭湖后，沿长江经洪湖、嘉鱼、金口向武昌前进。第一四二师及第五十六师为右纵队，从桃源出发，由益阳乘船沿资水出洞庭湖至岳阳后，以一部乘船沿长江，主力以铁路输送沿平汉路北上。各师如船车缺乏，应以徒步行军，水陆并进，兼程向武昌挺进。

全军行动开始后，进展十分迅速。第二十一师一部沿长江北岸行进，于9月13日进抵汉阳以南的鹦鹉洲。主力于9月15日正式进驻武昌青山、洪山、大东门一带，师部驻司门口。军司令部及直属部队徒步到达津市后，改乘小火轮沿澧水下行并带木帆船数十艘同行，后经藕池口（当时尚有日军据点）入长江，经洪湖（新堤）、嘉鱼，至金口上岸徒步进入武昌。军部驻紫阳湖烈士祠，直属部队驻起义门附近。第一四二师于9月13日进至岳阳，15日到达金口、纸坊及武昌郊区，师部驻金口。第五十六师亦相继到达蒲圻、咸宁、葛店等地，师部驻咸宁。

在行军中，我记忆较深的几件事：

（一）进入沦陷区后，看到集镇萧条，十室九空，人民群众大都面容憔悴。但他们敲锣打鼓，燃放鞭炮，有的妇孺拎着鲜鱼和鸡蛋，夹道欢迎国民革命军的情景，令人十分感动；

（二）沿途看到日军据点，部队早已撤走，只剩下一些尚未烧完的灰烬；过藕池口时看到日军站岗的士兵神色沮丧；

（三）到洪湖时，我曾下令释放了被日军关押的300多名爱国同胞，使他们重见天日；

（四）过嘉鱼，见到一日本洋行经理强拉农民百余人为其运输货物，恣意拳打脚踢，我当即命副官严予训斥，不准其继续作恶，日商只得俯首从命；

（五）到达武昌郊区时，汪伪湖北省政府省长叶蓬前来迎接，我令其约束部队，维持社会秩序，听候处理。

此次我军长途跋涉进展神速的原因：（一）经过八年浴血抗战，一旦胜利到来，官兵归心似箭，精神振奋，故能不顾连续行军的疲劳奋勇前进；（二）沦陷区人民积极为我军提供船只，送粮送草，机车上缺煤，铁路工人就用木柴烧锅炉，勉力为我军开车；（三）战区司令长官部进驻汉口的前进指挥所（主任为少将副参谋长谢士炎）及时提供情报，沟通与日军的联系，协助调拨车船;（四）整个行军过程中，未遇到日军的抵抗和来自其他方面的阻挠。

“九一八”受降仪式

第九十二军和第六十六军先头进驻武汉以后，王敬久总司令于9月13日乘轮抵武昌，孙蔚如司令长官亦于17日乘轮抵汉口。战区司令长官部当即决定于9月18日在汉口中山公园内举行受降仪式。我和军参谋长李荻秋、第二十一师师长郭惠苍、第一四二师参谋长王有湘等人应邀参加。

受降堂内，正中悬挂孙总理遗像和蒋介石肖像，两旁悬挂“青天白日满地红”国旗，气氛庄严。出席受降仪式的是当时在武汉的党政军各界负责人80余人。

下午3时，孙蔚如司令长官身着戎装，偕同副司令长官郭忏、王敬久总司令等人就座后，孙蔚如以主受降官身份亲将战区司令长官部的第一号命令授与日军冈部直三郎大将。命令内容主要是宣布我军各受降部队的任务，以及日军在缴械投降时应遵守的各项规定。冈部直三郎大将签字受领命令后，随即表示愿意转饬所属部队切实遵照执行。陪同参加投降的还有日军第六方面军的参谋长中山贞武少将及福栖静岛大佐等4人。

这次受降日期，选定在“九一八”国耻纪念日举行，虽然是一种历史的偶然巧合，但也是侵华日军官兵们始料所不及的。我们选在这天举行受降仪式，这对大长中华民族志气，洗雪近百年来被帝国主义侵略的耻辱，具有重大意义。

各部队接收情况

“九一八”受降后，日军冈部直三郎根据我战区司令长官的命令，于9月22日向所属部队下达了向我军缴械投降的命令，并将副本及其各部队番号、兵力、驻地、武器、装备等有关图表送给战区司令长官部转知各受降部队。从此，我军各师、团、营遂逐级开始了接收工作，先后于 9 月 30 日及 10 月 8 日解除了日军的武装。各师接收情况如下：

第二十一师负责接受驻武昌地区的冈部直三郎所指挥的战列部队、宪兵部队及其他部队共 53900 余人的投降，接收各种火炮 164 门，步骑枪 1.95 万余支，轻重机枪 450 余挺，手枪 450 余支，军刀 550 余把，各种车辆 300 余辆，战马 1600 余匹，有、无线电台 80 余部，各种弹药甚多。

第一四二师负责接受金口、纸坊地区日军独立第八十八旅团官兵 8300 余人的投降。缴获步骑枪 2300 余支、轻重机枪 240 余挺、战马 96 匹，并有汽车、军刀及其他的器材。该师还负责改编驻金口、纸坊地区的汪伪“自新军”公秉藩的第四军。

第五十六师负责接受咸宁、蒲圻、葛店等地日军 1.4 万余人的投降和改编驻葛店的汪伪“自新军”李宝琏的第五军。

各部队解除日军武装的工作，基本上是顺利的。日军各部队在投降时，均能有秩序地按册点交，没有发生故意破坏和混乱现象。例如：第二十一师六十三团一营接收武昌郊区日军一个炮兵中队，有榴弹炮 12 门，系铁轮炮车，骡马牵引，各种观测、通信器材均完整无损，弹药也有一定储备量。共有牵引驮马及乘马 200 余匹，因草料缺乏，骨瘦如柴，有的马蹄伤残，不能行走。足见日军当时装备虽比我军稍好一点，但与美军相比则落后得多。

另据各师反映：在接收过程中，日军官兵表面上毕恭毕敬，枪炮也擦得干干净净，仓库里的弹药和军需物资也置放得整整齐齐。有的军官含着眼泪对我讲话，有的给我下级军官赠送照相机之类的礼品；有的单位借故不交出清册，随便我们说多少算多少，不论是武器弹药还是被服装具都是如此，企图给想发接收财者开方便之门，用心至为险恶。有的日本军官不承认战败，公然说：“20 年后日本会更强大”；有的在墙上书写“20 年后再来”的口号。还有个别军官喝醉后投江自杀或剖腹自杀，足见其受“武士道”精神及军国主义教育毒害之深。

投降后的日本官兵及日本侨民，均由我日俘管理所（所长彭冷芳）分别集中于青山、洪山、大东门、珞珈山等地。冈部直三郎被囚禁武汉大学内。

当时，武昌街道破烂不堪，我们曾令日俘清理废墟，整顿市容。

对汪伪部队的改编，按照上级指示，军官一律资遣，士兵分别编入各师补充营、连缺额。

空运北平

第九十二军进入武昌仅20多天，各部队正在进行接收扫尾工作之际，突然接奉蒋介石电令，命我立即率部由汉口机场空运北平，接受日军华北派遣军所属第三战车师团等部的投降，并任命我为北平警备司令，负责北平及其外围地区的卫戍任务。我当即命令各师中止接收，准备空运。

空运由美国空军某运输部队担任。军司令部派遣联络参谋长与美军共同协商制定了空运计划。每天往返两次，每次40—50架次，每机可运载轻装士兵70—80人，重装或行李较多者50人。两天一个师，军直属一天，预计7天运完。马匹、火炮、车辆、辎重，有的准备海运，有的留交武汉友军。各师空运顺序，依驻地情况，仍按由湘西向武昌挺进时的顺序，由第二十一师先行。

空运的实施，是严格按照计划的要求进行的。空运部队以团为单位，先一日渡江到达汉口机场外围地区集结，按乘坐飞机的号码编成小分队，起飞前一小时进入机场各自乘坐的飞机旁边，经过清点人数，然后按时登机。当时，部队虽未经过空运训练，由于计划组织周密，各部队亦能严格按照计划行动，经过7天时间，全军于10月上旬全部空运北平。其中只有一架飞机在北平东郊双桥上空低空飞行时，机翼撞在无线电高塔上坠毁，第一四二师的一个排官兵及美空军机组人员全部遇难。

第一方面军越南受降纪略

严中英*

1945年8月15日，日本政府宣布无条件投降，结束了日本军国主义的侵华战争，结束了日军对中国土地的蹂躏和对中国人民的屠杀。这是抗日民族统一战线的胜利，也是与国共第二次合作分不开的。8月底，我第一方面军奉命赴越南接受日军投降，当时我任第一方面军第九十三军参谋长，参加了受降典礼。现将有关情况回忆如后。

抗战胜利前数月，第一方面军总司令卢汉奉令成立滇越边区总司令部，统一指挥第一、第九两个集团军，卢汉任总司令，关麟徵任副总司令。及至日本宣布投降，滇越边区总部撤销，成立第一方面军，卢汉任司令官，率所属的5个军及3个师入越南受降。部队的编制如下：

第一方面军司令部正副参谋长，下设10个处，分掌有关业务。

第五十二军军长赵公武，指挥第二师（师长刘玉章）、第二十五师（师长刘世懋）、第一九五师（师长陈林达）。

第五十三军军长周福成，指挥荣誉第二师（师长戴坚）、第一一六师（师长刘润川）、第一〇三师（师长王理家）。

---

* 作者时任第一方面军第九十三军参谋长。

第六十军军长万保邦，指挥一八二师（师长杨洪元）、第一八四师（师长曾泽生）、暂编第二十一师（师长邱秉常）。

第六十二军军长黄涛，指挥第九十五师（师长段云）、第一五一师（师长林伟铸）、第一五七师（师长李宏逵）。

第九十三军军长卢濬泉，指挥暂编第十八师（师长许义浚）、暂编第二十师（师长李韵涛）、暂编第二十二师（师长杨炳麟）。

直属暂编第十九师（师长龙绳武）、暂编第二十三师（师长潘朔端）、第九十三师（师长吕国铨）。

第一方面军接到入越南接受日本侵略军投降的命令后，各部队由原驻地向越南前进。第六十军由金平、屏边、那发经越南老街、莱昕、富流至河内。司令部及第九十三军则沿滇越铁路向河内推进；待第九十三军抵河内后，第六十军再前进至北纬16度之线以北的顺化、土伦一带（北纬16度以南，则由英军受降）。

9月20日，第一方面军所属各部队共约20万人，均已按照指示到达越南。卢汉发出训令，定于9月28日，在司令部驻地（原法国殖民统治者在河内修建的总督府）礼堂内举行受降典礼。上午9时，司令部警卫团奏乐升旗，卢汉率领本部各处处长以上人员及团级以上的部队长进入礼堂。参加典礼的有由军政部、财政部、外交部等各部所派出的代表组成的中国顾问团，有美军司令部嘉利格准将率领的人员，有英国驻河内联络部代表等。来宾中还有越南政府高级官员以及华侨各团体负责人等，均于上午10时前到齐。各国的新闻记者和摄影人员都赶到礼堂工作，会场气氛极为庄严隆重。10时整，日本驻越北的第三十八军团长土桥勇逸及二十一师团长三国直福，三十四旅团长永野修身以及团长、参谋、译员等，经我方人员导入礼堂，面对中国陆军第一方面军司令官卢汉及正、副参谋长马锳、尹继勋等座前站立行礼，随即在受降证上签署姓名。接着，日军参谋酒井将投降部队的各种表册呈司令官卢汉审阅。摄影记者把这个受降仪式收入镜头，载入史册。

在受降仪式上，卢汉以中国陆军高级将领的身份讲了话，昭告世界：维护正义反抗侵略的中国人民胜利了。他当场交给日军军团长土桥勇逸以“军字第一号训令”，责令约束所部，自受降之日起，即在原驻地待命，停止一切活动。并按照所呈表册开列的人员、武器及各种军用物资，在指定地点集中，听候接收，不得短少。受降典礼至此结束。参加受降仪式的来宾及有关人员，纷纷到司令部祝贺，赞扬中国军民坚持抗战的英勇献身精神。第一方面军司令部举行宴会，邀请参加典礼的主要人员入席，碰杯祝胜，宾主尽欢而散。

这次受降中有一个插曲，表现卢汉能坚持原则，不妥协让步。法军亚历山大准将欲以战胜国自居，我军入越后即要求参加受降，卢汉不同意。法方即向中国政府活动，行政院外交部允许法军参加受降，卢汉不便反对。受降那天，亚历山大等10余人进入礼堂时，见会场内只悬挂中、苏、英、美四国国旗，亚历山大又要求悬挂法国国旗，卢汉仍表示不同意。这个法军准将再次碰了钉子，只得灰溜溜地带着同来的人员退出礼堂，没有参加受降典礼。

由于当时越南的情况比较复杂，法帝国主义还阴谋卷土重来，复温殖民统治的旧梦。以阮海臣、武鸿卿为首的越南国民党和以胡志明领导的越南独立同盟也有摩擦。在解除日军武装之前，为了保证受降的顺利进行，不能不认真维护社会秩序。因而成立河内警备司令部，以九十三军军长卢濬泉兼警备司令，军参谋长严中英兼警备司令部参谋长。同时以暂编十八师为机动部队，隶属于警备司令部。

第一方面军分区接收日军人员武装的概况如下：

首先是解除日军武装。司令官卢汉下令，派万保邦率六十军解除夫炎、助波、越曾以南至北纬16度之间的日军海、陆、空各部的武装，并接收该区内的物资及所设置的机构。派卢濬泉率九十三军解除越池、北陵、甘陵、清化、太源、和平之间的日军海、陆、空各部的武装，并接收该区内的物资及所设置的机构。派赵公武率五十二军解除越池、北陵、甘陵、清化、太源、和平之线以东地区的日军海、陆、空各部的武装，线上属九十三军，并接收该区内的物资及所设置的机构。

1939年，日军侵入越南时，共有8万余人，在投降前减至5万余人。

盟军总部划定在北越的日军，由中国军队受降接收。第一方面军接管工作完毕后，由接管区各军将各项表册报方面军司令部；然后由司令部根据日军投降时呈出的表册与各军接收时所造的表册核实后，呈报中国陆军总部及军政部备案。

按照陆军总部规定，在解除日军武装并接收其人员、武器装备后，即将原日军第三十八军团番号取消，改为“越北日军官兵善后联络部”，以土桥勇逸为部长，办理关于日军投降后的事宜。接着，在河内、海防、土伦等地，分区成立 3 个集中营，把投降的日军集中起来。为了管理好集中起来的日军，又成立战俘管理处，管理他们的生活、纪律、教育等项。后来根据陆军总部所提的战犯名单，在集中营宣布土桥勇逸等 200 余人为战犯，予以逮捕，撤销其善后联络部长的职务。

最后是遣返日军战俘的工作。由我军成立港口司令部和检查委员会，与驻越美军总部联系船运的问题，所提供的有运输舰、登陆艇、卫生舰等。日军战俘登轮时，须接受检查。自 1946 年 4 月初至 4 月中旬，将日俘约 3 万余人全部运回日本。被列为战犯的原日军第三十八军团长土桥勇逸等，则根据中国陆军总部的指示，运交广州行营，受到国际法应有的制裁。

北平太和殿受降见闻

别志南*

1945年8月15日，日本天皇裕仁向世界宣告无条件投降之后，重庆中央政府安排了受降准备，第六战区孙连仲将军改任第十一战区司令长官，前往北平接收，8月末先抵达重庆。9月3日庆祝胜利大会隆重举行，重庆这座山城沸腾了！那天，无分男女老幼，人人相亲，大家流淌着欢喜的热泪，街道上牵衣挽臂，拥作一团，呼喊着："胜利了，我们胜利了！"正在重庆参加国共和谈的中共中央主席毛泽东、副主席周恩来由蒋介石陪同，也参加了庆祝大会，乘坐徐徐开动的敞篷汽车，溶入了欢乐的海洋之中！

10月1日，由副参谋长吕文贞率领的北平前进指挥所，抵达北平。由于铁路尚待修复，第二批接收人员分别乘卡车直驶河南新乡。我是先遣人员之一，当时担任第十一战区上校军械科长。

9月下旬到新乡后，以孙连仲名义电令日军指挥官根本博派机迎接，电文由我草拟，记忆犹新："北平日本华北最高司令部根本博中将，10月冬日派专机一架，前往新乡机场迎接我部接收大员。孙连仲。"

次日，飞机按时到达机场，我们上了飞机。炮兵、军需负责人坐在右

---

* 作者时任第十一战区军械科长。

侧，左前是三十一集团军池峰城中将，左后是我，机上正副驾驶是日本人，翻译一人是中国人，另有池将军随员二人坐于通道地毯上。飞行中池将军频频回首，侃侃而谈。说到当年诸多牺牲的战友时，我俩都止不住热泪滚滚。

1945 年 10 月 10 日是个难忘的日子。

10 月的北平，秋高气爽，万里无云，金光满地，衬托着雕栏玉砌、红砖碧瓦的故宫，分外宁静宜人。太和殿庄严肃穆，玉墀两边分列着全副武装的 200 名仪仗队员。

上午 9 时，凯歌高奏，礼炮轰鸣，史无前例的受降大典开始了。主席台上端坐着孙连仲将军，后排都是从征的将校。久已守候在殿旁的日军华北最高司令根本博中将早已卸却了军阶符号和佩刀，俯首低息，惴惴不安地等候传唤。随着大典司仪官“传唤根本博”令下，他由 8 名士兵押送着进入殿堂西面而立，深深地向主席台行了 90 度三鞠躬的大礼，而后双手捧着战刀献上主席台。战刀上刻着“上水正正清”，明治维新时铸造。随着命令，根本博退下。之后，孙将军作了简短的讲话，大典遂告结束。这里看到的、听到的是一片欢腾！中华民族终于洗雪了八年的奇耻大辱。正是：

八年终挫不义师，受降将士一踌躇。
庄严肃穆太和殿，阶下何人翼翼如！

第六十二军台湾受降纪实

黄　涛　林伟俦　侯　梅*

一、赴台的准备和部署

1945 年 8 月间日本投降后，第六十二军奉命入越南受降，驻防于越南的海防、北宁、谅山一带。同年 10 月间，奉陆军总司令何应钦命令（何曾亲到越南传达命令）开赴台湾，归台湾省行政长官兼台湾警备总司令、台湾地区受降主官陈仪指挥。任务是接受台湾日军投降及解除日军武装。

当时，台湾日军情况及我军具体部署如下：

（一）日军情况：全台湾（包括澎湖列岛）地区日军共 16.9 万多人，主力集中于台南、台中地区，最高指挥机构为日军第十方面军（指挥官为台湾总督兼方面军司令官安藤利吉），下辖第九师、第十二师、第五师、第六十六师、第七十一师、第八师；第七十五独立旅、第七十六独立旅、第一〇〇独立旅、第一〇二独立旅、第一一二独立旅、澎湖守备队等 6 个步兵师、5 个独立旅，另一部分海、空军部队。其中，某些部队是日军中的精锐

* 作者黄涛时任第六十二军军长，林伟俦时任第六十二军第一五一师师长，侯梅时任第六十二军第一五七师副师长。

部队，如第十二师，即日军著名的久留米师团，配有炮兵团、汽车团、战车大队等特种部队。

（二）陆军总司令部命令要点：派台湾省行政长官、台湾省警备总司令陈仪，为台湾地区（包括澎湖列岛）受降主官，率陆军第六十二军、第七十军开赴台湾，负责该地区日军的受降工作及有关台湾的一切警备事宜。以第七十军（下辖两师，原属第三战区驻福建部队）为台北地区占领部队，军长陈孔达为该地区指挥官、率领该军从福建出发，至台湾北部基隆港登陆，并进占基隆、台北、淡水、新竹等县市，指挥部设于台北市。以第六十二军（下辖三师）为台南（包括台中）地区占领部队，军长黄涛为该地区指挥官，率领该军在台湾南部高雄港登陆，并进占高雄、屏东，台南、嘉义、台中、台东等县市，指挥部设于台南市。台湾警备总司令部跟随七十军之后，在基隆港登陆，总司令部设于台北市。

（三）第六十二军的部署：军司令部根据上述命令，在越南海防市召开会议，做出如下部署：一五一师（师长林伟俦）集中康海港登舰，作为军第一梯队（前卫部队），与美军舰队司令密切配合；与台湾警备总司令部前进指挥所取得联系，开赴台湾高雄，相机排除一切障碍，在高雄港登陆，并进占其附近之屏东、凤山、左营等地区，为军司令部及后续部队在该港登陆提供有利条件。军司令部及一五七师（师长李宏达、副师长侯梅），作为第二梯队（与一五一师相隔约一天航程），在海防市涂山登舰，尾随一五一师之后，开赴高雄港。登陆后，一五七师即向台南、嘉义出发。并进占其附近要地。一九五师（师长段沄）作为第三梯队（后卫部队），在海防市涂山登舰，尾随一五七师之后，开赴高雄港，登陆后，即向台中市进发，并派一团进驻台东市及占领其附近要地。军司令部设于台南市。

与此同时，根据美军联络组的情报及何应钦的指示，得悉台湾日军在接奉天皇投降命令之后，部分旅团长等少壮派军官，曾有拒绝天皇投降命令，固守台湾，负隅顽抗主张。惟日军第十方面军司令及师级将领，则主张服从天皇命令，接受投降。现动向如何，未获确讯。军司令部根据上述情况，乃要求各师所有老弱士兵及随军眷属，一律禁止登舰，另候输送。并做好敌前登陆的战斗准备。所以，六十二军从越南开赴台湾，是充分做好战斗准备的。

二、海运赴台湾和登陆高雄

六十二军是于 11 月 16、17 日两天，分别在越南的康海、海防两地登舰出发的。前后分为三批（即三个梯队），每批约运输舰 7 艘。另有驱逐舰 8 艘，分别在前后护航。均属美国海军运输舰队，由派驻六十二军的美军联络组负责联系，到越南做运送部队的工作，美军舰队司令官卡伦指挥美舰队偕同第一梯队一五一师部队前进。一五一师师长林伟俦及随从人员，与该舰队司令官卡伦同在司令舰上，指挥行进。第一梯队是 11 月 16 日在康海港出发的。舰队以 4 驱逐舰为前导，3 驱逐舰殿后，司令舰居中，保护 7 艘运输舰行进；第二梯队及第三梯队，则于海防涂山，在 11 月 17 日至 18 日左右出发，亦有驱逐舰护航。在舰上，根据舰队司令通知，迄今为止，虽知道台湾受降前进指挥所已到达台北市，但舰队通讯系统仍未与该所美军联络组取得联系（前进指挥所配有美军联络人员）。同时，因越南—香港—台湾海运航线，发现有水雷未及清除，故舰队由越南、菲律宾、台湾航线行进，航程比预定约迟一天。忽接到前进指挥所从台北来电报说，台湾日军旅团长级将领不愿投降，有负隅顽抗意图的情况，要求六十二军做好登陆战斗准备。航行的第二天，第一梯队据美军舰队司令官卡伦通知，海面发现一个水雷，舰队绕其侧面前进。

舰队航行甚速，第二天大多数官兵均晕船，连美军也有很多晕船不能进食的。及至第三天，离高雄仅一日航程，据美舰队司令官卡伦通知，舰队与台湾前进指挥所是日未取得电讯联系，台湾情况未明。决定放慢航速，等候后继舰队，并减少官兵晕船程度，让官兵稍进食物，准备战斗，并加紧与台湾前进指挥所联络。于是，各部队才勉强煮粥进食，擦拭枪械，整理行装，做战斗登陆准备。至 20 日早上，第一梯队离高雄港仅二三小时航程，复往返逡巡，徘徊不进，因是日仍未与台湾前进指挥所取得联系，不敢贸然登陆。而就在这个时候，电报联络终于打通，知道日军已遵令集中指定地点，前进指挥所已派人到高雄等待，可进行登陆，舰队乃向高雄港前进。

进入高雄外港时，海面间有沉船阻塞，内港沉船更多，已不能前进。在舰上用望远镜观察，高雄港周围山上树木葱郁，无日军布防和活动迹象。一五一师四五一团，乃正式以登陆艇登上高雄外港的防风堤，抢占高雄山及市区要地，未遇抵抗，一五一师师部及各团，乃相继登陆。至内港码头，始见高雄市各界代表数十人在码头欢迎。部队进入市区时，群众夹道欢迎。台湾前进指挥所派高参一人，美军联络官一人，偕同日军联络人员一名，亦到码头迎接。相谈之下，才知道前进指挥所已早于11月19日到达台北市，第七十军前进部队偕台湾警备总司令部一些人员，亦于11月20日在台北基隆港登陆，按预定计划进驻台北地区各要地。台南日军，亦按指定地点分别集中，地方秩序由各地原警察机构负责维持。运输工具除火车照常行驶外，另由日军派出一汽车队（共30多辆卡车，数辆小汽车），供六十二军使用。

一五一师师长林伟俦率师部人员登陆后，获前进指挥所高参送达警备总部命令：着六十二军部队按原定计划，派一个师以高雄市、屏东市为中心，进占附近要地，并向屏东以南的日军集中点潮州和恒春地区派出警戒；所有部队官兵，一律不准在驻地使用美金、法币，另由指挥所临时发给（借用）台币，作为采购伙食之用。于是，一五一师登陆完毕，领取了一定数量的台币，除留一个团进占高雄要塞据点，另派一个营进驻高雄以北的左营海军基地以外，师部率同主力部队，即向高雄以东的凤山、屏东前进（辎重行李由日军汽车队运输）。师司令部偕1团驻于凤山镇，另1个团驻于屏东市，向屏东以南派出警戒，从而把高雄及其四周置于六十二军的控制之下。

11月21日，军司令部紧接一五一师之后率一五七师在高雄登陆。数千人在码头燃放爆竹，敲锣打鼓，张旗舞狮，热烈欢迎。相谈之下，竟多原籍是福建、广东会讲客家话的客籍人。另高雄各界代表数十人，日军将领十余人，亦到码头欢迎。军长黄涛据前进指挥所高参传达台湾警备总部的命令，当即命令一五七师师长李宏达，按原定计划部署，即日率领该师乘火车开赴台南、嘉义、彰化等县（彰化后由一九五师接防）。师司令部设于嘉义。并派出部队，向彰化、嘉义以东山区日军集中点进行警戒。军司令部亦即日开赴台南市。22日，九十五师继续开抵高雄，即根据军部命令，由师长段沄率领两个团乘火车开台中、彰化。另1个团由日军汽车队运输，开赴台湾东南沿海的台东市（九十五师开赴台中不久，复奉陈仪命令，派1团进驻台湾东北沿海的花莲县，归警备总司令部直接指挥）。

至此，六十二军即全面完成了台中、台南地区的占领任务。与七十军台北防区联系起来（七十军军司令部及1个师驻台北市，1个师在基隆，部队分驻于淡水、新竹、苏澳等地），整个台湾即在国民党军队全部控制之下。

三、受降与接收

台湾省行政长官兼台湾警备总司令陈仪于1945年11月22日到达台北市后，于11月25日上午10时在台北市公会堂（后改为中山堂）举行受降仪式。参加受降仪式的除陈仪本人外，有各军师长、美军联络官等；日军代表为原日军第十方面军司令官安藤利吉及其参谋长谏山春树、高雄海军警备部队参谋长中泽佑等人。在安藤利吉呈递投降书后，陈仪即席发表广播演说，宣布从即日起，台湾及澎湖列岛重归中国版图，一切土地、人民、政事均置于中国主权之下。整个台湾，这天都为之张灯结彩，表示庆祝。

受降仪式之后，台湾正式成立全台接收机构，下设军事接收、经济接收、文化接收等部会，陈仪以台湾警备总司令名义兼任接收机构的最高主管。惟各个机构的具体名称和负责人员已不能一一记忆。只记得军事接收方面，设台湾地区军事接收指挥部，由陈仪兼任指挥官，下设台北、台南两接收组。台北接收组长为七十军副军长唐化南，台南接收组长为一五七师副师长侯梅。经济接收负责人为七十军军长陈孔达。同时设立战俘管理及日俘、日侨遣送机构。根据陈仪的命令，接收工作从12月1日开始，限40天内完成；日俘、日侨遣送工作从12月1日开始，亦限于40天内完成。但后来均延至1946年3月间才完成。

台湾地区的军事接收工作进行得颇为顺利。在国民党军队登陆之前，日军基本上已按照前进指挥所的命令，自行收缴武器装备，分别在驻地分类入仓。日军则按指定地点，集中于城市以外的山地乡村（高雄、屏东的日俘集中于潮州和恒春；台南、台中的日俘集中于嘉义、彰化等地以东的山区），仅留少数步枪作为守卫之用。至于各地日军仓库，均由日军负责点交人员，造具清册，经自行清点后，贴上封条，派日军武装看守，等候接收。六十二军到达后，即派出部队，接替日军看管，并加具六十二军封条，以待接收小组派人点收（后来开仓点收时，也有比原册籍数字短少现象）。日军表面上对军械、装备入仓及点交工作，颇为认真，各种武器均分类集中，分类排列，经过擦拭，涂上凡士林；汽车、战车也排列得很整齐。但事实上却有很多隐藏、破坏、毁灭等行为。其中，汽车、战车也有很多是不能开动的，后来都叫日军重加修理，然后接收。

军事接收工作开始前，曾在台北举行过一次会议，由陈仪亲自主持，规定了具体接收办法，并由台湾警备总部派出高参二人，一在台北组，一在台南组，负责领导和监视接收工作。交接的办法是：日军移交清册三份，分由警备总部高参、台北或台南接收组、日军移交小组各执一份，并由三方面人员一齐到达仓库，当面揭除原有日军及驻防部队封条，然后照册清点，三方面盖章，再由警备总部用封条重新封存。这样的办法看来很周密，加上日军把移交军用物资视作赔偿中国战费的一部分，不但把军械、装备、粮食入册，各地的营房，亦一律入册，似很认真，实际上仍有不少漏洞。

日军交出的军用物资，计有各种武器，各种军用器材、医药、粮食等项。其中又以粮食、弹药、军用油类等为最多，因日军储备半年军用辎重物资，准备在台湾死战。这些物资根据当时日军台湾防守计划，约三分之二军队驻在台中、台南、高雄，物资也多集中在台中、台南、高雄地区，其中又以嘉义、凤山的仓库最多最大，有的一连数十间大小仓库，密密麻麻地连在一起。至于接收物资的具体数字，已无从记忆。但根据当时的总计，平均每个师团所交出的武器约为：长短枪6000枝，轻重机枪600挺，各种炮100门。台南地区（包括台中）共4个师团另3个独立旅团，合共长短枪约3万枝，机枪3000挺，各种炮500门。全台湾约5万枝长短枪，5000挺机枪，700

门炮，另附战车、汽车、骡马等。其中，枪械最优良的是十二师团（即久留米师团），机枪均有特种瞄准设备，步枪也不是一般曲柄滑盖枪，而是日本较新式的步枪。加农炮最大口径为10.5厘米，又以7.5厘米的最多，还有各种通讯器材（以无线电器材为多）。防毒面具、药品、服装等也很多。全部武器装备都是日本出品。全台日军都没有自动步枪、冲锋枪和15厘米的榴弹炮。海军集中于基隆港，只剩一些残破的小舰艇，数量不详。高雄则一无所有，只有一艘自杀性的鱼雷艇泊在左营。基隆、高雄、马公等3个海军基地，基本被破坏，各存22厘米、15厘米口径要塞炮10多门，另高射炮四五门。空军则集中于台中、台南等地，台中的大溪机场有飞机八九十架，嘉义附近的虎尾机场有一二十架，屏东机场有10多架，大都残破并遭破坏，很多还是木制的骨架，质量低劣。各种油类——飞机汽油、汽车汽油、战车用的柴油及滑机油等很多。至于各种服装，包括夏衣、冬衣、雨衣、皮鞋、干粮袋，粮食包括大米、罐头食品和食糖等数量很难估计，因除日军点交者外，后来还搜出很多。

日军在六十二军登陆后，表面上很服从，点交工作也很认真，但很多中上级将领对失败并不甘心。他们除宣称“20年后再来台湾”之外，曾进行大规模的破坏装备和隐蔽物资的活动。他们把大量的武器、弹药抛下海中，把整船的大米、汽油沉入海底，还利用各地的山洞，或原来的山洞仓库，收藏大量的大米、罐头食品、医药、汽油以及弹药等物资，然后把洞口秘密封闭，拒不移交。后来，经过各地人民的揭发，不少被日军解职的台籍日军翻译人员、技术人员，多进行揭发工作，六十二军才一一把它们挖出来。总计从台中、嘉义、台南到屏东等地的山边，都挖出很多粮食、罐头食品、汽油、药品。有的装满整个防空洞，有的装满整个石洞，有的装满整个地下石窟。挖出的食品为数不少，尤以罐头食品为多，都是没有数量，而且也无法统计数量的。对于这些物资，初时虽叫清点归公，或叫部队出具收条领用。后来也有不少地区，不论驻军、政府、警察，以至乡保长等，都自由取用，甚至公开拿到市场发卖。其余，六十二军还派出部队进行打捞沉船中的汽油、大米、罐头食品等工作，数量也不少。唯大米多数霉烂，仅作牲畜饲料以至肥料之用。至于日军集中后仍留有大量粮食，不少日军军官还私藏有短枪。后来，有些自动交了出来，有些则在私运中为六十二军截获。如十二师团曾用汽车运送短枪数十枝，目的不明，后被截获收缴。这些都是不列入册籍接收的物资，日军甚至声明是册外之物，任由六十二军处理。实际是对驻军的讨好和公开的贿赂。各地的日军将领在缴械后大都表现得很"温驯"，纷纷自动谒见驻军将领"聆训"。见面时，又每每自动献出自称是世代祖传的"宝刀"（即日军将级军官的军刀）。黄涛和林伟俦都接受过日军师团长献给的军刀和小汽车。他们这样做实际上都是献媚讨好，企图借此避免或减少被列为战犯的可能。

四、对日侨、日俘的处理和遣送

在日本投降时，台湾共有日侨约32万人，日俘16万多人。日本侨民中不少还是官僚、资本家、商人、浪人等，掌握着台湾的政治权力和经济命脉，不少还是杀人犯。人民希望政府给他们以应有的管理和限制，有罪者更给以应得的惩罚。但陈仪到达台湾后，除对日俘实行集中看管外，初期对日侨丝毫未加限制。记得在六十二军到台后的一段时间里，所有日人开设的旅馆、餐厅、舞场、妓院均照常营业。绝大部分的日人商店或用半掩门的方式继续营业，或前门虽关，后门则照样做生意；少数则公开营业。大工厂、大企业基本停业并没有接收。日本人仍照常住在按殖民体制划定的日人住宅区内，过着高人一等的生活。稍后定期遣送日侨、日俘的消息一经传出，各地日侨纷纷把住宅中的家私杂物，包括衣服、桌椅、餐具、钟表、地毯、古董、字画等等拿到市场上摆设地摊，廉价发卖。日人因怕被没收，急于发售，只要有人要，就忙着廉价成交。有些很名贵的古董字画仅以二元、五元卖出，买的人也就很多，其挤拥、热闹的情况超过了一般市场。不少日侨为了保存自己的产业、财物，多用过户等名义，转移给自己认为可靠的台湾友人；凡是合股经营的生意，有台湾股东的，多全部转给台湾人；有些甚至直接把财物交给台湾人代存代管。有些日本人还到处使用恫吓手段，对台湾人民说，他们只是暂时回去，早则10年，迟则20年，一定要重回台湾，要大家好好为他们保存财物。而陈仪政府起初对日侨上述行为全不过问，台湾人民极感愤慨，不少地区还发生过台民袭击、殴打日侨事件。至此，陈仪政府才不得不命令日侨集中指定地区（时间约于1945年底，地点多在日俘集中地附近），并公开宣布遣送侨民回国办法，规定每个日侨遣返时准带行李30公斤，黄金5钱及手表等。

约于1946年1月间，开始遣返日俘的同时，分批在高雄、基隆两个港口，由美军派船（多为日本船）遣送日侨回国。在遣送时，所有日侨都在住地上车时或港口登船前被进行严格的检查，凡超过上述规定的财物，都被扣留没收。至于这些没收的财物共有多少，事后如何处理，均无公布。此外，日侨上车上船之时，常有被愤怒的台湾人民追着喊打的事情发生。驻军几乎天天接到要求派兵维持秩序的电话。当时，我们鉴于众怒难犯，只要不发生重大事故，多数不予理会，或不了了之。

对于日俘管理工作，虽较日侨管理严密，但一般仍按日军原来番号建制集中居住，由原来日军将领管理。所以各级军官仍然养尊处优，发号施令如故。管理人员没有进行有计划的俘虏教育，启发士兵揭发各级将领和军官的罪行。及至后来，经人民揭发，发现日军大量抛沉、毁灭武器、弹药；隐藏大批粮食、汽油等罪行，而陈仪政府始终没有正式追查责任，进行必要的惩处。甚至对日军将领优礼有加，待如上宾。直到后来，才奉蒋介石命令，把全台湾的将级日军俘虏集中台北，转送南京。总计所有台湾日俘，除十二师团长仁见秀三，因杀害美国空军俘虏十多名，被美军追查，畏罪自杀外，没有一个被判作战犯，解回台湾，让台湾人控诉处决的。

台湾的遣俘、遣侨工作，主要由军队政治部工作人员负责。台南地区总负责人为六十二军政治部主任李荟，各师政治部人员均参加工作，台湾警备总部第二处（情报处）处长林秀滦（台湾军统负责人），台湾国民党党部人员，都是遣侨、遣俘工作的主要负责人物。

新四军高邮受降记

严振衡*

日本战败宣告投降后，新四军华中野战军司令员粟裕向军部多次提出建议，进行高邮、邵伯战役，歼灭该地拒降之敌，改善南线战场条件，以利未来自卫作战；同时建议随后夺取陇海路东段，使华中和山东战略区连成一片，便于两个野战军协同作战。建议获准后，粟裕周密筹划，精心指挥。这是华中野战军对日军的最后一战，圆满实现了高邮、邵伯战役和陇海路东段作战的预定目标。

高邮之战，我军以 1.5：1 的微弱优势，经过激烈的战斗，并以伤 400 余、亡 200 余的代价攻克坚城，歼敌 6000 余，其中日军 1100 余（内生俘岩奇大佐以下近 900 名）、缴获各种炮 61 门、各种枪 4308 支。此役歼灭和俘虏日军之多，缴获枪炮弹药军械物资之多，在华中抗日战场上是空前绝后的。特别是在战场上举行了新四军接受日军投降的仪式，更是迄今为止未见史料记载的。

1945 年 12 月 25 日夜，我向高邮城之敌发起了总攻。我各路雄兵迅速突破城镇并投入激烈的巷战。在我军猛烈攻击下，日伪军纷纷被歼或缴械投

---

* 作者时任华中野战军司令部侦察科长、作战科长。

降。战至 26 日下午，我军已包围日军司令部。在我炽烈的火力压制下，日军驻高邮最高司令官岩奇大佐终于在 27 日凌晨同意向我军投降。

高邮城东部，原有一座花园，是一个草木茂盛、繁花似锦的幽静之处。日军侵占高邮后看中了此地，围以电网，将高邮派遣部队最高司令部设在此地。经过激烈战斗，残存的日军已面临灭顶之灾，忙派出一名军官同我军联系，说是愿意投降，但坚持要同我方代表“正式谈判”云云。

我军派出第 8 纵队政治部主任韩念龙作为代表，到达日军司令部谈判受降事宜。一个 50 来岁的日军大佐，全副武装，挎着指挥刀，笔直地站在那里，目光阴森，高声喊叫：“我是大日本皇军高邮派遣军最高司令官，我只同你方最高代表谈判。”一个日军校级指挥官，又是我手下败将，日本天皇都宣布无条件投降了，你还要什么威风！韩念龙盯了这个外强中干的日军大佐一眼，然后严厉申明：“我就是我方最高代表，我代表新四军命令你立即下令无条件投降！”日军大佐见韩念龙态度强硬，口气也就软下来，但仍企图讨价还价，说是他的旅团中心在南京，他们要回南京，为了路上安全，轻武器要带走，重武器和一切弹药、给养全部留下。对此，韩念龙当即义正词严地予以驳斥，再次提出：你们只能无条件投降，至于你们投降后的一切安排，我们自然会按照我军宽待俘虏的政策妥善处理。

此时，有几个日军军官不断出出进进，交头接耳，还不时地凑近他们司令官的耳边嘀咕几句。大概这位名存实亡的城防司令官已经得悉全城已被我军严密控制，再耍花招是自讨苦吃，于是突然间换了一副面孔，武士变成绅士，满脸堆笑说：“代表，请坐，我同意无条件投降。”

高邮日军投降了！粟裕司令员听后十分高兴，他带领我和警卫人员很快地进入东门，在暗夜中来到日军司令部大院。一进院，粟司令员看到一个日本军人正在焚烧档案，当即跑过去用脚将火踏灭，吩咐张焕文参谋立即收缴一切文书，任何人不得销毁。

大院里堆放着不少轻重机枪、步枪以及其他武器，我们的一些战士想搬走，看守的日军不让搬，双方几乎争起来。有的战士看到库房里摆放着一包包方方正正的盒子，不知道是什么东西，也开始往外搬运。日军在后面

“哇啦哇啦”地哭着，边追边喊。后来才知道，那些盒子是日军阵亡者的骨灰盒。

粟司令员立即要我前去处理。我告诉我们的战士说：“上级规定一切枪械弹药须造册点缴，受降后再行分配。”然后，我按照粟司令员的指示让我们的部队先撤出大院，留下一部分战士维持秩序。

日军司令部集中有300多名俘虏，比起外面的日军来，这里更乱一些。一个小礼堂似的大屋里乱七八糟地到处都是人，十个八个地挤在一起。新四军66团姚政委命令日军立即缴枪。

按粟司令员指示，受降仪式由韩念龙同志主持，仪式是在日军司令部灯光黯淡的大厅里举行的。日军在大厅紧靠后墙处摆了一排长桌子，桌面上铺上了黄军毯。在长桌后边正中落座的是韩念龙主任，他的左右是助手和翻译。长桌的左边，站立我军干部战士。长桌右边，立着两排日军军官，为首的是一名大佐，另一名是中佐。只见其中一个军官出列，向大佐行军礼后说了几句报告词之类的话，就双手捧着日军花名册和军械、军需登记册，呈交给大佐，然后退回，站在一边。大佐向韩念龙行军礼（其他日军军官行注目礼），大佐双手捧着刚交给他的各种登记册，毕恭毕敬地呈交给了韩念龙主任，之后退回，站立一边。韩念龙主任接过花名册，一一翻开，略加审阅后，即命令日军大佐指定专人陪同我军人员去广场和仓库清点交接武器和物资，另派多人随同我军人员到分散被围的各据点，命令顽抗的日军迅速缴械投降。并宣布：

（1）投降的日军官兵仍回原处待命。为了安全，活动限于院内，不得外出。

（2）战死的日军官兵可按日本国习俗予以火化，骨灰收好以备带回本土。

（3）受伤的日军官兵将由我方医务人员协同日军医务人员予以救治。

一切吩咐完毕，仪式即告结束。

粟司令员及随行人员一直挤在我方人员中，从头看到尾，最后不声不响地离开大厅，回到野战军司令部，此事连韩念龙也没发现。那天要是韩念龙发现粟裕在场，他必定会从主座位跑下来迎接，造成粟司令员受降的局面，那就既破坏了原定的方案，又抬举了日军大佐，这样显然是不适宜的。所以一向不事张扬的粟司令员对于自己的不被发现颇为满意。他个子不高，穿的是普通军服，又不曾前呼后拥，挤在一堆全神贯注观看受降式的人群里，谁又会想到此时此地会有他在场呢？直到三天后，粟司令员在高邮城接见日本军官时，人们才知道此事。日本军官们不胜惊讶，不胜赞叹。那个岩奇大佐，还十分庄重地肃立在粟司令员面前，把一件紫光闪闪的冷兵器，双手高高地举过头，又双肩近膝地鞠躬，口中念念有词地说道：谨将这柄远祖相传的紫云刀，敬献给久已仰慕大名的中国将军。

赶制受降部队新军服的回忆

卢酉纯*

抗战时期，重庆军政部军粮局派我驻安徽立煌（今金寨县）办事处工作。由于我曾在重庆工作过，与这些机构人事较熟，驻皖北骑兵第二军军长廖运泽、暂编第九军军长傅立平以及第一一七师廖运升师长（师部驻立煌）也委托我办粮饷领运工作，骑兵第二军军部派来军需和副官协助，还拨给我无线电台一部，配备报务员、通讯兵多人，日夜分班与两个军部以及友台通讯联系。

1945 年 8 月 14 日中午，忽听街上响起鞭炮声，有人喊："日本鬼子投降了！"我立即出来，走到中山纪念堂附近，只见人头攒动，许多人围着三位美国军事联络官当街拥抱，四周掌声雷动，听说这消息是美军派驻立煌的联络官传出来的。整个立煌都沸腾了，军民欢庆，奔走相告。

不久，我通过电台与暂编第九军军部联系，得悉部队已接到命令，北上徐州受降；其时，重庆军需署拨来服装代金，命令我会同军需处长，按照美式军服的样式，赶制 1 万套新式军装，让全军换上崭新的军装，去接受日军投降。由于任务紧急，我们召集立煌县城十余家服装店老板，签订合同，由

---

* 作者时在国民政府军政部军粮局派驻安徽立煌县（今金寨县）办事处供职。

他们去鄂东采购白土布，染成草绿色，同时扩充机台，日夜加工缝制。由军部和师部派人统一在立煌监制和验收。

当时骑兵第二军军部及第一一七师已从皖北兼程北上，由于徒步行军，于 9 月初到达陇海铁路东段的杨楼车站，这里距徐州仅一天路程，部队在这里稍事休整。这时，我们乘坐卡车赶上部队，将新军装下发部队。这样，全军穿着新发下的军装，焕然一新，军容整齐，浩浩荡荡开进徐州城，接受日军第四十七师团的投降，还接收了日军部分武器装备。徐州受降后，第一一七师又奉命星夜兼程赶到济南受降，并改番号为第九十八军，军长段霖茂。

1945 年 9 月，国民党革命军第五师师长李则芬少将率部抵达苏州，日军第六十师团长落合中将等在苏州火车站列队迎接，日本军官均俯首 90 度鞠躬，所携刺刀放置站台地上，表示忠诚服从。受降仪式在谢衙前第五师司令部举行。然后，第三方面军汤恩伯委派张雪中中将在狮子林接收日军军需物资，并成立日军集中处，组织日俘修复公路，清除全城垃圾。

10 月，我重返苏州。在街上，见不到一个日本兵，听说他们正在服劳役，挖掘下水道。一天，我经过一个路口，忽然一个日本军曹站在马路中壕沟旁的土堆上“哇啦”大叫一声，向我立正敬礼，随着他的口令，壕沟里倏地伸出几十个日本士兵的头，他们满脸污泥，站在泥浆里向我立正敬礼。我昂首挺胸，阔步前进。他们立正目送我走过去，军曹又喊一声口令，才又弯腰继续干活。

抗战终于胜利了，中国人扬眉吐气了。

其　他

宋美龄为苏军授勋内情

徐世江*

1945 年 8 月 15 日，日本天皇正式宣布接受无条件投降。9 月 9 日，中国战区日军投降签字仪式在南京陆军总部大礼堂举行，随后蒋介石以中国战区最高统帅名义，向在中国战区参战美军官兵发布授勋令：授中国战区参谋长魏德迈将军及所属著有战功的官兵计大绶卿云勋章 1 枚，胜利勋章、光华勋章、胜利奖章共计 500 枚（本来拟颁给魏德迈将军最高级功勋章——青天白日勋章，但考虑到青天白日勋章上有国旗，不适于对外宾，故改授文官最高级勋章——一级卿云勋章，外增颁大绶佩带以示崇敬）。

蒋介石除给美军官兵授勋之外，为何又派宋美龄代表自己千里迢迢飞往沈阳给苏军授勋？这是由美军魏德迈将军一手导演的。

当时我在军事委员会铨叙厅当综核科上校科长，正承办此类勋奖案件。授勋令颁发不久，大约是 9 月中旬的一天下午，钱代厅长面交我一份最速件，蒋介石手令和魏德迈的建议函译本，要我速办。我立刻回到科里召集承办勋奖的副科长郑再虔，中校参谋史百祥、李健为，少校参谋倪福绥等研讨办理此案。当我打开密封的卷宗，我们都傻了眼！手令内容：“林次长（即

---

* 作者时任军事委员会铨叙厅综核科科长。

兼铨叙厅厅长林蔚，当时为军政部政务次长)，速照魏德迈将军建议，即日筹备给驻东北苏军授勋，限10月5日前办妥为要。中正9月16日。”

魏德迈函译文大意如下:“中国战区最高统帅蒋委员长麾下:我代表中国战区全体美军官兵及以我本人名义向您致以崇高的敬意和诚挚的感谢！对我授最高荣誉和特级勋章，我深表感谢！我真诚希望，今后在自由世界复兴和美中协作征途上，贡献绵薄为您服务，祈祷上帝祝福钧座和夫人福体康泰，国运昌隆。”魏德迈建议函还说:“将军德威似应遍及中国战区各地的盟军官兵，为此，我建议，在中国东北地区新近参战的苏联红军也似应分享胜利欣荣;统帅部如能给苏军授勋，不仅增进中苏国谊，且可改善苏军官兵对接收东北黎民之态度（据美新闻处获悉:苏军进军东北击溃日寇时，将接收日侵略军占有的一切物资运走，连地方民间的厂矿能拆卸的机器设备和百姓的物质都视为‘战利品’抢运回苏)，同时又可消除苏联攻讦中国政府‘亲美反苏’之疑虑。假如夫人能代表钧座前往慰问和授勋，更可为将来由苏军接收东北地区，打开外交通路。”

我们看完这个大而全的建议，都感到沧海茫茫，无处下锚;真是“上头一开嘴，下面跑断腿”。他们以为“授勋”是那样简单的事！按叙勋条例规定，叙勋要由申报机关填好请勋事迹表，并注明官阶、姓名、战绩（包括时间、地点等)，备文呈报;中转机关审核签注意见及勋章等级，上报军事委员会铨叙厅，经该厅承办科根据法规和战绩情况核定授某种勋章，再由厅长签名报请委员长批示;批定后，再列表填好勋章、证书送请国府盖印，颁发勋章;铨叙厅领回勋章和证书后，再签发军事委员会指令，下达给转办机构（或代表团)，就地颁发。具有特殊战功者，则由国民政府主席或军事委员会委员长在某个大典中亲授;但事先乃须由铨叙厅承办好一切手续，连同勋章、证书等送交国府礼宾司或委员长侍从室备用。

这次授勋手令无姓名、无战绩、无申报机关，真如大海捞针，无从着手。我科遂开个“诸葛亮”会，讨论结果，拟定一个初步办法:一、以侍从室名义请外事局向驻渝苏联大使馆联系，并请武官处造一份在东北苏军建有战功的官兵名单附战绩，以便叙勋。二、以军委会名义致函国府文官处印铸局，请迅速铸造勋章500枚备用。三、请次长林蔚请示委员长指示叙勋规格、等级及授勋代表团成员名单，以便给代表团成员制发勋章、勋表。四、办案分工：郑副科长和史参谋跑外事局和苏联大使馆；我和李建为跑文官处和侍从室；倪参谋和张书记负责文书和领发运输事宜。会后我立刻到钱代厅长室，汇报我们的处理方案，请他转报给兼厅长林蔚核示。钱同意我们意见，并电话请林厅长晚上来厅审议。

当晚9时许，林乘车来到铨叙厅，钱和我正在厅里等着他。研讨结果，他基本上同意我们的设想计划和办法，并指示六点：一、向苏联大使馆索取著有战功的官兵名单不现实（其实使馆根本不知道），只请大使馆告诉在东北参战官佐的概数及苏军最高指挥官姓名、官职，司令部所在地及联系方法，并着重说明是为叙勋所用。二、叙勋等级可参照美军前例准备，勋章、证书请文官处事先在空白证书上盖好印章，至于姓名、官阶、勋绩等，到苏军司令部再按他们给的材料填写。三、代表团名单等侍从室拟具呈请夫人核定后，再通知你们。四、起程日期可与侍一处冯圣法组长联系，并将勋章与证书一并送交冯组长。五、外事局方面请企裴（钱代厅长别号）打电话与何浩若局长联系。六、文官处印铸局方面由徐科长亲自去见周副局长面商。至于侍从室应办之事，我回去向他们说一声，你们就不必去了。总之，为争取时间和实效，各方面都要派人去面洽，不必用公文函商；至于慰问团组织事务交通等方面，均由侍从室负责，本厅可以不过问；你们的主要任务是：如期准备好授勋奖章和证书。

次日上午，我们照计划分头进行，各方面都还顺利，唯独到国民政府文官处印铸局这个老爷衙门便卡了壳，我们商谈半小时无结果。最后，周副局长向我摊了牌，周说：印铸局铸造勋章最大限额是每天30枚，若在两周内铸成500枚勋章是办不到的；同时盖空白勋章证书，无此先例，我也不能做主，我为完成使命，使出全身解数，软磨硬泡，缠住周副局长，最后抬出林蔚来，便假林口气说："这是夫人（指宋美龄）第一次代表委员长给苏联红军授勋的，关系重大；而且要在10月上旬前赶到沈阳，以便在国庆节（10月10日）典礼上授勋，增进中苏友谊，为今后顺利从苏军手中接收东北政权奠定基础。”同时表达林对周之信赖说：“周局长忠于党国，敬重夫人，这关系中苏友谊的大事，他一定能设法帮忙解决的。”两小时情与理、利与害的交谈，感动了周，他答应马上请示吴文官长（吴忠信），让我先回厅去。我想“人在情在”“打铁趁热”，便说：“我就在这等候局座向上峰请示的结果！”周见无法让我离去，遂说：“好吧，我这去试试看！”未过一刻钟，周回来笑嘻嘻说：“徐科长你运气好，文官长他听完这件‘好’事后，便口头答应，破例同意盖空白勋章证书500份，不过两周内铸造这么多勋章，确有困难，让我们两处想办法。”我当时忽然想起，为美军颁发勋章时，尚有一部分预备运交何总司令代授之勋章100枚存放铨叙厅，何不先挪用一下，俟印铸局铸好再归垫。遂恳请周转请工人师傅先加班赶制400枚，其不足部分先挪用颁美军之勋章，以后继续铸造再归垫，就这样圆满完成这一个难以解决的问题。其他工作也都由我科各人东跑西奔昼夜加班，经过两周的努力，总算将卿云带大绶勋章1枚，胜利、光华勋章各200枚、抗战胜利奖章300枚及盖有国府印章的空白证书401份，奖章证书300份顺利完成，于10月2日送交侍从室冯圣法组长。

中华民国军事委员会及中国战区最高统帅部慰问驻东北苏联红军授勋代表团成员名单：

团长：蒋委员长代表蒋宋美龄；

副团长：邵力子（中央执行委员）、贺国光（军委办公厅主任）；

团员兼秘书长：王叔铭（航委会副主委）；

团员：傅秉常（驻苏大使）、蒋经国（东北特派员）、何浩若（外事局长）、黄仁霖（励志社总干事）、郑冰如（铨叙厅办公室主任）、陈良（军需署署长）、冯圣法（侍从室中将组长）；

秘书：沈昌焕（侍从室三阶秘书）。

代表团由苏联驻华大使罗申陪同于10月4日乘两架专机从重庆飞往沈阳，进行授勋。

日本投降后粤、港、澳关系的回忆

李汉冲*

日本投降后，张发奎的第二方面军进入广州受降接收。旋即成立军委会委员长广州行营，张任行营主任。当时广东各界强烈要求收回港、澳，报纸纷纷发表这种意见，广东参议会也发出了收回港、澳的宣言。军队方面，更因香港受降权的变化，都主张以强硬态度对待港、澳问题，有些人甚至提议实行武装占领，把事态扩大，以便为收回港、澳作更好的张本。此时中国军人出入港、澳有一个口号“我们不是进入外国地区，而是在自己家乡走动”，情绪可见一斑。张发奎本人也有这样想法，他认为对港、澳问题采取强硬做法，可以博得社会的同情，增加自己的威望，有利于其对广东的统治；同时，由于他在政治上有依赖美国的意图，以为如此可以博得美国的赏识。他不止一次地说：“美国也不愿意英国占据香港，如果香港发生了事件，美国暗中一定高兴，决不会出面来支持英国，英国此时如无美国的支持，不敢单独对我们有所行动。因此，我们对港、澳的任何地方纠纷，都不致酿成国际的争端。”由于行营上下意见一致，乃决定采取“寻找机会，制造借口，纵容部下，扩大事态”的方针。因而纠纷事件，层出不穷。后来，如果不是南

* 作者时任军事委员会委员长广州行营参谋处处长。

京政府一再严令制止和张发奎怕因此失宠于蒋介石的话，根据当时情况，我国在港、澳的主权恢复问题，很可能会朝好的方向变化发展。

当时我在广州行营任参谋处处长，接触过一些有关香港、澳门的问题，曾代表张发奎去过香港几次，与港英当局交涉有关军事、治安、法权等属于地方外交性质的事件，并在业务上办过一些机密的工作。兹将我亲历的一些事件，分别记述于下。

香港受降接收权之变化经过

1945 年 8 月 21 日，国民政府陆军总司令何应钦在湖南芷江接见日本驻华派遣军总司令冈村宁次的乞降使节今井武夫副总参谋长之后，即召集各战区、各方面军的司令长官、司令官会议，按今井武夫呈出之日军战斗序列、兵力位置及指挥系统等资料，分配受降任务。第二方面军司令官张发奎被指定为广州地区的受降主官。当时何应钦对张发奎说：“根据盟军太平洋战区最高统帅麦克阿瑟划定之受降区，中国战区受降范围应为北纬 16° 以北地区，包括越南北部、台湾及香港，但东北归苏联军队受降接收。香港划入广州受降区，应即以一个军进驻香港办理受降接收事宜。运输所需船只，已请求美军负责，希即按此实施。”张返南宁方面军司令部后，美军联络官博文准将亦将此事转告，并云美军所负担之运输船只，将尽可能提前于 9 月上旬供应使用，登船地点指定为广州湾与北海两地。

当时张所指挥的部队有 4 个军，其中孙立人的新一军原在梧州一带，已令沿西江向广州疾进，担负广州及其附近之受降接收任务；黄涛的第六十二军原在越桂边境，已令入越改归第一方面军司令官卢汉指挥；韩练成的第四十六军原在湛江一带，正对广州湾日军施行攻击；张弛的第六十四军，除张显岐的一三一师在湛江归韩练成指挥外，主力在南宁附近为第二方面军的总预备队。按照当时军队态势，如迅速进军香港，当以韩军较为便捷。但张以香港较海南岛为重要，将来“捞”的机会也较多，韩军系桂系部队，不如张（弛）军之可靠，因张军原是邓龙光所属，邓与张发奎有旧第四军的部属关系，且张显岐是张发奎的同宗兄弟，操纵可以自如，故以韩军进入海南岛接收，改令张军由南宁向北海、湛江推进，候轮运港。

当时第二方面军官兵对接收香港异常兴奋，且以为香港从此可以收回。但一周后，忽接何应钦电告，香港已于 8 月 30 日由英军舰队司令哈科特少将率领舰队捷足先登，并令驻香港日军向英军投降。至于香港受降接收权究竟归谁，何应钦来电另候指示，部队暂时中止运输。这个变化，当时不仅我们甚为诧异，即博文准将亦未奉到美军总部的任何通知，并对英军的行动表示不满。后经分电何应钦及美军总部了解，始得香港已经最后决定改归英军受降接收之复电，惟说由英军接收之日军武器装备，包括船、舰和飞机等则交中国。事后据博文对张发奎说，事变原因，实因英国怕香港受降接收权划归中国后，将影响英国对香港的殖民统治，甚至造成中国收回香港的既成事实，故利用海军优势，不待麦克阿瑟最后同意，即先在香港登陆；又说麦克阿瑟起初不同意英军此种行动，曾向英国提出香港归英军占领，九龙归中、美两军驻守之折中办法（当时印度新德里广播电台也曾透露过这个消息）。惟英国坚持不让步，麦克阿瑟以英军占领香港已成事实，才不得不作此变更，但以日军武器装备交中国作为维持国民政府面子的条件。又据国民政府外交部两广外交特派员郭德华对我说，美国本想自己派兵占领香港，因恐英国不同意，才把香港划入中国战区，以中国军队驻守香港为过渡办法，将来中、英两国对香港主权发生争执时，美国即出面调停，将香港变为美国的委任统治地。据说麦克阿瑟最后决定将香港交予英国接收时，美国与英国亦订有秘密条件，即美国在香港保有特权。

中国军人在港九行动之权利

当时，中国军队在香港曾一度昂首阔步，扬眉吐气。据国民党政府派赴香港参加受降接收之代表潘国华少将在受降典礼大会上说："此次祖国军人在港出现，能与英军官兵享受平等待遇，实为百年来所未见，故港胞对奉命来港之祖国军人，备极欢迎。"其突出事件，有如下几件。

第一件：国民革命军第十三军石觉部于9月中旬开始接收广九沿线，该军在深圳一带之边防部队，常借口搜捕日俘、汉奸，武装闯入罗湖、粉岭一带，因之与港英当局之军警经常发生冲突。一次该军一个排进入罗湖为英警拦阻，该排排长开枪示威，当场击伤英警1名，旋全排士兵高呼“收回港九”口号，扬长而去。附近驻防之英军亦只得作观望态度，不敢有所举动。事后港英当局来函，不但没有对此正面提出抗议，也没有提出中国军队不能越境之限制，只说今后双方部队在边境发生任何纠纷时，均希极力避免武装冲突，切勿扩大事态，以共同维护盟军过去对日作战之亲密关系等语。至于被击伤之英警则只字不提，迨后英国陆军驻港司令菲士丁少将来穗作官方拜访，张发奎才提及此事，向他道歉。不料菲士丁说：这些小事，使贵主任如此介意，深为抱歉。极尽其委曲求全之能事，一场纠纷，于是了事。

第二件：日本投降后，广州受降伊始，蒋介石即将张发奎所指挥的部队主力逐次北调，准备对东北共产党军队攻击，并指定北运部队通过九龙登船。自1945年10月至1946年8月，先后在九龙过境北运之国民党部队，有石觉之第十三军、李弥之第八军、孙立人之新一军、阙汉骞之第五十四军和驻日占领军第六十七师戴坚部等，总共不下十余万人。在这样长的时间内有如此多的部队从九龙过境，广州行营自然与港英当局接触频繁，因而就利用了许多机会来制造事件。首先，1945年10月初，当行营接到国民政府军事委员会的“即以第十三军开入九龙候船北运”之命令后，即借口已经由南京征得英方同意，不待港英当局答复，也不同港英当局商议部队过境之具体办法，即将先头一个师强行通过新界开入九龙，占用了许多民房及公共场所，在市面上强迫使用“国币”，声称“这是自己的领土，当然使用自己国家的钱”。还在驻地四周布置障碍物，断绝所有通往驻地之交通，实施严密警戒。九龙秩序顿形紊乱，港英当局甚感头痛。后经英方再三提出双方协定中国军队之过境办法，张发奎始于10月下旬派我为行营代表赴港协议，并乘便代表他回拜菲士丁。行前，行营召开高级幕僚会议，决定三条协议原则：

（1）应极力争取我军在港九至少在九龙经常留驻部队之权利，以便为将来提前收回九龙创造条件。

（2）丝毫不能有损及中国军人荣誉的不平等待遇，应特别注意保留我军在港九的治外法权。

（3）以中方为主，维持中国军队本身的军风纪。

我到港后的第三日，官方应酬礼节完毕之后，在菲士丁将军之官邸与菲士丁进行协议。根据菲士丁的提议，不必邀集其他人员参加，不必有任何会议形式，只须将两人交换之意见做成记录，然后按此原则，交付双方部队参谋人员去具体执行，执行过程中如有原则性之纠纷，再行协商解决。我亦顾虑有些技术细节或与其他部门有关的业务，不好立即决定，乃同意他的意见，先订原则性的协定。参加谈话的，除我与菲士丁外，只有双方的翻译人员。我的翻译员是行营上校参议骆来添。

由于菲士丁尚具有爽快的军人风度，较少英国绅士的派头，没有很多的争执就迅速达成了协议。这也可能是英方当时的一种策略，以为只要永久保有香港的殖民统治权，其他暂时性的问题，可以适当让步。协定开头，菲士丁要求中方：

（1）过境部队每一次人数不得超过 5000 人（约等于一个团的官兵人数）。

（2）自到达九龙至登船时间，不要超过 3 个整天，即不超过 72 小时。

（3）在部队候船期间，部队或个人不要在指定宿营地以外活动。

（4）由中、英双方各派一连宪兵混合组成纪律执行队，维持双方军队的军风纪。

（5）后勤及补给由中国自行办理，英方义务协助，军队不要在市面直接使用中国货币。

我秉行营授予的原则，提出如下修补意见，这个意见最后经菲士丁同意，即作为双方的协定原则：

（1）同意过境部队每一次人数不超过 5000 人的规定，但如运输船只增多时，不受此限，可依运输船只的运载量增加。唯增加人数应随时通报英方。

（2）同意候船逗留时间不超过 72 小时之规定，但特殊情况如天气恶劣不能开船或因台风船只中途躲避，不能依时到达等则例外。

（3）部队在候船逗留期间，可以在九龙地区范围内自由活动，但不能渡海到香港岛。唯中国军官和经纪律执行队许可之部队或士兵个人之参观、探亲和假日游览等，不受此限。

（4）同意共同组织混合纪律执行队，除由广州行营与驻港英军各派一个宪兵连外，并由过境部队以师为单位派出一个营共同组成之，由广州行营派出一个上校级别以上的军官担任队长，由英方派出一个上校级别以下的军官担任副队长。另由广州行营指派驻港联络专员一人，担负中英双方高一级的联络任务（我当时认为由行营派出一个宪兵连，可以争得我军长时间驻扎九龙的权利；由过境部队派出一个营，可以增强驻港的兵力）。

（5）部队在规定活动范围以外行动时，士兵一律不得佩带武器，军官可以携带自卫枪械。

（6）为保持军人特殊之荣誉，中国军官在任何地区行动，除受纪律执行队之约束外，不受其他军警之检查盘问。又中国军人在港九境内发生任何有关法律事件，均由中国军法处理。

（7）协定由双方制成命令，分饬所属部队执行。

上述协定，经张发奎完全同意，随即以命令付诸实施，并派行营军务处副处长郭秉祺任纪律执行队队长，骆来添为驻港联络专员。

此时国民党军队在九龙真是耀武扬威，港英当局大有无可奈何之态。有一次，新一军的吉普车在街上辗死两个人，港英当局没有过问，也许他们认为死者是中国人，不足轻重；但接着又发生广州行营宪兵数人围殴一名英警并致其重伤而死的事件，港英当局亦未提出什么要求，只责令纪律执行队将该宪兵数人调回原部队处理而已。由于我国军队在香港行动的影响，广东省参议会对港英当局当时限制居民返港和在屏山开筑机场等提出抗议，且取得了迫使港英当局取消限制令和停筑机场的胜利。又 1946 年 1 月间，广东省在港参议员数十人及各界代表等，向来港的国民政府行政院院长宋子文请愿，要求立即收回港九，尤其引起英方特别注意，并认为这是触及香港主权的违法行动。于是，蒋介石在2月5日接见美国合众社社长白里时说：“近来港、澳连续发生地方事件，深为遗憾，除令地方军政当局注意敦睦邦交外，中国拟循正规外交途径，与英国解决香港问题。”并随即命令广州行营注意维持在港军队之纪律及制止部队武装封锁澳门等行动（关于武装封锁澳门事件，本文另有交代）。不仅如此，即我于次年随张发奎去台湾考察，路过厦门时对记者发表“香港不收回，走私无法绝迹”之谈话，也受到由外交部特派员郭德华转来的蒋介石的斥责警告。

第三件：国民党军队腐败不堪，在港违法乱纪之事层出不穷，他们利用穗港交通之便利和自由出入港九之便利，在香港花天酒地，纸醉金迷，招摇撞骗，无所不为。此时发生有两桩突出事件：一是某军上尉军官容裕生因盗窃香港屈士文商店物件，当场被港警拘捕，港英当局要求按香港盗窃刑事法办，不肯交由我方引渡。一是某军驻穗办事处主任余兆祺少将因卷款潜逃，经行营撤职通缉法办，后查知逃匿香港，要求引渡归案，港英当局又以余兆祺已被撤军职，不能享受军人权利为辞，拒绝引渡。此两事发生于1946年春夏之间，那时香港已结束了军事占领时期，引渡案件须由香港司法机关办理，行营亦奉南京国民党中央政府指示，凡与香港外交事件，由外交部驻两广特派员郭德华统一办理。郭是有名的“酒肉外交官”，只要英方多请他参加几次宴会，就可以让英国人牵着鼻子走，因此几经交涉，毫无结果。且港英当局又在报纸上大肆渲染余、容两人之丑行，以图损毁中国军人之名誉，更引起军队之愤怒。国民革命军驻港部队立即发出“如港英当局不予引渡，则中国军队将保留自行逮捕行动”的抗议。对于余兆祺，因须返回公款，张发奎主张必须交涉引渡，但对容裕生，则以他丢尽了中国人之面子，原想不予过问，后因各方责难，始函菲士丁提出以1945年10月双方协定为根据，要求将余、容引渡归案法办，否则将难以遏制群众之激愤情绪。在中国军民的严正要求下，港英当局自知理屈，始由菲士丁出面缓和，将余、容两人交由中方引渡回广州。

广州行营为约束军人赴港和整肃纪律起见，于1946年2月间颁布“军人赴港，须向行营请领边行证件，随时随地得受纪律执行队之检查，如无行营边行证者，不得进入港澳”之命令。纪律执行队为实施此项命令，于深圳、香港交界处设置军人检查站。孰知这个检查站后来竟被港英当局利用为限制中国军人入境之成例。嗣后又因发生中国军官在港鸣枪伤人之事件，广州行营竟允港方之要求，限制上校以下军官，非持有行营发给的准许携带枪械之特别证件，一律禁止携带武器入港。如此作茧自缚，使中国军人在港之特权，逐步丧失。

汉奸、战犯引渡之波折

日本投降后，许多汉奸、战犯潜逃至港、澳。广东各界，纷纷向广州行营要求逮捕惩办，以平民愤。故当时广州行营因汉奸、战犯引渡问题与港英当局发生的纠纷，实不亚于军队驻港问题，我为此曾先后三次代表行营赴港交涉。

第一次在 1945 年 10 月间，赴港与菲士丁达成协议：

（1）在香港军事占领时期，引渡汉奸和日本战犯，属于战后受降接收范围，可由粤、港双方最高军事机关直接办理，不属于平时外交问题（香港于 1945 年年底以前仍处军事占领时期）。

（2）凡属日本战犯，只须广州行营或英国驻香港陆军司令部之一方，提出名单及其罪行，即可提解审办，如同一战犯在粤、港两地均犯有罪行时，由双方协商分别审讯或会审均可，至于其最后判决处理权属于何方，亦由双方根据罪行情况协商决定。

（3）凡属汉奸罪犯，可依上述战犯之原则办理，但须加具地方司法机关之意见和必要之罪行证据。

协议成立以后，最初办理之引渡案件尚属顺利。1946 年 2 月间，有日本间谍大间知林藏等 8 名战犯被引渡回广州，首批汉奸陈幹（广州伪绥署上校军法处长）、陈才（日军高本部队密探）、孔维新（福民堂监督，一向贩卖鸦片）等 6 人，亦由英国驻港陆军司令部作战参谋柯伦比少校押解来广州。同时广州行营亦应英方要求，将日本战犯 4 名交英方引渡回港。

但自 1946 年 2 月以后，广州行营奉令将肃奸工作（指镇肃汉奸）移交军统局指派的肃奸专员陈劲凡办理，陈派杨哲甫为驻港肃奸专员。杨借职权在港敲诈勒索，为港英当局所不满；又当时肃奸专员名义上隶属行营，实际上行营无权过问，行营对引渡工作也就冷淡下来。港英当局乃借口香港军事占领时期业已结束，引渡案件须通过司法正常手续，对杨哲甫所提之引渡案件，均搁置不予办理。军统用了许多办法都无效果，不得不要求广州行营出面支持。

张发奎平时对军统有所顾忌，乘此也好送点人情，乃于 2 月下旬，令我代表广州行营第二次赴港，通过菲士丁与港督夏葛交涉，重订如下协定：

（1）杨哲甫专员之机关职能，只限于调查有关汉奸罪犯之情报，并可通过行营驻港联络专员与港英当局交换、审查此种情报，但不能对在港有汉奸嫌疑者采取任何直接之行动。

（2）广州行营仍为交涉引渡之唯一正式机关。

（3）为照顾港英政府之司法治理起见，除伪方正式军职人员外，其他伪职人员之引渡案件，须同时附有广东高等法院之正当司法手续文件。

（4）有关引渡事件，仍可通过英军驻港司令部办理，菲士丁仍将完全负责协助进行。

（5）关于日本战犯之引渡、审讯和处理等，仍照从前规定办理。

这个协定实施后，港英当局立刻将第二批汉奸 4 名交我引渡回广州，张发奎以为利用这个协定可从军统手上夺回肃奸权，因此对我这次工作很为满意。不过现在想想，这个协定实际上中了英国人之计，一方面自己推翻了从前的协定，并使港英当局尔后借口“司法手续”来挑剔罪犯证件有了根据；另一方面引发了广州行营和军统之间的矛盾，当时军统局驻广州办事处对这个协定是十分不满的。

6 月以后，广州行营又奉令将所有与港、澳外交事件包括引渡案件在内，统交外交部两广特派员公署香港办事处办理，惟实际工作仍由军统肃奸专员负责（据说这是军统局和外交部为争夺行营的肃奸权，向蒋介石建议的）。于是，广州行营本身所检举的汉奸引渡之案件，亦须通过外交部特派员郭德华之手。这样，广州行营就不是与港英当局唯一正式之交涉机关了。

在郭德华办理引渡案件期间，港英当局得寸进尺，多方刁难。

首先，对汉奸罪证多方挑剔，要求一切物证须有当时的原始证件，特别是伪职人员须有伪政府之原任职状，否则不予确定其伪职身份，引渡也就无法谈起；又人证亦须有被害当事人之口供或控诉书，并须经港英当局调查属实后方为有效。因此，中方所提出的伪专员、伪县长等之引渡，因无法取得原伪政府之委任状等，概被拒绝。

其次，还发生了一件震动一时的岑维休引渡案：根据国民党中央通讯社香港办事处主任翁平及国民党香港支部主任委员李大超等揭发，香港《华侨日报》督印（即社长）岑维休在日伪时期曾去日本觐见天皇，又曾以香港报人代表资格出席广东伪政府召开之会议，该报言论一向亲日，应以汉奸论处。翁、李还向张发奎献计，说《华侨日报》是香港一大报纸，销路很广，如岑维休能引渡回来，即可将该报接收过来作为广州行营在香港之机关报，其资产亦不下100余万元港币云。张为之所动，我也想乘机在港办报来提高自己的政治地位，因此力主引渡岑维休。但岑案提出后，竟为港英当局所拒绝，谓岑之罪行无当事见证人，其赴日赴粤系民间私人行动性质，不能与伪职相提并论。后闻港英当局政治部亦拟趁此之机收买该报，作为庇护条件。广州行营因此极为愤怒，乃一面发动省参议会等向港督提出质问，一面令新闻界对《华侨日报》作各种笔伐，并由国民党中宣部特派员张湖生命该部在港之《国民日报》发表社论，要求引渡岑维休和揭露港英当局政治部收买该报之秘密，于是引起《国民日报》被封事件。

6月上旬，张发奎以郭德华对岑案束手无策，又令我作第三次香港之行，并聘请钱树芬为我的临时法律顾问。临行时他嘱我，对汉奸引渡问题，如我们法律站不住脚，可以适当让步，但岑维休案要坚持，至少要做到启封《国民日报》，才能维持我们的面子。我到港后通过菲士丁与新任港督杨慕琦见面，除由钱树芬据有关法律驳斥港英当局所提之理由外，我亦对菲士丁说："张主任对岑案特别注意，如僵持下去，粤、港关系恐将恶化，个人意见，可先将《国民日报》启封，这与岑案法律方面关系不大；至于岑维休案，因为该报过去亲日为社会舆论所不满，只要求该报有适当表示，至于岑本人之引渡与否，可以考虑。”后来菲士丁答复，港督允于一个月内启封《国民日报》，对岑维休案愿再考虑解决。汉奸罪证问题，经钱树芬、郭德华与港英当局司法人员研究后，也作了新的规定，即凡在日伪机关担任职务之汉奸，当时报纸登载之有关新闻以及公文函件等旁证资料，均得认为是确凿之证据，不一定要原伪机关之任职状；被害人所提出之罪证和控诉书等，由当地县级以上司法机关证明后，亦可视为调查属实，不必再经港英当局之调查程序。并规定伪军职人员之引渡仍由双方军事机关直接办理，其他伪职人员由广东高等法院通过外交部特派员公署交涉引渡。又日伪时期充当县级以上或相当县级以上之机关、团体负责人或任实职之委员、代表等，均得以伪职论处。6月下旬,《国民日报》启封复刊。岑案虽港英当局仍以岑的“代表”身份不适合于县级以上伪职人员之资格，要求我方补充罪证后方允引渡，但岑维休本人已因此有所恐惧，曾派人向广州行营说项，愿以《华侨日报》作为行营机关报，交出其全部编辑权，由行营派员充任总编辑。我当时对岑案以为可以适可而止，并拟介绍广州《大光报》的总编辑宋郁文充任该报总编辑。但张发奎醉翁之意不在酒，坚持除可保留岑维休之督印名义外，必须将该报全部财产及编辑权交出。因此几经讨价还价，终未成功。嗣后我因调职，菲士丁亦奉调回国，张发奎之广州行营主任地位也有动摇消息，岑案乃以拖延了事。

附带说一件有关外交引渡的事件。意大利妇女贝安加，有充任日谍之嫌疑，经广州行营逮捕侦讯后，供出与法国维希政府驻穗领事西门姘居多年，受西门之保护并供给生活费。张发奎为提高自己的声望，即定西门为战犯，派人监视不让离境，并通知法国新任驻穗领事卫映章，须在该领事馆搜查西门任内之一切来往文件、档案和传讯西门。卫映章以领事馆和外交人员享有国际法之特权保护，拒绝搜捕。广州行营乃派武装将法领事馆包围，派员进入领事馆强行搜捕，将搜捕情况及提取文件做成记录，令卫映章当面签字，以作凭证。后来，卫映章通过法国政府与南京国民政府交涉，始准由法国大使馆将西门引渡回去。此亦为当时外交方面的一件大事。

武装封锁澳门事件

葡萄牙占据我国澳门近400年，第二次世界大战期间形式上未被日军占领，战后无受降接收等问题，但我国人民对澳门问题上国耻的痛恨，并不亚于香港问题。又葡萄牙是一个蕞尔小国，当时澳门所有军警总数不及1000人，海军方面只有2只数百吨的小炮舰，力量微不足道。澳门当时居民10余万，绝大部分是中国人，他们希望祖国迅速收回澳门的爱国情绪，比香港同胞还要强烈。所以当时我们对澳葡当局的态度也比较强硬。

张发奎率第二方面军到达广州受降接收，港英方面曾派菲士丁前来拜访，其他英、美人士凡在华南活动者，亦必顺便来穗拜访。唯独澳葡方面没有使节前来，乃以澳葡当局无礼而罪之，于10月间令中山县县长张惠长及驻军第六十四军一五九师师长刘绍武等发动澳门同胞及中山县各界进行反葡运动，提出“收回澳门”口号。澳门同胞热烈响应，纷纷集会游行，高呼反对葡萄牙统治澳门之口号。中山县各界为支援澳门同胞，亦组织代表团、请愿团等赴澳，共同进行反葡运动。澳葡当局为限制我国人民进入澳门，以维持社会治安为名，将前山一带的边境出入口加以封锁，并严厉取缔我国人民在澳之反葡运动，禁止一切集会宣传。这更引起我们的愤怒。因此，广州行营决定进一步打击澳葡当局，并有扩大事态、乘机武装收回澳门之意图。一方面利用当时有数名日本战犯匿居澳门之情报，向澳葡当局提备忘录，要求将这些日本战犯立即交出，否则中国军队保留有进入澳门逮捕日本战犯之行动自由，并声明如因此引起任何后果，概由澳葡当局负责；同时制造有日俘数十人潜逃澳门，现为澳葡当局所庇护等“事实”，以扩大事件之严重性。另一方面令驻中山县之刘绍武师长派出陈庆斌团，附师属炮兵一营，进入前山边境，对澳葡当局实行武装威胁，并实施边境封锁，禁止一切商品出口，包括澳门依赖内地供给的每日必需的牲畜肉类蔬菜等。这就是当时所谓的中国军队武装封锁澳门事件。

澳门被封锁后，社会秩序顿呈紊乱，首先是食品的价格飞涨，大米涨到370元澳币一担，猪肉15元一斤，而工业品却价格狂跌，但顾客寥寥，市面萧条；其次，一些逃澳的汉奸及大买办等极其恐慌，不少人转逃香港，也有冒充葡籍逃去欧洲或南洋的。澳葡当局在这种威胁下，才不得不改变态度：一方面请求英国政府出面向南京国民政府求情，转令广州行营撤除武装封锁，一切问题由南京方面按正当外交关系解决（据说当时葡萄牙政府还请求英国保护澳门，将澳门的防卫问题并入香港方面，为驻港英军的任务之一，并规定尔后有关澳门问题概依照香港之处理，云云）。另一方面函复广州行营，表示保证将所有在澳之日人驱逐出境，交由粤方处理；汉奸、战犯实行引渡并查封其资产；要求按照香港办法，规定中国军民可以自由出入澳境不受任何限制；设立广州行营驻澳联络专员和肃奸专员，办理有关军纪维持及引渡案件；允许中国方面的一切党团在澳公开活动，群众集会游行绝对自由等。同时派雅玛纽为驻广州领事。雅玛纽在广州接见记者时有“澳门交还中国极有可能，为求中国领土之完整，本人极愿对此作各种之努力”等语。

事经双方往返交涉后，广州行营在南京国民政府指示下，于 12 月下旬下达撤除前山武装封锁之命令，1946 年 1 月派少将参议潘奋南为行营驻澳联络专员，郑仁波为驻澳肃奸专员。一个月后，潘奋南回穗汇报：国民党澳门支部等已经成立且公开活动，可以率领澳门同胞举行“总理纪念周”，我方要求之敌伪财产已经查封并点交，引渡案件正在办理有关法律手续，各事进行颇为顺利。唯对撤除前山武装封锁时，未能乘此时机收复澳门，我军各级官兵引为憾事，有的表示愤慨，对政府之软弱极为不满等。不久，有汉奸罪犯 20 余人和日本战犯 3 人被引渡回广州，其中有在日伪时期与日人有过勾搭之澳门商会主席徐伟卿等。大买办资本家傅德庸、高可宁等因被肃奸人员恫吓，说他们已被广州行营列入汉奸名单，即将提交澳葡当局要求引渡，因而也很恐慌，秘密托人向张发奎说项。高可宁愿以 20 万港币取消其汉奸帽子，张以百万元还价，交易未成。后来终以他们财可通神，打通各方关节，且肃奸人员亦提不出充分罪证，没有提交引渡。

1946 年，第六十四军军长张弛及该军一五九师师长刘绍武等在撤除前山武装封锁之后，以宣慰澳门同胞为名，不通知澳葡政府，于 2 月 5 日带领警卫武装一排（或一连）进入澳门，澳门同胞一万余人在边境欢迎，情况为一时之盛，澳督亦自动亲至交界入口处迎接。据刘绍武说：当时澳督要和他握手、照相并设宴招待等，概被拒绝。他们住在国际饭店，即使澳督前来拜访，也不接见，表现出非常骄傲的态度。刘绍武还在澳门各界招待会上慷慨激昂地演说："澳门由于不平等条约束缚，受治外人，同胞痛苦有如水深火热，现在抗战已经胜利，中国已为五强之一，所有不平等条约必须废除，中国领土必须完整，澳门必须迅速收回，才可符合同胞之愿望。"此时澳葡政府对刘绍武等之言行，亦装聋作痴，不加过问。

4 月初，澳督戴思乐中校代表葡萄牙总统来穗拜访，此后粤、澳关系逐渐缓和下来，转入了正常状态。澳葡当局经过这一教训，态度也比较"温和"了。

战后日侨的集中管理

刘崇德*

抗日战争胜利以后，我于1945年9月离开黄安县中学来到武汉。当时戴仲明正受命筹备成立汉口日德侨民管理处。戴是我的黄安同乡，又曾在武汉中学同学，私交甚笃，便要我到汉口日德侨民管理处担任第二科科长，一直工作到1946年10月该处撤销时离开。现就回忆所及，对日侨管理的有关情况陈述如下。

汉口日德侨民管理处的成立

第二次世界大战日本投降以后，对于日本、德国、韩国（朝鲜）三国侨民，包括退役军人、警察、行政官员、商人、僧侣、医务人员、工程技术人员、教员、工人等，分区设立日德侨民管理处，进行集中管理。

汉口日德侨民管理处，地址在汉口原日本租界卢沟桥路，是在1945年9月成立的，行政上归汉口市政府领导，业务上接受国民党行政院和陆军总司令部的指示开展工作。

---

* 作者时任汉口日德侨民管理处第二科科长。

处长戴仲明，湖北黄安县（今红安县）人。早年就读董必武创办的武汉中学，后毕业于中央军事政治学校武汉分校（并为军校六期），曾参加共产党，后变节，成为国民党复兴社的成员，历任国民党军队军部、师部政治部主任，抗战期间，担任鄂北襄阳县长，成为当时鄂北行署主任徐会之的智囊人物。日本投降以后，徐会之接任汉口市长，戴随同来到武汉，担任汉口日德侨民管理处处长。

管理处设秘书室和三个科：第一科管户籍和行政工作，科长吴旭东；第二科管训导工作，科长刘崇德（即笔者）；第三科管生活给养工作，科长梁唯智，秘书长危紫稻。除刘崇德原是戴仲明黄安同乡和武汉中学同学，是这次在汉口参加工作的外，危紫稻、吴旭东、梁唯智等都是原鄂北襄阳县政府骨干，随戴仲明由鄂北来汉口的。

汉口日德侨民管理处的工作范围，除武汉地区的日、德、韩国侨民以外，还有湖北地区、河南信阳地区、湖南长沙地区等地的侨民，也在这里集中管理。

日、德、韩三国侨民，在汉口分在几个地点集中管理。日本侨民全部集中在汉口原日本租界（即六合路以东，卢沟桥路以西，中山大道以南至江边地区）。四周架有铁丝网，不准随便出入。汉口市警察局在这里设立了一个第九分局，宪兵十二团也派了一个连，在这里担任警戒和维持秩序。

德国侨民集中在汉口渣甸路一栋房子内。

韩国侨民分在三元里铁路外和中山大道积庆里（民众乐园上首）两处居住管理。

三国侨民人数和分类

日侨集中人数共计 23720 名，其中男子 18314 名，女子 5406 名。

按职业分：公司行店职员 5352 名，工人 397 名，自力经商 1201 名，航空员 9 名，邮电通讯人员 80 名，公教人员 426 名，新闻记者 120 名，医护人员 120 名，船员 132 名，汽车司机 313 名，测量员 39 名；还有一些和尚、下女、妓女等。

从文化程度看：大学 1034 名，中学 3957 名，小学 6124 名；余为未入学者。

其中娶中国妇女者有 73 人（在日本投降以后，有些已办理离婚手续）。

德侨只 41 人，是德商公司职员和一部分德国外交人员、新闻记者。

韩国侨民共计 600 人，其中三分之二以上是妇女，大多数是日军设立在汉口中山大道积庆里随军慰安所的妇女。在韩国沦为日寇殖民地以后，这些妇女是受迫害最深者，日寇侵略中国，强迫她们来中国，在随军慰安所接待日本军人，遭受蹂躏，过着非人的生活。

日侨的管理和生活情况

日德侨民管理处对日侨集中区侨民的管理，是按照国民党行政组织的办法，全集中区设立一个区署，区长由日本人中野胜次担任。下设 14 个保，228 个甲，2866 户进行管理，保、甲长也由日本人担任。日侨管理处在每个保派有一名督导员作指导。

对于日侨生活，规定是自谋生计，管理处只负责组织一下物资供应。

汉口原日本租界地区，多是住宅房屋，很少铺面商店，战时多次飞机轰炸，留下一些败瓦颓垣。日侨 2 万余人集中到这里，住房就非常拥挤。但在日侨区、保、甲的组织和侨民的互相帮助下，很快将被炸毁的房屋断墙颓壁，用芦席、油布搭盖起一排排的临时房屋。有的开设商店，出售成货、杂货、药品；有的摆设旧货摊店，出售衣服、布料、日用器皿等。

武汉地区的中国人民，在七年多的沦陷期间，身受日本人的蹂躏、压迫、剥削，事实是数不尽、说不完的。可是，在日本投降以后，中国人民对于日本人采取报复手段的却很少发现。我只见到一次，有个身穿国民党军官服装、佩带少将领章的人，抓住一个日本人拳打脚踢，后来经过管理处工作人员和宪兵的劝阻才罢休。

对日侨的训导工作

日侨管理处规定每星期举行一次日侨区、保、甲长汇报，戴仲明亲自主持，各科科长和各保督导员参加。由各保、甲长汇报日侨生活情况和思想动态。戴仲明、刘崇德针对侨民思想情况，作些指示，并布置训导工作内容（如读书、读报、写思想汇报等）。

每星期三召集日侨区、保、甲长及每户一名侨民代表参加升旗仪式，由管理处请来国民党武汉地区的党、政、军长官和社会名流来作精神讲话（也称训话）。先后到这里讲话的有：

汉口市市长徐会之，讲题是《仇怨与同情》；

国民党中宣部特派员王亚明，讲题是《日本人民应有之自觉与努力》；

国民党社会部特派员张铁君，讲题是《国父孙中山先生对日本的遗教》；

国民党湖北省党部主任委员邵华，讲题是《三民主义可以救日本》；

国民党参政员胡秋原，讲题是《日本之悲剧与复兴》；

三青团湖北支团干事长刘公武，讲题是《今后日本的出路》；

三青团汉口区团主任郎维汉，讲题是《我们要永远消灭战争》；

湖北省政府教育厅长钱云阶，讲题是《日本教育应走的途径》。

其中很多内容是宣讲中国孔孟儒家的博爱、仁义、和平思想，要求日本人清除法西斯侵略思想，重新建立民主的日本国家。

董必武先生参观日侨集中区

1946年春，董必武先生由重庆去南京途经武汉，住在汉口德明饭店，我和戴仲明、佘义明，都与董老是黄安同乡，又都是董老在武汉中学的学生，一同到德明饭店去看董老。进门，我们尊敬地喊了一声：“董先生！”（我们一向这样称呼董老）相别八年，董老仍然神采奕奕，热情地招呼我们坐下，然后分别问到我们三个人的工作和生活情况。董老在青年时代与我父亲是同科秀才，又同在武昌文普通中学读书。在和我谈话时，特别问到我父亲的情况。当我回答先父已在1940年去世时，董老叹惜地说："你父亲向来勤奋好学，年轻时就身体不好。"董老的记忆是那样过人，态度又是那样慈祥、亲切。

董老的胞弟觉生抗战时期担任黄安县中学校长，与我在一起工作，抗战胜利后来到武汉，贫病交加，不久死去，得同乡好友帮助丧殓。董老这次来武汉，对觉生的死深为悲恸。在德明饭店邀请为觉生丧殓的同乡好友吃饭，以示感谢。戴仲明和我也参加了。戴仲明当面邀请董老到日侨集中区参观，董老应允。第二天，我到德明饭店陪同董老乘车来到日侨集中区。

董老在日侨管理处对日侨成分、人数、生活情况、思想动态，询问得很详细，并对我们说："日本侵略中国，主要是军国主义统治者所造成的。对于一般侨民应着重于思想教育。"

董老在集中区，对于日侨的住房、商店、旧货摊都观察得很仔细，有时还很有兴趣地与日本人聊几句。当走到集中区内长春街八路军驻汉办事处旧址时，董老停下脚步，伫立很久，仔细地凭吊这个八年前他和他的战友生活和战斗过的地方。他虽然没有讲话，但是从他的表情，可以看出他的内心是有许多感慨的。

三次座谈会

1945年11月，武汉新闻界的和《平日报》社长刘威风、《正义报》社长周燕荪、《武汉时报》社长戴震和各报新闻记者20余人到日侨集中区参观以后，在日侨管理处召集日侨举行座谈会。参加座谈的日侨有40余人。由管理处长戴仲明介绍新闻界人士与日侨见面，说明开会意义以后，《正义报》社长周燕荪讲话，他说："日本军阀是我们的敌人，我们国家的人民决不愿以报复手段来对付日本人民。但是我们希望唤醒日本人民，打倒黩武军阀，根绝侵略思想，随世界潮流，组成新的国家。"当讲到战祸灾难，使中国人民家破人亡，也使日本人民遭受惨痛损失时，原日本飞行员石井昌治低下了头，似乎是在反省自己在战时犯下的罪恶；在战争中死去丈夫的日本妇女辰己品子，也在暗地里抹着眼泪。

一些日侨的发言都表示一个共同信念：日本军阀犯下了滔天大罪，使他们深深感到法西斯侵略主义是不能在现今世界存在的。

日侨的发言也表示感谢中国人民对日侨的宽大。一个退伍军人说：“失败以后，我们都准备着惨痛的日子会到来，因为我们再也无法逃脱了，谁知道中国人民赐给我们的却是这样难以置信的友谊。”

发言中有三分之二以上的日侨表示愿意留在中国，最好是加入中国籍，终生为中国服务。那个抹眼泪的妇女辰己品子还请求准许她的妹妹也来到中国。

这时，戴仲明处长插话说：根据上级指示，日德侨民暂时不准许加入中国国籍。

同年11月下旬，湖北省参议会女参议员朱侣柏和女作家谢冰莹（当时担任《和平日报》副刊编辑）来到日侨集中区，邀集日侨妇女代表40余人开座谈会。会上谢冰莹提出以下问题，希望日侨女代表进行讨论：1. 在战争中妇女所受的痛苦；2. 对中国人之认识；3. 对中国妇女之印象；4. 来中国后之任务；5. 慰安所的情况；6. 中日妇女的关系；7. 愿留在中国还是回日本；8. 日本妇女的出路；9. 你希望日本成为民主国家，还是成为帝国主义国家；10. 日本妇女服从丈夫是被压迫，还是自愿；11. 对于天皇存废问题。

著名小说家张恨水也参观过日侨集中区，参观后也组织了一次座谈会。十多种不同职业身份的日本侨民30余人参加了座谈。张恨水对日侨生活方面的很多细节和思想活动情况，询问得很仔细，认真地做了记录。

惩办、征用、遣返

在汉口日侨集中区有十余名日本人因为侵略中国期间对中国人民犯下了严重罪恶，经国民党陆军总司令部命令，由武汉军警宪联合督察处逮捕法办。其中著名的有：

大西初雄，旅汉达30年，七七事变前在日本驻汉口领事馆担任秘书，搜集中国情报并勾结民族败类充当汉奸。日寇占领武汉以后，担任日本参谋联络部海军武官。

宫城宇平，七七事变前是日本领事馆情报负责人。

日野秀人，日本军特务部文化侵略负责人。

门胁，日本联络班宣传工作负责人。

有些朝鲜人随同日军侵入中国，大多数是担任翻译工作的。其中有些人依仗日寇势力，欺压、残害中国人民，无恶不作。在三元里铁路外集中区的朝鲜人郑义哲、郑渊哲、郑南哲弟兄三人，随日寇侵入武汉后，在日本宪兵队工作，改日本姓名为：早见健造、山园荣作、早见哲雄。他们强占两仪街邦可花园（现中原电影院侧面健康幼儿园），改名为东亚花园。他们受日寇宪兵队指使，侦查中国地下工作人员情况，欺压人民，强奸妇女，为虎作伥，无恶不作。朝鲜侨民集中以后，经许多人告发，将郑义哲弟兄三人逮捕法办。

武汉沦陷期间，有些企业单位和事业单位有日本人参加，与中国人一起工作。战后，中国陆军总司令部颁布了《日籍员工征用通则》，各部门对征用与不征用的日籍员工，分别造册上报。凡不征用之日籍员工，照一般日侨管理办法处理。

当时，武汉市有第一纱厂、市立医院等单位向日德侨民管理处办理征用手续，征用的日籍员工有 122 人。

日德侨民管理处在 1945 年底和 1946 年初，首先办理德国和朝鲜侨民的遣返工作。都是在汉口乘船到上海，再转船回国。

日侨除少部分先写申请在 1946 年初遣送回国以外，大部分是在 1946 年 7 月至 9 月，分三批乘船离汉，到上海再转船回国。

被遣返的日侨，根据陆军总司令部的规定，每个人只准随身携带行李、衣物，其余物件一概不准带走。每个日侨都自制一个木架，上面绑着行李衣服，系在背后，排队来到轮船码头。国民党武汉行辕、警备司令部、宪兵团和日侨管理处，都派有人员在轮船码头进行检查。

1946 年 9 月，在汉口集中区的日、德、韩 3 国侨民全部遣返回国，汉口日德侨民管理处也于 10 月间撤销。

我所知道的上海日侨遣归内幕

张绍甫*

抗日战争时期，我就学于汪伪海军学校，毕业后先后在日本满铁调查部上海分所和一些中国人在上海办的商行里任职。据我所知，1945 年日本投降后，一批汉奸特务摇身一变，以国民党地下工作人员身份进行劫收活动。另一方面，上海许多日本战犯、间谍特务，也摇身一变，成了普通日侨，在当局的庇护下，遣送回国。这批对中国人民犯下滔天罪行的罪犯，有许多从上海被纵放回国，其中有的在日本政界高居要位。

日侨基层组织——邻组

日军侵华后，在上海的日本人越来越多，并在各方面享有特殊权利。日侨在组织上有独自的机构，叫上海日本人居留民团，地址在老靶子路。居留民团的上级是日陆海军军部和日本领事馆，下面有某某地区邻组事务室，再下面基层组织是某某路（或里、弄）邻组。除军人、军队工作人员外，所有日本人都须参加居留民团这个组织，每个日侨都有居留民团发给的居留民证

---

* 作者时为永发商行职员。

以证明身份。居留民团的头子是以日侨中的法西斯军国主义分子为主，也有高级退伍军官和有名望的商人。居留民团、地区邻组都有专职干部。基层邻组由日侨轮值，只有少数专职干部，以年龄大退伍军人及大日本国防妇人会的家庭妇女为主。

在上海居留民团的邻组，除了办理生死、就学、福利、配给一般事务外，有一个主要任务，就是协助日军，镇压与监视中国人民。邻组工作细则中，防谍与广口事件（指暴力反抗日本侵略的中国人个人行动，广口是恐怖的意思）措施是重点。每逢日军戒严或空袭警报时，日侨在邻组人员领导下，戴着袖章，男的手持木棍或三八式枪，女的穿着一种黄色袖与裤扎紧的服装，虎视中国人，与日军紧密配合。

日本投降后，邻组在国民党接收人员未到达上海时就通知散居全市的日侨，立即集中在四川北路以东、吴淞路、乍浦路、狄思威路几条日侨居住的普通里弄中，目的怕中国人进行报复，也便于遣归，便于对日侨管制，以及对日侨进行忍耐、待机而动、复兴日本的法西斯教育。到1946年约6月间，上海日侨遣归工作结束前，邻组人员始终日夜戴着国民党日侨管理处日侨委员会的袖章，站在日侨集中地区，保护日侨。

国民革命军日侨管理处与邻组

1945年9月，日本陆海军部、领事馆撤销，国民革命军第三方面军日侨管理处成立（以下简称“日管处”），把居留民团改组为日侨委员会，并扩大了机构和人员，大批战犯、间谍分子乘机加入邻组地区及基层组织。邻组已成为日本战犯、间谍特务公开的保护者和防空洞。

遣归上海日侨工作，表面上是由日侨委员会向国民革命军第三方面军日管处提出名单，经日管处检查批准后，才准予遣归。可是这个名册实际上是在日本投降后，由邻组造就上报的。而这时地区邻组和基层邻组，已经掌握在日本特务分子手中，他们偷天换日，造了假名册，战犯、间谍一下就变成了普通侨民。据曾任国民革命军第三方面军日管处中校总检查官的汪宗良说:“当时上面强调大国民风度，日侨中的头子，来日管处直接上楼与少将处长邹任之交谈（邹懂日语，是军统特务分子）。处里校官以上官员是重庆飞来的，忙于‘五子登科’，下面人员中有些原来就是日本人的翻译和汉奸，从来没有谁去核对名单。遣归日侨工作，实际上是日本人自己搞，轮船什么全是日本人自己的。”他还说:“日侨在上船前，按规定要经检查批准，实际上我们连人数也未点。”

我亲见的日本战犯、间谍安然遣归情况

1945 年 9 月，当时我住在日本人的虹口木代造船厂厂主木代家。木代叫工程师幸崎和我，乘出租小汽车，到杨树浦与吴淞之间去迎接近藤回厂。木代说，近藤原是厂里职员，在厂时应征入伍，他接到电话，说近藤可以回来。我和幸崎到吴淞附近工厂，这里已被国民革命军海军接收，门口挂了国民革命军海军的招牌，可是从官长到士兵，都身穿日式军服，他们实际上是日本人训练出来的汪伪海军。近藤还带了一个名叫高崎的人，换好便衣，由驻在工厂的国民革命军海军官长开个路条，证明近藤、高崎二人系木代造船厂的职工，“因事外出”，以备路上查问。

近藤在汽车里说:“军队里有不正式通知，上海有关系的，可以跑出去。至于军官们，可以离开的，早就溜了。军官们既有钞，又有便衣，还有中国人帮忙（指中国军队），可以坐中国军车。”

近藤与高崎回厂后，邻组找他俩谈了一次话，将他俩编入名单，当做从未他往的木代厂工人，作为木代厂首批遣归的日侨。

日军官兵冒充侨民遣归的情况，不是个别的。我在满铁调查部上海分所工作时的同事、日本青年音光寺德次，1943 年应征入伍当兵，调在汉口地区。1945 年 10 月，我在路上遇见音光寺，得知他是在日本投降后，和许多日本军官、兵曹一起换了便衣，乘轮溜进了上海。

菊地大佐，50 多岁，日本江田岛海军学校出身。一·二八事变前，菊地是海军大尉，奉命潜伏在上海铜沙引水协会当引水员，之后一直在上海，

还当过上海海关关员。八一三事变后升到大佐，后又回到海军，在上海四川北路的大日本上海特别海军陆战队司令部当大佐部附。这个司令部是发动一·二八、八一三事变作战的主力。日军占领上海后，是日军的上海警备司令部。这时期这个司令部设专门机关，收买白俄、汉奸，调查租界内英、美各国武装力量、产业、设施，并有向租界进攻的计划。菊地是这些工作的主要领导人。太平洋战事爆发，当夜日本海军陆战队开进租界，立即在各英、美产业布置了岗位，各要道设立警备队，几小时内就控制了租界。菊地又是进攻租界的主要组织与领导者。

我和菊地大佐相识是在 1944 年底，我在永发商行当职员，老板李景发曾因机帆船被扣事，叫我到司令部向菊地送礼物。他知道我系汪伪海军学校出身，因他曾参与了这所学校的开办，还一度要调任学校首席辅导官，对我是一面孔的老师对门生的姿态。菊地发给李景发一张在任何紧急戒严下，均可通行的特别通行证。此后，李景发经常在南国酒家请菊地吃饭，我也参加。

日本投降后，这个老牌间谍居然摇身一变成了日侨，经常来木代家串门子，还邀我到尚未关门的军官俱乐部去。菊地是通过邻组变为日侨的，后以日侨身份，被遣返归国。

鸡林会是日本投降前朝鲜人的公开法西斯政治组织，是日本统治朝鲜人的一个重要工具，很像伪满洲国的协和会。鸡林会向朝鲜人宣传“皇民化”“日朝一致”，此外又替日军做情报间谍工作，还强迫朝鲜人民替日本卖命。在上海的朝鲜人，都知道上海鸡林会会长李光年是坚决站在日本法西斯立场上的朝奸。李的老婆是日本人，有两个孩子。日本投降后，李光年经人检举，被关在国民党上海警备司令部里。邻组人员经常向他老婆作慰问，生活上处处给予照顾。有一次，李的老婆说：“同志们（日本法西斯分子相互间称呼）正在设法，中国政府不会为难他的，主人（日本女人称自己丈夫）会出来的。”果然，没有多久，李光年被国民党释放了。李的老婆还借木代家，举行了宴会来迎接他，我亦应李的老婆邀请，参加了这次宴会。这个朝奸，后来居然在邻组的掩护下，逃到日本。

日本投降后，汪伪海军学校二期学生吴国元（北平人）这时已变成了国民党军官，姘识一个姓铃木的日本女人。铃木26岁左右，独自一人住在四川北路一条里弄二楼，一口流利的上海话与扬州话，完全听不出她是日本人。我因吴的关系和她很熟。日子一久，才知她在日本投降前是梅机关间谍，长期在杭州活动。日本投降后，她才来上海，通过邻组变成了日侨。这个女间谍也在邻组掩护下回国了。

大约在日本投降后一个月左右，永发商行老板李景发叫我到闵行路乍浦路处山下家去拿手枪（李恐日本投降后遭人敲诈，佩过手枪吓人）。山下家是沿马路两开间门面的店屋，这时楼下原来写字间里尽是日本中年、青年男女，有的打日本纸牌，有的下围棋，有的睡觉。山下和几个日本人在楼上一小屋里与我谈话，我发觉他们是典型的日本浪人。一个日本人将床上席子翻起一块，里面有许多当时第一流的勃朗宁、毛瑟手枪。此后，在山下处，我与一个叫岛田的年轻日本人经常往来。岛田告诉我，山下年轻时，在华北搞本轻利重的运输贸易（走私），来到上海后曾做过特殊商业（贩卖鸦片等），后台是“七号”（日本陆军有一支以七字打头的番号的部队，专做经济工作，日本人称为“七号”）。山下家有许多日本男子是日本伞兵部队的军官、兵曹，岛田本身就是伞兵兵曹，并拿出伞兵的照片给我看过。他们曾经穿了便衣，从飞机上跳下去，参加长沙会战，到过长沙城里。日本投降后，他们一伙十多人脱下军服来到山下家，以山下洋行职员的名义在邻组登记，用日侨身份等候遣返回国。

1943年，我在满铁调查部上海分所时，商业班长芝池靖夫转到了日本中国方面派遣军司令部搞情报工作，后又调在13层楼军司令部。谁知日本投降后，芝池摇身一变，家门口挂了国际问题研究所牌子，成了国民党军事委员会国际问题研究所的工作人员，同时又在日侨管理处日侨委员会工作，担任地区邻组机关的机关长，办理日侨遣归工作。

日本海军少将森德治，担任过汪伪中央海军学校首席辅导官，后调任日本上海方面海军根据地司令部的司令长官。日本投降后，他也很快回国去了。1948年，汪伪海军学校学生唐屈才经常来我家。他从日本弄来了麦帅总部的日本入境许可证。当时“和约”尚未订，出入日本须麦帅总部的证明文件，这文件不是一般人可得到的。这证是用打字机打的，全部是英文，写着：唐系日本华侨，特别许可入境，可以在日本居住，进行贸易等。还贴了唐的照片。唐告诉我：森德冶少将在日本地位仍然很高，同美国人搞得很好，美国人重用他，这张证是转托森德冶给他弄来的。由于美国人的关系，森德冶在日本有势力、路道粗。

这就是上海日侨遣返的内幕，一些血债累累的战犯、间谍就是这样顺利地回到了日本。

遣送东北日俘日侨的回忆

李修业*

1946年初，在沈阳成立了东北行辕日侨俘管理处，后又改名为东北保安司令长官部日侨俘管理处，管理处的主任，先是由东北保安司令部长官部政治部主任余继忠兼任，不到半月改派我去兼任。遣送东北日俘日侨归国的情况，简单回顾如下。

日本人在东北各地的散布情况

日本人侵入我东北以后，以他们经营的南满铁路为中心，逐渐向各地渗透。先以旅大作起点，除向两侧伸进外，直向沈阳方面扩展，大量移居侨民。

记得沈阳日侨联络处副主任大田一郎多次向我谈到南满铁路（长春以南）日侨逐年增加的情况。1920年，在沈阳的日侨不到5万人，而1931年九一八事变以后，一年不到，就增加到15万人以上。其他地方如锦州、营口、鞍山等地的日侨人数也同样突增。他们在各大小城市划定日本人的住

* 作者时任东北保安司令长官部外事处处长兼日侨俘管理处主任。

宅、娱乐场所和工厂地区，另外指定一些“中国通”的日本浪人杂居在中国人中间，他们大都负有监视中国人的特殊任务，经常与日本特务机关保持着紧密的联系，随时汇报中国人的思想和活动情况。他们除了充当打手和暗探外，同时贩卖鸦片、白面和吗啡，开设赌场、烟馆和妓院等，进行毒化中国人的活动。

据长春日侨联络处主任川岛武夫说：自1931年至1945年，十四五年中，为了给“大东亚共荣圈”打好基础，拼命地将日本人移到东三省。这个时期，来到东三省的日本人由20余万增加到110万之多。其中还不包括30万日本军队在内。

日侨在东北散布的情况，完全是根据日军战略需要而部署的。一般地说，在南满比较密集，在北满比较稀少；大城市比小城市多，小城市比乡镇多。乡镇方面，有工矿企业的地方才有日侨。在乡村除有日本浪人外，很少有日侨。凡各大城市较优美的地区，多半划为日本人的住宅区，不准中国人居住，甚至不准中国行人来往，特别是军营附近，简直变成了日本国。如长春的南湖公园和关东军总司令部附近地区，沈阳的大西路和万象公园等区。在旅大、锦州，这种情况更加突出。在旅大简直看不见中文的广告、招牌、路名和其他说明。

根据沈阳日侨联络总处1946年的统计，哈尔滨、齐齐哈尔和佳木斯等地的日侨约25至30万人；长春、吉林、沈阳、鞍山、抚顺、锦州和阜新等地的有90万人；旅大、营口和凤城等地约有20万人；另外，内蒙地区约有12万人，共计一百五六十万人以上。日本投降前，先后回国的高级官员家属和富有的日本人，约有十五六万人；投降后，又陆续回去约10万余人。当我接收时，留在东北各地（包括旅大在内）的日侨还有110万人左右。

日侨和俘虏的情况

日本投降后，资本家、大官僚（大多是地方官员）以及有权有势的人，大都逃回日本或被苏军运走了。留在东北各地的日侨大都是一些商人、小贩和部分科技人员。其中妇女占70%左右，儿童占10%。

日侨妇女中有关东军下级官员的家属和后勤人员、医务人员、文化工作者（其中有中、小学教员）、商店职员以及食品、咖啡馆的服务员、关东军留下的营妓、歌妓、舞女等。

日本投降后，国民党军队来不及受降，日俘几乎全部被苏军运走了。有一小部分没有被苏军搜捕到的散兵游勇、伤病未愈的官兵和少数后勤人员，因为怕受害人指认出来，也换上便装东逃西避了。为了说明中国是个战胜国，尽管没有俘虏，还是成立了“日侨俘管理处”，实则是个“日侨管理处”。

我们在各地曾发动群众到集中遣运站去指认日俘，书面检举有血债的日本军人和其他日本人，可是很少有人来指认和检举。我在四平、昌图、辽源和抚顺等地区视察工作时，每到一地都找了一些当地老百姓，问他们为什么不检举，他们大都回答说：“长官呀！你们走了，日本人还会再来，到那时还有我们的日子？”当时东北同胞害怕日本人再来的心情，是比较普遍的。通过本处调查组的调查，同时又在各城镇中挂上了检举箱，过了很久，各地加起来，检举信也不过一二百份。我们在锦州、沈阳、长春待遣站查出的、经过受害人指认的、有血债的日本人约30余人。其中最突出的是两个日本浪人，他们在锦州先后强奸中国少女11人，并杀害了她们的父母，被杀害者达7人之多，当时把他们转交战犯法庭去了。应该说，像这样的罪犯是相当多的。

我们收进的战俘不过一二百，而遣送的日侨却将近100万。

日本虽然投降，但他们大都没有失败之感。很多人认为，他们既不是被中国人打败，也不是被美、苏打败，投降是他们天皇的权宜之计，是为了避免本土遭到严重破坏、保存国力，早日结束战争，以备将来重显国威。

根据当时了解，他们的思想有以下几种：

第一，害怕中国人报复。因为他们在东北和关内罪恶极大，担心受到报复。因此，他们在街头巷尾来往，在各种场所与中国人接触，一反以往那种盛气凌人的骄横态度，而变为处处向中国人弯腰敬礼，百般讨好。沈阳日侨联络总处的人员无论他们哪一个来见我，必先向我行 90 度的弯腰敬礼，说话时低声下气，行动上顺从之极。有一次我去长春视察工作，火车站上聚集了上千的日侨代表列队欢迎。我下车后，他们简直把头弯得快接触到地面了。我喊了好几次，要他们抬起头来，才慢慢地抬起来表示向我致敬。一次，长春、四平、抚顺和锦州等地日侨联络处负责人到沈阳管理处来开会。事前我们给他们都安排了座位，几次叫他们坐下，他们都没有坐下，我把话讲完了，问他们的问题也问完了，他们还是毕恭毕敬地站立着。可是散会后，他们离开时，没有注意我的日语秘书甘纯义夹在中间，他们当中竟有人一边走，一边怒气冲冲地说："我们不久还要回来的，到时再叫你们瞧瞧吧！"

第二，不服气。这种思想在男性日本人中非常突出。据我处副处长彭克复（常驻葫芦岛，专管出口和与美军联络船只）说，开始回国的几批日本人比较好些，越到后来越原形毕露。他们上船时还带点感谢的表情，可是开船后就面对岸上横眉竖眼，咬牙切齿，扬头举手，怒气冲天，一面瞪着我们的工作人员，一面口里哼着，表示不服气的样子。甚至在最后几只轮船离岸时，许多日本人同声高喊："我们一定还要回来的，你们等着吧！"

第三，有些日本人在东北或有房地产，或有工矿产业，或有商店、公司和其他财产。实在不愿回日本，就利用我国留用日侨中有学问、有技术的人员的机会，想方设法要求留用。有一个在沈阳开设啤酒厂的日本人表示，请求我处保留他的产权，他愿意留用。另一个铁道桥梁专家，在沈阳有两所漂亮的住宅，他表示，只要保留他的房子和其他财物，他愿永留不走。

第四，有不少日本人害怕回国后得不到工作，也纷纷要求留用。

第五，日本妇女，特别是年纪较轻的妇女，投降后争先恐后地找中国男人，不管什么条件，只要年龄相差不多就行。因此，那个时期嫁给中国人的日本妇女很多，比投降前十几年的总和还要多几倍，她们大都不愿回国。

第六，日本浪人与军人，特别是那些有血债的人，急于早日遣回，以免受惩办。

我根据当时日本人的各种思想情况，在沈阳召集各地日本人的代表约

3000 余人，作了一次有关遣送他们回国的讲话。主要内容是：中国人近几十年来，受尽了日本帝国主义的欺凌，千言万语也说不尽。但是我们没有采取冤冤相报的办法，而是把你们妥善地遣送回去。这是中华民族的崇高道德和人道主义。日本军国主义的侵华政策，不仅使中国人深受其害，普通的日本人也是一样。你们想一想中国人是怎样对待你们的，再想想你们是怎样对待中国人的，对比对比，你们自己就会觉得过去那样做是不应该的。因此你们回去以后，要以你们亲身经历的惨痛教训教育下一代，坚决反对军国主义的侵略政策，此后与中国人世世代代友好相处。这不仅是中国人的愿望，也是日本人的愿望。如果你们还是像过去那样带刺刀来，那你们就要好好地想一想，绝不会像现在这样活着回去了。我讲完这些话以后，他们大都弯腰低头表示认罪。有一些人痛哭失声，表示惭愧，不服气的当然会有。

遣送日侨俘的政策和与民主联军的交涉

1946 年初，国民党东北行辕经济委员会主任张嘉璈带来了行政院有关遣送东北日侨俘的指示。他召集行营董英斌参谋长、许鹏飞秘书长、长官部赵家骧参谋长和我，亲口传达说："为了减轻东北人民过重的负担，早日恢复正常秩序，必须尽快把留在东北的日侨俘遣送回国，越快越好，最好全部遣回，免遗后患。"他讲完后又说："你们要多少经费，行政院就拨多少。现在先发 100 万元流通券，以后再陆续拨款。长官部军务太重，所有经费由行辕经理处指派专人组成一个财务组，附在日侨俘管理处内，专款专用。"

我们在沈阳成立日侨俘管理处以后，就调集必要的火车，于 1946 年 4 月初开始遣送。在加速遣送工作的过程中，经军调部与驻沈阳中共代表饶漱石和伍修权商议，请民主联军速派代表团来沈阳协商遣送日侨事宜。大概在七八月间，由美军派飞机去哈尔滨迎接代表团来沈阳。第二日，由民主联军日侨管理处长李立三等人所组成的代表团来到了沈阳。在民主联军代表团来沈阳之前，行辕主任熊式辉召集了一个小型会议，参加的人有：行辕董参谋长、长官部赵参谋长、政治部主任余继忠。当即决定派我代表国民党军队方面在铁路饭店举行鸡尾酒会，欢迎以李立三为团长的民主联军代表团。参加这次酒会的还有美军联络处的官员，行辕和长官部以及地方高级官员，中外记者等，共约五六百人。宴会气氛比较友好，相互祝酒谈天。我代表国民党军队方面致欢迎词，李立三先生致答词。

次日，为了简便和保密起见，我代表国民党军方与民主联军方面的代表举行会谈。

经过再三反复研究，双方决定：(1）以老少沟和永吉两处作为交接地点，另以开原和舒兰为预备交接点；(2）对方代表告知我民主联军控制区的日侨约有 20 万人，我说明国民党军控制区的日侨约有 80 万人（不包括苏军控制的旅大地区的约 20 万日侨）；(3）由国民党行政院拨款 50 万元流通券，作为民主联军遣侨费用；(4）双方在交接地点都不得任意扣留对方的列车和机车；(5）由双方各派工作人员若干，在指定的交接点上组成联络交接小组，协商有关交接事宜，互不从属，各负各自控制地区的责任；(6）交接点如有必要更换时，须经双方同意后才能进行；(7）未尽事宜或临时发生的重大问题，由共同小组就地协商解决或向各自的上级提出予以解决；(8）本协定自签字之日起生效。

协定签字后，次日我就叫我处财务组长王尔纯把行政院转拨给行辕的 50 万元流通券装箱送交民主联军代表团，并请美军联络处派飞机送民主联军代表团回哈尔滨。飞机起飞时，我到机场送行。李先生说：我们回去就开始遣送，希望你们早日作好准备，务必争取降雪前遣送完毕。

美军联络处代表团团长米特雷斯对我再三表示，要加速遣送日侨。他比我们还要性急，巴不得几天内就遣完才好。美军联络处派了六七名军官分赴锦州、锦西、长春、抚顺、鞍山和四平等地，一面协助遣送，一面实地观察我们双方工作情况。美军葫芦岛海军基地司令部，在极短时间内，把凡能集中的日本海轮都调到葫芦岛来接运日侨，同时把他们在太平洋的一小部分运输舰只也调来，共计约有 30 余艘，来往运输。每船平均能装运 2000 人左右，每日平均有 7 只船运载。这给遣送工作顺利进行创造了良好条件。美军还担负上船后日侨的给养。另外，美军通信部队架设了葫芦岛—锦西—沈阳直通专用电话。

日侨俘管理处的组织

日侨俘管理处（以下简称“管理处”）所有工作人员，除少数勤杂工、临时雇员和士兵外，都是由行辕、长官部和地方政府等机关抽调兼职的。管理处初成立时，先是用行辕的名义，即东北行辕日侨俘管理处，后又改名为东北保安司令长官部日侨俘管理处。管理处的负责人，先是由长官部政治部主任余继忠兼任，不到半月改派我去兼任。

1946 年 5 月初，管理处抽调来的人员大都已报到。三位副处长是：刘佩伟、齐云阶、彭克复，都是少将级。全处官佐共约 200 余人，连临时工作人员共约 500 余人。美军顾问团派来我处一个五人联络小组，组长是米特雷斯上校。

遣送近百万日侨回国任务是相当重的，但是，我们还是完成了任务。本处总务组为保证日侨健康，主动在各集中待运站设置了急诊医疗所，选定有经验的日侨内外科医生担任治疗工作，由各地方政府供应药物。锦西待运站还开办了重病号医院和妇产科医院（能同时接产 30 余人）。由于设置了产科医院，妥善照顾，据不完全的统计，有 120 余人安全生产，只有两个难产的，母亲保全，胎儿死亡。在火车行进中因急病暴死的年老体弱的日侨，前后共约 50 余人，都经我处随车护送人员及时妥善地照日本的风俗习惯，在停站时留在各待运站，由日本人自己火化，并将骨灰送交其家属或亲友带回了日本。

行车途中，我们都按时供应干粮和茶水，各地待运站都及时供应必要的粮食、蔬菜和柴火。分发给养以中队为单位，全由日侨自办。

管理处成立不久，需要一大笔经费。经杜聿明长官批准，派我到南京向行政院请示拨款事宜，秘书长蒋梦麟说，行政院正打算打电话给杜长官派员来京商谈遣送东北日侨问题。政府很关心这个问题，愈快遣完愈好，以免民主联军利用，否则后患无穷。请将此意转告杜长官，所需经费照拨，现在先拨 200 万元，以后陆续再拨。次日，我就飞回沈阳，随即将赴京经过向杜长官汇报。他当时就打电话转告行辕主任熊式辉，熊叫我去见他时，他已把行辕经理处吴处长叫来了。我把上述情况向他汇报以后，熊即指示由行辕经理处吴处长指派专人，组成财务组附在管理处内，专款专用，不需另从其他机关抽调人员。熊随即指派了一位上校军需王尔纯兼任组长，另抽调十余个军需人员组成财务组，直属行辕经理处。

管理处办公费和其他杂费，全由行辕拨发，实报实销，每月预拨 5000 元；如有超支，必须先行报销追加，否则由管理处自行负责。管理处工作前后约 7 个月，共用约 3 万余元，其中包括日侨医药、生产和埋葬等费 5000 余元。另外又由长官部补贴抽调人员膳食费约 5000 余元，遣送全期共用约 5 万余元。

遣送计划和实施概况

遣送这样大量的日侨，当时是非常困难的，既极度缺少火车、轮船和汽车、又没有足够的工作人员，特别是政治情况非常复杂，其中牵涉到中、日、美、苏等四国关系，又牵涉到国民党军和民主联军两方的关系。而且遣送又是非常复杂的工作，为要使这项工作能顺利地进行，就要拟订一个比较切实可行的计划。

我们拟订的遣送计划是：

（1）划定地区。第一地区以锦州为中心，包括新锦西、朝阳、阜新和盘山等县市；第二地区以沈阳为中心，包括新民、鞍山、本溪、抚顺、彰武等县市；第三地区以四平为中心，包括辽源、通化和通江等县市；第四地区以长春为中心，包括吉林、舒兰和德惠等县市；第五地区以营口为中心，包括海城和凤城等县市。

（2）设置待运集中站。在各县、市中由本处分派人员请当地驻军和地方政府指定地点建立待运集中站。

（3）成立日侨联络处。除在沈阳成立日侨联络总处外，另在各县、市成立联络分处，由本处分别派员到各地选定日侨知名人士 5—7 人组成，总联络处直接由管理处选定 15—20 人组成。专管传达有关遣送规定，按期汇报集中待运日侨情况，编组遣送队伍，代发给养和进行医疗等工作。

（4）编组细则。为了便利日侨和减少途中困难，以保持全家老小一同遣送为准则。以数家组成一个小队，人数 30 人左右。没有家庭的单人，可自愿结合，老弱病残与青壮搭配，以便照顾；三个小队组成一个中队，三个中队组成一个大队。以大队为单位，分期分批遣送。

（5）遣送顺序。按第一、二、三、四、五等地区排列；每次遣送的人数，按管理处当时集中火车多少，通知各地联络处按时运送。不准争先恐后，扰乱秩序。

（6）设立终点转运站。以锦西为终点转运站，保持经常有 3 万人左右作为预备队，以便葫芦岛船只一到，不误船期转运出港。同时设立临时医院，除内外科外，另设妇产科并保证足够的病床。

（7）遣送对象。凡散在东北的日本人，无论是侨民或是战俘，以全部遣送回日为原则。日本妇女凡在投降后与中国人同居或结婚的一律遣送，不准暗藏；凡在投降前与中国人同居或结婚的，特别是已有子女的，按其志愿经当地政府批准者暂不遣送，而未经批准者则不准窝藏，一律遣返。凡持有政府留用证明的日侨科技人员，暂不遣送。凡有重病未愈者，暂留锦西医院治疗，待最后一次轮船遣送。

（8）出港人数。为了加速遣送，在葫芦岛尽可能保持每日能出口 1 万至 1.5 万人左右。

（9）其他有关遣送细则，另按政府法令和管理处临时规定办理。

1946 年 4 月，开始遣送。先把锦西附近的日侨于半个月内遣送完，空出地点以便其他地区转运来的日侨居住，随时运到葫芦岛。但到第二地区遣送时就发生了困难，特别是军运较忙，抽不出专用火车，只能利用回程空车，有时连空车也没有。我及时把这种情况向杜聿明长官及赵家骧参谋长汇报。杜聿明也经常关心遣送工作，他还亲自打电话要兵站司令蒋瑞清保证拨足火车以供应用。

遣送日本妇女回国在当时也是一个困难问题。与中国人同居的、做佣工的，不愿回去的日本妇女，据当时不完全的估计，约在 10 万人以上。我们虽然多方劝说，仍然不易解决。我的一个卫士叫李般举，从小在沈阳长大，日本投降后与一个日本少女同居，两人感情很好。他再三要求不遣送他的女朋友。对于他的要求我要是同意了，就不仅违反规定，而且以后援例而来的将没法应付。于是我坚不准许，随即将这个日本女子遣走。哪知这个卫士竟开小差潜逃。两日后，葫芦岛出口站的人员查船时，发现这个卫士夹在日侨中间，副处长彭克复就把他叫下船来，问清情况后派人送来沈阳。他一见我就痛哭哀求从宽处理。我责骂了几句，作为开小差禁闭了几天。以后只好暂时将能遣送的人先行遣送，这些人留待以后解决。

经过三个月的时间，已将开原、抚顺、鞍山和本溪地区的日侨大致遣完，沈阳附近的也遣送了一小部分。

8 月间，与民主联军达成了遣送协定以后，我们将大部分火车调到长春以北地区，除接运由联军遣来的日侨以外，还运送国民党军控制地区的日侨。约一个月时间，把由联军运来的日侨转运完毕，同时也把国民党军控制地区内的日侨大部分运往葫芦岛。又经过约一个月的时间，就把第四地区的日侨几乎全部运完了。

由于长春南北地区政局变化较大，管理处就把火车调到第三地区进行飞速运送，直到 1946 年 11 月结束遣送工作，前后将近 7 个月的时间。根据葫芦岛站本处副处长彭克复的统计，共遣走约一百零几万人。

1946 年 11 月底，我到最后一只船上去视察。当我登上轮船时，船上所有日本人立即站起来，向我弯腰敬礼，但也有一部分人看得出来是不服气的样子。通过几个月的工作，以及与日本人多次的接触，我体会到，大部分日本人民是善良的，他们同样遭受了日本军国主义者和法西斯主义者的残酷迫害。记得日侨联络总处负责人野村当时再三请我讲话，我只好讲几句。大意是：“你们回去以后，要细细地想一想比一比，你们是怎样对待中国人的，中国人是怎样对待你们的。希望你们以后只带友谊来，不要再带刺刀来，再见吧！”我讲完以后，联络处代表赠送了一面感谢中国政府的锦旗，并讲了几句感谢的话。就此最后一只遣送轮船离开港岸。

回忆中国派遣驻日占领军未竟的经过

廖季威*

抗战时期，我因通晓日语，调到军令部担任参谋，从事对日情报研究工作。抗战胜利后，先后派任中国驻日占领军上校参谋、中国驻日代表团军事组上校参谋，对派遣中国驻日占领军从筹备到不了了之的过程，据我所知，回忆如下。

一、一个不能理解的谜

1945 年 8 月日本投降后，大约在 9—10 月间，当时我在重庆军令部第二厅第一处第三科当上校参谋，曾经看到一件美国政府致中国政府的公文，大意是“商请中国政府派出一个由 5 万人编成的军，协助盟军占领日本事宜”。这件公文是美国驻华大使馆转来的，是经过了中国的外交部、军委会外事局、蒋介石的侍从室等机关再到军令部的，已有不少人签了字，盖了不少人的私章。其中最显明的批示是军令部部长徐永昌批的，大意是“由军令部一厅会二厅拟一个由 5000 人编成的支队派遣日本呈核”。这个批示一看

* 作者时任中国驻日占领军参谋、中国驻日代表团军事组参谋。

就知道是徐永昌秉承蒋介石的旨意而拟的。这件公文主要由一厅承办，因为派出国外与二厅有关，故会二厅商办，只不过使二厅知道这件事而已。我在二厅一处的工作是研究日本陆军各种部队的编制、装备和战斗力，及其部队的代码代号等，故第一处处长李立栢给我看过。

这个文件虽未在全处传阅，但大家都已知道，而且很不以为然，表示气愤和苦闷。认为在八年抗战之中我国牺牲最大，损失最重，受害最深。如果从九一八事变算起，我们抵抗日本侵略已经 14 年了。大部分的国土被侵占，很多财富被掠夺，千万的同胞被屠杀，上亿的人民被奴役。除了汉奸卖国贼而外，凡是中国人谁个不憎恨日本法西斯呢？好不容易盼到胜利，派遣驻日占领军理应派遣大军去，为什么连一个军都不派遣，只派遣一个 5000 人的支队呢？这确实使人难以理解，于是大家就在办公室里议论起来了。对面处长办公室的李立栢听见了，他走过来制止大家的议论。他说，我亦有同感，但这是上面决定的，我们有什么办法呢？上面是从全局考虑的，我们只有服从照办。况且这事尚未公布发表，如果传出去的话，那你们可要负责任的！在军令部的工作，绝大多数公文是“密”“机密”“极机密”三种，如果有什么泄密事件发生，这个罪是吃不消的，起码要被送到土桥（国民党在重庆的军人监狱）去。所以经李立栢一制止，也没有人再敢说了。

我们办公室与第二厅厅长郑介民的办公室只隔了一层木板。我们的议论也有可能被郑介民听见了，但当时他并未说什么。大约在几天之后，他来一处听汇报时，曾说，关于国家派遣占领军的问题，最高当局是从全局的考虑来决定的，你们不知道就不要乱发议论。现在我们的国家又和九一八事变时期的情况相似了。国家的军令政令都得不到统一，形势是相当严重的。有什么可高兴的呢？你们为什么不重视目前国内的情况呢？而要热衷于占领日本。他言下之意是，派遣军队到日本去占领是个次要问题，国内情况的变化才是极重要的。当时也没有人敢争论，只有听着了事。但这总是个谜。直到 1946 年我到了日本以后，才逐渐了解到一些情况，解了这个谜。

二、编组第六十七师为驻日占领军

1945年12月，我携带家小作为军令部第一批还都人员离开重庆，42天后才到南京。到了南京得知军令部决定暂不还都，已到人员在南京待命。我们一家人在南京无人问津，一下陷入困境，吃住都难以解决，只好到上海投靠朋友龙佐良（第三方面军参谋处上校科长）。

大约是1946年5月上旬，我在上海接到重庆军令部李立栢处长的长途电话，他告诉我："现在已决定派遣陆军第六十七师到日本，师长是戴坚。部令已调你到这个师工作。同时要你随同戴师长到日侦察该师的驻防地区。5月下旬我和戴坚来上海与你面商有关事宜。"

李立栢是5月24日到上海的，他是和中国驻日代表团团长朱世明中将一同乘飞机来的。到上海后他也住在龙佐良家里，晚饭后我和李、龙在客厅里闲谈很久。

李对我说，二厅一处因对日战争结束，事情已大大减少，人员有很多都要调出去。我在重庆已向戴师长介绍过你的情况，说你在军令部多年，研究日本有素，对日本情况很熟悉。戴说他们的部队在河内改编时，所有的部队长名额都确定了，打算安排你任副参谋长或副团长。不过目前暂在师部工作，随同到日本侦察，等部队到了日本后再决定你的正式职务。

李还说，这次派遣占领军到日本是经过了很长一段时间的往返周折的。最初美国希望中国能派出一个5万人的军，而且指明想要孙立人的新一军。因为该军完全是美式装备，而孙立人是美国弗吉尼亚军校毕业的，与美国很多将领都认识。当然孙是很愿意的。当时新一军还驻防在广州，运输也较方便。但是我们当局不同意，因为新一军是中国数一数二的强有力能战部队，早已决定派遣到东北去担任接收任务。大约是为了敷衍，只答应派遣一个像混成旅编制的5000人支队。后来美国又提出至少要派一个师，否则实在说不过去。经过反复研究，才决定派出一个1.5万人编制的师去参加占领日本。这个师隶属于美国的第八军指挥，已确定驻防日本的爱知、三重、静冈等三个县。师司令部设在爱知县的首府名古屋市。

占领军是由前派遣去河内受降的荣誉第一师和荣誉第二师合编成的陆军第六十七师。戴坚原是荣誉第二师师长，改编后他当上第六十七师的少将师长。主要是因为他是中央军校出身，又是陆军大学毕业的关系，有很大的背景和活动力。他年纪不过40多岁，确也能干。他们的部队现已在越南的海防集结，等候船只运输来上海。至于上海到日本的运输，美国已答应由他们的海军负责。

第二天早上，李立栢挂电话到戴坚的住处，知道戴坚已到上海，大约是半夜到的。吃了早饭后我和李一同到戴坚处，虽然是上午八九点钟了，但在上海来说还是早晨。他屋子里已经坐满了客人。经李立栢的介绍，戴坚立即和我握手，并满面春风地说：欢迎你参加我们的部队。落座寒暄过后，戴坚对我说："我们这次到日本主要是与盟军总部和美国第八军联系，同时去侦察我们的驻防区和部队的营房，还有其他一些事情要向美方交涉的。你是我们占领军的先遣官员，你主要的任务是侦察我们驻军的营房并计划分配营房。将来我们部队在名古屋登陆时，你就是登陆指挥官。还有部队来到日本以前，美军方面和我们的联系也要靠你来承担。至于你的职务问题，因我们师的团长早在河内就已经确定了，此时也无缺可补。目前你暂且在师部工作，等部队到了日本之后，我们再商量好吧！"接着他转向李立栢说："朱团长已经来电话了，决定5月27日早上在江湾机场起飞到日本，由上海空军第八大队派出轰炸机一架，运送我们全体赴日人员。"

三、乘空中堡垒进出日本

5月27日是决定起航赴日本的日子，凡是赴日本的人员都在早晨7点钟以前就到了江湾机场。这次出发的人员属于占领军方面的有师长戴坚及其随从上尉副官王某、名古屋港口司令海军中校卢东阁、占领军后勤主任王者师上校、外事组长常家铠，还有上尉翻译军官李某、许某、于某和我，共9人；属于代表团的有团长朱世明中将、顾问李立栢少将，另外还有代表团团员4人。来送行的不多，大约有二三十人。其中我认识的有上海第三方面军司令官汤恩伯、战俘管理所所长龙佐良、日侨管理处副处长邹任之、中央银行的高级职员杨津生，其他还有中央社的记者，外交部、上海市政府、上海警备司令部等方面的人员。

记得我们在候机室里，有人曾问朱世明，你们为什么不乘客机而要乘轰炸机呢？朱世明解释说，我们是以战胜国的姿态而去的，必须要武装进出日本，才能表示战胜国的威武。轰炸机除了不携带炸弹而外，机上的机关炮是原封原样的不拆卸，就表示我们是武装进出。今后中国代表团的联络运输，都是由中国空军第八大队担任。

我们乘坐的这架飞机是 B–24 式轰炸机，当时所谓的空中堡垒。该机是 4 个螺旋桨，载重量很大，机头和机腹左右两侧各配装有一门机关炮。我们都是生平第一次乘坐轰炸机，最初觉得很新奇，后来则渐渐感到不好受了。因为驾驶者为了安全航行，避开云层，升高到 8000 米以上的高空航行，气温随之降至零度以下，我们穿的都是夏季衣服，腹舱两边都有炮眼，是通风的，所以越坐越冷，寒气逼人。到达日本神奈川县的厚木机场下机时，很多人已经冻得说不出话来了。

到厚木机场来接我们的有中国驻日代表团的唐启琨少将和副官钱明年上尉。他们是专为陪同占领军而来的。其余还有几个代表团的人员，是专门来接朱团长的。美国方面是第八军司令部派来了一名上校参谋，三四名中校参谋。厚木机场距离横滨市约 40 公里，离东京约 80 公里。美国第八军还派有宪兵 10 余人来护送。朱世明、李立栢和代表团的人员及中国飞行人员经横滨市到东京去了，我们占领军人员则由美国第八军的参谋人员陪同住到横滨市第八军的招待所。

四、爱知县的侦察和与美军的联系

第二天，戴坚带着翻译军官去第八军司令部拜会军长艾克伯格中将和他的参谋长，并拜会了与占领军有关的各处负责人，都赠送了一点湘绣品礼物。

下午，美军伍地中校通知我们说，已经预备好今晚的火车到名古屋，明天就可以视察驻地。在晚饭后上火车之前，戴坚召集全体人员开了一个小会，通报他见到第八军军长艾克伯格的一些情况。戴说，艾克伯格军长对我说，我们的占领军到日本后是隶属于第八军的第一军团指挥，目前暂时驻防爱知县境内，等将来在适当的时候再行扩展到三重和静冈两个县。我们的部队大部分都要驻在名古屋市内。艾克伯格又问，你们的部队要带来不少马匹，如果在名古屋地区使用恐怕很不方便吧！戴说，我们的部队就是缺乏车辆，如果你们能补充我们部队所需的车辆的话，那么我们就可以汽车代替马匹。艾克伯格军长答应了。戴当时是说得很高兴的，并且还说我们要抓住这个机会，把车辆补充起来，那么我们的部队就可以完全机械化了。

大约是晚上 9 点多上车，专为我们挂了一辆头等卧车。天亮后到达名古屋车站，早已有第一军团的几个军官在那里等着我们。于是分乘汽车到招待所进餐。餐后休息不久就开始乘车在爱知县境内（包括名古屋市区）侦察。我负责将所到之处的情况作记录，晚上再整理。就这样跑了 4 天，看了 20 多处房子。在最后一天座谈讨论时，我向陪同我们视察的第一军团的军官们说，营房基本上我们是满意的，但是还缺少一个适合步兵团驻的营房、一所医院、一个集会的大会堂及一个招待所；有的房子不适合我们使用，有的房子很破烂还须修理；有的房子现在还住有美国军队。负责答复的美国军官说：在这里能够征用的房子也就只有这些了。我们已经研究过这些房子是足够住你们一个师所有的单位的。房子破旧需要修理的地方，我们第五处（即军政府）已命令日本政府在你们部队到达之前修好交付你们使用。但是只能修理，不能改建。医院、招待所暂时在现有房子中选择，至于大会堂，因名古屋市区的房屋很多被烧毁了，只有一个名古屋公会堂可容纳 2000 人的集会，现在是第五航空队在使用，可以商量大伙共用。美军占住的营房自然要搬走腾空交给你们的。

通过这几天的视察，我们看到名古屋市区确是遭到很大的破坏，因为它是日本的第三大工业城市，因此是美军反攻时期的重点轰炸目标，在 1944 年至 1945 年间，美军投下的炸弹和燃烧弹总数在千吨以上。幸存下来的高大洋楼都挂着美国的旗帜，显然是被美军占用了。因此，经这个军政府的军官解释回答后，戴坚也没有再坚持，当然我更不宜坚持了。下午游历了一下名古屋市的名胜古迹后，在夜晚仍乘火车回横滨。次日早晨，戴坚和唐启琨、钱明年等乘汽车到东京，其余的人都留在横滨等候。

6 月 4 日上午，戴坚在东京由朱世明引领去见麦克阿瑟将军，并由麦克阿瑟夫妇招待了一顿午餐。戴在 6 月 5 日离日本之前，给了我一份六十七师的编制、装备略表，同时还给了我两个任务，一是设法向美军方面要一份美军各级军官士兵的薪饷表，以便参考拟一个中国在日本占领军官兵薪饷表，当然要比美军稍低一点，以免国内眼红。戴说他以中国目前外汇困难为由，要求盟军总部支付中国占领军费用。麦克阿瑟已答可以考虑。二是继续联系汽车问题，争取把我们的部队完全改编为机械化师。

戴坚于 6 月 6 日晨同朱世明等一起乘原来的轰炸机回国。大约 7 月初，六十七师整师都到达了上海。

五、占领军的编制装备和薪饷

根据戴坚给我的编制、装备简表，第六十七师共 1.45 万多人，辖有三个步兵团、一个炮兵团、一个运输团、一个战车营、一个工兵营、一个通讯营、一个特务连，还有一所野战医院和一支 200 多人的担架队、一支 100 多人的政治宣传文工队。

从这个师的编制、装备来看，好像是一支强有力的现代化装备的部队，实际上是一支畸形编制的队伍。既有快速的汽车战车，又有原始的铁肩队（运输团的人力运输营）。以重武器来说，加农炮、榴弹炮、重迫击炮三种射程不同、运输工具也不同的火炮，在运用指挥和行军上都是困难的。至于该师的轻武器（步枪和机关枪）是否统一的制式，因我未实际见到故不得而知。但这支出国的占领部队，代表堂堂的中国，竟然是一种大杂烩的装备，不但贻笑于盟国，而且还要贻笑于战败的日本。无怪乎盟军总部的参谋们总是对占领军的编制、装备提出许多的问题，来要求我解释。

戴坚走后，我们仍然住在横滨第八军招待所。在此期间，我即向美军参谋处要了一份美军各级官兵的薪饷表。我根据戴坚的意思也拟了一份占领军官兵的薪饷表，以美元为单位，比之美军的标准，军官低于 30%—50%，士兵则约低于 20%。如最低级的二等兵为每月 20 美元，最高级的少将师长为每月 430 美元。虽然比美军人员低些，但与在国内恶性通货膨胀之下生活的军队相比却高了很多倍。我粗略统计一下，光是全师 1.45 万多人的定额薪饷，大约每月需要 50 万美元，如再加上出勤费、教育演习费、交通汽油费、办公费和其他杂支费等，恐怕每月至少要 200 多万美元。我将自己所拟的计划和美军的薪饷资料一并请中国驻日代表团转交国内，但没有得到回音。

六、在盟军总部的第一次会谈

大约一个星期后，盟军总部参谋处来电话邀我去商量有关中国占领军的问题。我带领李、许、于三个翻译官一同到东京盟军总部。和我接谈的是总部参谋第三处（作战处）上校科长柏奇，还有两个中校参谋，姓名记不清了。

我们所谈的第一个问题是关于占领军第六十七师编制上的问题。他们对戴坚给他们的六十七师的编制表上有几处不甚了解。例如特务连是一个什么性质的单位，这个单位在美军的部队中是没有的，又因这个名称很容易被误解为执行某种特别任务的单位，引起他们的疑问。我给他们解释这是直属于师部的警卫部队，同时也有整秩军纪的任务，即带有宪兵的任务。前者是本来的任务，后者是我随便说的，他们也就相信了。又如运输团内有一个人力运输营，他们问这是不是“苦力”运输，如果是“苦力”的话，可以征用日本人嘛。我知道他们是在笑我们编制上还有人力运输部队。

第二个问题是关于六十七师装备上的问题。他们说，你们师的炮兵团有三种武器，在运动方面，既有汽车牵引，又有马匹挽曳和骡马驮载，速度不同，这位团长怎么能统一指挥呢？你们师的运输团也是这样，汽车、马匹、人力怎么能同时应用呢？我说，我们中国的重武器没有你们那么多，车辆也很缺乏，而且我们一般是以营为战术单位。我们师的火炮虽然有三种，射程不一，运动方法各异，但我们可以分割使用。在指挥应用上我们的指挥官是有经验的，不管怎样麻烦复杂，是能够应用自如的。

他们接着谈第三个问题：你们有骡马几百匹，总部规定为了防止牲畜传染病带到日本，凡是骡马上岸必须进行检疫，而骡马检疫的过程很长，要3到6个月，这件事要请你们预先作准备。因他们谈到马匹有检疫的麻烦问题，我就趁此提出我们需要补充各种汽车。我说我们师长早就想将骡马改为车辆，已经向麦克阿瑟将军请求补充一批大小汽车，这样我们部队就完全使用汽车，不再使用骡马了。他们说，我们参谋处已经在研究。我们这里是有很多剩余物资，补充你们部队是无问题的。但补充的办法尚在研究中。

他们接着又提出第四个问题：我们知道你们军队伙房使用的燃料是木柴，但是按照盟军总部占领日本的规定，木柴是不能在日本征用或购买的，必须由自己国内运来，你们每天需用多少、每月需用多少，还得提出计划，列入运输计划之内。我想了一下，每人每天平均一公斤烧柴，全师每月合计是450吨。运输量确实太大了，于是我回答他们说，关于燃料的问题，我可以将此地的情况向国内报告，并建议我们部队改革锅灶，将燃料改为用煤炭、煤油或汽油。

接着柏奇上校翻开一本文件，把盟军占领日本的一些法规，择其重要以及与我们占领军有关的部分念了一遍，由李翻译官翻译给我听，其余的人则作记录。这个文件是华盛顿远东委员会议定的，还有盟军总部据此制定的有关驻日占领军的法规。大致两个方面内容，一是保证美军对日本的专控权，一是各国占领军所需费用、物资都由本国负担。

这些文件我是首次知道，不免感到吃惊，因为按这些规定，我们根本无权在驻防区征用任何需要的物资。我本来还有些问题要提出来的，此时也无法说出口了。美军吃的、穿的、用的，乃至蔬菜、水果、鸡蛋、鲜牛奶等都是从美国运来的。他们有的是船只，而我们是绝对无法做到的，那就要靠美国供应。美国纵然答应供给你，也一定要现金价购买。

最后他们又提出要我在三天内提供他们一个中国占领军由上海到名古屋的船舶运输计划，主要是六十七师整个部队海运需要多少吨位，以及以后部队每月的运输补给需要多少吨位。这个问题把我难倒了，我根本不知道六十七师的具体情况，他们所携带的武器、弹药、车辆、马匹、装备、被服、粮秣等究竟有多少，我是完全不清楚的。于是我回答他们说，这个计划只能由我们师的参谋处才能制定，如果你们要，我可以去电催促，等国内寄来后再转给你们。他们似乎很不高兴的样子问，那你们什么时候寄得来呢？目前我们船只的运输任务很繁重，如果你们不先给我们运输计划，到时候我们是无法调配船只的。我不得已答应他们说，因为现在我手边无可靠数据，只能作大概的估计。他们说，哪怕是估计的数字也好，只要不浪费吨位就行了，希望下次再谈时能得到你们的计划。会谈到此结束，同时也约定下次再谈的时间。

回到横滨后我只好根据往日在军令部时对军队海运所了解的一些粗略情况，以平均每人 5 吨的标准，胡乱拟了一个第六十七师海运吨位统计表，大致是全师赴日时的海运吨位为 7.3 万吨，以后每月补给所需海运吨位为 3000 至 5000 吨。在表后附注曰：此系估计数字，实际数字应以该师师部制定的为准。

七、在盟军总部的第二次会谈

第二次会谈大约是相隔 5 天，我只同李翻译官去的。而这次柏奇上校也是一个人来的。我们谈话的时间不长，我给了他关于我们占领军所需的运输吨位统计表，同时又再次申明这是个人的估计，只能作参考，不能作依据。他看过后笑着说：7.3 万吨就够了吗？我从他的口吻中听出来，似乎他们也有一个估计数字，大约比我的估计数字高得多。因为我也知道美国军队一个师的海上运输吨位，大约平均每人要 10 吨。我没有和他争论，只回答他说：虽然是估计的数字，但出入不会相差很大。他将我给他的统计表收到皮包内也不再说了。接着他谈的是我方提出的占领军军费问题。他说：关于你们占领军的军费，我们总部研究决定，可以代为垫付，将来由美国政府与中国政府结算。另外关于你们所需要的各种汽车的补充，我们可以调拨剩余物资给你们，原则上是作价调拨，也要记账。我因不知道戴坚同他们是怎样谈的，且职权有限，不便再提什么，只有将此情况报告国内请示办理。故我们的会谈很快就结束了。

八、中国占领军不来日本了

我们在横滨一直等到 7 月中旬，可是关于占领军是否已到了上海、何日由上海起程来日本均无一点消息。7 月下旬的一天，中国驻日代表团从东京来电话，要我们全体占领军先行人员都迁到东京去。此时朱团长已经又回国去了，我见到大使衔的副团长沈觐鼎，他说：国内来电，我们的占领军不来了，你调本团第一组工作，常家铠调本团侨务处工作，卢东阁调回海军总司令部（卢回国后于 1949 年起义），其余的翻译官均在第一组服务。我问：我们的占领军为什么不来呢？沈副团长说：我也不知道。但我们已从国内寄来的报纸以及日本和美国的报纸上，看到了国共两方发生战争的消息报道。回想去年在军令部时，郑介民说的“关于国家派遣占领军问题，最高当局是从全局的考虑来决定的”那句话，以前还是一个无法理解的谜，现在可解开这个谜了。不是别的，所谓从全局考虑就是从全面内战来考虑的。派遣军队去日本，在蒋介石的盘算下是划不来的，他要把全部军队都投到内战中去。

中国占领军不来日本，不但使我和六十七师的全体官兵失望，在国内的人民尤其是曾经遭受过日军残暴蹂躏的人们无比气愤，在日本的华侨每见到代表团的人员，尤其是穿军服的军官，也带着质问的口气询问为什么不来。但是我们难以回答，只有推说不知道。

九、驻防爱知县的由来

我自调到驻日代表团后，在第一组（即军事组）当上校参谋。代表团的全衔名称是盟国对日管制委员会中华民国驻日代表团，大约是 1946 年 3 月份成立的。因刚成立不久，人员还不多。此时第一组的组长尚未到职，故由李立栢顾问兼代。副组长是唐启琨，参谋是我和王武上校，一等秘书傅久英，另外有 3 个翻译官调来当办事员。以后扩充到 13 个人。第一组的工作主要是对日管制委员会开会时，团长或出席开会人员所需有关军事方面的资料的搜集和整理，调查日本陆、海军的复员情况，调查日本战犯以及办理请盟军总部逮捕战犯、引渡战犯手续等工作。唐启琨原是军令部第二厅第一处第三科的少将科长，我是他科内的参谋，故我们很熟悉。他是最先到日本的，故美军初期占领日本时的情况他很清楚，中国占领军的事情在东京方面最初就是他联络、交涉、经办的。我从他那里得知了我们驻防爱知县的由来：

1946 年春，盟军总部就中国占领军的驻防地与中国代表团商量，最初想把中国军队安排在以新潟县为中心的日本北陆区驻防。唐启琨认为，新潟县既不是日本重要地区，也不是工业区，而是日本的农业地区，且山多人口少。因此他提出要四国岛上 4 个县为中国占领军驻防区。四国虽不是大工业区，但是一个完整的岛，如果中国军队在这里驻防，不与其他部队接触，对管理控制也很容易。但是总部的人说，四国区已经是英联邦军的驻防区。唐又提出驻九州区，理由是长崎离上海很近，于我们补给、联络都很方便。总部的人连忙摇头说不行，九州区的防务是很重要的，不是中国军队能担负的。在当时南、北朝鲜的三八线上，苏、美已形成敌对之势，并时有摩擦。九州离朝鲜最近，只隔对马海峡，美国已经把九州视为南朝鲜的后方基地，当然不愿中国军队在此驻防。后来由总部提出，在日本的东海区以爱知县为中心加静冈和三重两县。爱知首府名古屋市是日本的第三大工业城市，静冈既是风景区，又是农业区，这个地方你们一定满意。于是就这样决定了中国占领军的驻防区。

以上，就是我在日本看到和听到的情况。

驻日代表团对日索赔工作亲历记

周锡卿*

抗战胜利后，我奉派赴日本东京，受聘于远东国际军事法庭，担任起诉日本甲级战犯所需人证、物证等的翻译工作。从1947年7月至1952年3月，又奉派在中国驻日代表团赔偿及归还物资接收委员会任文秘技术专员，亲历了对日索赔工作。

盟国对日本的索赔原则

从九一八事变起，日本帝国主义就长期侵占我国领土，肆意屠杀人民和掠夺财产。1941年珍珠港事件后，日军又侵占东南亚广大地区，造成该地区的巨大物质损失。为此，日本战败后，盟国在《波茨坦宣言》第11条中规定：日本须“交付公正的实物赔偿”和“不得维持能使日本再武装的工业”。以此为根据，盟国在战后对日本的基础政策中包括了赔偿及归还政策。其原则规定：

鉴于第一次世界大战后，战败国为了支付巨额赔款，极力发展工业，经

---

* 作者时任中国驻日代表团赔偿及归还物资接收委员会文秘技术专员。

济实力反而很快强大起来，构成再武装的基础，故二次大战后，不再向日本索取赔款，而令其以军事工业及超过平时经济所需的工业设备来代替赔款。这样，既补偿了同盟国在战争中所遭受的损失，也解除了日本的战争潜力。

战争中被日本劫掠、胁迫交纳或用无价值货币购买的物资，一经战胜国家认证，均须归还。

赔偿实施方案与先期拆迁令

为了拟订实施赔偿的方案，占领日本的美国派专使鲍莱调查研究此问题。1945 年底和 1946 年初，鲍氏发表了两次报告，提议日本的军事工业如兵工厂等全部拆迁；与军事有关的工业，如钢铁、工具机厂等，其超出平时经济需要的设备亦应拆迁。他的报告是符合既定原则的。但因美国政府内部意见分歧，并未制订最终方案，而是在 1946 年 3 月向远东委员会提出一个临时赔偿方案。此方案大致以鲍莱第一个报告为基础，规定日本海、陆军兵工厂、飞机厂、民营军需工厂和人造石油、人造橡胶工厂等，全部拆迁，而对钢铁、造船、轻金属、工具机、硫酸、钢珠轴承、火力发电、制碱等工业设备则规定平时经济所需的一部分可以保留，其超过部分亦须拆迁。同时，美国政府命令驻日盟军总部（实际上是美军总部）在此范围内指定可供赔偿的工厂，准备拆迁。

由于各国对分配率意见不一，美政府乃采取单独行动，于 1947 年 4 月对盟军总部发布先期拆迁令，就临时方案范围，提出 30%的供赔物资分给直接受损害的中国、菲律宾、荷兰（即荷属东印度群岛即现印尼等国）、英国（即马来亚、缅甸及其他英属远东殖民地），其中中国应得到 15%的供赔物资。

美国片面宣告停止拆迁

先期拆迁令发布后，在驻日盟军总部领导下，各受偿国（中、菲、英、荷）和日本政府就开始实施，手续大致如次：盟总在原已划定的，由日本政府保管的拆迁物资内选定具体工厂和设备编制目录清单，估定价格，通知各受偿国据以申请（申请前可以参观），然后用抽签或协议方式进行分配；分配后责成日本政府拆卸装箱，送达指定港口，由受偿国派轮船接运回国。中国由行政院赔偿委员会主持此事。除在日本另设接受委员会外，还在国内通知各部会提出申请，会商赔偿物资的分配方案。

拆迁情况是这样的：盟总指定日本陆、海军兵工厂 18 所供赔偿用，分三批拆迁。但 1949 年 5 月，盟总又突然宣布停止拆迁。这实际上是美国片面的意见。这样，我国仅获得工具机等机件、试验设备、电气设备等，约值 2200 余万美元。在第二次世界大战期间，我国遭受侵占的时间最长，损失最重，据国民政府发表的估计数，损失约达 620 亿美元，而上述赔偿物资实在是九牛一毛而已。

美国之所以单方面宣布停止拆迁赔偿，是因为二次大战结束后，美苏矛盾日益加深，美国想利用日本的物质力量对付苏联，采取扶植日本的政策。另外，由于日本战后经济陷于困境，美国每年要付出大批救济金，这对美国来说成了一种负担，美国也想早日结束这种局面。其制订临时赔偿方案与发布先期拆迁的目的，就是想早日把供赔工厂确定下来，以便使那些未列入拆赔的工厂早点复工。1947 年先期拆迁令发布后，美国扶日政策更为露骨，对赔偿工作进一步拖延和阻挠。光是选择供赔工厂就拖了半年。在申请拆迁期间，又先后派了斯瑞克和强斯顿两个调查团来日本。调查团在报告中强调“日本经济困难”“应恢复日本人的生活水平”，因此主张大量减少赔偿物资。强斯顿代表团不仅主张日本应恢复重工业，还主张把应拆赔的军需工业转为民用工业。这实际上是制造反赔偿的舆论。到了 1949 年 4 月，美国政府索性下令停止拆迁。结果，先期拆迁计划只完成 1/10，仅为远东委员会通过的临时赔偿方案的 30%。所以，日本实际提供赔偿的物资只占临时方案的 39%，更有甚者，先期拆迁令中规定拆迁甚至已经开始拆卸了的一部分设备，都强行停止再拆，如分给中国的吴港海军兵工厂电气设备和起重机，质量较优，已经拆了 20%，也由盟总勒令停止拆运。

归还工作概况

关于被日本侵略者劫掠回国物资的归还方案和政策由于盟国意见不统一，直到 1946 年 7 月，远东委员会才正式拟定。但各国认为这个方案缺点甚多，于是在同年 10 月另提新案，仍以争议不断，久难定案。美国政府遂于 1948 年 3 月颁发劫物归还临时指令，授权盟总执行，归还工作才实际开始。7 月，远东委员会又议定新案，对美国的临时指令有所更改，其要点是：1. 一切劫物经查明后均应归还；2. 日军占领区在占领期间所生产的物资，被劫夺运日者亦得归还；3. 劫至日本领海的盟国船只应即归还；4. 不能认证原主的劫物应予变卖；5. 各国申请归还劫物，应自本办法颁布（1948 年 8 月）后 8 个月内办理。

根据上述方案，驻日盟军总部、各国办理赔偿归还机构及日本政府即着手办理。首先由被劫物资所有国提出申请，经盟总同意后，责成日本政府将被劫物资运到指定港口，由申请国派轮船运回本国。应归还的船只则由申请国接收后驶回本国。出于战争历时甚久，日本侵略者又巧取豪夺，当时在他们的威逼下，很难取得被劫或被强征勒购的证据和掠夺者姓名或机关部队名称番号，故交涉归还非常困难。而办理期限只有 8 个月，结果实际归还的物资与被劫物资相差甚远，归还数额极微。不过，在接收委员会和国内有关单位努力下，我国还是有些收获的，如永利化学公司的硝酸厂和广东造纸厂的全套设备，逸仙舰和客货轮 11 艘，一批善本书籍，包括以汪精卫名义送给日本天皇的国宝翡翠屏风在内的古物字画、银块、铜镍币，以及一些机器、车辆、工业原料等，还是索取回来了。估计价值合 1800 余万美元。此外，甲午战役中被劫走的镇远、定远舰的炮弹、铁锚等文物以前一直陈列于东京上野公园，亦经交涉收回。但可惜的是，“北京人”头盖骨虽经多方访查，竟未能觅获。

爱国尽职的接委会

1946 年 5 月，中国作为战胜国，派出了一个颇为庞大的驻日代表团。

该团主要有四个组：第一组（军事组）、第二组（政治组）、第三组（经济组）和第四组（教育组）。赔偿及归还工作原由第三组经办。国内许多部会派员来日，进行调查研究，为申请赔偿归还作准备。他们或列入代表团编制，或充任临时人员。1947 年 9 月成立赔偿归还物资接收委员会，仍属驻日代表团，但在业务上受行政院赔偿委员会领导。当时赔偿委员会的主任委员为吴半农，委员有交通部的王树芳（时任铁路总机厂厂长）。资源委员会的周茂柏后改为邵逸周（时任鞍山钢铁公司总经理）、兵工署的李待琛（时任兵工署副署长）、经济部的唐崇礼（时任中央大学教授）。工作人员中列入编制者称为技术专员；临时人员分专门委员和专员两种，他们应工作需要来日本，任务完毕后回国，前后超过 100 人。另外，赔偿委员会当时还在日本留学生中雇用了若干人从事翻译等工作。接委会同仁绝大多数是专家和技术人员，到日本后，一面按本部会需要选择赔偿设备或调查被劫物资，一面替接收委员会办事。

当时接收委会同仁有一个共同心愿，就是拆取日本用以从事侵略战争的工业设备，供我国恢复受侵略损失的工厂用，都表现出了振兴我国工业的爱国之心。因此，大家团结一致，工作积极努力，仅参观被列入临时赔偿方案中工厂的活动，就在 100 次以上，加上调查、申请、检验、签收和交运赔偿归还物资等，大家工作繁忙劳累而无怨言。因美国政府和盟军总部采取袒护日本的政策，对赔偿归还工作拖延阻碍，所以，要费很多精力（包括准备材料）同盟总交涉。为了充实论据，接委会对日本工业与经济情况进行了调查研究，编写出了一套介绍日本各种工业概况的材料。我就编过一本《日本纺织工业概况》。当美方斯瑞克报告发表后，接委会曾根据有关数据，用英语撰文批驳。又编制各种赔偿方案与美国历次调查的建议作比较，有力地揭示了美国政府逐步减少日本赔偿的居心。当美国片面宣布中止赔偿拆迁后，接委会的业务已将近结束，这时还赶编了一本《在日办理赔偿归还工作综述》。我曾参与了编写工作，故对接委会同仁认真履行职责的情况记忆犹新。

尤其令我难忘的，是接委会有一批 30 多岁的中年人，如交通部的叶梧（现居美国）、王嘉谷（现居加拿大）、航空工程人员顾德昌（顾维钧先生之子，现居台湾）、顾以任（顾维钧先生之侄现居新加坡）、方俊城（现居美国）、招商局的陈士舍（下落不明）、资源委员会的吴世汉、曹祖忻（两人现居住日本）、吴鼎铭（已回国）等。我和他们为了一个目标合作共事，相处十分融洽。

光华寮的由来

日本归还的被劫物资多数都运回国内，其中有一小部分存放日本，日渐腐烂，有的原系我国出口物资，因国内并不需要，运回来很不划算，故决定在日本就地出售。共计售出六批，包括羊皮、羊毛、棉布、棉纱等纤维品，铅、锡、锑、铜等矿产品以及鸦片、吗啡等，共售得 4500 万日元。

当时，留日的中国学生经济困难。1950 年，居住在京都光华寮（原名洛东公寓）的留日学生请求中国驻日代表团资助购买这座宿舍楼。那时国民党政府刚迁到台湾，连代表团人员的薪金都无力发放，不得不用接收委员会的赔偿工作经费发放。接收委员会主任委员吴半农非常同情留学生，就征得代表团团长同意，在变卖归还物资价款中拨出约 250 万日元买下了光华寮。以上事实说明，光华寮是用变卖被掠夺的中国人民的物资所得价款购买的，因此，它当然是中国的财产。今天，按中日联合声明和中日和平友好条约的规定，光华寮理应归属于我国政府。

审判日本甲级战犯纪实

杨寿林*

1946年9月18日，我赴东京接替因病返国的方福枢担任远东国际军事法庭中国法官秘书，远东国际军事法庭结束后，同盟国总部又设立了一个规模较小的国际法庭，审判另一名日本甲级战犯田村浩，我作为中国法官参加审判，至1949年春结束。

一

1945年，第二次世界大战结束，日本甲级战犯随即受到远东国际军事法庭的审判。

远东国际军事法庭是根据1943年12月1日的《开罗宣言》、1945年7月26日的《波茨坦公告》、1945年9月2日的日本投降书以及1945年12月26日的《莫斯科会议协议》设立的。

根据上述几个文件的规定，盟国驻日最高统帅于1946年1月19日发布特别通告，在东京设置远东国际军事法庭，同日批准了《远东国际军事法庭

---

* 作者时任远东国际军事法庭中国法官。

宪章》，并于 1946 年 2 月 15 日任命了由中国、美国、英国、苏联、法国、加拿大、新西兰、澳大利亚、荷兰等九个盟国各自提名的九位法官。1946 年 4 月 26 日，宪章经过修改，增派了印度和菲律宾提名的两位法官。于是远东国际军事法庭的法官席上共有 11 位法官。

法庭庭长是澳大利亚昆士兰州最高法院院长韦勃。中国法官是当时立法院外交委员会主席梅汝璈，美国法官是陆军检察长克拉麦尔，英国法官是最高法院法官派特立克，苏联法官是最高法院军事委员会扎里亚诺夫少将，法国法官是一级检察官贝尔纳尔，加拿大法官是最高法院法官马克都哥尔，荷兰法官是乌得勒支市法院法官洛林，新西兰法官是最高法院法官诺尔斯克劳夫特，菲律宾法官是最高法院法官扎兰尼拉，印度法官是巴尔教授。

各国除派法官外，还派有秘书协助。中国原来派出的秘书是方福枢和罗集谊。罗谙日语，熟悉日本情况；方则协助审判方面的工作，在法庭内称法官助理。不久，方因胃病转剧，急于返回，由我接任。记得我搭机去东京那一天是 1946 年 9 月 18 日，正是日本在我国东北发动九一八事变的 15 周年纪念日。

11 个国家还各派一位检察官。检察长是美国律师季楠，中国检察官是当时上海高等法院首席检察官向哲浚，苏联检察官原是苏联科学院通讯院士高隆斯基，1946 年 11 月起由国家司法顾问瓦西里耶夫接任，英国检察官是议员科明斯・卡尔律师，法国检察官是塞茵和玛伦陪审区法院检察长奥涅多，澳大利亚检察官是昆士兰州最高法院法官孟斯菲尔德，加拿大检察官是陆军军法次官诺兰准将，荷兰检察官是海牙特别法庭法官白尔高夫・穆尔德尔，新西兰检察官是最高法院检察官奎廉准将，菲律宾检察官是国会议员罗伯茨，印度检察官是梅农。

中国检察官最初由秘书裘绍恒、刘子健等协助搜集证据，出庭控诉，工作很繁重。在讨论战犯名单时，某些检察官曾以土肥原官职较低不拟列入，经中国检察官据理力争，才决定列为被告受审，后裘因国内律师事较多，于 1946 年提前回国，刘子健又于 1947 年去美，秘书工作由高文彬接任。

由于有大量中文文件及资料需要译成英文，法庭设立了翻译组，由中国检察官直接领导。参加这项工作的有张培基、周锡卿、高文彬及刘继盛等。

日本侵华是国际法庭审判内容的主要部分。为此，中国特地派了倪征燠、鄂森、桂裕和吴学义等四人为中国检察官顾问，倪为首席顾问。在审讯过程中，倪、鄂、桂等几位顾问都亲自出庭，打破了某些外国人包办垄断的企图。特别是在很重要的反驳阶段，对侵略我国的罪魁祸首土肥原和板垣，我国检察官首席顾问倪征燠当仁不让，在法庭上作了极为有力的控诉和反驳，义正词严，充分显示了中国人民的义愤和气概。

二

被告原有28人，他们是：平沼骐一郎（曾任总理大臣及枢密院院长），小矶国昭（曾任总理大臣及朝鲜总督），荒木贞夫（曾任陆军大臣、文部大臣及内阁参议），梅津美治郎（曾任关东军司令官、陆军次官及参谋本部参谋总长），畑俊六（曾任军事参议官、陆军大臣及日本华中派遣军司令官），南次郎（曾任陆军大臣、军事参议官、关东军司令官及朝鲜总督），佐藤贤了（曾任陆军省军务局长），岛田繁太郎（曾任海军参谋长、舰队司令官及海军大臣），冈敬纯（曾任海军省总务局长和军务局长、海军次官及朝鲜海军基地司令官），大岛浩（曾任驻德国大使），白鸟敏夫（曾任驻意大利大使及外务省顾问），重光葵（曾任驻中国公使、驻苏联大使、驻英国大使及外务大臣），东乡茂德（曾任驻德国大使、驻苏联大使、外务大臣兼大东亚事务大臣），贺屋兴宣（曾任大藏大臣及华北开发株式会社总裁），铃木贞一（曾任兴亚院总裁、内阁企划院总裁及内阁参议官），星野直树（曾任伪满洲国财政部实际领导人、伪满洲国实际上的“总理”、日本内阁企划院总裁及日本副总理大巨），桥本欣五郎（日本军国主义理论家、日本青年法西斯运动的组织者、大政翼赞会组织人之一、南京大屠杀的参与者），木户幸一（曾任文部大臣、厚生大臣、内大臣及日皇枢密顾问），水野修身（曾任海军参谋本部参谋次长、海军大臣、联合舰队总司令及海军总参谋长），松冈洋右（曾任伪满铁总裁、内阁参议官及外务大臣），大川周明（日本军国主义理论家和煽动者、曾任满铁东亚研究所所长、九一八事变组织者之一）。其中松冈洋右和永野修身在审判开始后不久先后病死，大川周明患精神病，因而中止了对他们的审讯。

上面提到了 21 名，还有 7 名是些什么样的人呢？这里作一较为详细的介绍：

东条英机，1937 年任日本关东军参谋长。同年 6 月 9 日他在给日本参谋本部的一份电报里就表示，进攻中国政府军的时机已经成熟，主张“必须首先对中国政府予以一击”。果然不出一月，就发动了 7 月 7 日的全面侵华战争。1940 年他任陆军大臣，1941 年 10 月 18 日起任总理大臣，发动了太平洋战争。

土肥原贤二，自 1913 年起历任日本驻中国公使馆派驻各地的武官，是日本陆军里的一个“中国通”。1931 年 8 月在沈阳任日本特务机关长，隶属于关东军，是九一八事变的策划者和组织者。经国际法庭查明，日本参谋本部听从了土肥原的建议，批准了九一八事变的计划。事变后三天，1931 年 9 月 21 日，土肥原就当上了“沈阳市长”。这年 11 月间，他又把清朝末代皇帝溥仪从天津弄到东北。后来在“内蒙自治”和“丰台事变”等事件中他都是主要策划者。1938 年 7 月，又在上海设立“土肥原机关”，阴谋组织所谓“新中国中央政府”。

板垣征四郎，1934 年任日本关东军副参谋长，1936 年起任关东军参谋长，1938 年至 1939 年 8 月任陆军大臣，1939 年 9 月至 1941 年任日本中国派遣军参谋长，是竭力主张用武力侵略中国的军国主义骨干分子之一。溥仪作证时回忆说，早在 1930 年，板垣就主张驱逐张学良，在东北建立一个“新国家”，他还亲自向溥仪提出，“新国家”的名称可以叫“满洲国”，国都设在长春，还从皮包里拿出《满蒙人民宣言书》和“满洲国”国旗图案。国际法庭查明，在九一八事变中，板垣扮演重要角色，批准了对中国兵营和对沈阳的进攻，并且实际负责指挥。九一八后不到两个月，他派土肥原到天津把溥仪弄到东北。1935 年前后，他又协助关东军司令官南次郎制订“内蒙自治政府”和“华北五省自治政府”的计划。1937 年 7 月，任师团长参加侵华战争。任陆军大臣时参加内阁会议，做出成立伪民国政府的决定，对成立汪伪汉奸政权负有重大责任。

松井石根，曾任日本军部情报部长，1937 年至 1938 年任日本华中派遣军司令官，在他离东京时就要求给派遣军增派五个师团。1937 年 10 月 8 日他发表声明说：“降魔的利剑现已出鞘，正将发挥它的神威。”他要发挥的就是屠杀中国人民。他是南京大屠杀的罪魁祸首，在大屠杀期间，他亲自到南京，停留约一个星期，使南京成为人间地狱。

广田弘毅，1933 年任外务大臣，完全知道土肥原等组织“新自治政府”的阴谋和“内蒙计划”。1935 年 8 月 5 日，根据他的命令，外务省东亚局制订了《对华三原则》，要中国政府取缔反日，与日合作，承认“满洲国”，共同防共。1937 年 1 月 21 日，又将日本陆军制订的《处理华北计划要纲》通知日本驻华大使，并说外务省决定对华北五省的“自治政府”加以支持和指导。1936 年 3 月起任总理大臣，在 8 月 11 日主持的五相会议上，决定日本的“基本国策”和《第二次华北处理要纲》。国际法庭根据大量证据确认，从 1936 年 3 月 9 日至 1937 年 2 月 1 日广田任总理大臣时期，是积极策划和准备战争的时期。

木村兵太郎，1940 年任关东军参谋长，1941 年至 1944 年任陆军次官，对侵华计划完全支持。在侵华战争及太平洋战争中，是重要的参加者。

武藤章，1937 年松井石根任日本华中派遣军司令官时，是副参谋长，在南京大屠杀期间他随同松井进南京城。1939 年至 1942 年任陆军省军务局长；1943 年至 1945 年在菲律宾等地任高级军职，参加侵略战争。

可以看出，这 7 个被告都是侵略中国的元凶，最后都被判处绞刑。

为被告辩护的律师有 90 多人，其中很多是美国律师。他们在辩护中想方设法为被告开脱罪责。例如为了贬低曾在侵华军队里任职的田中隆吉少将的证言价值，辩护人竟向他提出这样一些问题：“你患精神病了吗？”“检察官是不是答应过你，如果你做出有利于检察方面的证言，他们会给你不可侵犯权（即免予追究）？”有的辩护人甚至藐视法庭，因而法庭不得不于 1947 年 3 月 5 日剥夺被告广田的辩护人史密斯律师的继续出庭辩护权，又于 1948 年 10 月禁止被告大岛的辩护人柯宁汉律师参加尔后的辩护活动。

三

审判是在前日本陆军省大楼内进行的，房屋很宽敞。台上是法官席，法官席前一排是书记官及法官助理席。再前为检察官席和辩护人席，左侧为记者席和旁听席，右侧为贵宾席和翻译官席，靠翻译官席附近设证人席。法官席对面最后几排是被告席。每次开庭前，被告从巢鸭监狱由宪兵押送到庭。在长长的审判期间，他们的神情我一览无余。当然我特别注意的是土肥原、板垣、松井等人。松井呆若木鸡，装出一副可怜相；板垣嬉皮笑脸，奸相毕露；土肥原故作镇定，但脸部不断抽搐。

出席作证的共有 419 人，还有 779 名证人用书面作证。法庭受理作为证据的文件有 4336 件，有许多重要证据在对日空袭中已遭毁损，也有许多在日本投降前后为他们所销毁。尽管如此，盟国搜查到的重要证据还是大量的，其中如被告木户的日记和《西园寺、原田回忆录》等都很重要，因为木户曾任日本国务大臣和内大臣，他以天皇机要顾问的地位记录了很多机密内容。西园寺公爵以元老的特殊地位，通过他的秘书原田曾得到日本政府内部的许多情报。证人中则有伪满洲国傀儡皇帝溥仪和原日本军队中的重要人物田中隆吉少将等，他们的证言也比较有分量。

法庭于 1946 年 5 月 3 日第一次正式开庭。审判程序基本上采用英美法传统诉讼程序，大致分为以下几个阶段：

（一）宣读起诉书；

（二）讯问被告是否承认有罪；

（三）检察长及被告（由辩护人代表）分别致始讼词；

（四）检察方面提出证据，并作说明；

（五）辩护方面提出证据，并讯问被告，然后检察方面反讯被告；

（六）检察方面反驳辩护方面所提证据，并提出补充证据；

（七）辩护方面反驳检察方面所提证据，并提出补充证据；

（八）检察方面致终讼词；

（九）辩护方面致终讼词；

（十）检察方面最后反驳；

（十一）判决。

起诉书中列举了 55 项罪状，控告被告等从 1928 年 1 月 1 日起至 1945 年 9 月 2 日这一期间内所犯的破坏和平罪、违反战争法规和惯例罪以及违反人道罪。

从第一次开庭至 1948 年 11 月 12 日宣判，共花了两年半时间，审判记录长达 4412 页，判决书也有 1214 页之多。就其规模之大，时间之长而言，这次审判是史无前例的。就其重要性而言，这次远东国际军事法庭对日本战犯的审判同纽伦堡国际军事法庭对德国战犯的审判一样，都具有重大历史意义。因为，第一次世界大战以前，侵略战争的祸首虽然也曾受到惩罚，但是从来没有受过国际法庭的审判。第一次世界大战结束后，《凡尔赛和约》第七章虽然规定要设立英、美、法、意、日等五个国家组成的国际法庭来审判前德国皇帝威廉二世，但是威廉二世逃到荷兰，荷兰拒绝引渡，协约国放弃了引渡的要求，因而德国战犯没有受到国际法庭的审判。所以第二次世界大战后纽伦堡国际军事法庭和远东国际军事法庭的审判都是历史上破天荒的对战争罪犯的大规模国际审判，而其庄严宣告的判决，对国际法的发展也作出了十分重要的贡献。

远东国际军事法庭确认 25 名被告都有罪，判处东条英机、土肥原贤二、板垣征四郎、松井石根、广田弘毅、木村兵太郎和武藤章等七名绞刑，东乡茂德有期徒刑 20 年，重光葵有期徒刑七年，其余 16 名无期徒刑。

国际法庭的判决受到全世界进步舆论的拥护，但是战犯土肥原和广田等竟向美国最高法院提起上诉，而美国最高法院在 1948 年 12 月 6 日竟以五票对四票的多数通过了受理上诉。对美国最高法院的这一决定，中国法官立即发表声明说：如果代表 11 个国家的国际法庭所宣布的判决要受一个国家的国内法院（不论它是怎么样高的法院）重审的话，那么很有理由使人产生这样的忧虑，就是任何一个国际性的决定或行为都可遭到某一国的推翻或改变。世界进步舆论对美国最高法院的这种举动也都表示强烈不满。这样，美国最高法院不得不在 1948 年 12 月 20 日以六票对一票的多数否定了重审的决定。1948年12月22日深夜，东条等七名战犯被押上巢鸭监狱内的绞架执行绞刑。当时在场的有中国驻日军事代表团团长商震和驻日盟国委员会其他各国的委员。

限于历史条件，远东国际军事法庭的审判虽然不能尽如人意，但是，正如当时苏联国际法学家拉金斯基和罗森布立特所说，东京法庭仍然对被告作出了公正而严厉的判决，其功绩是不可磨灭的。

四

远东国际军事法庭的审判不仅惩罚了日本的一批重要战犯，而且也查明了他们历次在中国制造事件的原委，反驳了他们企图篡改历史的种种诡辩，还了历史的真面目。下面举几个例子。

（一）关于九一八事变和伪满洲国。国际法庭判决书中写道："九一八事变是由日本参谋本部的将校、关东军的将校和樱会（一个以研究侵略中国满洲为目的的军国主义团体）的会员等事前周密计划的。这有大量可靠的证据……事变的目的是为关东军占领满洲制造借口，建立一个按照日本意旨的所谓'王道'国家。"判决书又说，"从1931年9月14日起，关东军就在中国军队第七旅的兵营附近实行夜间演习……一直继续到1931年9月18日夜。"当夜，关东军有计划地炸毁了沈阳附近柳条沟的一段铁路，它反咬一口，说是中国军队破坏的，就借口向中国兵营进攻，接着又进攻沈阳。板垣以高级参谋的身份在沈阳事变中担任了实际的指挥。庭审时被告辩护人说："九一八以前，中国军队已有增加，对日军采取挑衅态度。"但法庭查明"中国军队毫无攻击日军的计划"。因此判决书中写道："本法庭拒绝日方的申辩，并认定1931年9月18日的所谓'事件'是日本人所策划和实行的。"

第二天即9月19日，日本的本庄中将到沈阳后就在沈阳车站设立司令部，迅速地把沈阳事变扩大为满洲事变，并向全世界狂妄地声称，要实行所谓"惩罚性"的战争。两天后，土肥原被任命为"沈阳市长"。一个月后，土肥原又根据板垣的命令去天津，假装应"民众的要求"把溥仪带到了东北。国际法庭经过详细审查，认为："并没有在满洲建立独立国家的民众运动，这个运动完全是由关东军一手制造的。""在东京，军事参议官南次郎曾向天皇进言，说'满洲国'是日本的生命线，必须在这儿建立伪国家。"1932年，日本就在我东北制造了一个所谓"满洲国"。溥仪出庭作证说，"满洲国"从一开始就完全受日本的支配。国际法庭也确认："伪满洲国的实际支配权完全是在日本关东军和日本陆军省手里。"

（二）关于一·二八淞沪战争和华北事变。日本军国主义者侵略我国东北没有遇到抵抗，野心越发膨胀。1932年挑起一·二八淞沪战争，胁迫中国政府签订《淞沪停战协定》，接着就阴谋侵吞华北。木户在日记中写道，关东军内的分子决定，军部应带头处理华北问题。1933年2月25日他们就以"满洲国"的名义，要求中国把热河作为"满洲国"的一部分，中国未接受，日军就攻占热河。1933年5月31日和1935年6月10日又先后迫使中国签订了《塘沽协定》和《何梅协定》，中国军队一批一批撤退，日本军队则步步近逼。证人田中隆吉少将作证时说：1935年9月，土肥原又积极从事成立华北的所谓"自治政权"，结果成立了"冀东防共自治政府"和"冀察政务委员会"；在给关东军司令官南次郎写的报告中，土肥原说，他期望能以"冀察政务委员会"为中心来树立华北政权。同时，日本军国主义者还进行着所谓"内蒙自治运动"。同一个证人田中隆吉少将说："南次郎和板垣热心支持树立内蒙自治政府……1935年4月，南次郎派我和另外一名日本军官同内蒙德王见面，目的是为了建立自治政府。"1935年10月2日，日本驻华大使馆致日本外相广田的电报中说："关东军的对蒙古工作正在进行……最近土肥原往来于张家口和承德之间，毫无疑问是为了促进内蒙自治。"对于外蒙古，日本也久欲染指。1936年3月28日，板垣对日本大使有田说：外蒙所处的地位对于目前的日满势力极为重要，因此军方不惜用一切手段要将日满势力扩展到外蒙古去。果然，1936年6月，一个包括内外蒙古和青海的所谓独立的"蒙古政府"就出笼了。

（三）关于卢沟桥事变。与广田内阁决定的《第二次华北处理要纲》相配合，日军于1936年9月制造借口占领了华北的战略要地丰台。以后又不断要求中国军队撤出卢沟桥，遭到拒绝，日军就扬言要对中国采取进一步军事行动。1937 年 6 月 9 日，当时任关东军参谋长的东条英机致电日本参谋本部，建议“必须首先对中国政府予以一击”。不出一个月，7 月 7 日晚，日本军队就借口在卢沟桥附近宛平演习的一名士兵失踪，要求让日军进宛平城搜查，遭到拒绝后，日军就炮轰宛平，对中国发动了全面的侵略战争。

针对以上事实，国际法庭判决书中写道：“从上面审查过的许多事实，可以明白，强占满洲和热河，仅仅是日本逐步统治全中国的计划的第一步……1934 年春，日本主张华北五省的特殊地位……至 1935 年 6 月止，日本强迫缔结了所谓梅津、何应钦协定和土肥原、秦德纯协定。这样一来，就使中国政府在华北五省内的河北和察哈尔两省中的势力大为削弱。1935 年底，由于日本的支持，成立了两个所谓‘独立政府’……日本希望他们脱离中国而独立，成为一个完全服从日本意旨的华北五省政府。”

关于八一三淞沪战争和南京大屠杀。1937 年 8 月 13 日，即日本发动全面侵华战争一个月之后，又制造借口大举进犯上海。接着攻占南京，实行惨绝人寰的大屠杀。国际法庭查明，在被告松井所指挥的日军进入南京城内时未遇抵抗，但日军不分青红皂白屠杀中国人民。在日军占领南京的最初两三天内，就至少有 1.2 万非战斗员的中国男女和儿童被杀害，全城中无论年幼少女或年老妇人，多数被强奸，许多妇女在强奸后被杀，无数住房和商店被抢劫，抢后还被一把火烧光。判决书中写道：“据后来估计，在日军占领后的最初六个星期内，南京及其附近被屠杀的平民和俘虏，总数达 20 万人以上。这种估计并不夸张，这由掩埋队及其他团体所埋尸体达 15 万 5 千人这一事实就可以证明了……这个数字还没有将被日军所烧掉的尸体以及投入长江内的或以其他方法处分的人们计算在内。”当时德国政府曾经从他们的代表处得到报告，其中说，这不是个人而是整个陆军、整个日本军队的残暴和犯罪行为。报告中称侵华日军是“野兽集团”，的确一点不过分。

使日审理战犯工作琐记

方乃昌*

1945 年冬，国民政府派梅汝璈为我国首席军法官参加“远东国际军事法庭”，审讯甲级战犯东条英机等，并派石美瑜为南京军事法庭庭长，审理南京大屠杀案的主犯谷寿夫。此外，在当时国防部军法司下面成立“战犯处理组”，负责乙、丙级战犯的侦审处理等工作。同时在驻日盟军总部司法处下的中国科，派员侦审在日本本土虐杀我国战俘的罪犯。因为根据雅尔塔会议的决议和《波茨坦公告》的要求，在反法西斯军国主义胜利以后，同盟国应用军法审判战争罪犯，包括对同盟国各国的战俘施加暴行的人。

1946 年夏，我由“战犯处理组”调到东京盟军总部中国科担任检察官之职，负责侦审在日本国内发生的有关虐待我国战俘的战罪案件——搜集罪证、传讯证人、拘捕罪犯、提起控诉等工作。

1946 年下半年

穷兵黩武的军国主义侵略战争，使得日本国内人力严重不足：前方兵员

---

* 作者时任东京盟军总部中国科检察官。

短缺，后方劳力匮乏——据部分统计，战争最后三年，日军官兵死亡数即达260多万人，在印尼一地就送死49万多人。它们的紧急补救办法就是强迫战俘劳动。日军将我国的战俘掳运回国，又用种种欺骗手法招募华工以补不足。战俘和华工被运到日本后，分配到各矿场、船厂和码头等处，参加重体力劳动。由于劳动的不断强化和生活的不断下降，引起战俘营的暴动。

花岗矿山中山寮暴动情况和处理经过

日本在投降前夕进行垂死挣扎，残酷蹂躏中国战俘和劳工，引起了这次暴动。

有一个在东京做小买卖的山东人李某是中山寮暴动中的幸存者之一。据他诉说：1941年前后，他在上海失业，生活无着，听说日本人招募到台湾工厂工作的工人，就找到报名处和日方人员签订了愿到台湾工作的雇佣合同。约定每月工资若干，可以汇回家用，每年可以回上海探家一次，去时先发一笔安家费和日用品。他们40多名受雇人员上船后，人人都怀着一线希望，安静地在船上过了三天。但是轮船并没有到台湾，而是到了日本长崎。上岸后带领的日本人立即凶相毕露，把他们押运到秋田县花岗矿山中山寮。几天后，他们知道已经有几百名中国俘虏在矿山劳动。管理员对于俘虏更为凶恶，经常用一种特别的鞭子抽打俘虏。俘虏如有反抗，不论冬夏都被剥去上衣，光着脚板站在崖前空地上。管理员则用鞭子抽打他们，直至血肉模糊。俘虏因此冬天冻烂双脚，夏天常常在烈日下昏厥倒地而又得不到适当治疗，拖些天就会死去。他到寮后就看到先后死去30多人。有时还用刑具整得俘虏死去活来。他说，鞭子、手铐和老虎凳等刑具在日本投降后都被当地警察署派出所收缴去了。他拿出两个干橡子面窝窝头说，这种窝窝头每人每顿两个，有时也吃烂玉米面做的窝窝头。

谈到暴动那晚的情况，他说，那晚上中山寮的管理员头头猪股和另外两个管理员进城去了，剩下一个管理员在家。有几个战俘密约了十几个人冲进管理员房间，把那个在家的管理员拖出房外砸死了；之后战俘们就大喊，叫大家快逃进山林。全寮200多人就惊慌地朝山上奔逃。日本伙夫到附近派出所报警，不多时大批武装部队开来了。到天亮他们查点人数，发现还不够，又搜索了两天。到第三天，除了十几个异国冤魂弃尸山林外，没有一个逃出魔掌。接着的几天，寮内就是鞭打声、惨叫声，然后由还有一口气的抬着没有气的丢到山沟深坑里了事。

后来，中山寮幸存下来的瘦得皮包骨的战俘和民工绝处逢生。原来德国投降后，盟军武力东调——太平洋上，越岛反攻，日本本土连遭猛烈轰炸；大陆上苏联红军突进伪满洲国，日寇败局已定。因此日本管理员对于战俘们的凶焰逐渐有所收敛，各种刑罚也减轻了，伙食方面也略有改善。战俘们还看到暴动后增加的几个武装警卫人员神态沮丧，有时交头接耳。战俘们也悄悄地交换意见，猜测战争形势的变化。其时日本天皇已经宣布无条件投降。到 9 月上旬，事情再也瞒不住了。战俘们被告知可以回国以后，日本人不敢再对他们多加管束。有的战俘和民工就留在日本做小买卖或出卖劳力，有的搭乘盟总派来的撤俘船回到了上海。

为了搜集罪证和追捕罪犯猪股，我和司法处助理员 MV. Faison 坐火车来到秋田县花岗矿山，察看了中山寮的房屋和环境，找附近村子里的居民了解情况。他们说出了一些实际情况，也承认猪股等人克扣口粮拿回家的事。我们到战俘尸坑拍了照。

我们到警察派出所，要他们交出中山寮的刑具。他们先推说遗失了，后来终于被迫找到那根骡鞭和手铐等物。罪犯猪股已回原籍，我们责令派出所通知他到东京中国科投案。一个多月后，猪股来到中国科投案。经过几次讯问，出示刑具、干橡子面窝窝头和尸坑照片等物证，并且传来在东京做小贩的李某作证，猪股才供认不讳。以后向总部司法处提出控诉，虐待战俘的罪犯得到了应有的处理。

旁听远东国际军事法庭审讯甲级战犯

1946 年 11 月间，中国科旁听了一次远东国际军事法庭对甲级战犯东条英机等人的审讯。我和中国科科长童维纲都去了。法庭根据规定由中、苏、美、英、法、荷、加、澳、新（西兰）、印、菲等 11 国提名的 11 名法官组成。审判长由美国首席军法官担任。我国因为受侵略之害最大，抗日负担最重，首席军法官梅汝璈排坐在审判长右首，算是一个重要位置。起诉书早已提交法庭，并且已经开庭审理过。起诉书上有东条英机等甲级战犯 28 名。后来有三名战犯精神状态不佳，没有到庭受审，实际受审的 25 名。以后又多次开庭审理，充分揭露了这批战犯在战前计划、准备、发动侵略战争的秘密事实——御前会议、内阁会议、纳粹德国往来的文件以及证人、证词等。

1947 年

镰仓杀我战俘案

大约在 30 年代末或 40 年代初，东京曾经派出一个“皇军慰问团”到我东北（当时的伪满洲国）慰问日军。团长是退役军人东京都议员镰仓。他在我东北巡回慰问时，曾经在黑龙江和吉林两地用军刀砍杀我被俘的游击队队员以取乐。我们听了颇为义愤，责成东京警察厅查报。经过几次催问，两个多月后，东京警察厅回报说确有“皇军慰问团”的事和镰仓其人，但镰仓逃匿在外。经中国科再三催令镰仓到案，镰仓迫不得已，终于到中国科投案。讯问两次，镰仓只承认到过“满洲国”慰问“皇军”，没有杀过战俘的头。在无人证物证的情况下，我们只得暂停讯问，开始找寻慰问团其他成员。最后找到一个叫广田的慰问团成员，经过几次谈话，他不仅证明镰仓杀战俘的事，而且还献出一张镰仓杀俘时的现场照片。照片上被杀的战俘被反绑双手跪在地上，低着头露出颈项。镰仓在被杀者背后向他的颈项挥刀，刀面上有一道白光，说明刀是在挥动中。再提讯镰仓，给他看了照片。他顿时脸色大变，几秒钟后才说当时不敢杀下去，刀没有砍下去。经驳斥后，他改说被杀的是土匪。我当即喊出已经来到的广田作证，他才承认杀的是游击队队员。让他在口供笔录上签名后，这狡猾的杀人犯悄悄地请求翻译员告诉我，说他杀的是中国共产党领导的游击队队员俘虏，不是国民党官兵，希望从宽处理。他竟敢钻这种空子！我听后非常气愤地训斥了他，告诉他，我不是哪一个党派来的，而是中国政府人员！惩办战犯是国际反法西斯和中国抗日民族统一战线的工作。又对他说："你既是一个议员，又做过团长，难道不知道游击队队员在战斗中的地位是和战斗员同样的吗？杀害中国抗日人员就应该以战犯处理。"他听后没有再作声。以后从巢鸭监狱提讯过镰仓三次，追问他在伪满洲国还杀过几个俘虏，他否认，我也没再搜寻到别的物证和人证，所以在起诉书上只以这次信而有证的罪行为根据，由总部司法处组织的军事法庭判处他有期徒刑，仍由巢鸭监狱执行并向中国科定期汇报执行情况。

华侨控诉案

大阪有中国留学生数人战时集会做反战演说，被日本当局拘捕关押了数月。领头的学生韩某，被送到大阪某造船厂劳动，日本投降后情况不明。来中国科控诉的是其中的一人，日本投降后，他在某公司做职员。他以收藏的一张日文报纸为证。经查明属实，但因人事变动，责任者无法确定，仅由原拘捕机关向其认罪赔礼，并赔偿损失若干。其余数人，据查已返回大陆。

另有两家华侨，战时被扣供应品，引起争执，被人殴打，也受到了一些损失，他们要求惩治行凶人和赔偿损失。这类案件因提不出具体加害人和损失数字，只好由警署通知当地物资供应部门，予以适当照顾，以作补偿。

两件使人气愤的事

迟迟派不出占领军

日本投降后，美、英、中、苏四国组成"对日管制委员会"，中国是管制委员之一，同时又是"远东委员会"的一员，理应派遣占领军进驻日本，管制日本政府，监督执行盟国历次有关的决议。美国占领军最先到达，执行最重要而有效的控制；其他盟国部队多少不等，但都先后分批到达。中国是一个人口最多的大国，受到的战祸最为惨重，而且距离日本最近，给养运输最为方便。但就是几团的占领部队却迟迟派不出来，仅仅派出一个 200 来人的驻日代表团，做些情报搜集、情况反映和参加盟总召开的各国代表会议，做做美国代表的应声虫，而不能代表国家的武装力量对降敌实行有效的控制。

那位中将团长朱世民（后来由上将商震接任）和代表团的高级成员常常受到盟国人员的揶揄和询问。同时在日本的中国其他大小官员和华侨，也都希望占领军早日到来。但是左盼右盼，盼到 1947 年春天，才得到一个“确实”消息，说有一个团的部队即将离沪来日。后来又说运输困难，只来 200 人。但是就连这样一个象征性的占领军部队，最后还是落空了。

听说是因为台湾省爆发了二二八起义，一船象征性的占领军立即奉命掉转船头，开往台湾镇压人民了。

代表团档案室被纵火焚毁

一个代表团驻在新降的敌人心脏地区，却没有相当的警卫力量，勤杂人员也由当年日本政府派遣。代表团人员到东京，好像到老朋友家似的，对于那时日本政府派遣的人员完全依赖不疑，相处很“融洽”。事实上那时的军国主义分子的气焰，只是暂时被压抑着，并非消失了，遇有机会是非表现不可的。

1947 年上半年的一天夜里，驻在东京涩谷区的中国代表团的档案室突然起火，有关日本国内军事、经济、人事、社会以及同盟国间往来文件等重要资料皆被焚毁。事后也追查不出什么，就这么不了了之。

1948 年上半年

北海道之行

东京樱花开过之后，春意已浓。我和司法处助理员 MV. Faison 从东京首途赴北海道。火车到了本州的北端直接上了轮渡。渡过津轻海峡，再前驶数小时到达札幌市下车。不料札幌市的樱花还在叶蕊，气候比东京冷得多。我们穿着的衣服都不够应付北海道的寒冷，加上 MV. Faison 年龄较大，几天的旅途劳顿，到了札幌市就卧病不起。我只好陪他去看病，没有时间进行较多的调查了解，仅查知如下一些情况：

北海道地区比较广阔，有明治矿业公司等几个公司，每个公司之下又有若干个矿业所，各矿工人少则数百人，多则数千人。从战争爆发以来，各矿不断用俘虏补充。除掉有少数朝鲜抗日游击队俘虏外，主要是以中国俘虏作为补充。随着战时生产的强化，俘虏人数不断增加。据估计，北海道的中国俘虏有二至三万人。因为北海道是日本的主要矿区，所以运来的俘虏，大部分分配到北海道。由于劳动重、生活差、管理残酷，北海道的俘虏也有过多次暴动和逃亡。但是北海道地处列岛之北，而又隔着个海峡，只要控制电讯和轮渡口，内部消息就很难传出来，逃亡更是梦想。而且日本投降已经一年半多，大部分俘虏都已离开生活艰苦的北海道。后来总部的撤俘船又运走一批到上海，所以俘虏不易找到。

MV. Faison 不能工作，我和他回到东京，准备到夏季重来再作详细调查。不料以后竟没有来得成。

从北海道回到东京后，和中国科同事调查处理了几件华侨控诉案。这些案件虽然发生在战时。但性质上是民事案件，有日本法律可依，超出我们的职责范围，我们不能越俎代庖。

关于大阪、长崎造船厂俘虏死亡案

大阪、长崎都是日本的重要造船工业基地。日本偷袭珍珠港后，美国对日宣战。日本海上运输不断遭到空袭，船只损失极重，船舶修建任务很繁重。两地造船厂如日立、三井重工、住友重型等造船公司所属各厂都补充过大量俘虏和从上海、青岛等地骗来的“合同”工人。这些俘虏和工人在 40 年代后，生活每况愈下，医药情况也极恶劣。据大阪华侨杨某从一个日本工人口里得知中国俘虏和劳工由于劳动重、生活差，很多病号因得不到适当治疗而投海自杀；还有的病号，厂方不给治疗，久拖不愈而被厂方借口是传染病而抛弃入海。这种野蛮暴行，引起了俘虏们极大的恐惧和愤恨。但是究竟是哪几个厂里发生过这类罪恶事实、发生次数和责任者是谁等情况，都需要作详细调查才能弄清楚。不幸的是，由于我过分急切从事，一年多来又连续在烈日下奔走，寻找人证，了解情况，累得吐了血，不得已住进大阪盟军医院。数天后被送返东京，住入总部医院。惩凶任务因而中断，深感内疚。

远东国际军事法庭、中国代表团和中国科有几位朋友和同事们曾经来医院慰问我。那时国内战火弥漫，势成燎原。国民党政府在日人员惴惴不安，他们劝我在日本治疗和休养，静待变化。但是我决定返国治疗，因为我深深感到在腐朽反动的政府里，要为人民做成一件好事都是很不容易的，而且寄人篱下做个“白华”也非所愿。于是决定病愈后到解放区好好工作半辈子。

我回国后，住进了上海中山医院。1949 年春病体初愈，适逢平津解放，我就去了香港，得《华侨报》同志的帮助，学习了党的有关政策，坚定了信心。后来搭外轮到天津转北平，入中国新法学研究院学习，结业后由司法部派到西南工作。

远东国际军事法庭审理南京大屠杀事件之经过

梅汝璈[*]

一

南京大屠杀无疑的是第二次世界大战日军暴行中最突出的一件，它的残酷程度在整个第二次世界大战法西斯暴行中或许仅次于纳粹德军在奥斯威辛对犹太人的大屠杀①。但是奥斯威辛的大屠杀和南京的大屠杀在性质上和方法上都是不尽相同的。奥斯威辛的屠杀是根据纳粹的种族仇视政策和希特勒政府的直接命令有计划、有系统的屠杀，并且屠杀是用一种方法（毒气）进行的；而南京大屠杀则系在长官的放任纵容下由日军不分青红皂白，随心所欲地胡干乱干的。其次，在奥斯威辛那个遗臭万年的“杀人工厂”里，它是把所有的屠杀对象分批地送入毒气室用烈性毒气在几分或几秒钟内杀死的；而南京大屠杀则除了集体屠杀之外，大都是由日军个别地或成群地随时实行

* 作者时为出席远东国际军事法庭之中国法官。

① 关于奥斯威辛集中营的大屠杀，以及纳粹德军在第二次世界大战中的其他种种暴行，请参阅鲁塞尔勋爵著的《卍字旗下的灾祸》（又名《纳粹战争罪行录》，中文译本是北京世界知识社出版的）。这本书在描述和分析方面都很全面，很科学，获得国际出版界很高的评价。

的，在屠杀之前大都先加以侮辱、虐待、抢劫、殴打、玩弄或奸淫。德军的屠杀大都是单纯的屠杀；而日军的屠杀则是同强奸、抢劫、放火及其他暴行互相结合的，其屠杀的方法是五花八门、无奇不有的，狂虐残暴的程度是世界历史上所罕见的。这种屠杀的高潮在 1937 年 12 月 13 日，日军攻占南京后昼夜不停地持续了六个星期之久（见远东国际法庭判处书）。

谷寿夫所率领的第六师团是最早攻陷南京城的日本部队，它是由中华门进城的。直到 12 月 21 日开拔去攻打芜湖为止，整个师团一直驻扎在中华门一带（包括雨花台在内）。这一时期是日军在南京暴行的最高峰（那时除匿庇于所谓“国际安全区”者外，日军几乎见到中国男子便杀；见到中国女子便奸，奸后再杀；见到房屋店铺便烧；见到金钱财物便抢），而中华门一带又是杀人最多、暴行最烈的地区所在。因此，谷寿夫对南京大屠杀是负有严重责任的，他是“死有余辜”的。

同谷寿夫第六师团合攻南京城的还有中岛第十六师团、牛岛第十八师团、末松第一一四师团，共四个师团①。这四个师团在占领初期都驻扎南京，它们的军官士兵都曾野兽般的参加了无法无天的暴行。至于中岛、牛岛和末松三人的下落如何，是在战争后期战死了？日本投降后自杀了？抑或被其他盟国引渡去判处了？我不清楚（他们都不是列名“甲级战犯”，因而没有一个是在远东国际法庭受审的）。

统率这四个师团攻占南京城的是恶名昭彰的松井石根大将。他是当时日本华中方面军司令官，也是攻打南京的最高统帅。对南京大屠杀事件，他无疑地负有直接的最高的责任。

松井石根，由于他的地位之高和罪责之大，是被列名于日本“甲级战犯”的一个。他是在远东国际军事法庭受审的 28 名日本首要战犯之一。这 28 名战犯都是法西斯日本的元凶巨魁，其中四人（东条、广田、平沼、小矶）曾任日本首相，其余的亦多曾任陆相、海相、外相，或重要战区的最高指挥官。这些战犯大都是属于大臣、大将一级，长期骑在日本人民头上的人

① 另外还有吉人住第九师团、获洲第十三师团之山田支队、国崎支队。

物。他们对于日本侵略国策的制定和侵略战争的罪行是负有重大责任的①。

远东国际法庭经过两年半漫漫长夜的审讯（开庭共818次，审讯记录达48000多页），在1948年11月4日上午开始举行宣判庭。那个长达1218页，打破世界纪录的判决书便宣读了8天之久。宣布各被告的个别刑罚是在11月12日下午（最后一庭）举行的。对松井石根，远东国际法庭判处的是绞死刑②。

① 列名日本“甲级战犯”者共有约70名，均经逮捕羁押，准备交远东国际法庭审判。当时盟军总部的国际检察处（远东国际法庭的起诉机关）以案情过分庞大复杂，而一案审讯的被告亦不宜太多（那时欧洲纽伦堡国际法庭审讯的纳粹德国首要战犯仅22名），于是遂决定分为两批或三批向法庭起诉，由法庭作为两案或三案审理。第一案的28名被告都是20年来在日本政治上、军事上和外交上负首要责任的元凶巨魁。至于其余的那些金融实业界巨头、大财阀、大军火商（如岸信介、欠原房之助、鲇川义介等），以及在政治、军事、外交上地位虽稍低但恶名昭著的那些战独犯（如西尾寿造、安藤纪三郎、儿玉誉大夫、青本一男、谷正之、天羽英二等），则拟留在将来第二案或第三案中起诉受审。但是，由于第一案的审理进程旷日持久，于是麦克阿瑟便以盟军最高统帅的身份指示国际检察处（一个完全由美国人操纵的机关）以“罪证不足、免予起诉”为借口而把这余下的约40名甲级战犯全部分为两批擅自释放了。第一批释放是在1947年秋天，共23名(臭名远扬的上一届日本首相岸信介，以及曾经两度来华访问过的久原房子助，都是这一批释放的)。第二批释放是在1948年年底，共19名（参加日本国会议员访华代表团访问过中国的须磨弥吉郎是这一批释放的)。因此，到了远东法庭对第一案25名被告战犯的判决执行之后，日本所有的“甲级战犯”已经全部被麦克阿瑟释放得一干二净，再也没有人提起第二案、第三案的问题了。远东国际法庭既已无事可做，只无形中归于消灭。那时各法官亦都归心似箭，纷纷离日返国（在11位中国人中，我系唯一的例外；由于前面说过的某种政治原因，我一直在日本逗留到1949年6月上旬）。奇怪的是：在远东委员会的决议或盟军总部的文告中，始终找不到任何明文规定法庭解散的日期或其结束的程序。

② 松井石根在两年多的受审过程中一直装出一副懊丧、忏悔、可怜相。在最后一庭，宣布对他判处死刑时，他吓得面无人色，魂不附体，两足瘫软，不能自支，后由两名壮健宪兵用力挟持、始得迤步走出法庭。他的绞刑是他与其他六名绞刑犯于1948年12月22日黎明执行，在走上绞架的时候，他们都高呼了三声“天皇万岁!”“大本营万岁!”这些元凶巨魁们的死硬顽固，有如此者！他们的尸体在火焚成灰以后，是用军舰在海上撒布的，任其随风飘去，使无踪迹可寻。据说这是第二次世界大战后对待处死的国际战犯的一般办法，对纽伦堡国际法放庭处死的德国战犯的先例也是如此，其目的是为了避免复仇主义者之流抓到一点遗骸或骨灰之类的东西便大事铺张，给战犯们隆重安葬，立墓立碑，把他们扮成“殉国烈士”或“民族英雄”的模样。××××年，在当年东条英机的辩护律师，后任日本国会众议院议长清濑一郎的主持下，日本军国主义分子曾花1500万日元在名古屋市为这7名被远东国际法庭处死的大战犯树立了一块庞大的纪念碑，以表扬他们的“功绩”。

二

由于南京大屠杀是第二次世界大战法西斯暴行中非常突出的事件，而被告松井石根对此事件又负有最高的直接责任。因此远东国际法庭对于这事件的审理是特别严肃认真的。据我的记忆所及，我们花了差不多三个星期的工夫专事听取来自中国、亲历目睹的中外证人（人数在十名以上）的口头证言，及检察和被告律师双方的对质辩难，接受了 100 件以上的书面证词和有关文件，并且鞫了松井石根本人。

现在就将我所能记忆的，对我印象最深、永世难忘的一些暴行实例，以及远东法庭在审讯和判决中所确认的一些事实和论断，作一番最简单的挂一漏万的回忆和叙述。

远东国际法庭判决书说："1937 年 12 月 13 日早晨，当日军进入市内时，完全没有遭遇到抵抗。""日本兵完全像一群被放纵的野蛮人似的来污辱这个城市。""南京市像被捕获的饵食似的落到了日本人的手中；该市不像是由有组织的战斗部队所占领的；战胜的日军捕捉他们的饵食，犯下了不胜计数的暴行。""日军单独地或二三成群地在全市游荡、任意实行杀人、强奸、抢劫和放火，当时任何纪律也没有。许多日军喝得酩酊大醉，在街上漫步，对一点也未开罪他们的中国男女和小孩毫无理由地和不分皂白地予以屠杀，终至在大街小巷都遍地横陈被杀害者的尸体。""中国人像兔子似的被猎取着，只要看见哪个人一动就被枪杀。""由于这种不分青红皂白的屠杀，在日方占领南京的最初两三天的工夫，至少有 12000 的非战斗员的中国男女和儿童被杀害了。"

法庭的语言是慎重的，估计是保守的。以上这些认定都是根据法庭认为确凿可靠的证言而写入判决书的。然而，仅仅从以上几句话里已经可以看出日军是怎样地穷凶极恶、无法无天，以及我数十万呻吟于敌人铁蹄下的南京无辜同胞其命运是何等地黑暗悲惨！判决书上的这寥寥数语不啻是一幅活生生的"人间地狱写真图"。

三

日军除了个别地或小规模地对我南京居民随时随地任意杀戮之外，还对我同胞，特别是解除了武装的军警人员以及他们认为是可能参加过抗日活动和适合兵役年龄的我青壮年同胞，进行过若干次大规模的“集体屠杀”，而这些次的屠杀又是以最残酷、最卑鄙的方法实施的。例如，在12月15日（即占领的第二天），我已放下武器的军警人员3000余名，被集体解赴汉中门外用机枪密集扫射，均饮弹殒命，其负伤未死者亦与死者尸体同样遭受焚化。又如，在同月16日（即占领第四天），麇集于华侨招待所的男女难民5000多人，亦被日军集体押往中山码头，双手反绑，排列成行，用机枪射杀后，弃尸江中，使随波逐流，借图灭迹。这5000多人当中，仅白增荣、梁廷芳几人于中弹负伤后泅至对岸，得免于死，其中梁廷芳且曾被邀出席远东国际法庭作证。他那令人毛骨悚然的证言犹历历如绘地深印在我的脑海之中。

日军在南京最大规模的集体屠杀，只怕要数下关草鞋峡的那一次，那次屠杀是在12月18日（即占领的第六天）夜间举行的。当时日军将我从南京城内逃出而被拘囚于幕府山的男女老幼共57418人，除少数已被日军饿死或打死者外，全部都以铁丝捆扎，驱集到下关草鞋峡，用机枪密集扫射，使饮弹毙命；其倒卧血泊中尚能呻吟挣扎者均遭乱刀砍戮，之后并将所有尸骸浇以煤油焚化，目的也是为了灭迹。其中有一位名叫伍长德的，他被焚未死，待日军离去后从死人堆中负伤逃了出来，得庆更生。此人亦曾被邀出席远东国际法庭作证。他那使人惊心动魄的证言同样在我记忆里留下了不可磨灭的印象。在日军对我65000多无辜同胞的3次集体大屠杀中，仅仅这三个人得幸免于死。他们的证言得到法庭的重视和很高的作证评价。

以上几次集体屠杀虽然死者的尸体被投诸江中或焚为乌有，日军自以为无罪迹可寻，但是在大量证据面前，这些暴行已经是铁案如山，不容抵赖的了。

在抗日战争胜利后。南京还发现了好几处“万人坑”、“千人冢”，其在灵谷寺旁的一处且有敌伪时期南京督办高冠五为无主孤魂3000余所立的一块碑文。这些坑冢无疑是日军集体屠杀的罪证，可能是他们使用另一种方法（活埋）实行的有力证据。由法医们后来对从这些坑冢里挖掘的数千只尸骸的检验和鉴定报告中，可以推定：集体活埋确也是日军使用过的集体屠杀方法之一，而且使用过不止一次。

由上所述，可见日军对我南京同胞的集体屠杀是极端残酷野蛮的，而其方法又是多种多样的。他们对我南京居民的任意的、个别的或小规模的杀害同样是用极端残酷野蛮的多种多样的方法实行的。花样之多，死事之惨，是世界历史上所罕见的。

除了随时随地、随心所欲地任意枪杀之外，日军对我无辜同胞还用尽了其他种种更绝灭人性的杀人方法，例如：砍头、劈肺、切腹、挖心、水溺、火烧、割生殖器、砍去四肢、刺穿阴户或肛门等等；举凡一个杀人狂患者所能想象得出的最残酷的杀人方法，他们几乎都施用了。而且在南京沦陷后持续六个星期之久的时间里，每天都要对我无辜同胞施用成千上万次，这确实是骇人听闻、史乏前例的残暴记录。

但是最残暴、最令人发指的还是日军为取乐而举行的“杀人比赛”。在这里，我只指出一桩“杀人比赛”中最突出的事例。这件事是在资格最老、声誉卓著的英文《日本广宣报》（Japan Adeertiaer）上登载并大事宣传过的[①]。事情是这样的：在南京被日军占领以后，有两个日军军官，在全城杀人如麻的空气中，忽然别出心裁地决定要进行一次“杀人比赛”的游戏，看谁用最短的时间能杀死最多的中国人。杀的方法是用刀劈，就像劈柴火或我国南方儿童“劈甘蔗”游戏一样。同意了比赛条件之后，这两个野兽般的军官便各自提着极其锋利的钢刀，分头走向大街小巷，遇到中国人不论男女老幼便是当头一刀，使成两半。

在他们每个砍杀的人数都到达了 100 的时候，他们便相约登上紫金山的高峰，面朝东方，举行了对日本天皇的“遥拜礼”和“报告式”，并为他们的“宝刀”庆功、祝捷。

① 参阅提姆伯莱（Timperry）著，《日军在华暴行纪实》（英文原著无中文译本）。

在这以后，其中一名又添杀了五个中国人，另一名却添杀了六个，于是，后者便以接连杀了106个中国人而被宣布为这场“杀人比赛游戏”的“胜利者”。

这种灭绝人性的滔天罪行，经《日本广宣报》披露之后，日本政府、日本大本营和日军司令长官非但不加谴责、制裁，反而认为它是“耀扬国威”“膺征支那”的“光荣”举动。

四

日军在南京的滔天罪行，除了任意屠杀我国同胞之外。便是随时随地强奸我国妇女，其次数之多，情状之惨，也是打破世界纪录的。因此，在喧腾一时的世界舆论中，有的人称它为“南京屠杀事件”，有的却称它为“南京强奸事件”。其实，对于日军说来，强奸和杀人是分不开的，因为兽军在强奸之后通常是把被奸的妇女（甚至连同她们的家属子女）一齐杀掉的①。

远东国际法庭的判决书上说：“强奸事情很多。不管是被害人或者是为了保护她的亲属，只要稍微有一点抗拒，经常便遭到杀害……在这类强奸中，还有许多变态的和淫虐狂的事例，许多妇女在强奸后被杀，还将她们的躯体加以斩断。”

---

① 奸后必杀几乎成了日军的一条规律。在国际检察处向远东法庭提出的无数证件里，其中有一件是日本军部发给战区司令长官司的秘密命令，要他们禁止士兵归国后谈论他们在中国的暴行。命令说：“兵士们把他们对中国士兵和平民的残酷行为谈出来是不对的。”其中引用了一般常谈的故事如下：某中队长对强奸过后的士兵这样的指示：“为了避免引起太多的问题，或者是给以金钱，或者是事后将她们杀掉。”在贪吝成性、嗜财如命的日军，所谓“给以金钱”只是空话，“将她们杀掉”，才是指示的真意所在。命令中又说：“如果将参加过战争的军人一一加以调查，大概全部都是杀人，抢劫、强奸的犯从。”“在战斗期间最喜欢的事情是抢劫，甚至有人见了长官也装作没有看见似的，所以竟尽情抢劫。”“在某某地方抓到了一家四口，把女儿当娼妓似地玩弄。因为父母要讨回女儿，所以把他们杀掉了。留下来的女儿一直在不断地被蹂躏着，到出发时又把她给杀了。”“在大约半年的战斗中，所能想象得起来的就是强奸和抢劫一类的事情。”“在战地中我军的抢劫是超出想象之外的……”这是日本军部对日军暴行的“不打自招”。虽然命令是禁止归国士兵谈论这些事情，但是它并不否认这些事情的客观存在。对于这样一个列为“最机密”的内部文件，远东国际法庭非常重视，给了它很高的作证评价。

法庭接受了无数的关于这类强奸及奸后杀戮的证据。例如，幼女丁小姑娘，经兽军 13 名轮奸后，因不胜狂虐，厉声呼救，当被割去小腹致死。市民姚加隆携眷避难于斩龙桥，其妻经兽军奸杀后，八岁幼儿及三岁幼女因在旁哀泣，均被兽军用枪尖挑其肛门投入火中，活活烧死。年近古稀的老妇谢善真在东岳庙中被兽军奸后用刀刺杀，并以竹竿插穿其阴户。以资取乐。民妇陶汤氏在遭兽军轮奸后，又被剖腹断肢，逐块投入火中焚烧，这类不胜枚举的残酷无匹的奸杀暴行，在南京被占领后差不多两个月的时光内（迟至 1938 年 2 月初旬，情况才开始好转）、每天几乎都要发生几百件，乃至上千件。

因此，远东国际法庭的认定是："在占领后的第一个月中，在南京市内发生了 2 万左右的强奸事件""全城内无论是幼年的少女或老年的妇人，多数都被奸污了"。

法庭的这个认定和数字估计完全是根据曾经向法庭提出过的那些确凿证据而慎重做出的。绝对没有夸大的可能。其实，当时的实际情况还要比这坏得多。

五

有人说：日军笃信佛教，敬佛畏神，只要藏匿在佛庙或庵观，便能逃避灾祸。但是事实证明了这完全是无稽之谈。非但南京庙庵遭日军火焚者比比皆是，即和尚尼姑被杀、被奸，以及奸后被杀者亦为数甚多。他们命运的悲惨并不比般市民稍胜一筹。例如，著名的和尚隆敬、隆慧，尼姑真行、灯高、灯元等都是在日军进城的第一天在庙庵中被杀掉的。此外，日军还常以杀辱僧人取乐，其方法是：日军于强奸或轮奸少女后，遇有过路的或能抓到的僧人，必令其续与行奸，有敢抗拒者，便被处宫刑（割去生殖器）致死。

由此可见，所谓日军"敬佛畏神"之说纯系虚构，佛庙庵观实无丝毫安全之可言。

非但佛庙庵观毫无安全之可言，即避难于国际难民收容委员会所设置之所谓"国际安全区"的我国同胞亦不能逃脱敌人之魔爪。"安全区"事实上并不"安全"。

记得远东国际法庭审讯南京大屠杀事件时，曾传唤过几位当时实际负责安全区工作人员出庭作证。就我所能记忆的，他们在宣誓后作了如下的证言并提出了许多文件档案去支持这些证言。证言的要点如下：

在南京沦陷初期，日军曾一再闯入国际安全区，对该区所收容的难民普遍地进行了“甄别”和“鉴定”。凡是他们认为有抗日嫌疑的、当过兵的，以及适合兵役年龄的我青壮年男同胞（极大多数是工人、学生、店员）都被逮捕，成批的捆绑去供集体屠杀，尸体被投江中，或予以火焚，或活埋于“万人坑”、“千人冢”内。

在“安全区”存在的整个期内（约两个月，至1938年2月初始办理结束），日军当局曾多次搜索该区难民，并迫令提供大量少女去“慰安所”（即妓院）“服务”，以供他们蹂躏及发泄性欲之用。

由此可见，所谓国际安全区，其所能保护者亦仅是一般老弱妇孺而已。就是这种人所得到的保护也不是绝对的，因为日军经常单独地或三三两两夜深人静时越围而入，或则不择老幼，摸索强奸；或则盗窃财物，囊满则去。

“安全区”既无铜墙铁壁，又无武装警卫。在那里服务的国际人士对日军这些暴行亦只有低声下气，苦口婆心地去进行规劝排解或讨价还价，以期减少牺牲而已①。

① 据出席远东法庭作证的国际安全区负责工作的西方人士说，他们除了对日军进行规劝、排解和讨价还价之外，便是通过新闻记者向世界舆论宣传日军的暴行；同时，将这种种暴行作成“备忘录”，通过外交途径向日军当局每天提出两次抗议。但是日军当局从未理睬，亦不置复，依然任其部下肆虐如故。讯问看到这些“备忘录”没有？松井答称：看到过。讯问他采取过什么行动？松井答称：我出过一张整饬军纪的布告，贴在某寺庙门口。问：你认为在浩大的南京城内，到处杀人如麻，每天成千成万的中国男女被屠杀、被强奸，你的这样一张布告有什么效力吗？松井哑然，无言以对。继又供称：我还派了宪兵维持秩序。问：多少名宪兵？松井答：记不清，大约几十名。问：你认为在好几万日军到处疯狂似的杀人、放火、强奸、抢劫的情况下，这样少数宪兵能起制止作用吗？松井于沉思后低声答称：我想能够。于此，法庭遂传讯另一证人，这个证人根据亲历目睹的事实，证明全城总共只有宪兵17名，而这17名所谓“宪兵”非但不制止任何暴行，而且他们自己也参加了暴行，特别是抢劫财物或者从强盗士兵们手中来一次“再抢劫”。在这个证人面前，松井弄得窘态毕露，无地自容；而在法官们心里以及旁听群众的脑中，却弄清楚了最高统帅松井大将在南京所采取的“整饬军纪”的措施原来就是这么一回事！

在这里，我记得最清楚的是一位出庭作证的老年西洋牧师，他也是安全区主要负责人之一。他说：在某一夜间，一个日兽兵竟光顾他的住宅达三次之多，目的之一是想强奸匿避在他家中的小女学生，其次便是想窃盗一点财物。每次经他高声嚷斥之后，这个兽兵便抱头鼠窜而逃，但是每次都要偷点值钱的东西走。为了满足他的贪财欲望，最后一次，这位老牧师索性故意让他在衣服口袋里扒去他仅有的 60 元纸币。在得到了这份意外之财以后，这个兽兵便怀着满意和感激的心情，一溜烟似的从后门逃走了。

由此可见，号称纪律严明，天下无匹的“大日本皇军”，非但杀人、放火、奸淫、抢劫，无所不为，而竟堕落到做小偷、扒手的地步：

远东国际法庭在审讯南京大屠杀事件约 20 天的过程中，空气一直是严肃、沉重的，唯有在老牧师讲完这个故事之后，法官同人和旁听席中的大量群众（每庭旁听的日本人都在 1000 以上）都不禁失笑，而被告席上的那些大战犯们（特别是松井石根）却面有难色，啼笑皆非。

所谓“国际安全区”，甚至国际人士自己的住宅，其情况尚且如此，至于整个南京城内其他大街小巷，中国人的生命财产被野蛮糟蹋，破坏到什么地步，更可想而知了①。

---

① 本文主要是谈谈日军对我南京同胞形形色色、无奇不有的屠杀和强奸。这是直接对我国人民生命的损害。至于由于日军放火、抢劫而造成对我国财产的损害，本文不拟多所涉及。但这绝不意味着日军放火、抢劫之类的暴行似不如杀人、强奸暴行之严重、普遍。在这里，我只想用远东国际法庭判决书上带有总结性的一段这样的话：“日本兵向老百姓抢劫他们所想要的任何东西。据目睹者说：日本兵在街上唤住手无寸铁的平民，搜查他们的身体，如果搜不出任何值钱的东西，就将其枪杀。无数的住宅和商店被侵入和被抢劫。被抢劫的物资用卡车运走。在日本兵抢劫了店铺和仓库之后，经常是放一把火把它烧掉。最重要的商店栉比的太平路被火烧掉了，并城市内的商业区一块一块地、一个接着一个地被烧掉了。日本兵竟毫无一点理由地就把平民的住宅烧掉。这类的放火在数天以后，就像按照预定的计划似的继续了六个星期之久，因此，全城约三分之一的都被毁了。”法庭的这一段概括性的描述完全是根据无数确凿可靠的证据而做出的，绝对没有任何夸大之可能。记得有一个证人还这样说过：就是在松井大将旌旗招展、前呼后拥、骑着大马耀武扬威地举行“入城式”和“慰灵祭”的那天，南京城内不但尸陈遍地，臭气熏天，而且还有 14 个火头正在熊熊地燃烧着。但是这个日军统帅视若无睹、无动于衷，没有采取过任何有效的行动加以制止，致令这种情况持续达六个星期之久！

六

远东国际法庭在审理南京大屠杀事件时还接受了一个极端重要的作证文件。它是纳粹德国驻南京大使馆打给德国外交部的一个秘密电报。这个电报是德国投降后盟军搜查德国外交部机密档案库时所发现的。法官同人都非常重视这个电报，给了它很高的作证评价，因为它是来自法西斯阵营内部；是日本同盟的兄弟国家所提供的。电报在概括地描述了日军在南京杀人如麻以及强奸、放火、抢劫的普遍情况之后，其最终结语是："犯罪的不是这个日本人或者那个日本人，而是整个的日本皇军……它是一副正在开动的野兽机器。"

由于这副"野兽机器"在日军长官的纵容下高速度地和全火力地开动达六星期之久的结果，我南京同胞被残杀的数目无疑是惊人巨大的！这是不言而喻的。但是这个数目究竟是多大，则缺乏精确的统计，而各方的说法亦不甚一致。

远东国际法庭的判决书上写道："在日军占领后最初六个星期内，南京及其附近被屠杀的平民和俘虏，总数达 20 万以上。"这种估计并不夸张，这由掩埋队及其他团体所埋尸体达 155000 人的事实就可以证明了（精确地说来，由红十字会掩埋的是 43071 人，由崇善堂收埋的是 112266 人，这些数字是由这两个团体的负责人根据各该团体当时的记录和档案向远东法庭郑重提出的）。

远东国际法庭这个估计无疑是慎重的、保守的。但是，注意到日军灭迹伎俩的狡黠和多样化，法庭判决书中遂有郑重声明："这个数字还没有将被日军所烧毁了的尸体，以及投入到长江或以其他方法处死的人们计算在内。"这一点是十分重要的。仅就我们前面所举的尸体被消灭了的三个事例，便是 65000 人之多（计汉中门外枪毙的被俘军警 3000 余人，尸体被焚；中山码头射杀的难民 5000 余人、尸体被投入江中；下关草鞋峡被密集扫射杀死的平民 57400 余人，尸体亦被焚化）。其他无迹可寻，或发现稍迟，来不及向法庭提出证据的，亦必不在少数。说这一类被害者必在 10 万以上，是非常保守的，中国方面常说被灭迹的牺牲者达 19 万人，也绝非故意夸大（在对谷寿夫案的判决书中便有这样的认定）。

此外，还须注意的是：远东国际法庭认定被杀害者为 20 万人以上，不但未包括尸体被日军消灭了的大量被害者在内，而且这个数字仅仅是“在日军占领后六个星期内”的。这六个星期虽是日军杀人如麻的高潮，但是六个星期过后，日军杀人的勾当并没有完全停止，只是大规模的、不分青红皂白的杀人是减少了，而个别的、零星的或小规模的屠杀却仍在经常地进行着，这类的被屠杀者是不包括在远东法庭所认定的那个数字之内的。

把以上所举的种种因素考虑在内，我们可以很肯定地估计：在日军占领时期，我南京无辜同胞被杀害的人数必定是在 30 万至 40 万之间，即 35 万左右。这个估计绝非主观臆测，而是符合客观实际的，虽然谁也没有过也不可能有绝对精确的计算。同时，可以说，我们的这个估计同远东国际法庭的估计是丝毫没有矛盾或抵触的。

对这约 35 万冤魂，日本天皇、日本内阁、日本大本营都负有严重的责任。因为假使不是他们有意地默许和放任的话，在事件持续这样长久的一个时期里，它是可以随时被制止的。从根本上讲，假使不是他们发动侵略战争的话，这类的大屠杀或任何战争暴行都不能发生。因此，法庭认定：侵略是人类最大的罪行，是一切战争罪行的总和与根源。这个认定是完全正确的。

但是对南京大屠杀事件负最高的直接责任者还是松井石根，他是当时日本华中方面军司令官，又是攻占南京的最高统帅。只要他不故意纵容部下，南京大屠杀事件便不可能发生，即使发生，其规模亦必小得多得多，时间亦必短得多得多。因此，正如远东国际法庭所认定的，松井石根应该是南京大屠杀案的上犯和祸首。

对这样一个灭绝人性、不负责任的敌酋，远东国际法庭判处其绞刑是完全符合正义要求的举动；当然，我们决不能因为松井一人被判处了绞刑而忘却这桩中国历史上所罕见的浩劫。相反地，我们以及我们的子孙后代都应该牢牢地记住日本军国主义者在中国犯下滔天罪行，并从其中吸取教训。

中国抗日战争大事记

1931 年

9 月 18 日 夜 10 时 20 分，日本关东军突袭中国军队驻地北大营和沈阳城，制造九一八事变，发动侵华战争。

9 月 19 日 拂晓，沈阳被日军攻占。同日，日军强占长春、四平、抚顺、本溪、营口等地。

△国民政府外交部对日提出严重抗议。

△中国政府驻国际联盟代表施肇基就日本在东北制造的事变报告国联，请求主持公道。

9 月 20 日 中共中央发表《中国共产党为日本帝国主义强暴占领东三省事件宣言》。

△日军侵占葫芦岛。

9 月 21 日 日军侵占吉林省城吉林市。

9 月 22 日 中共临时中央发表《关于日本帝国主义强占满洲事变的决议》。

△国民党中执委为九一八事变发表《告全国同胞书》。

9 月 23 日 国民政府为九一八事变发表《告全国国民书》。

△张学良通电在锦州设立东北边防司令长官公署，以张作相代理司令官。

9 月 24 日 国联理事会决议，要日军 11 月 16 日以前撤出占领东北之地方，由中国军队接收，并设调和公断之永久机关。

9 月 25 日 东北民众抗日救国会在北平成立。

9 月 28 日 北平 20 万人举行抗日救国大会，要求南京国民政府对日宣战，收复失地。

△上海复旦大学与南京中央大学学生为抗日赴国民政府外交部请愿，殴伤外交部长王正廷。

9 月 30 日 中共临时中央发表《中国共产党为日本帝国主义强占东三省第二次宣言》。

△国联理事会通过解决中日满洲问题决议 9 条。

10 月 1 日 上海商业界宣誓不买不卖日本货。

10 月 2 日 上海工人聚会，要求政府出兵抗日。

10 月 26 日 日本政府向国际联盟声明，不履行撤兵政策。

10 月 22 日 黑龙江省代主席兼驻军总指挥马占山发表对日抵抗宣言。

11 月 4 日 马占山部在嫩江桥与日伪军激战，歼敌 2000 余人。

11 月 10 日 日本特务土肥原挟持前清逊帝溥仪离天津赴东北。

11 月 14 日 国民党第四次全国代表大会发表《为日本侵略东三省事件对全世界宣言》。

11 月 19 日 日军攻陷黑龙江省省会齐齐哈尔。

11 月 27 日 中华苏维埃共和国中央执行委员会举行第一次会议，选举毛泽东为主席。

11 月 30 日 蒋介石发表演说，坚持“攘外必先安内”反动方针。

12 月 5 日 北京大学南下示威团在南京游行，要求政府抗日，遭军警镇压，发生流血事件。

12 月 11 日 中华苏维埃共和国临时中央政府发表《为国民党反动政府出卖中华民族利益告全国民众书》。

12 月 15 日 面对全国抗日反蒋浪潮和国民党内部争权夺利斗争，蒋介石通电下野。

12 月 17 日 平、津、沪、粤、汉、济、皖等地学生代表到南京与当地学生联合举行示威游行，要求政府出兵抗日，遭军警镇压。

1932 年

1 月 3 日 日军关东军占领锦州。

1 月 21 日 国联“满洲事件”调查团正式成立。由英、美、法、德、意五国代表组成，英国前代理印度总督李顿任团长。

1 月 22 日 东北义勇军在兴城与日军激战。

1 月 28 日 日军在上海突袭中国驻军，中国第十九路军在蒋光鼐、蔡廷锴等率领下奋起反抗，一〇二八淞沪抗战爆发。

1 月 30 日 国民政府迁都洛阳办公并发表洛阳宣言，重申一面从事自卫、一面运用外交方法之原定方针，“深信各国为维持世界和平及国际信义，亦必不能坐视”。

△蒋介石迫于全国舆论通电抗日，称“愿与诸将士誓同生死，尽我天职”。

△宋庆龄、何香凝等在真如慰问抗日将士。

2 月 3 日 茅盾、鲁迅等联名发表《上海文化界告世界书》，斥责日本帝国主义的侵略行径。

2 月 5 日 李杜、丁超各部义勇军在哈尔滨与日军激战。

△日军占领哈尔滨，东北全境沦陷。

2 月 14 日 中国工农红军总司令朱德等联名发表《中国工农红军为日军进攻上海告 19 路军士兵书》，赞扬第 19 路军士兵奋起抗日的英勇行为。

2 月 16 日 国民政府行政院及军事委员会通电全国，准备长期抗战。

2 月 17 日 张治中率第五军抵吴淞前线，归蒋光鼐指挥，参加对日作战。

3 月 1 日 国民党四届二中全会在洛阳召开，中心议题是讨论上海战事，确定对日方针。蒋介石复出，担任军事委员会委员长兼军事参谋部参谋长。

3 月 3 日 国际联盟特别大会决定，要求中日双方停止战争。

3 月 5 日 国民党四届二中全会决议洛阳为行都，西安为陪都。

3 月 9 日 在日本的策划下，伪满洲国在长春（3 月 15 日改称新京）宣布成立，年号“大同”，溥仪就任“执政”。

3 月 12 日　国民政府发表声明，不承认伪满洲国傀儡政府。

3 月 14 日　国联李顿调查团抵沪。

3 月 21 日　唐聚伍在辽宁桓仁县召开万人抗日誓师大会，宣布成立辽宁民众自卫军。

4 月 18 日　马占山联合苏炳文、丁超等义勇军三路进攻日军。

4 月 30 日　国联大会通过特别委员会所提“中日停战案”（日本代表弃权）。

5 月 5 日　国民政府与日本签订《中日上海停战及日方撤军协定》（简称《淞沪停战协定》），淞沪抗战结束。依此协定，实际承认上海为非武装区，中国军队撤至上海到苏州、昆山地区以外，由警察接管。

5 月 9 日　中华苏维埃临时中央政府发出反对国民党出卖淞沪协议通电。

6 月 9 日　蒋介石在庐山召集鄂、豫、皖、赣、湘五省“剿匪”会议，再次宣布“攘外必先安内”政策，开始策划对红军的第四次“围剿”。

8 月 29 日　东北义勇军攻沈阳，火烧日军飞机场，毁机 27 架。此前东北各路义勇军向侵占多座城市的日军发起进攻。

9 月 15 日　伪满洲国与日本签订《日满协定书》，日本正式承认伪满洲国。17 日，中国政府提出严重抗议。

9 月 16 日　日军在抚顺煤矿附近，屠杀 3000 余名无辜百姓，烧毁 800 多间民房，制造了骇人听闻的平顶山惨案。

9 月 26 日　马占山部克复绥滨。

10 月 2 日　《国联调查团报告书》在日内瓦、东京、南京同时发表，报告书提出国际共管中国东北的方案。

12 月 1 日　国民政府由洛阳迁回南京。

12 月 19 日　鞍山日军被义勇军包围聚歼。

1933 年

1 月 1 日　日军攻占山海关（榆关），严重威胁平津和热河。

1月8日 日军陆战队在秦皇岛登陆。

1月10日 外交部向美、法、意、比、荷等七国政府分别致函，抗议日军侵略山海关。

1月17日 中华苏维埃共和国临时中央政府、工农红军革命军事委员会发表宣言，提出在立即停止进攻苏区、保证民众民主权利、武装民众三条件下与任何部队订立共同对日作战协定。

1月29日 义勇军在山海关以北长城九门口外与日军激战。

2月5日 故宫242592件珍贵文物，共装19557箱，至5月15日分5批南迁南京，七七事变后再迁四川。

2月24日 国联大会以42：1票通过《国际联盟特别大会关于中日争议报告书》，不承认伪满洲国。

3月4日 日军攻陷热河省会承德，侵占全省。

3月9日 第二十九军冯治安部在长城喜峰口、王以哲部在长城古北口英勇抗击日军。长城抗战开始。

3月11日 第十七军关麟徵师、第二十九军赵登禹旅在古北口外与日军激战。

3月19日 蒋介石在保定召见第二十九军军长宋哲元，嘉勉二十九军战绩。

3月21日 财政部长孔祥熙代表蒋介石到喜峰口慰劳二十九军将士。

3月27日 日本首相斋藤发表日本退出国联声明书。

5月21日 傅作义部在怀柔城西与日军激战。直战至23日。

△日军攻占冀东数县，逼近平、津郊区。

5月26日 在中国共产党的推动和影响下，冯玉祥、吉鸿昌（中共党员）、方振武等爱国将领在张家口成立察哈尔民众抗日同盟军，冯玉祥任总司令。

5月30日 中华苏维埃共和国中央政府为反对国民党出卖平津华北发出宣言。

5月31日 长城抗战失败，国民政府与日本签订《塘沽停战协定》，默认日本对东三省及热河的占领，并失去对冀东 19 个县的统治权。

6 月 2 日 冯玉祥在察哈尔省广征民兵，以抗战救国。

6 月 22 日 察哈尔民众抗日同盟军收复康保。

7 月 1 日 察哈尔民众抗日同盟军收复宝昌、沽源；12 日克复多伦。

7 月 23 日 蒋介石在庐山召开军事会议，决定对红军发起第五次“围剿”。

8 月 9 日 在国民党军队和日伪军的双重压力下，冯玉祥被迫撤销察哈尔民众抗日同盟军总部，所部被改编。14 日，冯玉祥离察返山东泰山。

9 月 18 日 南满游击队改编为东北人民革命第一军第一独立师，杨靖宇任师长兼政委。

10 月 26 日 中华苏维埃共和国临时中央政府与福建省政府及第十九路军签订《抗日反蒋初步协定》。

11 月 9 日 中日达成《关于停战协定善后处理会谈》。

11 月 20 日 李济深、陈铭枢、蒋光鼐、蔡廷锴等发动福建事变（又称“闽变”），宣布成立中华共和国人民政府，主张反蒋抗日。

1934 年

1 月 1 日 蒋介石下令对十九路军实行总攻击。

1 月 21 日 国民党军占领漳州，福建人民政府失败，第十九路军被取消。

2 月 10 日 中国收回山海关，但日军继续驻扎，限中国警察 200 人徒手站岗。

3 月 1 日 溥仪在新京（长春）由“执政”改称“皇帝”，伪国号为“满洲帝国”，年号为“康德”。

4 月 10 日 中共中央发出《为日本帝国主义对华北新进攻告民众书》。

4 月 14 日 日军连日派员详测长城关隘要塞。

5 月 8 日 日军在天津八里台强占民田，修建飞机场，我外交部提出抗议。

4 月 17 日 日本外务省情报部长天羽英二发表妄图独占中国的声明，声称日本与中国有特殊关系，反对各国“暗助中国抗击日本”，“维护东亚和平及秩序”必须由日本“单独为之”。

4 月 19 日 国民政府就天羽声明发表严正声明。

4 月 20 日 毛泽东就天羽声明发表讲话，指出此为“日本帝国主义企图强占中国的最明显的表示”。

△由中国共产党提出，宋庆龄、何香凝等 1779 人署名发表《中国人民对日作战的基本纲领》，呼吁中华民族武装自卫，把日本帝国主义驱逐出中国。

6 月 8 日 日本在南京制造“藏本事件”，蓄意挑衅。

7 月 15 日 中华苏维埃共和国中央政府、革命军事委员会发布《为中国工农红军北上抗日宣言》，并将红七军团改编为北上抗日先遣队。

7 月 16 日 日军在天津八里台强筑飞机场竣工。

8 月 4 日 日军在塘沽演习巷战。

10 月 10 日 中央红军被迫实行战略转移，开始长征。

11 月 7 日 东北人民革命军第一军成立，杨靖宇任军长。

11 月 13 日 抗日民主人士、《申报》总经理史量才被国民党特务暗杀。

11 月 24 日 察哈尔民众抗日同盟军前敌总指挥吉鸿昌（中共党员）被杀害。

11 月 26 日 日军在唐山、滦县一带举行为期三日的军事演习。

△日本关东军召开移民会议，通过了《满洲农业移民方策案》，强调“日本向海外移民，以满洲为重点”。

1935 年

1 月 15 日 中共中央政治局扩大会议在遵义召开，确立了毛泽东在中共中央和红军中的领导地位。

1 月 23 日 日军进攻察哈尔东部独石口地区，时称察东事件。

1 月 28 日 东北人民革命军第三军成立，赵尚志任军长

5 月 12 日　中共中央政治局扩大会议在会理举行，坚持北上抗日的方针。

5 月 30 日　东北人民革命军第二军成立，王德泰任军长。

6 月 7 日　日陆军当局发出《华北交涉问题处理纲要》。

6 月 10 日　国民政府发布《敦睦邦交令》，要求对日本“务敦睦谊，不得有排斥及挑拨恶感之言论行为……如有违者，定予严惩。”

6 月 27 日　察哈尔省代省长秦德纯与日本关东军驻沈阳特务机关长土肥原贤二签订《秦土协定》，主要内容为：规定察东为非武装区，惩处中国抗日军人，撤退中国军队和国民党党部。

7 月 6 日　军委会北平分会代委员长何应钦与日本华北驻屯军司令梅津美治郎签订协议，实际认可了日本控制河北的大部分主权，史称《何梅协定》。

7 月 25 日　共产国际第七次代表大会在莫斯科召开，确定建立世界反法西斯统一战线。

8 月 1 日　中国共产党驻共产国际代表团草拟了《为抗日救国告全体同胞书》（即八一宣言），后以中华苏维埃中央政府和中共中央的名义在巴黎《救国报》正式发表，该宣言对推动抗日统一战线工作和抗日救亡运动起了积极作用。

10 月 4 日　日本内阁会议通过《关于对华政策方案》（即《外、陆、海三相关于对华政策的谅解》）。

10 月 7 日　日本外相广田弘毅向中国驻日大使提出对华三原则，要求中国停止抗日，承认伪满洲国和日本在华北权益，与日本合作“防俄”、“防共”。翌年 1 月 22 日，国民政府外交部发表声明否认接受“广田三原则”。

10 月 22 日　日本特务在河北香河指使汉奸流氓占据县城，宣布“自治”。

11 月 13 日　中共中央发表《为日本帝国主义并吞华北及蒋介石出卖华北出卖中国宣言》。

11 月 16 日　热河朝阳县缸窖岭下五家子村遭日军血腥大屠杀，计 387

名村民遇难，400 间房屋被烧。

△日军连日大批运兵抵山海关，达 12000 余。

11 月 25 日 日本扶植汉奸殷汝耕在通县宣布伪冀东防共自治委员会成立。

11 月 29 日 国民政府外交部抗议日军策动“华北自治运动”。

12 月 9 日 中国共产党领导的一二·九抗日救亡运动在北平爆发，得到全国人民的支持和声援。

12 月 12 日 马相伯、陶行知、沈钧儒、章乃器、王造时等 283 人联名发表《上海文化界救国运动宣言》，提出八项救亡主张。

12 月 16 日 全国各地学生举行爱国示威游行，反对冀东伪政权。

△宋哲元被国民政府任命为冀察政务委员会委员长。

12 月 25 日 在陕北瓦窑堡举行的中共中央政治局会议，通过了《关于目前政治形势与党的任务的决议》，确定了实行抗日民族统一战线的策略方针。

12 月 18 日 在日军的压力下，冀察政务委员会正式成立，以满足日本对“华北特殊化”的要求。

1936 年

1 月 3 日 北平学联组织“平津学生联合会南下扩大宣传团”，开展抗日宣传。

1 月 11 日 上海文化界救国会宣言，提出停止一切内战、对敌经济绝交、释放一切政治犯等 12 项要求。

1 月 13 日 日本政府向华北驻军司令官下达《日本陆军华北处理纲要》。

1 月 25 日 毛泽东、彭德怀、叶剑英、聂荣臻等 21 位红军领导人联名发表《红军为愿意同东北军联合抗日致东北军全体将士书》。

1 月 27 日 北平文化界救国会成立。

2 月 1 日 中华民族解放先锋队在北平成立。

2 月 18 日 毛泽东、彭德怀署名发布关于东征作战的命令。

2月20日 东北抗日武装力量发表《东北抗日联军统一军队建制宣言》，决定将东北抗日军队统一改编为东北抗日联军，共六个军，第一军至第六军军长分别为杨靖宇、王德泰、赵尚志、李延禄、周保中、夏云杰。

4月9日 周恩来在延安与张学良密谈，共商联合抗日救国大计。

5月5日 毛泽东、朱德向国民政府发出《停战议和一致抗日通电》，由反蒋抗日转为逼蒋抗日。公开放弃反蒋口号，呼吁蒋介石及其部下的一切爱国军人“停战议和，一致抗日”。

△国民政府立法院通过《中华民国宪法草案》（五五宪草）。

5月6日 冀察政委会与日军订立《华北防共协定》，规定中国军队不得进入冀察地区。

5月14日 日本藉口保侨增兵华北。

5月29日 中华全国学生救国联合会在上海成立。

5月31日 全国各界救国联合会在上海成立，次日发表成立宣言，响应中国共产党“停止内战，一致抗日”的主张，并公布《抗日救国初步政治纲领》。

6月3日 鲁迅、巴金、曹禺等63人发表《中国文艺工作者宣言》，提出“民族革命战争的大众文学”的口号。

6月21日 广东粤军、广西桂军组织独立的军事委员会，所部改称国民革命军抗日救国军，陈济棠为委员长兼总司令，李宗仁为副委员长兼副总司令。史称“两广事变”。

7月15日 沈钧儒、陶行知、章乃器、邹韬奋发表《团结御侮的几个基本条件与最低要求》。

△日军在吉林通化制造白家堡子惨案，残杀无辜农民400余人。

7月18日 陈济棠宣布下野去香港，李宗仁、白崇禧通电“服从中央”，两广事变结束。

本月 东北抗日联军第一路军成立，总司令兼政治委员杨靖宇，下辖第一、二军。

8月2日 东北抗日联军第三军第二团政治委员赵一曼英勇就义。

8月11日 日本内阁会议确立《对中国实施的策略》，制定《第二次处理华北纲要》。

8月24日 成都民众游行示威，反对日本在蓉设领事馆。

8月25日 中共中央发出《中国共产党致中国国民党书》，再次呼吁集中国力一致对外，建议国共谈判实现合作，组成国共两党合作为基础的全民族的抗日统一战线。

9月1日 中共中央向党内发出《关于逼蒋抗日问题的指示》。同日，周恩来致函陈立夫、陈果夫，重申实现国共两党合作抗日的诚意，希望他们敦劝蒋介石“停止军事行动，联俄联共，一致抗日”。

9月2日 日本侨民中野顺三在广西北海公然恃势凌人，被民众乱拳殴毙，是为北海事件。

9月22日 毛泽东、张学良分别代表红军和东北军签署《抗日救国协定》。

10月1日 巴金、林语堂、洪深、茅盾、陈望道、郭沫若、郑振铎、鲁迅、丰子恺等21人联名发表《文艺界同人为团结御侮与言论自由宣言》。

10月2日 全国各界救国联合会在上海发表《为团结御侮告全国同胞书》。

10月8—10日 红军三大主力在甘肃会宁会师，中央红军长征胜利结束。

11月12日 日军唆使内蒙伪军侵犯绥远，中国军队傅作义部奋起反击，24日收复百灵庙。

11月23日 全国各界救国会领袖沈钧儒、章乃器、邹韬奋、李公朴、王造时、沙千里、史良等七人因公开批评国民党的“攘外安内”政策，主张全国团结抗战，而被国民党当局以“危害民国”罪名逮捕。史称“七君子事件”。

本月 在东北抗日联军第四军第二师的基础上，建成东北抗联第七军，军长陈荣久。

12月9日 西安学生举行一二·九运动周年纪念游行。

12月12日 张学良、杨虎城发动西安事变，兵谏蒋介石，要求停止内战，实行抗日。

△张学良、杨虎城致电中共中央，邀请派代表来西安，共商抗日救国大计。

12月13日 张学良、杨虎城及东北军、西北军高级将领联合向全国通电，提出八项主张。

12月16日 中共代表周恩来飞抵西安。当晚，周恩来、张学良会谈。

12月17日 南京政府下令讨伐张学良，何应钦任“讨伐总司令”。

12月23日 周恩来、张学良、杨虎城、宋美龄、宋子文正式谈判。

12月24日 蒋介石与周恩来会见时，承诺停止“剿共”、联共抗日等条件。西安事变和平解决。

12月26日 蒋介石飞抵南京，张学良被软禁。

本年冬 东北人民革命第八军组成东北抗联第十军，军长汪雅臣。

1937年

1月8日 中共中央、中华苏维埃中央政府发出《为号召和平停止内战通电》。

1月13日 中共中央等领导机关由保安移驻延安。

本月 东北抗日联军第二路军成立，总司令兼政治委员周保中，下辖第四、五、七、八、十军。

2月10日 中共中央为促进国共两党合作的实现，致电国民党五届三中全会，提出“停止内战，一致对外”等五项要求、四项保证。

2月15日 国民党召开五届三中全会，会议确定对中共方针由武力“剿共”改为“和平统一”，提出了与中共所提条件原则上接近的谈判条件。这次会议表明国民党当局正在接受中共倡导的国共两党合作抗日政策。

2月21日 日本制定《第三次处理华北纲要》。

2月—6月中旬 中国共产党代表周恩来等同国民党代表，先后在西安、杭州、庐山进行多次关于国共两党合作抗日的谈判。

3月7日 抗联第3军军长赵尚志率远征军在黑龙江海伦县冰蹚子与日伪军交战，歼敌近300人。

4月15日 日伪军警在哈尔滨对坚持抗日的中共地下组织展开大搜捕。至10月末，480多人被捕、80多人牺牲。

4月24日 中共中央机关刊物《解放》周刊在延安创刊。

4月26日 宋庆龄、何香凝发起营救救国会七君子运动。

5月2日 中共全国代表会议在延安召开，14日结束。毛泽东作《中国共产党在抗日时期的任务》、《为争取千百万群众进入抗日民族统一战线而斗争》的报告。会议批准了从遵义会议以来党中央的政治路线，为迎接全国抗日战争的到来，在政治上、组织上作了重要准备。

5月17日 中共白区工作会议在延安召开，6月10日结束。会议确定白区工作要贯彻执行抗日民族统一战线政策。

5月28日 国民政府军事委员会委员长西安行营考察团访问延安，受到社会各界的热情欢迎。

6月上旬 蒋介石与周恩来在庐山谈判。

6月27日 丰台日军700余名在卢沟桥永定河河套演习。

7月7日 夜，日军向北平宛平县城中国驻军挑衅，进而向卢沟桥一带进攻，中国驻军奋起反击，史称卢沟桥事变（又称七七事变），标志着全国抗战的开始。

7月8日 中共中央发出《中国共产党为日军进攻卢沟桥通电》，号召进行全民族抗战。

7月10日 国民政府外交部为卢沟桥事件向日本驻华大使提出书面抗议。

7月11日 国民政府军政部长何应钦在南京召开军事会议，拟定作战方略。

△日本召开内阁紧急会议，决定火速增兵华北；日本政府发表《关于向华北派兵的政府声明》。

7月12日 蒋介石电第二十九军军长宋哲元，令他以不屈服、不扩大的方针，就地抵抗日寇的进攻。

7 月 15 日 中共中央发表《中国共产党为公布国共合作宣言》。

7 月 16 日 国民政府行政院召开会议，决定与日本不宣战、不绝交。

7 月 17 日 蒋介石在庐山发表“最后关头”的宣言，指出“万一真到了无可避免的最后关头，我们当然只有牺牲，只有抗战，但我们的态度，只是应战，不是求战”，表示“如果战端一开，那就地无分南北，人无分老幼，无论何人皆有守土抗战之责任，皆应抱定牺牲一切之决心”。

7 月 22 日 上海成立各界抗敌后援会。

7 月 23 日 中共中央发表《为日本帝国主义进攻华北第二次宣言》。

7 月 26 日 日本中国驻屯军司令香月清司向平津卫戍司令、第二十九军军长宋哲元致最后通牒，要求中国军队撤出北平。宋哲元拒绝其无理要求，命所部坚决御敌。

7 月 27 日 日军攻陷南苑，中国守军第二十九军副军长佟麟阁、第一三二师师长赵登禹奋战殉国。

7 月 28 日 上海市文化界救亡协会成立。

7 月 29 日 北平沦陷。

7 月 30 日 天津沦陷。

7 月 31 日 蒋介石发表《告抗战全军将士书》，宣布“和平既然失望，只有抗战到底”。

△救国会领袖沈钧儒等“七君子”获释。

8 月 1 日 中国共产党领导的山西青年抗敌决死队第一总队成立。

△宋美龄等在南京发起成立中国妇女慰劳自卫抗战将士总会。

8 月 2 日 蒋介石在庐山发表谈话称：战争开始，平津即失陷，奇耻大辱，绝无与敌谈和余地。

8月6日 红军前敌总指挥部命令红军集中到陕西三原地区，整装待命，奔赴前线抗日。

8月8日 日军进犯平绥线，中国军队在南口附近抗击日军进攻，26 日，平绥铁路沿线要地南口、张家口相继失陷。

8 月 12 日 国民党国防最高会议及党政联席会议，决定由国民政府授蒋介石陆海空三军大元帅，以国民政府军事委员会为抗战最高统帅部。

8 月 13 日 日军进攻上海，上海军民奋起抗战，淞沪会战爆发。

8 月 14 日 日本关东军组成察哈尔派遣兵团司令部，统一指挥华北的日军侵略军。

△日本轰炸机袭击杭州，中国空军迎战，一举歼敌机 3 架，首战取得 3∶0 的胜利。1940 年国民政府将此日定为"空军节"。

8 月 20 日 在上海戏剧界救亡协会主持下，成立 13 支救亡演出队，分赴各地宣传抗日救亡运动。

8 月 21 日 《中苏互不侵犯条约》在南京签字。同时，苏联应允给予中国军用物资援助，并派遣军事顾问和志愿航空队，支援中国抗战。

8 月 22 日 中共中央政治局扩大会议在洛川召开，25 日结束。会议通过《关于目前形势与党的任务的决定》、《中国共产党抗日救国十大纲领》等文件，改组了中共中央军事委员会，毛泽东任军委书记。

△国民政府军事委员会发布命令，宣布将中国工农红军改编为国民革命军第八路军。军事委员会同时颁发委任令，委任朱德为国民革命军第八路军总指挥，彭德怀为副总指挥。该路军辖第一一五师、第一二〇师、第一二九师三个师。

8 月 25 日 中共中央军委会发布命令，宣布红军改编为国民革命军第八路军，朱德任总指挥，彭德怀任副总指挥，下辖第 115 师、第 120 师、第 129 师，师长分别为林彪、贺龙、刘伯承，共 4.6 万人。

△原西安红军联络处改为国民革命军第八路军驻陕办事处，简称八路军西安办事处。

8 月 31 日 上海基督教各教会负责人联名以英文发表《为中日战争告普世基督徒书》。

8 月下旬至 9 月底 八路军三个师主力陆续开赴山西前线抗日。

9 月 1 日 吴淞失陷，日军在杨树浦登陆。

9 月 3 日 佛教界著名人士屈映光发表敬告全世界佛教徒书，呼吁广大教徒发扬大悲精神，担负起救护众生的重任。

9 月 5 日　太原会战开始，至 11 月 9 日结束，主要战役有天镇战役、平型关战役、忻口战役、娘子关战役、太原保卫战，日军伤亡近 3 万人，中国军队伤亡 10 万人。

9 月 7 日　宝山沦陷。

9 月 8 日　台湾革命党宣言与祖国协力抗日。

9 月 9 日　有各党派参加的国防参议会成立，中共派周恩来参加。

9 月 11 日　国民政府军事委员会按全国各战区战斗序列，将八路军总部改称为第十八集团军总司令部，朱德改任集团军总司令，彭德怀改任集团军副总司令。习惯上仍称为八路军。

9 月中旬　中共中央北方局在太原召开会议，研究发动群众支援配合八路军的行动和开展华北游击战争问题。

9 月 20 日　第二战区民族革命战争战地总动员委员会（简称动委会）在太原成立，续范亭担任主任。

9 月 21 日　朱德率八路军总司令部抵山西太原。

9 月 22 日　国民党中央通讯社正式发表《中国共产党为公布国共合作宣言》。次日，蒋介石发表谈话，承认共产党的合法地位，标志着抗日民族统一战线的正式形成。

9 月 25 日　八路军第 115 师首战平型关获胜，歼敌 1000 余人。

9 月 27 日　国联大会通过《谴责日本在华暴行案》。

9 月 29 日　淞沪战场中国军队第一道防线被突破，战争重心移向大场、闸北、江湾一线。

10 月 1 日　日本首相、外相、陆相、海相制定《中国事变处理纲要》。

10 月 10 日　石家庄失陷。

10 月 12 日　国民政府军委会正式发布将南方 8 省 14 个地区的红军游击队改编为国民革命军陆军新编第四军（简称新四军）的命令。

10 月 14 日　归绥失陷。

10 月 15 日　国民党中央政治会议议决，国防最高会议为全国国防最高决策机关。

10 月 16 日 中国军队第九军军长郝梦龄、第五十四师师长刘家祺在忻口战役中以身殉国。

△包头失陷。

10 月 19 日 八路军第 129 师一部夜袭代县阳明堡日军飞机场，击毁日机 24 架，有力配合了忻口对日作战，受到国民政府军事委员会的嘉奖。

10 月 25 日 新四军军部在汉口大和街 26 号成立，军长叶挺。

△北京大学、清华大学、南开大学组成西南联合大学，迁至长沙，1938 年再迁至昆明。

10 月 26 日 淞沪战场大场沦陷，中国军队退出第二道防线。第八十八师第五二四团在副团长谢晋元的率领下，孤军坚守上海四行仓库，与敌激战 4 天 4 夜，歼敌 200 余人，31 日奉命撤往租界区。时称“四行孤军”、“八百壮士”。

△ 10 月 26 日、28 日，八路军 129 师刘伯承师长三天两次指挥所部陈赓 386 旅叶成焕 772 团在平定七亘村伏击日军，歼敌 400 余名，缴获骡马 300 多匹和一批军用物资。成为抗战“重叠的待伏”接连获胜的典型战例。

本月 天主教南京区主教于斌启程遍访欧美各国，揭露暴日真相，至次年 5 月。

本月 由东北抗日联军独立师组成东北抗联第十一军，军长祁致中。

本月 八路军武汉办事处在汉口成立。

11 月 2 日 八路军第 129 师在昔阳黄崖底伏击日军，歼敌 300 余人。

11 月 7 日 八路军 115 师在昔阳以西的广阳地区伏击日军，歼敌千余人。

11 月 5 日 日军在杭州湾金山卫登陆。

△德国驻华大使陶德曼向蒋介石转达日本提出之和平条件。

11 月 7 日 日军参谋本部下令组成华中方面军。

11 月 8 日 日军攻陷太原。

11 月 12 日 上海沦陷，淞沪会战结束。此役中国军队歼敌 3 万余人，粉碎日军“三个月灭亡中国”的梦想。

△毛泽东在延安作《上海太原失陷以后抗日战争的形势和任务》报告。

11 月 16 日 国民党中常会议决，国防最高会议代行中央政治会议职权。

11 月 20 日 国民政府正式发表迁都重庆宣言（1940 年 8 月 15 日，国防最高委员会决定重庆为永久陪都）。

11 月 24 日 日军首次“扫荡”晋察冀敌后抗日根据地。

11 月 八路军三个师逐渐向敌后实行战略展开，放手发动群众，分别开始创造晋察冀、晋西南、晋西北、晋冀豫根据地。

本月 东北抗日联军第九军组成，军长李华堂。

12 月 1 日 中华民族解放先锋队总部武汉分部正式成立。

12 月 8 日 日军分三路对南京发起正面进攻，中国军队节节抵抗，牺牲惨重，12 日奉命撤退。

12 月 13 日 日军侵占南京，进行惨绝人寰的大屠杀，遇难者达 30 万人。

△美国哲学家杜威、科学家爱因斯坦和英国哲学家罗素、法国作家罗曼·罗兰联名发表宣言，谴责日本侵略中国。

△国民政府制定了《军事委员会第三期作战计划》，决定“国军以确保武汉核心，持久抗战，争取最后胜利为目的”。

12 月 16 日 蒋介石为南京失守发表《告全国军民书》，号召全民抗战到底。

12 月 17 日 全国抗日大同盟成立，总部设在汉口。

12 月 18 日 王明、周恩来、博古等在汉口与蒋介石就国共两党合作举行会谈，决定成立两党关系委员会。

12 月 20 日 罗马教皇驻华代表蔡宁总主教在广播电台发表“耶诞节献辞”的演说，号召来中国传教的天主教主教、神父、全国的教友支持中国抗战。

12 月 23 日 中共中央长江局成立。

12月24日 杭州失守。

12月25日 济南失陷。

1938年

1月1日 国民党中常会决议改组国民政府，准蒋介石辞行政院长职，孔祥熙继任。

1月4日 徐州会战开始，至5月19日结束，主要战役有滕县保卫战、临沂战役、台儿庄大战，歼敌近3万人，中国军队伤亡6.5万人。

1月6日 新四军总部移至南昌。军长叶挺，副军长项英，参谋长张云逸，政治部主任袁国平。下辖4个支队，共1.03万余人。

1月11日 蒋介石在开封召集军事会议，以不遵令失地误国之罪，将第三集团军总司令、山东省政府主席韩复榘拿办。

△中共中央长江局机关报《新华日报》在汉口创刊发行。

1月12日 八路军总部号召全军“坚持华北抗战，与华北人民共存亡”。

1月16日 日本首相近卫文麿发表第一次对华声明，宣称“今后不以国民政府为对手，期望真能与日本提携之新政府成立与发展”。24日，国民政府主席林森驳斥近卫声明，指出其不过自欺欺人而已。

1月22日 115师徐海东344旅688团在晋东伏击井陉开出之日军千余人，毙伤200余人。

1月18日 国民政府发表《维护领土主权及行政完整的声明》。

△天主教驻华代表为追悼阵亡将士及死难平民，祈祷和平，在汉口举行大弥撒。

1月22日 国际反侵略大会中国分会在汉口成立，陈铭枢为主席，宋庆龄、蔡元培、毛泽东、冯玉祥等72人为名誉主席。

△蒋介石令前线长官“不得闻警先逃，否则即以军法从事”。次日在汉口处决了韩复榘。

1月25日 八路军总部发出关于战术原则的训令，提出对付日军的十六条战术原则。

2月6日　国民政府军事委员会政治部成立，部长陈诚，副部长周恩来、黄琪翔，第一、二、三厅长分别为贺衷寒、康泽、郭沫若。

△国际反侵略运动宣传周在武汉举行宣传大会，第一日为宗教日，全国天主教、基督教、佛教、伊斯兰教等全体动员，为国难祈祷。

2月7日　中苏签订《军事航空协定》。

2月上旬　朱德、彭德怀被任命为第二战区东路军总、副司令。

2月8日　蒋介石特电八路军武汉办事处叶剑英转朱德、彭德怀，对八路军在晋东南地区连战连捷给予嘉奖。

2月16日　日本御前会议通过《中国事变陆军作战指导纲要》。

2月18日　中国空军在苏联空军志愿队配合下，在武汉与日机首次空战，击落敌机10架、击伤2架，中国损失5架、伤5架。

2月21日　毛泽东给朱德等发出关于力争建立长期抗战的主要战略支点问题电报。

△八路军120师破击太原、忻县间铁路、公路，并在崞县、忻口、宁武间袭扰日军。至27日，共歼日军500余人，有力配合了正面战场的作战。

2月23日　苏联航空志愿队轰炸机突袭日军驻台湾松山机场，炸毁日机约40架，焚毁了该机场约3年的油料储备。

3月2日　中苏在莫斯科签订《关于使用5000万美元贷款协定》。

3月10日　战时儿童保育会在汉口成立，会长宋美龄。

3月16日　八路军第129师于晋东南黎城神头岭歼灭日军2个汽车中队、1500余人，毁汽车60多辆。

3月21日　八路军晋察冀军区在河北易县、涞源地区与日军大小战斗40余次，历时20余日，歼敌1400余人。

3月23日　台儿庄战役开始，至4月6日结束，此役中国军队歼灭日军第五、十师团共1.1万余人，取得重大胜利。

3月27日　中华全国文艺界抗敌协会（简称“文协”）在汉口成立，拟出版机关刊物《抗战文艺》。

3月29日 国民党临时全国代表大会在武汉召开，4月1日结束。会议通过《抗战建国纲领》。

3月31日 八路第129师在山西黎城及与河北涉县之间的响堂铺伏击日军，歼敌400余人，毁军车180辆。

4月7日 国民政府军事委员会政治部第三厅为台儿庄大捷组织举行10万人祝捷大会和火炬游行。

4月12日 国民政府公布《国民参政会组织条例》。

4月14日 宋庆龄、何香凝在香港发表《拥护抗战建国纲领，实行抗战到底》。

4月21日 中共中央发出《对平原游击战的指示》。

4月29日 日机第二次轰炸武汉，被中苏空军击落21架。

5月11日 厦门沦陷。

5月19日 中国空军首次远征日本本土，散发大量反对侵略的传单。

△徐州失陷。

5月23日 第88师师长龙慕韩于当日夜擅自弃城逃走，致使日军于5月24日不战而占领陇海路上的战略要地兰封。6月17日经军事法庭审判在武汉被执行枪决。

5月25日 第七十一军夺回兰封车站，使战略物资得以沿陇海路西撤郑州。

5月26日 毛泽东在延安抗日战争研究会上作《论持久战》演讲。

△世界学生联合会代表团来华访问，发表《告世界学生书》。

5月31日 武汉发生第三次空战，击落日机14架。

△中国军队主力为避免与西进日军主力决战，向平汉线以西地区转移。

5月下旬 中国回民救国会成立，白崇禧为理事长。

6月2日 美国芝加哥5000华人举行反日游行，支持祖国人民抗敌到底。

6月3日 日军再次攻陷兰封并占领杞县、通许、陈留等地。

6月9日 中国军队为阻止日军南犯，在花园口炸开黄河大堤。

6 月 11 日　武汉会战开始，在皖豫赣鄂四省大小战斗数百次，至 10 月 27 日汉阳失守结束，以 20 余万人的代价，毙伤日军 10 多万人。此后，抗日战争由战略防御阶段转入战略相持阶段。

△中华全国木刻界抗敌协会在汉口成立。

6 月 13 日　日军将哈尔滨附近划为关东军特别军事区，作为满洲七三一部队对中国人作活体试验的基地。

6 月 14 日　宋庆龄创办和领导的保卫中国同盟在香港成立，主要任务是“成为需要者和资金、物资捐赠者之间的桥梁”，将积极从事“国际范围内筹募款项，进行医药工作、儿童保育工作与成立工业合作社等活动”。

6 月 20 日　日海军第五舰队陆战队进攻广东南澳岛，岛上军民合作御侮，与日军奋战 30 余日，至 8 月 6 日失陷，计毙伤敌军近 400 人，南澳军民牺牲 260 多人，在全国引起强烈反响，被誉为“南澳抗战精神”。

6 月 16 日　国民政府公布第一届国民参政员名单，中共有毛泽东、林伯渠、吴玉章、陈绍禹、秦邦宪、董必武、邓颖超 7 人。7 月 5 日，中共参议员发表《我们对于国民参政会的意见》。

6 月 24 日　日本内阁召开五相会议，决定“集中国力解决中国事变”。

7 月 1 日　新生活运动促进总会妇女指导委员会在汉成立，宋美龄为指导长。

△国民政府下令武汉地区各业工厂内迁。

7 月 2 日　国民政府正式公布《中国国民党抗战建国纲领》。

7 月 4 日　国民政府明令每年 7 月 7 日为抗战建国纪念日。

7 月 6 日　国民参政会第一届会议在武汉召开，15 日结束。

△中国驻法大使顾维钧访晤法国外长庞莱，声明中国将保留西沙群岛之主权。

7 月 7 日　军委会政治部三厅组织发起献金运动，武汉各界为支援抗战前线献金者达 100 万人以上，金额超过 100 万元。

△蒋介石为纪念抗战周年发表《告全国军民书》及《告世界友邦书》。

7 月 30 日　日、苏军队在中苏边境的张鼓峰激烈交战，史称“张鼓峰事件”，又称“哈桑湖事件”。

8月4日 驻武汉之国民党党政中央机构全部迁移重庆。

8月5日 中国工业合作协会（简称“工合”）在汉口成立，国际友人路易·艾黎代理总干事、顾问。

8月9日 武汉各界举行“保卫大武汉”歌咏漫画火炬大游行。

8月31日 日本女作家绿川英子在武汉发表《致中国前线将士书》。

9月3日 生活、商务、中华等20余家出版社联名具呈蒋介石，要求撤销对战时图书杂志的审查。

9月14日 八路军115师在晋中薛公岭一带历时6天、三次伏击日军，歼敌1000余人。

9月20日 日军5万人沿平汉、平绥、同蒲、正太四条铁路线分兵25路围攻以五台山为中心的晋察冀边区之北岳区，八路军第120师等部队经过70多次战斗，至11月7日，粉碎敌人围攻，共毙伤日军5330人。

9月29日 中共六届六中全会在延安召开，至11月6日结束。会议贯彻共产国际关于建立抗日民族统一战线的指示，强调必须坚持国共两党合作的统一战线，制定了统一战线的独立自主的原则。毛泽东作题为《论新阶段》的政治报告和会议总结，要求全党同志认真地负起领导抗日战争的重大历史责任。

△毛泽东致亲笔信蒋介石，坚信国共两党长期团结合作，必能取得抗战的最后胜利。

9月 彭雪枫率新四军东进豫东敌后，开辟豫皖苏抗日根据地。

10月10日 中国军队在江西万家岭聚歼日军主力第一〇六师团近万人，史称“万家岭大捷”。

△朝鲜义勇队在武汉成立，宣布参加中国抗日战争。

△南洋华侨筹赈祖国难民总会在新加坡成立，陈嘉庚当选为主席。

10月上旬 东北抗日联军第五军西征部队妇女团指导员冷云（原名郑志民）等8人在乌斯浑河与日军激战，弹尽粮绝后毅然跳入河中壮烈牺牲。此为抗联历史上著名的“八女投江”英勇事迹。

10 月 16 日 马来西亚华侨汽车工人服务队抵汉口，旋赴八路军前线工作。

10 月 20 日 中国国际新闻社在长沙成立，胡愈之任社长。

10 月 21 日 广州失陷。

10 月 25 日 汉口失守，次日武昌失陷，27 日汉阳陷落。

10 月 31 日 蒋介石为中国军队撤离武汉发表《告全国军民书》。

10 月—12 月 根据中共中央和中央军委决定，八路军 115 师主力挺进山东，120 师主力挺进冀中，129 师主力一部挺进冀南和鲁西北地区，为日军把进攻重点转向敌后根据地做准备。与此同时，广东地方党组织组织抗日武装，开辟华南敌后战场。

11 月 3 日 日近卫内阁发表第二次对华声明，妄倡建设“东亚新秩序”，由日、华、“满”三国相提携，树立政治经济文化等互助连环关系。次日，国民政府发言人驳斥日本近卫内阁第二次对华声明，指出：日本之声明“实欲中国牺牲其自由独立国家之神圣权利，中华人民对此抗拒到底”。

11 月 12 日 日军向冀中抗日根据地发起进攻，至次年 4 月，八路军 120 师等部队连续粉碎了日军的五次围攻。

△为实行焦土抗战，长沙军警纵火焚烧长沙。

11 月 25 日 国民政府举行南岳军事会议，28 日结束。

△日军汉口兵站在汉口积庆里开设慰安所。资料显示，至 1939 年 2 月，日军在武汉开设了 20 家慰安所。

12 月 16 日 日本设置兴亚院，作为内阁所属专业负责处理侵华事宜的机构。

12 月 18 日 汪精卫与周佛海、陈璧君、陶希圣等自重庆潜往昆明，次日逃往河内。

12 月 25 日 中华全国音乐界抗敌协会在重庆成立。

12 月 29 日 汪精卫在河内发表“艳电”，响应近卫声明，公开叛国。

1939年

1月1日 国民党中常会临时会议决议：永远开除汪精卫党籍，撤销其一切职务。

1月5日 中共中央发出《关于汪精卫出走后时局的指示》，指出坚决打击卖国的汉奸汪精卫和一切投降反共活动。

1月13日 中共中央决定在重庆设立中共中央南方局，周恩来为书记。

1月17日 陕甘宁边区第一届参议会在延安举行。

1月21日 国民党五届五中全会召开，30日结束。会议确定了战略相持阶段的内外方针，提出的“坚持抗战到底”只是要“恢复七七事变以前原状”，同时还确定了发动的“溶共”、“防共”和“限共”的反共方针。同月24、25日，中共中央致电国民党五中全会和蒋介石，重申关于发展国共两党合作愿望，指出必须巩固和扩大抗日民族统一战线。

本月 中共中央中原局在河南确山竹沟镇成立，书记刘少奇。

2月5日 中国空军轰炸运城日军机场，毁敌机10余架。

2月7日 国民政府国防最高委员会成立，为抗战时期最高党政领导机关，蒋介石兼任委员长。

2月8日 中美签订第一次桐油借款协议，美国政府贷款5000万美金给中国政府，以购买战争急需的军用品与物资。

2月10日 日军占领海口。

2月19日 世界反侵略运动大会通过援华制日案。

2月26日 万余日军分6路夹击晋西北抗日根据地，八路军120师及山西抗敌决死队作战月余，击退日军。

3月9日 英国政府贷给中国政府500万英镑。

3月17日 南昌会战开始，中日两军围绕南昌进行了一系列争夺战，至5月9日结束。此役日军伤亡2.4万人，中国军队伤亡5万余人。

3月22日 国民政府军委会下设战地党政委员会，蒋介石为主任。

3月26日 “文协”香港分会成立，为适应环境，名称定为中华全国文艺界抗敌协会留港会员通讯处。

3 月 31 日 华北日军颁布《治安肃正计划》，强调军政民一体的“总力战”。

4 月 13 日 光未然作词、冼星海作曲的著名抗战音乐巨作《黄河大合唱》在延安首演。

4 月 23 日 八路军 120 师在冀中齐会伏击日军，毙伤敌军 700 余人。

4 月 25 日 中日军队在湖北随县、枣阳地区展开会战，至 5 月 19 日结束。随枣会战共歼日军 1.3 万人，中国军队伤亡 2 万余人。

5 月 3 日 日空军对重庆市区连续两日实施大轰炸，建筑物被毁 4800 余幢，造成市民死 3991 人、伤 2323 人、20 万人无家可归的大惨案。

5 月 5 日 新四军江北指挥部在安徽庐江县东汤池成立。

5 月 12 日 苏军、蒙古军与日军、伪满军在中蒙边境诺门坎地区爆发战争，历时 135 天，史称诺门坎事件。

5 月 25 日 东北抗日联军第三路军成立，辖第三、六、九、十一军，李兆麟任总指挥，冯仲云任政委。

5 月 八路军 115 师取得陆房战斗的胜利，粉碎日军五千余人的九路围攻，打开了鲁西鲁南地区的新局面。

6 月 3 日 新四军东进纵队一部夜袭上海近郊的日军虹桥机场，毁敌机 4 架。

6 月 6 日 日本内阁五相会议通过“中国新中央政府树立方针”。

6 月 8 日 国民政府明令通缉汪精卫。

6 月 13 日 国民政府与苏联政府在莫斯科签订《关于使用 1 亿 5 千万美元贷款》等三条约。

7 月 7 日 中共中央发表《为抗战两周年纪念对时局宣言》、《致国民党书》，号召“坚持抗战，反对投降；坚持团结，反对分裂；坚持进步，反对倒退”。

7 月 24 日 日英在东京签订出卖中国利益的《英日初步协定》(《有田—克莱琪协定》)。

8月2日 国民政府财政部令中央、中国、交通、农民四家银行组成汇兑管理委员会，以统制汇兑。

8月20日 新疆省14个民族400万同胞捐款购飞机10架，是日举行献机命名典礼。

9月3日 英法对德宣战，欧洲战争爆发。

9月14日 第一次长沙会战，中国军队与来犯日军激战30多天，至10月10日结束。日军伤亡2万余人，被迫撤退。

9月17日 宋庆龄以全国妇女慰劳抗战将士总会主席名义向各地妇女工作委员会发起征募棉衣50万件运动。

9月25日 八路军120师在河北灵寿发起陈庄战斗，至30日结束，毙伤日军1200余人。

9月30日 冀中军区回民教导总队改编为八路军第三纵队回民支队，著名回族抗日英雄马本斋任司令员。

10月1日 日本大本营组建日本中国派遣军，总司令西尾寿造大将，总参谋长坂垣征四郎中将。下辖华北方面军、第十一军、第十三军、第二十一军，共23个师团、17个独立混成旅团、3个骑兵旅团、1个飞行集团。

10月3日 中国空军空袭汉口机场，毁日机30余架。14日再次轰炸汉口机场，炸毁日机50余架。15日，苏联空军志愿队轰炸武汉日军机场，炸毁日军60余架。在与日机空战中，苏联空军志愿队轰炸大队大队长库里申科不幸遇难。

10月25日 晋察冀边区冬季反“扫荡”，至12月8日结束，八路军歼敌3600人。

11月1日 日本特务影佐、须贺、犬养健与汉奸周佛海、梅思平、陶希圣举行“日华国交调整”会谈。

11月2日 八路军晋察冀军区部队在河北涞源雁宿崖地区伏击日军，歼敌500余人。

11月7日 八路军晋察冀军区部队及第120师一部，在河北涞源黄土岭地区伏击日军，歼敌900余人，击毙日酋阿部规秀中将。

11 月 11 日 旅华日人反战同盟发表宣言，宣布将尽力协助中国抗战。

11 月 13 日 国际主义战士、加拿大医生诺尔曼·白求恩在河北完县病逝。

11 月 15 日 日军从钦州湾登陆侵犯广西，桂南会战开始，中国军队逐次抵抗消耗日军，尔后相机转入反攻，至次年 11 月 17 日，终将日军逐出广西。

12 月 10 日 由太虚法师率领的中国佛教访问团访问东南亚和印度各国，揭露日本军阀的侵略罪行，介绍中国人民的抗日斗争，访程至次年 5 月 5 日结束。

12 月 8 日 中国军队在广东北部阻击日军北犯，历时近一个月，歼敌 1 万余人，日军败退。史称第一次粤北战役。

△八路军 129 师、115 师和晋冀豫军区部队发起邯（郸）长（治）公路破击战，共歼日军 700 余，拔除敌据点 23 处，使太行区南北连成一片。

12 月 18 日 中国军队在广西发动昆仑关战役，至 31 日结束，歼敌 4000 余人，攻克重镇昆仑关。

1940 年

1 月 6 日 毛泽东在陕甘宁边区作题为《新民主主义的政治与新民主主义的文化》的演讲（即《新民主主义论》）。

1 月 21 日 高宗武、陶希圣在香港致函《大公报》，揭露“汪日密约”，引发举国讨汪高潮。

1 月 24 日 蒋介石就汪日密约发表文告，决心加倍努力驱逐日寇，并呼吁友邦速予制裁。

2 月 1 日 延安各界 3 万余人举行讨汪大会，毛泽东在会上发表了《团结一切抗日力量，反对反共顽固派》的演说，并为大会起草了《向国民党的十条要求》的通电。

2 月 5 日 东北抗日联军一部在吉林宾县南与日军发生遭遇战，毙敌二百余，击落击伤敌机各一架。

2月9日 日军编成华南方面军，编入中国派遣军序列，司令官安藤利吉中将。

2月23日 东北抗日联军第一路军总司令杨靖宇在吉林蒙江县与日军战斗中壮烈牺牲。

2月24日 缅甸华侨在仰光举行献车典礼，捐运输汽车60辆，支援国内抗日。

2月26日 延安回民救国协会成立。

3月2日 新四军一部突击湖北天门，歼灭日、伪二百余人，伤二百余。

3月7日—13日 八路军击溃进犯山东抗日根据地滕县的日军，歼500余人。

3月28日 南洋华侨回国慰劳视察团团长陈嘉庚抵重庆。

3月30日 汪伪国民政府在南京成立。

△国民政府郑重声明由日寇所制造和控制的南京汪伪政权完全非法。

△美国务卿赫尔严正声明，不承认南京伪政府。

4月14日 日伪军进攻鲁南抗日根据地，八路军第115师主力及各地方部队、游击队，经一个月苦战，共毙伤日伪军2200余人，粉碎了敌人的“扫荡”。

4月15日 八路军、新四军全体将士通电讨汪。

△宋庆龄发表《给国外朋友的一封信》，呼吁各国朋友继续援助中国人民的抗日斗争。

4月17日 台湾革命团体联合会在重庆举行割台46周年纪念会。

4月18日 宋美龄对美广播，希望对侵略者勿存恐惧与姑息。

4月21日 日军万余人“扫荡”皖南，新四军在南陵、繁昌一带与敌激战，至5月3日迫使敌军撤退。

4月—5月 日军三万七千余人，对冀中区进行50天的“扫荡”，被八路军粉碎，八路军共作战90多次，毙伤日伪军三千三百多名。

5月1日 中国军队在湖北枣阳、宜昌地区抗击来犯日军，历时一个半月以上，日军伤亡1.1万余人。史称枣宜会战。

5 月 16 日 第三十三集团军总司令张自忠将军在襄阳南瓜店壮烈殉国。

5 月 31 日 陈嘉庚率南洋华侨慰劳视察团抵达延安，慰劳陕甘宁边区抗战军民。

6 月 6 日 日军调集 2 万余人对晋西北抗日根据地进行夏季大“扫荡”，八路军第 120 师主力部队历时一月余，粉碎了日军的大扫荡，歼敌 4500 余人。

6 月 10 日 冀东八路军粉碎日军万余人的“扫荡”。

6 月 12 日 中国佛教国际访问团揭露日本炸毁寺庙的罪恶，呼吁“全世界佛教徒速起，共灭此破坏佛教之恶魔”。

6 月 29 日 日本外务大臣有田发表关于建立“大东亚共荣圈”计划的声明。

7 月 17 日 英国当局屈从日本压力，在缅甸封闭滇缅路，使这条中国国际交通线中断达 3 个月。

7 月 20 日 在华日本人反战革命同盟会在重庆成立，鹿地亘为会长。到 1945 年 8 月，共发展建立了 2 个地方协议会、4 个地区协议会、20 个支部，盟员达 1000 余人。

8 月 15、19 日 中共中央发出《中央关于开展统一战线工作的指示》、《中央关于扩大交朋友工作的指示》，指出我们的策略是要尽力团结一切可能抗日的力量。

8 月 20 日 八路军在华北发动百团大战，历时 3 个半月，毙伤日军 2 万余人、俘 280 人，毙伤伪军 5000 多人、俘 1.8 万人，破坏公路 1500 余公里、铁路 474 公里。

8 月 冀中区在百团大战期间，动员十万以上群众，配合部队对平汉、津浦、石德、北宁路及境内外公路进行一个多月的反复破击。

本月 绥远蒙汉两族人民及各抗日团体在大青山根据地西梁村召开各界抗日团结会议。

9 月 1 日 日本首相近卫宣布新“大东亚”政策。

9 月 5 日 日印度支那派遣军组成，编入华南方面军，司令官西村琢磨少将。

△为配合百团大战，八路军山东纵队鲁东南部队开始总破袭。

9月6日 国民政府明令定重庆为陪都。

9月22日 法国维希政府与日本妥协，同意日军在越南海防登陆。

9月25日 日军占领越南凉山，中国西南国际交通线中断。

9月27日 德、意、日三国在柏林签订《三国同盟条约》。30日，外交部长王宠惠发表声明，痛斥三国同盟条约，反对所谓“东亚新秩序”。

本月 广东人民抗日游击队成立，后改称广东人民抗日游击总队。

10月4日 日军万余人再次“扫荡”皖南，新四军在泾县云岭（新四军军部驻地）外围坚决阻击，经过7日激战，粉碎日军“扫荡”。9日晨，新四军克复泾县。

10月6日 美、英签订《太平洋协定》，以图制止日本。

10月10日 新四军陈毅部与南下八路军黄克诚部会师于苏北东台县白驹镇，从而完成开辟苏北的战略任务。

△旅缅华侨捐献飞机5架，支援祖国抗战。

10月18日 英国开放滇缅公路。

本年秋 日军对华北的抗日根据地实行“杀光、烧光、抢光”的三光政策。

11月1日 国民政府军委会政治部文化工作委员会成立，郭沫若、阳翰笙分任正副主任。

11月3日 黄炎培在中华职业教育社作《我对于抗战的透视》的演讲。

11月4日 旅美华盛顿的华侨抗日救国会捐国币一万元慰劳八路军。

11月13日 日本御前会议通过《中国事件处理纲要》，决定“谋求以重庆政权为对手的停战和平”。

11月15日—26日 冀中区八路军为配合北岳区八路军主力行动，发动冬季攻势，作战60次，毙日军562人。

11月17日 华中新四军八路军总指挥部在苏北海安成立，总指挥叶挺，政治委员刘少奇，副总指挥陈毅，参谋长赖传珠，政治部主任邓子恢。

在叶挺未抵达苏北以前，由陈毅代理总指挥。（P397）

11 月 30 日 日汪签订《调整中日关系基本条约》，并发表《日满华共同宣言》。

△外交部声明日汪所订非法条约无效，他国如有承认伪组织者，我即与之绝交。

12 月 22 日 新四军一部一度袭入南京城。

12 月 30 日 延安新华广播电台开始播音。

本月 苏联政府派遣崔可夫等 15 名顾问、专家来华，向中国运交 100 架轰炸机、150 架战斗机、300 门大炮、500 辆汽车等物资。

本年 日空军执行“100 号作战”，据不完全统计，日军出动飞机 865 架次，对重庆进行 34 次空袭，炸死居民 5247 人，炸伤 4196 人，炸毁房间 4757 间。

1941 年

1 月 6 日 北移新四军在皖南茂林地区被第三战区国民党军顾祝同、上官云相部围攻，皖南事变爆发。

1 月 11 日 周恩来在重庆就皖南事变一事向蒋介石的特派代表张冲提出严重抗议，要求张冲急报蒋介石，速令包围新四军的国民党军立即撤退让路。

1 月 12 日 宋庆龄、柳亚子、何香凝等在香港为皖南事变发起抗议运动，并发电蒋介石，要求国民党政府“悬崖勒马”；香港文化界进步人士张一麟等 400 余人为皖南事变致电林森、蒋介石，要求制止内战，反对枪口对内。

1 月 13 日 第十八集团军总司令朱德、副总司令彭德怀，与新四军军长叶挺、副军长项英联名发出通电，抗议国民党顽固派包围新四军皖南部队。

1 月 14 日 叶挺为挽救危局，前往国民党军第五十二师师部谈判，被扣押。随后，新四军各阵地被国民党军占领。新四军军部和皖南部队最后分散突围，后陆续到达江北和苏南的有2000余人。副军长兼政委项英和副参谋长周子昆突围后到茂林以南大山中隐蔽，3月14日被叛徒杀害。

1月20日 中共中央革命军事委员会发布重建新四军军部命令，任命陈毅为新四军代理军长，刘少奇为政治委员。

1月24日 中国军队在河南信阳以南地区抗击日军进攻，历时17天，迫使日军撤回原防。豫南会战共毙伤日军9000余人，焚毁汽车300余辆。

1月25日 日军在河北丰润潘家峪屠杀村民1230人，烧毁房屋1350间，制造了骇人听闻的潘家峪惨案。

1月28日 新四军军部在苏北盐城重建，全军9万余人，编为7个师1个独立旅。

本月 中国缅印马军事考察团组成，团长商震。

2月2日 蒙、藏、回三族慰劳前方将士代表团抵重庆。

2月5日 中国军队在广东中山县击落日海军巨型机1架，日海军大将大角岑生等毙命。

2月7日 美国总统罗斯福特使居里访华。同月14日，周恩来在重庆与居里会晤。

2月10日 由台湾革命团体联合会、台湾革命党、台湾青年革命党、台湾国民革命党等四个团体联合组成台湾革命同盟会在重庆成立，谢南光任主席。

2月23日 在华日人反战同盟冀中支部成立。

本月 中国航空建设协会发起捐献“合川号”飞机运动，自3月起开展一人一元运动，全国热烈响应。

3月15日 日军向赣南安高、上高一带进攻，中国军队奋起反击，上高会战开始，至4月2日结束。此役共歼敌1.5万余人，迫敌退回原驻地。

3月19日 中国民主政团同盟在重庆正式成立，黄炎培为主席。

3月30日 华北日伪军开始第一次“治安强化运动”，至4月3日结束。

本月 八路军三五九旅在王震旅长率领下，以“一把锄头一支枪，生产自足保卫党中央”的姿态，开进荆棘丛生的南泥湾，进行屯田生产，实行战斗、生产、学习三结合。

4月1日 中美平准基金协定签订，美国贷款5000万元。

4月12日—18日 八路军粉碎日军35师团及万余伪军对晋冀豫边区的“扫荡”，毙俘日伪军600余。

4月13日 新四军第二师主力一部队津浦路东天长、仪征、扬州的日伪军开展攻势，连克谢家集、金家集等据点，取得金牛山战斗胜利，毙伤日伪军200余人。

5月5日 日军在鄂北发动攻势，与中国军队在枣阳展开攻守战，至16日鄂北战役结束，日军败退。此役歼敌2700余人。

5月7日 在华日人反战同盟晋察冀支部成立。

5月7日 中日军队在晋南中条山展开激战，历时20天，中国军队受到重创，损失近8万人，歼敌近3000人。

5月10日 八路军129师发出反对日军囚笼政策的指示。

5月13日 中共中央陕甘宁边区中央局与西北工作委员会合并成立中央西北局，高岗为书记。

5月14日 毛泽东就八路军配合国民党对日作战等问题分别给彭德怀、周恩来指示，要求采取主动的有计划的配合行动。

5月20日 中共中央决定将中原局和东南局合并为华中局，刘少奇任书记。

△为配合中条山战役，八路军向晋东南日军展开进攻。正太、白晋交通被切断。

6月5日 日空军袭击重庆，造成大隧道惨案，死亡9992人，重伤1510人。

6月22日 苏德战争爆发。

6月23日 中共中央发出《关于反法西斯的国际统一战线的决定》。

7月7日 华北日伪军开始为时两个月的第二次“治安强化运动”。

8月1日 美国志愿航空大队正式加入中国军队序列（飞虎队），司令陈纳德，名誉顾问宋美龄，下辖3个作战中队。

8月12日 日军调集约7万余兵力分十三路对晋察冀边区抗日根据进行“铁壁合围”、“梳篦式清剿”的大“扫荡”。晋察冀军民内外配合，灵活机动打击日军，历时两月，取得胜利。

9月6日 第二次长沙会战开始，历时一个月，于10月11日结束，歼敌3万余人。

9月25日 日军调集3500余人，兵分六路围攻晋察冀根据地易县八路军，马宝玉、葛振林、宋学义、胡德林、胡福才五战士为掩护主力，并使群众安全转移，主动把日军吸引到狼牙山的悬崖绝壁，据险抵抗，后弹尽力竭，毅然跳崖，马宝玉、胡德林、胡福才3人殉国。

10月18日 日本东条英机内阁成立。20日，东条发表广播讲话，声称新内阁继续坚持关于处理中国事变和实现大东亚共荣圈的既定国策。

10月26日 东方各民族反法西斯大会在延安召开。

11月1日 华北日伪军实行第三次“治安强化运动”，至12月25日结束。

11月4日 日本飞机在湖南常德、桃源投下鼠疫杆菌。

11月5日 日本御前会议决定成立日本南方军总司令官寺内寿一大将，下辖第十四军、第十五军、第十六军、第二十五军等，负责对美英作战。

11月10日 琼崖东北区抗日民主政府宣告成立，冯白驹任主席。

11月11日 在山西黎城黄崖洞保卫战中，八路军歼敌1000余人。

12月8日 日本袭击美国在太平洋的海军基地珍珠港，美国和英国对日宣战，太平洋战争爆发。

△凌晨，日军主力在炮兵、空军、海军的配合下，向香港发起了猛烈进攻。驻港英军抵抗。25日英军放弃抵抗，向日军投降。日军占领香港。

12月9日 国民政府正式对日、德、意宣战。

△中共中央发布《中国共产党为太平洋战争的宣言》，同时发出《关于太平洋反日统一战线的指示》。

12月10日 蒋介石为太平洋战争爆发发表《告全国军民书》，号召与英、美、苏等友邦并肩作战。

12 月 12 日　日军占领九龙半岛。

12 月 13 日　中共领导的华南东江抗日游击队配合英军进行香港保卫战。同月 17 日，日军在香港登陆。中共成功营救转移出几百名著名学者和文化工作者。

12 月 16 日　日寇占领澳门。

12 月 20 日　飞虎队在昆明附近上空一举击落日机 9 架，以 9∶0 的战绩，首战告捷。

12 月 23 日《中英共同防御滇缅路协定》签订，中英军事同盟形成；筹建中国远征军，辖第五、六、六十六军，共 10 万余人，准备入缅作战。

12 月 24 日　第三次长沙会战历时 20 余天，共毙伤日军 5.6 万余人。

1942 年

1 月 1 日　中、美、苏、英、荷等 26 国在华盛顿签署共同进行反法西斯战争的《联合国家宣言》，标志着国际反法西斯统一战线的正式形成。

1 月 2 日　国民政府军委会宣布，应英国请求，中国军队已开入缅甸协防。

1 月 4 日　日伪军 1.3 万人对晋西北抗日根据地进行“大扫荡”，八路军和地方武装经 84 天灵活战斗，粉碎了敌人“扫荡”。

1 月 22 日　蒋介石对美国推荐史迪威任中国战区联军参谋长表示欢迎。

1 月 28 日　中共中央发布《关于抗日根据地土地政策的决定》。

1 月 30 日　八路军 129 师南进支队南下中条山地区，开辟抗日根据地。

2 月 2 日　美国对华贷款 5 亿美元，英国对华贷款 5000 万英镑。

2 月 12 日　东北抗联第 2 路副总指挥赵尚志英勇牺牲。

3 月 1 日　蒋介石赴缅甸战场视察，5 日返国。

3 月 18 日　中国远征军与日军在缅甸同古激战，30 日结束，歼敌 5000 余人。

3 月 30 日　在华北的日伪军实行第三次“治安强化运动”。

3 月 31 日　太平洋作战会议在华盛顿成立。

4月1日 日伪军近4万人对冀东抗日根据地发起“大扫荡”，冀东军民经2个月机动灵活的作战，敌人被歼近500人，仍找不到八路军主力部队，只得退兵。

4月8日 美国空军首次飞越喜马拉雅山脉，开辟驼峰空运航线。

4月19日 中国远征军在缅甸攻克仁安羌，救出7000余被围英军。

4月29日 日军占领腊戍，中国远征军退守畹町，滇缅路交通完全中断。

5月1日 日本华北驻屯军司令冈村宁次指挥日军5万、伪军10万，在空军配合下，对冀中抗日根据地进行历时2个多月的“拉网式大扫荡”，冀中区军民展开艰苦的反“扫荡”斗争，消灭日伪军一万余人。在太行区反“扫荡”、保卫八路军总部战斗中，八路军副总参谋长左权牺牲。

5月2日 中共中央在延安召开文艺工作者座谈会，23日结束。毛泽东在会上发表了重要讲话。

5月8日 日军攻占缅北重镇密支那，切断了远征军的后路。5月中旬，中国远征军突围，其中2个师由史迪威和罗卓英率领从缅西北进入印度，其余部队则由杜聿明率领返回国内。中国远征军损失惨重，伤亡过半，幸存者仅4万人。

5月15日 日军发动浙赣战役，9月末结束。中国军队损失7万余人，歼敌3.6万余人。

5月26日 中国远征军第二〇〇师师长戴安澜壮烈殉国。

6月3日 中国政府与美国政府在华盛顿签署《中美抵抗侵略互助协定》（即《中美租借协定》）。

6月7日 《解放日报》发表社论《华北各抗日根据地处在空前残酷斗争中》，指出要树立在敌后坚持抗战、争取胜利的信心，又要对困难有充分的认识。

6月22日 苏德战争爆发。

6月23日 在华日人共产主义者同盟在延安举行成立大会。

本月 退往印度的中国远征军在印度的兰姆伽集结，成立中国驻印军总指挥部，由中国战区参谋长史迪威任总指挥。

7 月 4 日 飞虎队被编入美陆军第十航空队驻华特遣队，陈纳德任准将司令。

7 月 14 日 华北朝鲜青年联合会在太行抗日根据地区召开代表大会，决定改组为华北朝鲜独立同盟。

7 月 20 日 美国总统秘书居里再次访华。

8 月 1 日 日军 4 万余人“扫荡”冀东抗日根据地，制造“无人区”。

8 月 14 日 华北日本人反战团体代表大会在延安召开，决定成立“反战同盟华北联合会”，杉本一夫当选为会长。规定中心任务是反对日本侵略中国的战争，为迫使日军撤出中国而斗争。同时，还召开了日军士兵代表大会。

9 月 1 日 中共中央北方局太行分局成立。

9 月 15 日 日伪军 4.6 万余人对冀东实施“治安强化运动”，建立“无人区”。

9 月 18 日 东北四省抗敌协会在重庆举行“九一八”十一周年纪念会。

10 月 2 日 罗斯福的特别代表威尔基访重庆。5 日，周恩来会见威尔基。

10 月 10 日 英美两国同时发表声明，废除在华之不平等条约。

10 月 20 日 日军 1.6 万人对华北太行、太岳抗日根据地根据地进行“抉剔扫荡”。太行、太岳军民在反“扫荡”作战中，毙伤俘日伪军 2800 余人。

11 月 10 日 英国议会访华团访重庆。

11 月 14 日 日伪军 1.1 万余人分 5 路合击苏北抗日根据地，遭根据地军民打击，日军千余人被歼。

12 月 16 日 日伪军万余人，兵分 14 路向新四军第五师中心区湖北大悟山进攻。在内外夹击下，于 18 日撤退，被歼 200 余人。

12 月 18 日 日军第十一军司令官冢田攻中将及高级军官 9 人乘坐的飞机，在安徽太湖上空被中国军队击落，机毁人亡。

12 月 19 日 为报复冢田攻座机被击落，日军 6000 余人“扫荡”大别山中国军队，连陷鄂豫皖三省的商城、光山、潢川、麻城、罗田、英山、广济、黄梅、桐城、潜山、太湖、宿松、立煌（安徽省战时省会）等地，至次年 1 月 10 日退回武汉。

12 月 21 日 日本御前会议通过为完成大东亚战争而决定处理中国问题的根本方针，“专心加强国民政府（指汪伪）的政治力量，同时力图消灭重庆借以抗日的口实”。

12 月 31 日 国民政府表彰忠勇抗战殉职将领张自忠等 38 人。

12 月 美国空运总部印中联队成立，负责“驼峰”空运。

1943 年

1 月 4 日 历时 3 月的华北北岳抗日根据地军民反日伪“蚕食”战役结束。

1 月 9 日 日汪发表《共同作战联合宣言》，签订《关于交还租界及撤废治外法权之协定》。同日，汪伪国民政府宣布对英、美宣战。

1 月 11 日 美国和英国与中国政府签订新条约，正式放弃在华特权。

1 月中旬 晋察区、北岳区军民奋起粉碎日军的“跃进蚕食”，经三个月的作战，消灭日伪军 1200 余人，恢复和扩大了抗日根据地。

2 月 4 日 延安 2 万余军民举行庆祝废约大会。

2 月 5 日 重庆 7 万人举行游行，热烈庆祝新约签订。

2 月 21 日 日军占领广州湾。

2 月 28 日 宋美龄在美国国会发表演说，呼吁盟国团结一致，击败日本法西斯。

3 月 8 日 重庆妇女界纪念三八妇女节，献金 100 余万元。

3 月 10 日 蒋介石的《中国之命运》出版。该书宣扬法西斯主义和封建主义，反对共产主义，标志着第三次反共高潮的开始。5 月至 7 月，中国共产党对该书进行了有力地批判。

△美陆军第十航空队驻华特遣队改编为第十四航空队，陈纳德晋升少将司令。

3月19日 国民政府最高国防委员会决议：英国如交还香港，我可自动宣布香港及九龙等为自由港，但不能以此作为交还香港条件。

4月初 华中日伪军集中一万五千兵力对华中第4、5分区进行“清乡”。第4、5分区军民经过9个月的反“清乡”斗争，毙伤日伪军2400余人，争取1700余人投诚。

4月20日 日军近2万人开始向北岳抗日根据地大“扫荡”。

本月 中国远征军司令长官司令部成立，司令长官陈诚（10月由卫立煌接任），副司令长官黄琪翔，参谋长萧毅肃。下辖第十一、二十集团军（辖5个军）及1个直属军。

5月1日 美国海军情报署与国民党军统局合办的中美特种技术合作所（简称“中美合作所”）在重庆成立。

5月5日 日军发起鄂西战役，至6月17日退回原防。此役中国军队伤亡4万人，歼敌1万余人。

5月6日 日军进攻太行山八路军总部，八路军总部与第129师在内外线作战，至13日粉碎了日军的“扫荡”，歼敌2000余人，攻克敌据点五处。

5月8日 日军在湖南南县厂窖镇肆行屠戮，至12日，仅3天时间，疯狂屠杀3万多人，其中本地居民1.3万人、外地难民1.2万人、中国战俘0.5万人。

5月15日 共产国际执委主席团作出《关于提议解散共产国际的决定》。26日，中共中央作出完全同意解散共产国际的决定。

5月17日 C.C.S（联合参谋团）会议举行，罗斯福、丘吉尔及蒋介石代表宋子文参加。此为中国首次获得战略发言之机会。

5月中旬 为支援国民党军抗击日军对鄂西的进攻，新四军5师向鄂东、鄂中一带日军发动进攻。牵制日军2个师，毙伤敌2900余名，俘敌伪700余。

5月22日 苏北新四军在淮阴以北发起夏季攻势，3个月中连克日军51个据点，解放拥有28万人口的地区。

5月23日 中国宗教徒联谊会在重庆成立，该会为支持中国抗战，由冯玉祥倡导发起。

5月24日 太行区八路军与地方武装内外夹击，粉碎日军3万人的“扫荡”。

5月31日 日本御前会议决定《大东亚政略指导大纲》。

6月18日 国民党第三十四集团军总司令胡宗南在洛川召开军事会议，决定撤退河防大军，欲分九路闪击延安。

6月29日 中国驻印军总指挥部成立，史迪威任总指挥，罗卓英任副总指挥。

7月4日 朱德严正抗议国民党军队进犯陕甘宁地区。

7月7日 日共领袖冈野进在延安发表《告日本士兵书》。

7月10日 蒋介石被迫命令胡宗南停止进犯陕甘宁边区的军事行动。

7月29日 中、美、英、苏四国政府表示，德、日、意三国必须无条件投降。

7月30日 八路军冀鲁豫军区部队，对盘踞豫北卫河以南地区的伪军庞炳勋、孙殿英部发起卫南战役，至8月19日结束，歼灭伪军5600余人。

本月下旬 美国援华空军在昆明、湖南等地上空与日空军作战，8天击落日机62架。

8月1日 国民政府主席林森病逝，由蒋介石代理国民政府主席；10月10日，蒋介石宣誓就任国民政府主席。

8月13日 滇西日军偷渡怒江，被中国军队击退。

8月18日 八路军晋冀鲁豫部队在豫北展开林（县）南战役，歼灭伪军庞炳勋、孙殿英部7000余人。

8月21日 美机空袭汉口，击毁日机35架；25日再袭汉口，击毁日机19架。

△宋子文就改组中国战区方案与美总统罗斯福初步交换意见。

8月22日 宋子文抵加拿大魁北克，代表蒋介石与美英首脑罗斯福、丘吉尔举行会谈。次日，与美、英领袖举行会议，商讨太平洋战略及中国战区有关问题。

9 月 8 日 意大利法西斯无条件投降。

9 月 16 日 东南亚盟军总司令蒙巴顿抵重庆。

△日伪军 4 万余人对晋察冀边区北岳抗日根据地进行“毁灭扫荡”，实行烧光、杀光、抢光的“三光”政策。根据地军民奋起反“扫荡”，历时 3 个月，歼敌 9400 余人。

9 月 20 日 日本大本营令台湾军改成第十方面军，安藤李吉大将任司令官。

9 月下旬—11 月中旬 冀鲁豫区军民粉碎了日伪军三万余人的大“扫荡”。

10 月 2 日 缅甸华侨战地服务团在广东梅县成立。

10 月 8 日 华北日伪军开始第五次“治安强化运动”。

10 月初—11 月底 太岳区军民粉碎了日伪军两万余人的大“扫荡”。同时，华南抗日纵队也先后粉碎了日军对东莞、宝安沿海等地区和海南岛地区的围攻、“扫荡”，巩固和扩大了东江、琼崖解放区。

10 月 10 日 中国驻印军为打通中印公路，向大龙河西岸日军据点发起进攻，中国驻印军缅北反攻战打响。

10 月 19 日 国防最高委员会决定设置宪政实施协进会，蒋介石任会长。

10 月 24 日 八路军 129 师在晋南全歼日本军官战地观战团 120 余人。

10 月 30 日 美、英、苏三国外长和中国驻苏大使签署《普遍安全宣言》

11 月 2 日 日军发动常德战役，兵分三路进攻湘北重镇常德，中国军队节节阻击，至 12 月 25 日，日军撤回原防。此役歼敌约 6 万人。

11 月 3 日 中美空军混合大队正式建立，由中国空军第一、三、五大队与美国在华部分空军组成，陈纳德任队长，副队长徐焕升

11 月 5 日 东京召集大东亚会议，6 日发表《大东亚共同宣言》。

△英国派魏亚特中将为驻中国战区统帅部之特任军事代表。

11 月 13 日 八路军冀鲁豫军区在进行历时 50 余天的秋季反“扫荡”

中，毙伤日伪军1300余人，俘日伪军2740余人。

11月22日 太岳区八路军粉碎日军新战法，歼灭日伪军3500余人。

11月23日 蒋介石、罗斯福、丘吉尔在埃及开罗举行三国会议，26日一致通过《开罗会议宣言》。

11月25日 中美空军轰炸台湾新竹之日军机场，毁日机47架。

12月1日 国民政府正式发表中美英三国《开罗会议宣言》。

12月2日 广东东江人民抗日游击总队改编为广东人民抗日游击队东江纵队。

12月3日 中国访英团到达伦敦。

12月23日 中国驻印军在缅北发起于邦反攻战，至29日结束，歼灭日军1500余人。

12月24日 美14航空队袭击广州日军机场，炸毁跑道等设施，击落日机20余架。

1944年

1月1日 蒋介石向全国军民广播讲话：中国胜利在望，围攻日寇是我们必须承担的主要任务。

△中共中央向敌后军民致贺电，指出你们吸引了侵华敌人的大多数，牵制了向正面进攻的敌人，掩护了抗战的后方，保证了最后的胜利。

1月3日 新四军在苏北连克日伪军据点7个，毙伪军140余人，俘1200余人。

△沈钧儒、张君劢、黄炎培等发起宪政座谈会。

1月11日 中国驻印军发起胡康河谷战役，至3月15日结束，歼敌8000余人。

△朝鲜义勇队华中支队成立。

本月 中国第一支伞兵部队——伞兵第一团（鸿翔部队）在昆明成立，辖3个营共约1000人。

2月2日 中共中央对敌后根据地发出指示，强调在敌后必须把战斗与生产结合起来，开展对敌斗争和大生产运动。

2 月 10 日 八路军 129 师在晋冀鲁豫地区连克朝城、沙河、武乡、太各等地。

△在华日本共产主义同盟华中总支部成立。

2 月 11 日 盟军空袭香港、九龙，击落日机 5 架。

2 月 15 日 冀南抗日根据地军民粉碎日伪军“扫荡”，击溃敌军 1.5 万人。

2 月 16 日 日本人民解放联盟创立准备委员会及华北地方协议会正式成立。

2 月 25 日 冀东丰润地区八路军击退 2000 日军“扫荡”。

2 月 27 日 延安各界人士举行宪政问题座谈会。

2 月 28 日 战时损失调查委员会正式成立。

3 月 1 日 中美空军混合大队袭击海南岛日军机场，击毁日机 20 架。

3 月 5 日 新四军第一师在江苏淮安发动车桥战役，歼日军 460 余人、伪军 480 余人，解放了约 100 万人口的地区，使苏南、苏北、淮南、淮北抗日根据地连成一片。

3 月 17 日 国民政府任命商震为中国驻美军事代表团团长。

3 月 25 日 八路军鲁中军区和滨海军区以鲁山为中心发起讨伐伪军吴化文部战役。歼伪军 7000 人，打通了鲁、忻、泰、蒙各山区的联系。

4 月 12 日 毛泽东在延安高级干部会议上作《学习和时局》报告，号召全党“放下包袱、开动机器”，争取新的胜利。

4 月 17 日 日军为打通华北到南洋的交通命脉，发起“一号作战”即豫湘桂战役（包括豫中、长衡、桂柳会战），中国军队大溃败，至 12 月 14 日的 8 个月中，损兵 50 多万，丧失豫湘桂三省国土 20 多万平方公里，日军伤亡 10 余万。

4 月 23 日 新四军第 4 师在运河至津浦路 300 里外线出击，解放 10 余万同胞，攻克敌据点 16 处。

5 月 11 日 中国远征军为配合中国驻印军打通中印公路，在陈纳德飞虎队的配合下，强渡怒江。中国远征军滇西反攻战打响。

5月21日 中国共产党六届七中全会在延安召开。

5月26日 中国驻印军发动孟拱战役，历时1个月，歼敌1500余人。

6月2日 八路军太岳军区部队发起济（源）垣（曲）战役，历时两月，毙俘日伪军800余人，攻克据点20余处。为南渡黄河，开辟豫西创造了条件。

6月4日 中国远征军在云南发动龙陵战役，至11月3日，历时5个月拉锯争夺战，收复龙陵，中国远征军伤亡2.83万余人，歼灭日军1.06万余人。

△中国远征军在云南发起松山战役，与日军血战至9月7日，攻占松山，毙敌1200多人，中国远征军阵亡4000余人。

6月15日 美国开始实行“马特特霍恩”行动，75架B–29轰炸机从四川新津、邛崃、彭山、广汉机场起飞，向日本本土实行战略轰炸。

6月18日 桂林文化界抗敌协会成立，李济深为会长。

6月22日 第十八集团军（八路军）参谋长叶剑英招待中外记者西北参观团，介绍中国抗战情况和中共七年战绩。

6月25日 苏中如东新四军第1师第3旅一部向南坎日伪据点进攻，歼灭日伪军130多人。

7月6日 中共中央发布《关于抗战七周年纪念口号》，号召全体军民团结一致，打倒日本法西斯。

7月7日 蒋介石发表《告全国军民书》，号召国人进行对日决战。

7月8日 中国远征军在云南发起腾冲战役，历经2个多月血战，9月14日占领腾冲城，毙敌7000多人，中国远征军牺牲9000余人。

本月中旬 新四军第1师连续出击，攻克长江沿岸重要港口石庄、新生港、张横港及江中的永安洲。

7月18日 日本东条英机内阁总辞职，20日由小矶国昭、米内光政联合组阁.

7月22日 驻华美军总司令派出的美军观察组抵达延安。

7月29日 美第20轰炸机队轰炸天津、大连、鞍山、塘沽及郑州等日伪军事设施。

7月31日 日空军对柳州、芷江、桂林进行轰炸。

本月 美国战略空军对日占区鞍山、大连、沈阳进行轰炸。

8月12日 国民政府派顾维钧、魏道明、商震为参加英、美、中三国战后和平机构会议代表。

8月14日 中国空军节，国民政府向空军将领授勋。

8月15日 新四军第4师西进，经过4个多月的连续作战，恢复了豫皖苏抗日根据地。

△日伪军万余人“扫荡”鲁中，八路军在沂水展开反击，歼敌1000余人。

8月18日 八路军胶东军区部队发起秋季攻势，至9月23日，歼日伪军5000余人，连克据点138个，使滨海地区4个分区连成一片。

8月22日 罗斯福正式宣布纳尔逊赴华，协助国民政府工作。

△日本军部下令编成第六方面军司令部，冈村宁次任总司令官。

本月 中美空军出动1000多架次，给日本空军以重创，从而使中美空军掌握了战场上的制空权。

9月6日 罗斯福私人代表赫尔利、纳尔逊由印度飞抵重庆。

9月7日 湘境零陵、东安相继沦陷。第79军军长王甲本在冷水滩战斗中阵亡。

9月11日 新四军第4师师长彭雪枫在河南夏邑八里庄战斗中牺牲。

9月15日 中共代表林伯渠在第三届第三次国民参政会提出成立民主联合政府的主张。

9月16日 蒋介石在国民参政会上，提出“一寸山河一寸血，十万青年十万军”的号召，随即发起了十万知识青年从军运动，编组青年远征军10个师。

9月19日 中国民主政团同盟代表会议在重庆召开，议决改名中国民主同盟。

9月24日 沈钧儒等发起组织民主宪政促进会。

9月29日 中、美、英三国代表在美国敦巴顿橡胶园举行战后世界和平机构会议。

10月9日 中、美、英、苏同时公布《联合国组织草案》。

△国民政府特派王宠惠为中国出席联合国战罪审查委员会远东及太平洋分会代表。

△美海空军联合作战，袭击日军在台湾的军事基地，到14日，共击毁日机600架，击沉击毁日舰70余艘。

10月10日 中国民主同盟发表《对抗战最后阶段的政治主张》。

10月12日 日伪军万余人分别“扫荡”八路军冀鲁豫军区的长清、南乐、清丰、濮阳等地区。

10月14日 中共中央军委发出《关于华北准备反攻工作的指示》。

10月15日 中国驻印军发起八莫攻坚战，至12月14日结束，歼敌2400人。

10月18日 罗斯福致电蒋介石，同意召回中国战区参谋长史迪威，并请以魏德迈将军继任其职。

10月20日 太岳抗日根据地军民击退4000余日伪军的“扫荡”。

10月26日 中国承认意大利新政府。

10月30日 美国政府任命赫尔利为新任驻华大使。

10月31日 八路军120师359旅主力组成南下支队，向豫、鄂、湘、粤敌后挺进，开辟新的抗日根据地。

11月5日 军委会成立全国知识青年志愿从军编练总监部，罗卓英兼任总监。

△日军在桂林七星岩阵地使用化学毒气。

11月7日 赫尔利赴延安与中共谈判。10日，达成建立民主联合政府和联合统帅部的五点协议。但由于蒋介石拒绝这一协定，赫尔利变卦，背弃了在延安的承诺。

11月10日 汪精卫毙命于日本名古屋，陈公博继任伪国民政府主席。

11 月 11 日　周恩来与赫尔利自延安飞抵重庆。

11 月 14 日　山东八路军、新四军收复莒县，争取了伪军莫正民部 3500 人反正。

11 月 18 日　冀鲁豫八路军攻克濮阳县城，收复 1 万平方公里的国土。

11 月 21 日　鲁中八路军发起冬季战役第一阶段作战，使鲁中、鲁南完全连成一片。

△冈村宁次任日本中国派遣军总司令。

11 月 29 日　新四军江防队横渡长江袭击崇明敌军。

△联合国战罪审查委员会远东及太平洋分会在重庆成立。

11 月 30 日　行政院聘纳尔逊为经济顾问。

12 月 5 日　国防最高委员会决议宋子文代行政院长。

12 月 15 日　毛泽东在陕甘宁边区停战会发表演说，指出 1945 年唯一的任务是打倒日本侵略者，组织联合政府。

12 月 17 日　张伯苓、胡适、于斌等 21 人发表联合宣言，要求盟国修改战略，在中国战场打击敌人。

12 月 18 日　国防最高委员会决议，设立善后救济督办总署。

12 月 22 日　苏北抗日根据地军民奋战 7 天，粉碎 2 万日伪军的“扫荡”。

12 月 25 日　中国陆军总司令部在昆明成立，何应钦任总司令。

12 月 27 日　新四军第 1 师渡江南下，开辟苏浙地区，向东南敌后发展。

△缅北中国远征军与滇西中国军队连克邦渣、马王、劳文、垒允、盘康等重镇。

本月　在华美军第十四航空队和第二十轰炸机指挥部的超级空中堡垒（B–29 轰炸机）协同对武汉进行战略大轰炸，沉重打击日军及其设施。

1945 年

1 月 1 日　毛泽东在延安干部新年晚会上发表演说，指出“我们的任务是团结一切力量打倒日本帝国主义”。

△蒋介石发表广播讲话，主张召开国民大会，进行所谓“还政于民”，但坚持国民党一党专政。

△重庆各界代表黄炎培、沈钧儒、章伯钧等 16 人联合发表声明，要求结束国民党一党专政。

1 月 3 日　湘粤赣边区作战（即粤汉路南段作战）开始，至 2 月 9 日结束，日军打通了粤汉铁路南段，但损失兵力 2 万余人。

1 月 5 日　中国驻印军发起南坎战役，历时 10 天，歼敌 2400 人。

1 月 11 日　日本最高战争指导会议决定“确立中国战时经济对策”、“确保大陆重要交通运输施策”等。

1 月 14 日　蒋介石与赫尔利会谈。

1 月 15 日　中国民主同盟发表时局宣言，要求建立联合政府。

△广东人民抗日游击队珠江纵队成立。

1 月 17 日　美机猛炸上海虹桥机场，炸毁敌机 18 架；龙华机场敌贮藏之 7000 桶汽油全部被焚毁。20 日再袭沪，毁敌机 8 架，并将虹口公大纱厂炸毁。

1 月 19 日　外交部向苏联政府提出关于新疆贸易与经济合作建议。

1 月 21 日　八路军太行军区部队在豫北展开道清战役，进攻道路两侧之日伪军，历时 10 天，歼敌 2500 余人，扩大解放区 2000 平方公里。

1 月 22 日　美财政部长摩根索宣布拨给国民政府 2.1 亿美元。

1 月 24 日　周恩来飞抵重庆与国民党再次谈判。

1 月 25 日　日本最高战争领导会议制定《决战非常措施纲要》。

△中美空军联合轰炸日军南京机场。

1 月 27 日　中国远征军与中国驻印军滇西芒友会师，中印公路全线打通。次日，中、美两军在滇西畹町举行会师典礼。至此，滇西反攻战结束。此役歼灭日军 2.1 万人，中国远征军伤亡 6.7 万人。

△八路军南下支队在湖北大悟山与新四军第五师会师。

2 月 2 日　周恩来、王世杰将共同起草的关于召开政治协商会议的建议草案分别提交国民政府和中共中央。

△中共领导的抗日武装东江纵队袭入淡水、惠阳。

2 月 4 日 苏、美、英三国首脑举行雅尔塔会议，11 日闭幕，签订《雅尔塔协定》。

2 月 9 日 十家美洲华侨报纸联合通电国民党政府，要求结束一党专政。

2 月 13 日 周恩来、赫尔利会见蒋介石。

△台湾革命同盟会召开第四次会员代表会，发表宣言重申台湾归还祖国。

2 月 14 日 周恩来宴请民主人士，报告国共谈判经过。

2 月 15 日 周恩来代表中共中央声明，表明中共对国共谈判的立场。

2 月 17 日 晋绥八路军对日展开春季攻势，历时两个多月，收复据点 54 处，包括山西三座县城。

2 月 22 日 重庆文化界沈钧儒等 300 余人发表对时局进言。

△新四军太湖纵队挺进无锡近郊。

2 月 八路军冀热辽军区部队举行反伪满军战役，至 6 月初，共歼灭日为军 5000 余人。

3 月 1 日 重庆宪政实施协进会第五次全体会议开幕，蒋介石在会上发表演说。

3 月 5 日 中国外交部为联合国大会发表公告。

3 月 8 日 蒋介石会见蒙巴顿将军，商讨两战区军事合作问题。

3 月 9 日 周恩来致函赫尔利声明，反对由一党控制召开的国民大会，反对国民党独占旧金山联合国会议代表名额。

3 月 12 日 昆明文化界联合发表《关于挽救当前危局的主张》。

3 月 18 日 民主同盟代理主席左舜生发表声明，民主同盟将不参加不民主的国民大会。

3 月 22 日 日军 7 万人发起攻势，豫西鄂北会战开始，至 5 月 31 日，日军败退，此役歼敌 1.57 万人；会战中，中美空军出动飞机 1047 架次，给日军以沉重打击。

△八路军发动道清战役第三阶段攻势，攻克 10 处据点，逼近开封。

3月30日 中国驻印军第五十师与英军在缅甸皎梅会师，滇缅公路全线打通，中国驻印军缅北反攻战结束。此役歼灭日军4.8万人，中国驻印军伤亡1.8万人。

△蒋介石主持公祭国民党军及盟军阵亡将士。

4月3日 中、美、英、苏四国代表在华盛顿集会，商讨旧金山会议之组织与程序。

4月5日 苏联通告废除《苏日中立协定》。

4月6日 日本首相小矶辞职，由铃木贯太郎组阁。

4月9日 湘西会战开始，历时1个半月中国军队在中美空军配合下，击败日军。此役日军伤亡2.7万人，中国军队伤亡2.6万人。

4月10日 八路军太行军区收复山西陵川县城，太岳军区收复沁源县城。

4月12日 美总统罗斯福逝世，副总统杜鲁门继任。

△新四军第四师发动春季攻势。

4月18日 桂柳反攻作战开始，至8月7日，中国军队收复广西全境。

△八路军太岳军区部队收复晋城，冀中八路军攻克任邱。

4月19日 宋子文会晤杜鲁门。

4月20日 中共中央扩大的六届七中全会通过《关于若干历史问题的决议》。

4月23日 中国共产党第七次全国代表大会在延安召开。提出党的路线:“放手发动群众，壮大人民力量，在我党的领导下，打败日本侵略者，解放全国人民，建立一个新民主主义的中国”。

4月24日 新四军第3师在苏北发动阜宁战役，历时3天，解放阜宁城，歼灭敌伪军2400余人。

4月25日 联合国会议在美国旧金山召开，中、法、苏、英、美等50个国家的代表签署《联合国宪章》。

4月28日 八路军太行军区部队收复左权、和顺。

4月30日 苏北新四军攻克泗阳。

5 月 2 日　冀鲁豫军区 2 分区收复河北南宫、新河两县城。

5 月 5 日　国民党第六次全国代表大会在重庆举行。

5 月 8 日　德国无条件投降，欧洲战争结束。

5 月 9 日　国民政府明令：全国悬旗三日，以庆祝欧战结束。

5 月 12 日　冀察军区部队向察南地区发动夏季攻势，至 7 月，解放县城 3 座。

5 月 13 日　晋察冀八路军收复饶阳、攻克怀安。

5 月 15 日　日本宣布废止德、意、日三国同盟条约。

5 月 17 日　日军撤离福州。

△冀鲁豫军区部队在鲁西发起东平战役，24 日结束，共歼日伪军 2000 余人。

5 月 21 日　新四军第 4 师在皖北发起宿南战役，历时 40 天，解放国土 950 平方公里，歼灭伪军 2100 余人。

5 月 24 日　冀中八路军收复安平，次日收复文安。

5 月 27 日　南宁收复。

5 月 28 日　日军大本营命令调整在华战略，将兵力转入华中、华北方面。

5 月 29 日　八路军总部发布进行积极攻势命令。

6 月 11 日　国民党中央常务委员会决定撤销军队党部。

6 月 16 日　国民政府决定 7 月 7 日召开国民参政会，中共中央发表中共参政员不参加本届参政会的声明。

6 月 22 日　太行、太岳八路军解放高平县全境。

6 月 26 日　中、美、苏、英、法等 50 国代表在旧金山签订《联合国宪章》。

6 月 30 日　八路军太行军区部队在河南安阳地区发起安阳战役，至 7 月 6 日结束，歼灭日伪军 3000 余人，解放国土 1500 平方公里。

7 月 1 日　参政员褚辅成、黄炎培等一行 5 人由重庆飞延安商谈国是。

△第四届国民参政会第一次大会在重庆召开。

△加尔各答城侨胞纪念“七七”八周年，踊跃捐输。到7月13日捐款10万盾，献40余架飞机。

7月10日 毛泽东发表《赫尔利和蒋介石的双簧已经破产》。

7月12日 中国伞兵首次参战，180人空降广东开平，开展游击战。

7月13日 解放区人民代表大会筹委会在延安正式成立。

7月17日 苏美英三国首脑在柏林近郊波茨坦举行会议，7月26日发表对日最后通牒式公告。中国没有参加会议，但公告发表前征得了蒋介石的同意。公告全称《中美英三国促令日本投降之波茨坦公告》，简称《波茨坦公告》或《波茨坦宣言》，敦促日本无条件投降。苏联于8月8日对日宣战后加入该公告。

7月20日 冀鲁豫八路军在山东阳谷、临清地区发起阳谷战役，解放阳谷、堂邑等6座县城，歼灭伪军2300人。

8月3日 美总统杜鲁门、英首相艾特里发表对日作战的联合声明。

8月6日 美在日本广岛投下第一枚原子弹。

8月8日 苏联对日宣战。次日凌晨出兵中国东北，向日本关东军发动突然袭击。

8月9日 毛泽东发表《对日寇的最后一战》的声明。

△美在日本长崎投下第二枚原子弹。

△日本御前会议，决定以不废黜天皇为条件，接受波茨坦宣言。

8月10日 日本政府向中、美、英、苏等国发出乞降照会。

△朱德总司令向解放区所有武装部队发布第一号命令，命令各解放区部队向其附近的侵华日军下通牒，限其在一定的时间内向我战斗部队交出一切武装。

8月11日 蒋介石连发三道命令：一、国民党军队“积极推进”，“勿稍松懈”；二、“沦陷区地下军及各地伪军，各就现驻地点，负责维持地方治安”；三、中共领导的解放区军队“应就原驻地驻防待命，勿再擅自移动”。

△中共中央发出《关于日本投降后我党任务的指示》。

△日本人民解放联盟自延安发出通电，号召日本士兵投降八路军、新四

军；同日，朝鲜独立同盟总盟通电，号召日军朝鲜籍士兵投降。

8 月 12 日 盟军最高司令麦克阿瑟下令日军只能向国民党军队投降，不得向中共军队投降。

△八路军太岳、冀南、冀鲁豫等军区向敌伪发出令其投降通牒。

8 月 13 日 毛泽东在延安干部会议上作《抗日战争胜利后的时局和我们的方针》的报告。

△朱德总司令通电蒋介石，坚持拒绝其 11 日下达的错误的、不公道的、违背民族利益的命令。

△南京伪警卫第三师师长钟健魂率部 3000 余人反正。

△“文协”举行庆祝抗日战争胜利的欢娱会，并成立“附逆文化人调查委员会”。

8 月 14 日 日本天皇宣布接受波茨坦公告，向盟军投降。

8 月 15 日 日本天皇裕仁以广播“终战诏书”形式，宣布无条件投降。

△蒋介石在重庆中央广播电台发表对日抗战胜利告全国军民及世界人民书。

△朱德总司令命令侵华日军最高指挥官冈村宁次及其所属一切部队应向我方投降。

△中国民主同盟发表《在抗战胜利声中的紧急呼吁》。

8 月 16 日 美军第十、十四航空队开始全力空运国民党军队抢占南京、上海、北平。

8 月 18 日 远东战犯调查会在伦敦开会。

△蒋介石令何应钦负责处理在中国战区内之全部敌军投降事宜。

△伪满皇帝溥仪退位。

△中法签订专约，中国收回广州湾租借地。

△日本关东军司令部正式下达日军解除武装的命令。

8 月 19 日 溥仪等人被苏联红军俘虏。

8 月 20 日 中共中央北方局撤销，成立中共中央晋冀鲁豫中央局，书记邓小平。

△中国军队开入越南，占领高丰，向河内、谅山推进。

8月21日 日军乞降使日本中国派遣军总司令冈村宁次派其副总参谋长今井武夫飞抵湖南芷江向中国陆军总司令何应钦接洽投降事宜。

△日本关东军在哈尔滨正式向苏联红军投降。

8月22日 中共中央决定将攻占大城市的方针改变为主要夺取中小城市及广大乡村。

△苏军攻占大连、旅顺。至此，苏军解放了东北全部。

8月23日 八路军解放张家口。

8月24日 国民政府举行《联合国宪章》签署典礼。

△ 八路军解放烟台。

8月25日 中共中央发表《对目前时局宣言》。

8月27日 新四军第3师发起两淮战役，攻克淮阴、淮安，歼灭伪军1.5万余人。

8月28日 毛泽东、周恩来、王若飞一行，由张治中、赫尔利陪同飞到重庆，开始战后国共两党谈判。

8月29日 国民政府任命陈仪为台湾省行政长官。

8月31日 国民党中央常务委员会通过《收复东北各省处理办法纲要》。

9月2日 日本向盟军投降签字仪式在东京湾美国“密苏里”号军舰上举行。日本天皇裕仁发表诏书称：根据《波茨坦宣言》及《联合国最高司令官之指示》，“朕命令朕之臣民速停敌对行为，放弃武器，着实履行降伏文件之一切条项及由大本营公布之一般命令。”

9月3日 国民党发表《中国国民党为抗战胜利告全国同胞书》。

△国民政府定本日为抗日战争结束日。

9月9日 中国战区日军投降签字仪式在南京举行，中国战区受降主官、中国陆军总司令何应钦接受侵华日军投降。

10月25日 盟国中国战区台湾省受降仪式于台北举行，台湾省行政长官陈仪接受日军投降。

后　记

《亲历者说——中国抗战编年纪事》是全国政协文史和学习委员会为纪念抗日战争胜利 70 周年组织编辑出版的重点图书，是本届全国政协和地方政协文史部门的重点协作专题。

2014 年，由全国政协文史和学习委员会牵头，组织推动地方政协文史部门启动了抗战史料协作征集工作，中共中央政治局常委、全国政协主席俞正声在《抗战史料协作征集专题研讨会议纪要》上作出重要批示："这件事很有意义，应努力做好。工作中注意把握'两个战场'的关系。"为这套书的征集编辑出版工作指明了方向。

同年 8 月，全国政协文史和学习委员会邀请部分省（区、市）政协具有一定文史编辑工作经验的同志组成编审组，负责选稿、审读、编辑工作，并在北京召开了抗日战争史料特邀编审组成立会议暨编审工作会议，研究细化《抗战史料征编方案》，明确抗战史料文稿入选原则、编审工作分工等事宜。会后，全国政协文史和学习委员会办公室向地方政协寄发了《关于做好本届政协文史资料协作选题史料征集工作的通知》，并通报了俞正声主席的批示精神，请地方政协按照习近平总书记在纪念全民族抗战爆发 77 周年仪式上的讲话精神和俞正声主席批示精神，做好抗战史料协作征集工作。

各地政协文史部门积极组织力量，认真做好史料征编工作。2014 年底，全国政协文史和学习委员会办公室共收到各省、自治区、直辖市和副省级市政协提交的抗战史料 2000 多万字。在此基础上，又重点补充选录了敌后抗战、全民抗战等方面的史料。

为确保征编出版工作如期完成，全国政协文史和学习委员会在2015年2月、6月先后召开了抗日战争史料编审组审稿会议、统稿会议，进一步研究解决史料征编中的问题。

编审组的同志对这项工作高度重视。在征编工作时间紧、任务重、标准高、要求严的情况下，大家辛勤工作、精益求精，以高度的责任感、使命感，完成了本书的选稿、审读、编辑、统稿工作，为编辑好此套丛书打下了良好基础。

本书由石玉新、党德信、屠筱武、刘晓冰担任执行主编。各分卷编辑分别是：第一卷章同；第二卷石玉新、方兆麟；第三卷高峰岗；第四卷、第五卷屠筱武；第六卷、第七卷石玉新；第八卷李维青；第九卷曾骅；第十卷殷小琴。石玉新、屠筱武承担了书稿的二审工作，党德信承担了书稿的三审工作，石玉新、姜东平、章同、曾骅负责全书的终审统稿工作。在编辑过程中，中共中央党史研究室原秘书长黄小同审读了书稿，提出了不少有价值的意见和建议，并为本书推荐了多篇稿件。

人民出版社组织了精兵强将，迅速开展编辑出版工作，以争创一流的精神，优质高效地完成了本书编辑出版工作，将一部高质量的精品图书奉献给社会。

在此，向全力配合、积极支持本书征集编辑出版的各级政协文史同仁、编审组成员及出版社同志表示感谢和敬意。

为了能全面反映抗日战争，我们在已有反映正面战场的文史资料基础上，从党史书刊资料中补充了部分史料，丰富了全民族抗战的内容。因时间仓促，未及和作者或出版单位一一联系，选用的稿件将由出版社统一支付稿酬。在此，谨致歉意，并向作者和出版单位致谢。

编　者

2015年7月